Internationales Strafrecht im Cyberspace

Svetlana Paramonova

Internationales Strafrecht im Cyberspace

Strafrechtliche Analyse der Rechtslage in Deutschland, Russland und den USA

Mit einem Geleitwort von
Dr. h.c. mult. Lothar de Maizière und
Prof. Dr. Dieter Flämig

Svetlana Paramonova
Freiburg i. Br., Deutschland

Zugl.: Dissertation Universität Passau, 2013

ISBN 978-3-658-04398-8   ISBN 978-3-658-04399-5 (eBook)
DOI 10.1007/978-3-658-04399-5

Die Deutsche Nationalbibliothek verzeichnet diese Publikation in der Deutschen Nationalbibliografie; detaillierte bibliografische Daten sind im Internet über http://dnb.d-nb.de abrufbar.

Springer Vieweg
© Springer Fachmedien Wiesbaden 2013
Das Werk einschließlich aller seiner Teile ist urheberrechtlich geschützt. Jede Verwertung, die nicht ausdrücklich vom Urheberrechtsgesetz zugelassen ist, bedarf der vorherigen Zustimmung des Verlags. Das gilt insbesondere für Vervielfältigungen, Bearbeitungen, Übersetzungen, Mikroverfilmungen und die Einspeicherung und Verarbeitung in elektronischen Systemen.

Die Wiedergabe von Gebrauchsnamen, Handelsnamen, Warenbezeichnungen usw. in diesem Werk berechtigt auch ohne besondere Kennzeichnung nicht zu der Annahme, dass solche Namen im Sinne der Warenzeichen- und Markenschutz-Gesetzgebung als frei zu betrachten wären und daher von jedermann benutzt werden dürften.

Gedruckt auf säurefreiem und chlorfrei gebleichtem Papier

Springer Vieweg ist eine Marke von Springer DE. Springer DE ist Teil der Fachverlagsgruppe Springer Science+Business Media.
www.springer-vieweg.de

Für meine Eltern Svetlana und Leonid

Geleitwort

Ein Lichtstrahl in die Zukunft des Rechtswesens

Der Artikel 1 des Grundgesetzes der Bundesrepublik Deutschland beginnt mit den zwei Sätzen: „Die Würde des Menschen ist unantastbar. Sie zu achten und zu schützen ist Verpflichtung aller staatlichen Gewalt." Diese Maxime hat sich nicht nur als Grundlage für das deutsche Rechtssystem bewährt; sie ist auch für die Lösung internationaler Rechtsfragen hilfreich, weil sie den archimedischen Punkt unserer staatlich organisierten Menschheit berührt.

Seit der Einführung des World Wide Web in 1994 ist der Schutz der Menschenwürde nicht einfacher geworden, denn dieses globale Instrument konfrontiert und verführt uns mit einem ambivalenten Informations- und Kommunikationspotential, das schnell überfordern kann – den Bürger ebenso wie den einzelnen Staat, der im Zeitalter der aggressiven Globalisierung, der Ressourcenverknappung, des Klimawandels und des internationalen Terrorismus relativ leicht Notwehrtatbestände geltend machen kann.

Der Artikel 10 des deutschen Grundgesetzes beschützt auch in diesem Kontext konsequent und vorausschauend das Grundrecht auf Abwehr hoheitlicher Eingriffe und veranlasst die Repräsentanten des deutschen Staates, z. B. bei der Diskussion über die Strafbarkeit des Handelns des „Whistleblowers" Edward Snowden sehr differenziert und nicht zuletzt im Sinne einer Schutzmacht der Menschenwürde zu argumentieren.

Gerade der Vorgang Snowden macht die vorliegende Dissertation hochaktuell; sie erscheint wie gerufen. Sie zeigt fundiert und analytisch scharf die Notwendigkeit, dass die nationalen Strafanwendungsräume insbesondere bei der Cyberkriminalität im Rahmen einer effizienzorientierten globalen Rechtsordnung harmonisiert werden müssen. Das wird ohne eine breite Wertediskussion, ohne das Postulat unantastbarer Menschenrechte nicht ausreichend gelingen. Das kann sich zudem nicht auf Straftatbestände individuellen bürgerlichen Handelns beschränken, sondern muss die handelnde staatliche Gewalt selbst umfassend in die Pflicht nehmen. Das klingt nach einer Sisyphos-Aufgabe, ist aber zwingend erforderlich. Denn die Fragilität unserer Weltgemeinschaft und die Notwendigkeit gemeinsamen werteorientierten Handelns werden den politischen Vordenkern überall auf der Welt immer bewusster, werden immer evidenter.

Der moderne, das Internet nutzende Terrorismus und die zunehmende Skrupellosigkeit im (cybergestützten) ökonomischen Streben sind üble Verbündete bei der Destabilisierung unserer globalen Ordnung, die angesichts von Überbevölkerung, Hunger, Naturzerstörung, Artensterben usw., angesichts milliardenfachen Existenzdrucks eigentlich schon mit der elementaren Zukunftssicherung überlastet zu sein scheint.

Die beschleunigte grenzüberschreitende Bekämpfung der Cyberkriminalität auf der Grundlage internationaler Übereinkünfte und Institutionen ist bereits daher eine unumgängliche Herausforderung. Übereinstimmungen bei Straftaten z.B. der Kinderpornographie und Erpressung können wichtige Grundschritte sein, um sich in zügiger Schrittfolge zu einem konkreten internationalen Wertekanon und zu einer verantwortungsbewussten Jurisdiktion mit globaler Geltung durchzuringen. Das ist insgesamt eine gute Möglichkeit, eine weitere Bresche für eine stabile globale Werteordnung zu schlagen...

Die Zukunftswissenschaft hat längst das „Ende der Objektivität" (Charles Eisenstein) und die werteorientierte „Wendezeit" (Fritjof Capra) eingeläutet. Sie hat längst die Notwendigkeit eines „Global Deal" (Nicholas Stern) erkannt und die erforderliche weltweite Mobilisierung der humanen „Ressourcen der Selbsterneuerung" (Matthias Horx) angemahnt.

Jetzt sind die Juristen gefordert, an einer neuen werteverpflichteten Globalgesellschaft noch innovativer und offensiver mitzuwirken. Die virtuelle Welt ist noch im Entstehen und bietet deshalb beste Chancen für einen solchen richtungsgebenden Qualitätssprung der Jurisdiktion. Er wird nur zu schaffen sein, wenn auch das internationale Recht sich konsequent an der edelsten Wurzel unserer Zivilisation ausrichtet: an der Würde des Menschen.

Die Arbeit von Dr. Svetlana Paramonova ist ein sehr wertvoller, praxisnaher Lichtstrahl in die Zukunft des internationalen Rechtswesens, das wir jetzt dringend brauchen.

Dr. h.c. mult. Lothar de Maizière
Ministerpräsident a.D.
Co-Vorsitzender des
Petersburger Dialoges

Prof. Dr. Dieter Flämig
Staatssekretär a. D.
Vizepräsident von ISIS-Institute
of Strategic and International Studies

Vorwort

Das vorliegende Buch ist eine rechtswissenschaftliche Arbeit mit einem internationalen Anliegen, das in der politischen Diskussion zunehmend an Bedeutung gewinnt. Ein beständiges und wirksames internationales Cyberrecht erfordert nicht nur politische Konsensarbeit und Vorgaben, sondern auch eine vorausdenkende, grenzüberschreitende Zuarbeit der Wissenschaft. Dazu soll diese Arbeit, die nicht zuletzt das Ergebnis eines sehr konstruktiven und innovativen Umfeldes ist, beitragen.

Das Buch ist während meiner Tätigkeit als Wissenschaftliche Mitarbeiterin am Max-Planck-Institut für ausländisches und internationales Strafrecht in Freiburg und als Doktorandin an der Universität Passau unter der Leitung von Prof. Dr. Werner Beulke entstanden. Prof. Dr. Beulke danke ich für die wissenschaftliche Betreuung dieser Arbeit.

Für die Möglichkeit, dieses Buch in einer motivierenden und intellektuell anregenden Atmosphäre zu schreiben, an den zahlreichen internationalen wissenschaftlichen Konferenzen, Kolloquien, Diskussionen teilzunehmen, bedanke ich mich bei dem Direktor des Max-Planck-Institutes Prof. Dr. Dr. h.c. mult. Ulrich Sieber sowie bei den Mitarbeitern und Gästen des Institutes aus aller Welt. An dieser Stelle danke ich auch für die wissenschaftliche Unterstützung Prof. Dr. Dr. h.c. mult. Luis Arroyo Zapatero sowie Prof. Dr. Juan Carlos Ferré Olivé.

Ebenfalls möchte ich mich bei Ms. Ramona Rantala (Bureau of Justice Statistics (BJS), U. S. Department of Justice) für die Unterstützung, insbesondere mit den nützlichen Materialien und Resources bezüglich der Rechtslage in den USA, bedanken.

Mein besonderer Dank geht an meinen Kollegen Dr. Benjamin Vogel für die Beratung in Sachen deutschen Rechts und das sorgfältige Korrekturlesen des Textes vorliegender Monographie.

Ermuntert durch den Zuspruch von Ministerpräsident a. D. Dr. Lothar de Maizière und Staatssekretär a. D. Prof. Dr. Dieter Flämig hoffe ich, dass dieses Buch der hellen Seite der Rechtswissenschaft dienen kann. An dieser Stelle spreche ich Prof. Dr. Dieter Flämig meinen tiefsten Dank aus für seine unermüdliche

Unterstützung meiner Suche nach interdisziplinären Zusammenhängen und gesellschaftlich-philosophischen Hintergründen.

Meinen wahrhaftig besonderen Eltern, die für mich stets ein Lichtstrahl bleiben, widme ich dieses Buch.

Freiburg **Dr. Svetlana Paramonova**

Inhaltsüberblick

Geleitwort VII

Vorwort IX

Inhaltsverzeichnis XIII

Abbildungsverzeichnis XXIII

Tabellenverzeichnis XXV

Abkürzungsverzeichnis XXVII

1 Einleitung und methodologische Ansätze der Arbeit 1

2 Fälle und Entscheidungen 35

3 Strafanwendungsrecht (Internationales Strafrecht) und
   das Internet 41

4 Die Systematik der dem Schutz von Computerdaten- und
   Computersystemen dienenden Delikte im Überblick.
   Vergleich zwischen Deutschland, Russland und den USA 77

5 Einzelne Strafanwendungsprinzipien 125

6 Falllösung 179

7 Zusammenfassende Würdigung und Schlussbetrachtung 265

Literaturverzeichnis 283

Anhang 307

Inhaltsverzeichnis

Geleitwort VII
Vorwort IX
Inhaltsüberblick XI
Abbildungsverzeichnis XXIII
Tabellenverzeichnis XXV
Abkürzungsverzeichnis XXVII

1 Einleitung und methodologische Ansätze der Arbeit 1
    1.1 Aktualität und Problemdarstellung des Themas 1
    1.2 Aufbau der Arbeit 7
    1.3 Methodologische Ansätze der Arbeit 9
        1.3.1 Objekt und Gegenstand der Untersuchung 9
        1.3.2 Ziele und Aufgaben der Untersuchung 11
        1.3.3 Methoden und System der rechtsvergleichenden Analyse 12
            1.3.3.1 Zeitlicher Aspekt 15
            1.3.3.2 Inhaltlicher / Räumlicher Aspekt 20
    1.4 Begriffliches. Der Tatort „Cyberraum" 25
        1.4.1 Vorbemerkungen 25
        1.4.2 Fachbegriffsbestimmungen und Arbeitsweise des Internets 25
        1.4.3 Der Begriff der Computer-, Internet- und
               Cyberspacekriminalität 31

2 Fälle und Entscheidungen 35
    2.1 Fall: Georgier 35
    2.2 Fall: Herr Pornikov 35
    2.3 Fall: Herr Lust 36
    2.4 Fall: Berliner Unternehmen 36
    2.5 Fall: Moskauer Unternehmen 37
    2.6 Fall: Computervirus „Loveletter" 37
    2.7 Fall: Kasache (Entscheidung des Bezirksgerichts, Russland) 38
    2.8 Fall: Konzentrationslager 38
    2.9 Fall: Australier (Entscheidung des deutschen BGH) 38

2.10 Fall: CompuServe (Entscheidung des Münchener Amtsgerichts) 39
2.11 Fall: People v. World Interactive Gaming Corp. (Entscheidung des New Yorker Gerichts) 39

3 Strafanwendungsrecht (Internationales Strafrecht) und das Internet 41

3.1 Internetbesonderheiten in Verbindung mit der Frage des anwendbaren Strafrechts: „Pull"- und „Push-Technologien" 41
   3.1.1 Problematik 41
   3.1.2 Die Relevanz der Unterscheidung der „Pull"- und „Push-Technologien" 44
      3.1.2.1 Die allgemeine Differenzierung der Internet-Dienste im Rahmen der Strafanwendungsrechtsproblematik 44
      3.1.2.2 Zu den konkreten Möglichkeiten der „Pull"- und „Push-Technologien" 47
      3.1.2.3 Die für Fragen des Strafanwendungsrechts notwendige Differenzierung zwischen spezifischen Internet-Diensten 49
   3.1.3 Die Relevanz der Unterscheidung der „Pull"- und „Push-Technologien" 50
3.2 Grenzenlosigkeit des Cyberspace und Begrenztheit des nationalen Strafanwendungsraums 50
   3.2.1 Problematik 50
   3.2.2 Anwendungsrahmen des nationalen Rechts im Bezug auf transnationale Internetkriminalität 51
      3.2.2.1 Die Möglichkeit der extraterritorialen Anwendung des nationalen Strafrechts 51
      3.2.2.2 Die Frage der Anwendbarkeit der traditionellen Regeln des Strafanwendungsrechts auf den Cyberspace 55
      3.2.2.3 Der nationale Charakter des internationalen Strafrechts (Strafanwendungsrechts) und bestehende Kernunterschied zum internationalen Privatrecht (IPR) 57
      3.2.2.4 Transnationale Kriminalität und nationale Verantwortlichkeit 59

3.2.2.5 Internationaler Cybercrime Gerichtshof..... 61
3.2.3 Ergebnis 62
3.3 Lösung der Jurisdiktionskonflikte im Strafrecht 62
    3.3.1 Legitimierungsvoraussetzungen der nationalen Strafgewalt.... 62
    3.3.2 Lösungsschema 64
    3.3.3 Gegenwärtige Regulierung der Fragen der strafrechtlichen Zuständigkeit im Bezug auf Internetkriminalität auf der internationalen Ebene 67
    3.3.4 Hierarchisierung der Anknüpfungspunkte 69
    3.3.5 Möglichkeiten der Begrenzung der strafrechtlichen Zuständigkeit im Cyberraum auf nationaler Ebene. Sonderbezugspunkte 70
    3.3.6 Ergebnis 75

4 Die Systematik der dem Schutz von Computerdaten- und Computersystemen dienenden Delikte im Überblick. Vergleich zwischen Deutschland, Russland und den USA 77

4.1 Ausspähen von Daten 78
    4.1.1 Deutschland 78
    4.1.2 Russland 81
    4.1.3 USA 82
    4.1.4 Zwischenergebnis 83
4.2 Abfangen von Daten 84
    4.2.1 Deutschland 84
    4.2.2 Russland 85
    4.2.3 Die subjektive Seite des Abfangens von Daten im deutschen und russischen Recht 88
    4.2.4 USA: 18 U.S.C. § 2510 ff. und § 1030 CFAA 90
        4.2.4.1 18 U.S.C. § 2510 ff. 90
        4.2.4.2 18 U.S.C. § 1030 92
        4.2.4.3 Subjektive Seite der 18 U.S.C. § 2510 ff. und § 1030 95
    4.2.5 Zwischenergebnis 96
4.3 Datenveränderung 97
    4.3.1 Grunddelikte der Datenveränderung 97

        4.3.1.1 Deutschland 97
        4.3.1.2 Russland 98
        4.3.1.3 USA 99
    4.3.2 Qualifizierte Datenveränderung 100
        4.3.2.1 Deutschland/Russland 100
        4.3.2.2 USA 103
    4.3.3 Beweiserhebliche Daten 104
    4.3.4 Zwischenergebnis 104
4.4 Schutz von Datenverarbeitungen (Computersabotage) 104
    4.4.1 Deutschland/Russland 104
    4.4.2 USA 107
    4.4.3 Zwischenergebnis 110
4.5 Die subjektive Seite bei Datenveränderung und Computersabotage
    nach deutschem, russischem und amerikanischem Recht 110
4.6 Vorbereitungshandlungen 113
    4.6.1 Deutschland 113
    4.6.2 USA 117
    4.6.3 Russland 118
4.7 Ergebnis 123

5 Einzelne Strafanwendungsprinzipien 125
5.1 Einleitung 125
5.2 Vergleichungstabelle 126
5.3 Strafanwedungsprizipien im Überblick 128
    5.3.1 Territorialitätsprinzip 130
        5.3.1.1 Allgemeines 130
        5.3.1.2 Vergleichstabelle 133
        5.3.1.3 Die deutsche, russische und amerikanische
                Zuständigkeitsregulierung im Cyberraum nach
                dem Territorialitätsgrundsatz 133
                5.3.1.3.1 Deutschland 134
                5.3.1.3.2 Russland 148
                5.3.1.3.3 USA 153
        5.3.1.4 Zwischenergebnis (Territorialitätsprinzip) 158
    5.3.2 Schutzgrundsatz (Realprinzip) 159
        5.3.2.1 Allgemeines 159

Inhaltsverzeichnis

       5.3.2.2 Die deutsche, russische und amerikanische Zuständigkeitsregulierung im Cyberraum nach dem Schutzgrundsatz 159
       5.3.2.3 Zwischenergebnis 163
  5.3.3 Personalitätsprinzip 164
       5.3.3.1 Allgemeines 164
       5.3.3.2 Die deutsche, russische und amerikanische Zuständigkeitsregulierung im Cyberraum nach dem Personalitätsprinzip 164
       5.3.3.3 Zwischenergebnis 169
  5.3.4 Universalitätsprinzip (Weltrechtspflegeprinzip) / Kompetenzenverteilungsprinzip / Prinzip der stellvertretenden Strafrechtspflege 170
       5.3.4.1 Allgemeines 170
       5.3.4.2 Die deutsche, russische und amerikanische Zuständigkeitsregulierung im Cyberraum nach dem Universalitätsprinzip 170
       5.3.4.3 Die deutsche, russische und amerikanische Zuständigkeitsregulierung im Cyberraum nach dem Kompetenzenverteilungsprinzip / Prinzip der stellvertretenden Strafrechtspflege 175
       5.3.4.4 Zwischenergebnis 176
5.4 Ergebnis 176

6 Falllösung 179
6.1 Fall: „Georgier" Fall: „Georgier" 179
  6.1.1 Strafanwendungsrecht 179
       6.1.1.1 Georgien 179
       6.1.1.2 USA 180
       6.1.1.3 Deutschland 181
       6.1.1.4 Russland 182
       6.1.1.5 Kompetenzkonflikt 183
  6.1.2 Materielles Recht 184
       6.1.2.1 Georgien 184
       6.1.2.2 USA 184
       6.1.2.3 Deutschland 184
       6.1.2.4 Russland 185

	6.1.3 Ergebnis nach dem geltenden Recht 185	
	6.1.4 Ergebnis nach der vorgeschlagenen Methode der Kompetenzkonfliktlösung 185	
6.2	Fall: „Herr Pornikov" 186	
	6.2.1 Strafanwendungsrecht 186	
	6.2.1.1 Deutschland 186	
	6.2.1.2 Russland 187	
	6.2.1.3 USA 189	
	6.2.1.4 Kompetenzkonflikt 189	
	6.2.2 Materielles Recht 191	
	6.2.2.1 Deutschland 191	
	6.2.2.2 Russland 192	
	6.2.2.3 USA 192	
	6.2.3 Ergebnis nach dem geltenden Recht 192	
	6.2.4 Ergebnis nach der vorgeschlagenen Methode der Kompetenzkonfliktlösung 193	
6.3	Fall: „Herr Lust" 193	
	6.3.1 Strafanwendungsrecht 193	
	6.3.1.1 Deutschland 193	
	6.3.1.2 Russland 194	
	6.3.1.3 USA 195	
	6.3.1.4 Kompetenzkonflikt 196	
	6.3.2 Materielles Recht 197	
	6.3.2.1 Deutschland 197	
	6.3.2.2 Russland 197	
	6.3.2.3 USA 198	
	6.3.3 Ergebnis nach dem geltenden Recht 198	
	6.3.4 Ergebnis nach der vorgeschlagenen Methode der Kompetenzkonfliktlösung 198	
6.4	Fall: „Berliner Unternehmen" 199	
	6.4.1 Strafanwendungsrecht (Konstellation a) 199	
	6.4.1.1 Deutschland 199	
	6.4.1.2 Russland 201	
	6.4.1.3 USA 202	
	6.4.1.4 Zwischenergebnis 203	
	6.4.2 Materielles Recht (Konstellation a) 203	
	6.4.2.1 Deutschland 203	
	6.4.2.2 Russland 205	

		6.4.2.3 USA 206
		6.4.2.4 Zwischenergebnis 207
	6.4.3	Strafanwendungsrecht (Konstellation b/c) 207
		6.4.3.1 Deutschland 207
		6.4.3.2 Russland 208
		6.4.3.3 USA 209
		6.4.3.4 Zwischenergebnis 210
		6.4.3.5 Kompetenzkonflikt 210
	6.4.4	Materielles Recht (Konstellation b/c) 212
		6.4.4.1 Deutschland 212
		6.4.4.2 Russland 213
		6.4.4.3 USA 214
		6.4.4.4 Zwischenergebnis 215
	6.4.5	Ergebnis nach dem geltenden Recht 215
	6.4.6	Ergebnis nach der vorgeschlagenen Methode der Kompetenzkonfliktlösung 216
6.5	Fall: „Moskauer Unternehmen" 216	
	6.5.1	Strafanwendungsrecht (Konstellation a) 217
		6.5.1.1 Deutschland 217
		6.5.1.2 Russland 217
		6.5.1.3 USA 218
		6.5.1.4 Zwischenergebnis 218
	6.5.2	Materielles Recht (Konstellation a) 219
		6.5.2.1 Deutschland 219
		6.5.2.2 Russland 219
		6.5.2.3 USA 220
		6.5.2.4 Zwischenergebnis 220
	6.5.3	Strafanwendungsrecht (Konstellation b) 220
		6.5.3.1 Deutschland 220
		6.5.3.2 Russland 220
		6.5.3.3 USA 220
		6.5.3.4 Zwischenergebnis 221
		6.5.3.5 Kompetenzkonflikt 221
	6.5.4	Materielles Recht (Konstellation b) 222
		6.5.4.1 Deutschland 222
		6.5.4.2 Russland 223
		6.5.4.3 USA 223
		6.5.4.4 Zwischenergebnis 223

6.5.5 Ergebnis nach dem geltenden Recht ... 223
6.5.6 Ergebnis nach der vorgeschlagenen Methode der Kompetenzkonfliktlösung ... 224
6.6 Fall: Computervirus „Loveletter" ... 224
    6.6.1 Allgemein ... 224
    6.6.2 Strafanwendungsrecht (Konstellation a) ... 225
        6.6.2.1 Deutschland ... 225
        6.6.2.2 Russland ... 227
        6.6.2.3 USA ... 227
        6.6.2.4 Zwischenergebnis ... 229
        6.6.2.5 Kompetenzkonflikt ... 229
    6.6.3 Materielles Strafrecht (Konstellation a) ... 231
        6.6.3.1 Deutschland ... 231
        6.6.3.2 Russland ... 232
        6.6.3.3 USA ... 233
        6.6.3.4 Zwischenergebnis ... 235
    6.6.4 Strafanwendungsrecht (Konstellation b) ... 235
        6.6.4.1 Deutschland ... 235
        6.6.4.2 Russland ... 236
        6.6.4.3 USA ... 236
        6.6.4.4 Zwischenergebnis ... 237
        6.6.4.5 Kompetenzkonflikt ... 237
    6.6.5 Materielles Recht (Konstellation b) ... 238
        6.6.5.1 Deutschland ... 238
        6.6.5.2 Russland ... 239
        6.6.5.3 USA ... 240
    6.6.6 Zwischenergebnis ... 240
    6.6.7 Ergebnis nach dem geltenden Recht ... 240
    6.6.8 Ergebnis nach der vorgeschlagenen Methode der Kompetenzkonfliktlösung ... 240
    6.6.9 Weitere Kompetenzkonflikterwägungen zu Konstellationen a und b. Relevanz des internationalen Kompetenzkonfliktlösungsverfahrens ... 240
6.7 Fall: „Kasache" (Entscheidung des Bezirksgerichts, Russland) ... 242
    6.7.1 Strafanwendungsrecht (Russland) ... 242
    6.7.2 Materielles Recht (Russland) ... 243
    6.7.3 Ergebnis ... 244

- 6.8 Fall: „Australier"... 244
  - 6.8.1 Strafanwendungsrecht.. 244
    - 6.8.1.1 Deutschland.. 244
    - 6.8.1.2 Russland... 247
    - 6.8.1.3 USA/Australien... 248
    - 6.8.1.4 Zwischenergebnis.. 248
    - 6.8.1.5 Kompetenzkonflikt... 248
  - 6.8.2 Materielles Recht... 249
    - 6.8.2.1 Deutschland.. 249
    - 6.8.2.2 Russland... 250
    - 6.8.2.3 USA/Australien... 251
  - 6.8.3 Zwischenergebnis... 252
  - 6.8.4 Ergebnis nach dem geltenden Recht............................... 252
  - 6.8.5 Ergebnis nach der vorgeschlagenen Methode der Kompetenzkonfliktlösung... 252
- 6.9 Fall: „Konzentrationslager".. 253
  - 6.9.1 Strafanwendungsrecht.. 253
    - 6.9.1.1 Deutschland.. 253
    - 6.9.1.2 Russland... 253
    - 6.9.1.3 USA/Australien... 254
    - 6.9.1.4 Zwischenergebnis.. 254
    - 6.9.1.5 Kompetenzkonflikt... 254
  - 6.9.2 Materielles Recht... 255
    - 6.9.2.1 Deutschland.. 255
    - 6.9.2.2 Russland... 255
    - 6.9.2.3 USA/Australien... 255
    - 6.9.2.4 Zwischenergebnis.. 255
  - 6.9.3 Ergebnis nach dem geltenden Recht............................... 255
  - 6.9.4 Ergebnis nach der vorgeschlagenen Methode der Kompetenzkonfliktlösung... 256
  - 6.9.5 Kompetenzkonflikterwägungen zu den Fällen: „Australier"/ „Konzentrationslager". Relevanz des internationalen Kompetenzkonfliktlösungsverfahrens........... 256
- 6.10 Fall: „CompuServe" (Entscheidung des Münchener Amtsgerichts) . 257
- 6.11 Fall: "People v. World Interactive Gaming Corp." (Entscheidung des New Yorker Gerichts)....................................... 261
- 6.12 Kompetenzkonflikte innerhalb der Beispielsfälle............................. 262

7 Zusammenfassende Würdigung und Schlussbetrachtung 265
7.1 Flexibilisierung und Ausdehnung des Strafrechts 266
7.2 Versuchtes Festhalten am Territorialitätsprinzip 269
7.3 Bedeutungszunahme des Auswirkungsgrundsatzes 272
7.4 Zuordnung des Auswirkungsgrundsatzes zum Schutzprinzip 274
7.5 Lösungsansätze. 277
7.6 Schlusswort 280

Literaturverzeichnis 283

Anhang 307

Abbildungsverzeichnis

Abbildung 1: Soziale Hinsicht 13
Abbildung 2: Legende zu den Abbildungen 1, 3 und 4 13
Abbildung 3: Perspektive der juristischen Lehre 14
Abbildung 4: Rechtlich-normative Hinsicht 14
Abbildung 5: Internet-Gebrauch in einigen Staaten 15
Abbildung 6: Vergabeorganisationen im Internet 31
Abbildung 7: Zur Einteilung der Delikte (Erfolgs- und Tätigkeitsdelikte / Verletzungs- und Gefährdungsdelikte) 138
Abbildung 8: Zur Meinungsübersicht zum Vorliegen eines Erfolgs i.S.d. § 9 StGB bei Verletzungsdelikten, konkreten, abstrakt-konkreten und abstrakten Gefährdungsdelikten 139
Abbildung 9: Vorrang: Regel vs. Ausnahme 276

Tabellenverzeichnis

Tabelle 1: Cyberspacekriminalität 9
Tabelle 2: Die Normen des 18 U.S.C. § 1030 83
Tabelle 3: Überblick der Strafanwendungsprinzipien bezüglich Cybercrime im Vergleich: Deutschland, Russland, USA 126
Tabelle 4: Territorialitätsgrundsatz im Bezug auf Cybercrime (z.B. Inhaltsverbreitungs- und Äußerungsdelikte; Computersysteme- und Datenschutzdelikte) 133
Tabelle 5: Umfang des Territorialitätsgrundsatzes im Vergleich zum Schutzprinzip im Bezug auf Cybercrime 177
Tabelle 6: Zur Systematik der Computerdaten- und Computersystemschutzdelikte im Überblick (Vergleich zwischen Deutschland, Russland und den USA) 307

Abkürzungsverzeichnis

a.A.	andere Ansicht
a.F.	alte Fassung
Abs.	Absatz
AfP	Archiv für Presserecht
AG	Amtsgericht
Alt.	Alternative
AM.J.Int'l L.	American Journal of International Law
APNIC	Asien IP Network Coordination Center
Art.	Artikel
Aufl.	Auflage
Az.	Aktenzeichen
BayObLGSt	Entscheidungen des Bayerische Obersten Landesgerichts
Bd.	Band
BGB	Bürgerliches Gesetzbuch
BGBl.	Bundesgesetzblatt
BGH	Bundesgerichtshof
BGHSt	Entscheidungen des Bundesgerichtshofs in
BGHZ	Entscheidungen des Bundesgerichtshofs in Zivilsachen
BKA	Bundeskriminalamt
BRD	Bundesrepublik Deutschland
BVerfG	Bundesverfassungsgericht
BVerwG	Bundesverwaltungsgericht
bzgl.	bezüglich
bzw.	beziehungsweise
c't	Magazin für Computertechnik
ca.	Circa
CFAA	US Computer Fraud and Abuse Act 1984
CR	Computer und Recht
d.h.	das heißt
DB	der Betrieb
DENIC	Deutsches Network Information Center
ders.	derselbe
d.h.	das heißt

dies.	dieselbe
Diss.	Dissertation
DRiZ	Deutsche Richterzeitung
DuD	Datenschutz und Datensicherung
DuR	Demokratie und Recht
e.A.	eine(r) Ansicht
EDV	Elektronische Datenverarbeitung
EGBGB	Einführungsgesetz zum Bürgerlichen Gesetzbuch
EMRK	Europäische Konvention zum Schutze der Menschenrechte und Grundfreiheiten 1950
etc.	et cetera
EU	Europäische Union
EuHbG	Europäisches Haftbefehlsgesetz Gesetz
f.	folgende
ff.	fortfolgende
Fn.	Fußnote
FS	Festschrift
FTP	File Transfer Protokoll für den elektronischen Geschäftsverkehr
FZ RF	Bundesgesetz Russischer Föderation
GA	Goltdammer's Archiv für Strafrecht
gem.	gemäß
GG	Grundgesetz
GS	Großer Strafsenat
GUS-Staaten	Gemeinschaft Unabhängiger Staaten
h.M.	herrschende Meinung
HRRS	Online-Zeitschrift für Höchstrichtliche Rechtsprechung im Strafrecht
Hrsg.	Herausgeber
i.d.S.	in diesem Sinne
i.e.S.	im engeren Sinne
i.S.d.	im Sinne des
i.S.v.	im Sinne von
i.V.m.	in Verbindung mit
i.w.S.	im weiteren Sinne
IANA	Internet Assigned Numbers Authority
InterNIC	International Network Information Center
IRC	Internet Relay Chat

IuKDG	Informations- und Kommunikationsdienste-Gesetz
IuK-Technologie	Informations- und Kommunikationstechnologie
IuR	Informatik und Recht
JA	Juristische Arbeitsblätter
JR	Juristische Rundschau
JurPC	Internet-Zeitschrift für Rechtsinformatik
JuS	Juristische Schulung
JuSchG	Jugendschutzgesetz
JZ	Juristenzeitung
K&R	Kommunikation & Recht
LAN	Lokal Area Network
LG	Landgericht
LKA	Landeskriminalamt
m.V.a.	mit Verweis auf
MDR	Monatsschrift für Deutsches Recht
MDStV	Mediendienstestaatsvertrag
Mio.	Millionen
MMR	MultiMedia und Recht
Mrd.	Milliarden
n.F.	neue Fassung
NJ	Neue Justiz
NJW	Neue Juristische Wochenschrift
NJW-CoR	Computerreport der NJW
NK-StGB	Nomos Kommentar zum Strafgesetzbuch
Nr.	Nummer
NSI	Network Solutions, Inc.
NStZ	Neue Zeitschrift für Strafrecht
OLG	Oberlandesgericht
PC	Personalcomputer
PGP	Pretty Good Privacy
RabelsZ	Zeitschrift für ausländisches und internationales Privatrecht
RDV	Recht der Datenverarbeitung
RF	Russische Föderation
RG	Reichsgericht
RGBl.	Reichsgesetzblatt
RIPE NCC	Réseaux IP Européens Network Coordination Center, in Amsterdam
Rn.	Randnummer

RStGB	Reichsstrafgesetzbuch
S.	Seite
s.o.	siehe oben
s.u.	siehe unten
StGB	Strafgesetzbuch von Bundesrepublik Deutschland
StIGH	Ständiger Internationaler Gerichtshof
StPO	Strafprozessordnung
StRÄndG	Strafrechtsänderungsgesetz
StrRG	Strafrechtsreformgesetz
StV	Strafverteidiger
TDG	Teledienstegesetz
TKG	Telekommunikationsgesetz
TMG	Telemediengesetz
u.ä.	und ähnliche
u.a.	unter anderem
UKRF	Strafgesetzbuch von Russischer Föderation (Ugolovnij Kodeks Rossijskoj Federazii)
UNO	United Nations Organization (Organisation der Vereinten Nationen)
USA	United States of America (Vereinigte Staaten von Amerika)
UrHG	Urheberrechtsgesetz
URL	Uniform Resource Locator
vgl.	vergleiche
VRS	Verkehrsrechtssammlung
2. WiKG	Das Zweite Gesetz zur Bekämpfung der Wirtschaftskriminalität
wistra	Zeitschrift für Wirtschaft, Steuer und Strafrecht
WWW	World Wide Web
ZaäRV	Zeitschrift für ausländisches öffentliches Recht und Völkerrecht
z.B.	zum Beispiel
Ziff.	Ziffer
ZIS	Zeitschrift für Internationale Strafrechtsdogmatik
ZRP	Zeitschrift für Rechtspolitik
ZStW	Zeitschrift für die gesamte Strafrechtswissenschaft
ZUM	Zeitschrift für Urheber- und Medienrecht
ZUM-RD	Zeitschrift für Urheber- und Medienrecht - Rechtsprechungsdienst

1 Einleitung und methodologische Ansätze der Arbeit

1.1 Aktualität und Problemdarstellung des Themas

Die rasante Entwicklung der neuen Informations- und Kommunikationstechnologien und der elektronischen Datenverarbeitung (EDV) in den letzten Jahren kann man als eines der wichtigsten Merkmale der Informationsgesellschaft[1] bezeichnen - einer Gesellschaft, in welcher das Entwicklungsniveau der Kommunikations- und Informationsmöglichkeiten wesentlich die Qualität des Lebens und die weiteren wirtschaftlichen Perspektiven determiniert.[2] Vor allem gewinnt das weltumspannende Computernetzwerk Internet, welches sich im Laufe der Zeit von einem Forschungsnetz und einer Technologieplattform für Computerspezialisten zu einem „Jedermann-Medium" entwickelte, stetig an Aktualität und Bedeutung und ermöglicht bereits heute Omnipräsenz.[3]

Das Internet übernimmt teilweise die Gefahren aus dem Bereich traditioneller Kommunikationsformen (Presse, Rundfunk etc.), schafft aber zudem spezifische Gefahren und Probleme, vor allem rechtlicher Natur, die unter anderem in der „enthemmenden Anonymität"[4] und Kurzweiligkeit des Netzes gründen.[5] Moderne Methoden grenzüberschreitenden strafbaren Verhaltens bergen die Gefahr enormer finanzieller Verluste sowohl im öffentlichen, als auch im priva-

---

[1] *Tereschenko*, Pravovoi rezhim informazii, 2008, S. 3, 7 ff.; *Martin*, Informazionnoe obschestvo, 1990, S. 42; *Meluchin*, Informazionno obschestvo i gosudarstvo, 1997.
[2] *Paramonova*, University Academic Digest, 2013; *Martin*, Informazionnoe obschestvo, 1990, S. 42; *Kudlich*, GA 2011, S. 193 ff.
[3] Die zunehmende Bedeutung des globalen Weltnetzes Internet wurde bereits 1994 in einer Erklärung des „European Round Table of Industrialists" wie folgt beschrieben: „Die Datenautobahnen werden einen größeren Einfluss auf die künftige Entwicklung von Wirtschaft und Gesellschaft haben, als es physikalische Infrastrukturen wie Bahn, Elektrizität und Telefon jemals hatten"; entnommen aus Fuhrberg, Sicherheit im Internet, abrufbar unter: http://www.bsi.bund.de/literat/doc/sinetdoc/sinetstd.htm; Dazu *Markus Köhler/Arndt/Fetzer*, Recht des Internets, 2011, S. 2; *Popp*, JuS 2011, S. 385.
[4] *Engel*, AfP 1996, S. 220.
[5] *Gounalakis/Rhode*, Persönlichkeitsschutz im Internet, 2002, Rn. 1.

ten Sektor.[6] Der Kreis der potentiell Betroffenen erweitert sich parallel zur zunehmenden Digitalisierung der Gesellschaft.[7] Das Internet bietet sowohl für den Nutzer als auch für die kontrollierenden Behörden **zahlreiche Möglichkeiten**, schnell, kostengünstig und unabhängig von geografischen Grenzen diverse Informationen zu übermitteln und zu erlangen,[8] und neue Ermittlungsinstrumente einzusetzen. Soweit das Internet zur Begehung von kriminellen Handlungen eingesetzt wird, nimmt aber zugleich auch der kriminelle **Missbrauchsbereich** zu.[9] Nicht nur eröffneten sich dabei bisher unbekannte Missbrauchsmöglichkeiten, sondern zudem Wege, bereits bekannte Straftaten auf neuartige Weise zu begehen.[10] Die Missbrauchsformen, die unter den Begriff der Internetkriminalität zusammengefasst werden können, sind vielfältig. Computerattacken im Internet richten sich vorwiegend gegen die Verfügbarkeit, die Integrität oder die Vertraulichkeit von Informationen und erfolgen entweder durch Schadensprogramme oder durch einen unbefugten Zugang zu Computern über das Netz.[11]

Aus der Sicht des Strafrechts bringt das Phänomen des Cyberraums eine neue Qualität strafrechtlich relevanten Verhaltens mit sich, sodass man von einer neuen „Typologie strafrechtlich relevanten Verhaltens"[12] sprechen kann. Geprägt wird sie insbesondere durch die Anonymität des Internet, dessen grenzüberschreitende Natur und die Geschwindigkeit elektronischer Kommunikation. Wenn man jedoch behauptet, dass Internetkriminalität ein **transnationales Phänomen**[13] sei und eine effektive Strafverfolgung von Cybercrime vorwiegend durch internationale Kooperation erfolgen müsse, so darf man die **Bedeutung**

---

[6] Siehe etwa: *Bureau of Justice Statistics U.S. Department of Justice's (BJS)*. Cybercrime against Businesses: http://www.bjs.gov/index.cfm?ty=pbdetail&iid=371.
[7] *Paramonova*, Ugolovnaja Yurisdikzija v Internet-prestuplenijah, 2009, S. 77 ff.; *Paramonova*, Sozial'naja znachimost' pravovogo regulirovanija internet-prostranstva, 2009, S. 236 – 240.
[8] Das Internet bieten auch für die Strafverfolgung neue Ansätze, etwa im Kampf gegen Kinderpornographie. Fahnder kommen nur schwer an die Täter, weil diese oft in geschlossenen Tauschkreisen agieren. Wenn dann allerdings ein Zugriff in ein solches System gelingt, wird meist gleich ein weltweit tätiger Ring ausgehoben; vgl. Interview mit Prof. U. *Sieber*, Süddeutsche.
[9] Siehe etwa: *Bureau of Justice Statistics U.S. Department of Justice's (BJS)*. Cybercrime: http://www.bjs.gov/index.cfm?ty=tp&tid=41.
[10] *Dannecker*, Neuere Entwicklungen im Bereich der Computerkriminalität, 1996, S. 1285; *Kudlich*, GA 2011, S. 193 ff.
[11] *Tropina*, Kiberprestupnost', 2005, S. 2 ff.;*Vetter*, Gesetzeslücken bei der Internetkriminalität, 2002, S. 9 ff.
[12] *Barton*, Multimedia-Strafrecht, 1999, S. 2.
[13] *Zinina*, Prestuplenija v oblasti kompjuternoi informazii, 2007; *Golubev*, Cybercrimes – Analytical data compiled, 2008; *Kuzmenyuk*, Sotrudnichestvo v oblasti visokih technologij, 2008.

1.1 Aktualität und Problemdarstellung des Themas

des nationalen Strafrechts nicht unterschätzen.[14] Dies liegt vor allem daran, dass die wesentlichen Fragen der internationalen Zusammenarbeit im strafrechtlichen Bereich weiterhin überwiegend national geprägt sind.[15] Folglich ist es zwar erforderlich, adäquate rechtliche Maßnahmen zur Bekämpfung von Straftaten und Regelung hinsichtlich der nationalen strafrechtlichen Zuständigkeit auf internationaler Ebene zu entwickeln und zu harmonisieren.[16] Diese müssen dann aber auch auf nationaler Ebene implementiert werden, da der rasanten Entwicklung der Cyberkriminalität letztlich nur durch effektives Handeln auf der Ebene der einzelnen Staaten entgegengewirkt werden kann. Auf internationaler Ebene stellt dabei für den Bereich der Cyberkriminalität das Übereinkommen über Computerkriminalität des Europarats[17] einen Meilenstein dar.

Mit der Zeit könnten sich in diesem Bereich jedoch auch darüber hinausgehende Formen der zwischenstaatlichen Zusammenarbeit entwickeln.[18] So ist es durchaus denkbar, dass aufgrund des enormen Potenzials der mit der Digitalisierung wesentlicher Infrastrukturen verbundenen und teilweise noch nicht einmal identifizierten Cybergefahren in Zukunft die Gründung einer **Internationalen Gerichtlichen Strafrechtsinstitution für Cybercrime** (Internationaler Cybercrime Gerichtshof[19]) nach dem Muster des Internationalen Strafgerichtshofs erforderlich wird. Eine solche hätte vor allem die Aufgabe, Jurisdiktionsfragen in Fällen schwerer Cyberkriminalität zu lösen.[20]

Auf nationaler und internationaler Ebenen bereiten sowohl strafanwendungsrechtliche als auch materiell-rechtliche Aspekte der Cyberkriminalität zahlreiche Probleme.[21] Die Zuständigkeitskonflikte ergeben sich unvermeidbar aus der grenzüberschreitenden Natur der Datenströme, denn die Internetgefahren (etwa Computerviren, verbotene Inhalte usw.) kennen keine nationalen Grenzen.[22]

Es stellt sich also die Frage, welches nationale Strafrecht (Strafanwendungsrecht und materielles Recht) wann und inwieweit zur Anwendung kommt. Dabei

---

[14] *Eser/Kreicker*, Nationale Strafverfolgung völkerrechtlicher Verbrechen, S. 64 ff., 76; *Hecker*, Europäisches Strafrecht, S. 196 ff..
[15] Siehe auch: *Paramonova*, Extraterritorial jurisdiction in Russia, 2011, S. 297 – 315.
[16] *Paramonova*, University Academic Digest, 2013.
[17] Übereinkommen über Computerkriminalität vom 23. November 2001.
[18] *Tropina/Gercke*, CRi 2009, S. 136 ff.
[19] *Ahlbrecht/Böhm/Esser/Hugger/Kirsch/Rosenthal*, Internationales Strafrecht in der Praxis, 2008, S. 99 ff; *Beulke*, Strafprozessrecht, 2010, S. 5 ff; *Eser/Kreicker*, Nationale Strafverfolgung völkerrechtlicher Verbrechen, S. 50 ff.; *Gless*, Internationales Strafrecht, 2011.
[20] *Paramonova*, University Academic Digest, 2013.
[21] *Schmölzer*, ZStW 2011, S. 709 ff.
[22] *Kuner*, CR 1996, S. 453 ff.; *Kudlich*, GA 2011, S. 193 ff.

haben materiell-rechtliche Fragen direkten Einfluss auf die Problematik des Strafanwendungsrechts, da die Anwendbarkeit eines bestimmten nationalen Strafrechts zunächst von dessen materiell-rechtlichen Vorschriften abhängig ist. Denn beim Fehlen eines entsprechenden Tatbestandes liegen die Anwendungsvoraussetzungen (Legitimierungsvoraussetzungen) des jeweiligen nationalen Strafrechts nicht vor. Dies wird etwa dann deutlich, wenn die in einem Staat als Verbreitung kinderpornographischer[23] Schriften qualifizierte Tat in einem anderen aufgrund einer abweichenden Altersgrenze straflos bleibt. Ohne einen strafanwendungsrechtlichen Legitimierungsgrundsatz ist die Anwendung eines Tatbestands des nationalen Rechts auf das darin kriminalisierte Verhalten nicht zu rechtfertigen.

In der vorliegenden Arbeit wird auf entsprechende **materiell-rechtliche Fragen** eingegangen.[24] Die ausgewählten Computerdelikte[25] werden dabei vor allem im Hinblick auf die Strafanwendungsrechtsproblematik im Rahmen der deutschen, russischen und US-amerikanischen (dort bezogen auf die föderale Ebene) Rechtssysteme vergleichend analysiert. Insbesondere wird es dabei um Inhaltsverbreitungs- und Äußerungsdelikte im Internet und Computersysteme- und Datenschutzdelikte (etwa Abfangen von Daten) gehen.

Im Bezug auf das **Strafanwendungsrecht** werden die nationalen strafrechtlichen Zuständigkeitskonzepte im Cyberraum einander gegenübergestellt. Dabei sind sowohl die im klassischen Strafanwendungsrecht anwendbaren Anknüpfungspunkte, als auch gegebenenfalls bestehende spezielle Strafanwendungsregeln zu beachten. Hinsichtlich des russischen[26] und des deutschen Strafrechts finden für den Cyberspace jene für die althergebrachten Straftaten geltenden Strafanwendungsprinzipien Anwendung. In den USA hingegen sind Zuständigkeitsfragen für den Cyberraum sowohl auf der föderalen Ebene als auch in Gesetzen einiger Bundesstaaten durch spezielle Vorschriften besonders geregelt.

Besondere Aufmerksamkeit muss dabei dem **Territorialitätsprinzip** gelten. Bei diesem handelt es sich um den einzigen Legitimierungsgrundsatz, der allen Rechtsordnungen weltweit eigen ist und als anerkanntester und am häufigsten angeführter Rechtfertigungsgrundsatz für die Anwendung des jeweiligen nationalen Strafrechts dient. Allerdings läuft eben dieser Grundsatz jedenfalls in seinem traditionellen Verständnis in vielen Cyberspace-Konstellationen leer. Der

---

[23] Siehe dazu: *Hörnle*, in: Münchener Kommentar, § 184g StGB, Rn. 1 ff.
[24] Siehe auch: *Paramonova*, Concept and systematization of the criminal offense in Russia, 2011 S. 86 – 97.
[25] Siehe Kapitel 4 Die Systematik der Delikte im Überblick, S. 77 ff.
[26] Siehe *Paramonova*, Extraterritorial jurisdiction in Russia, 2011, S. 297 – 315.

1.1 Aktualität und Problemdarstellung des Themas 5

Begriff des Tatorts kann im Bezug auf das Internet unterschiedlich ausgelegt werden, beispielsweise als Standort des Servers, Standort des Rechners, als Ort des tatsächlichen Zugangs zum Internet und/oder als Erfolgsort. Von der jeweiligen Auslegung (bzw. Festlegung) des Legitimierungsgrundsatzes ist im Endeffekt die (Nicht)Anwendung des jeweiligen nationalen Strafrechts abhängig.

Im Rahmen des Strafanwendungsrechts stellt sich allerdings die auf dem Grundsatz staatlicher Souveränität beruhende Frage, inwieweit ein Staat mit Blick auf das Völkerrecht sein nationales Strafrecht für auf außerhalb seines Territoriums begangene Taten anwendbar erklären kann.[27] Zur Begründung extraterritorialer Zuständigkeit kommen weitere Strafanwendungsprinzipien in Betracht, etwa das Schutz- oder das Personalitätsprinzip. Auf die Prinzipien wird im Einzelnen vergleichend eingegangen.

Das Erkenntnisinteresse der Arbeit basiert vor allem auf ihrem rechtsvergleichenden Charakter, der einen synergetischen[28] Effekt erwarten lässt. Rechtsordnungen und Rechtsnormen können als Bestandteile des dynamischen und globalisierten Systems der **Informationsgesellschaft** nicht isoliert existieren. Im Rahmen der Informationsgesellschaft müssen immer wieder Neuentwicklungen sowohl auf der internationalen als auch der nationalen Ebene anderer Rechtsordnungen berücksichtigt werden. Rechtsordnungen kommen auf verschiedene Weise in Berührung, etwa durch die Übernahme fremder nationaler Rechtsnormen oder durch die Implementierung von auf internationaler Ebene harmonisierten Recht, welches wiederum im Wege der Annährung unterschiedlicher nationaler Normen entwickelt wurde. Außerdem kommt es im Kontext des Strafanwendungsrechts vor, dass die rechtliche Lage in einem Staat eine direkte Wirkung auf die Strafverfolgung im Rahmen einer anderen Rechtsordnung hat (z.B. bei der Voraussetzung der Doppelstrafbarkeit oder bei der Beachtung der gerichtlichen Entscheidungen ausländischer Staaten). Entsprechende Konstellationen werden in der Arbeit im Bezug auf ausgewählte Rechtssysteme analysiert und anhand konkreter Beispiele geschildert.

Die besondere Bedeutung des „**synergetischen Effekts**" ist insbesondere dann nicht zu unterschätzen, wenn es sich um eine höchst international geprägte und rasant entwickelnde Rechtsmaterie wie den Cyberspace handelt. Denn viele

---

[27] Strafrechtliche Forschungsarbeiten *MPI* 2006-2007, S. 40.
[28] Die *Synergetik* ist die Lehre vom Zusammenwirken von Elementen gleich welcher Art, die innerhalb eines komplexen dynamischen Systems miteinander in Wechselwirkung treten (bspw. Moleküle, Zellen, Normen oder Menschen). Mehr dazu: *Haken*, Synergetik, 1982; *Graham/Wunderlin*, Lasers and Synergetics, 1987 *Korotayev/Malkov/Khaltourina*, Social Macrodynamics, 2006; *Arschinov/Budanov*, Synergetik an der Wende, 2007.

neue Phänomene aus dem Bereich der Internetkriminalität lassen sich manchmal nur noch schwerlich unter die bestehenden Strafvorschriften des nationalen Rechts subsumieren, da sich die „technologisierten" Begehungsformen des Cybercrime deutlich schneller entwickeln als eine adäquate gesetzgeberische Begleitung dieser Entwicklung. Es ergibt sich dann die Möglichkeit und gar die Notwendigkeit, innovative Ansätze *rechtlicher Kontrollmöglichkeiten* solcher Rechtsordnungen zu berücksichtigen, in denen die Entwicklung der modernen Technologien und damit auch die Entwicklung der Internetkriminalität bereits zu einem früheren Zeitpunkt gesellschaftliche Bedeutung gewonnen hat. Außerdem kann die Kenntnis der vielfältigen landesspezifischen Begehungsformen von Cybercrime und der entsprechenden Straftatbestände für andere Staaten unabhängig von ihrer informationstechnologischen Entwicklung relevant sein. Denn auch solche in einem Staat (noch) unbekannte Formen von Cybercrime können, obwohl sie im Ausland begangen werden, trotzdem eine unmittelbare Wirkung innerhalb dieses Staates entfalten.

Die Auswahl der vorliegend untersuchten Rechtsordnungen erklärt sich damit, dass durch die Ergebnisse der Rechtsvergleichung ein differenziertes Bild der Materie ermöglicht werden soll. Deutschland und die USA haben einen Vorsprung in der rechtlichen Regulierung des Cyberraums, was mit der relativ frühzeitigen gesellschaftlichen und rechtlichen Etablierung des Internets (insbesondere in den USA) erklärt werden kann. Russland gehört zu jenen Staaten, von denen ein beträchtliches Cybergefahrenpotential ausgeht und in denen eine besondere Vielfalt unterschiedlichster Cybercrime-Begehungsformen feststellbar ist. Andererseits zeichnet sich in Russland zukünftig ein „Internet-Boom" ab, weshalb in rechtlicher Hinsicht adäquate Regulierungsformen des Cyberraums von immer größerer Aktualität sind.[29]

Cybercrime erscheint sowohl hinsichtlich der Begehungs- als auch der Kontrollmöglichkeiten als geradezu grenzenlos, denn: "The list of cybercrimes is a neverending one; with each day newer forms of criminal behavior are being witnessed in the cyber world"[30]. Dies bedeutet, dass auch die gegenseitige Kenntnisnahme fremder Rechtsordnungen letztlich eine Notwendigkeit darstellt. Die vorliegende rechtsvergleichende Analyse soll neue kumulative Ergebnisse auf der nationalen und der internationalen Ebenen in diesem Bereich liefern. In der vergleichenden Gesamtbetrachtung der Rechtsordnungen als Bestandteile der

---

[29] Siehe Kapitel 1 Einleitung und methodologische Ansätze der Arbeit (*Methoden und System der rechtsvergleichenden Analyse*), S. 12 ff.; *Tropina*, Kiberprestupnost´, 2005 S. 3 ff.
[30] *Joga Rao*, Law of Cyber Crimes, 2004, S. 49.

1.2 Aufbau der Arbeit

Informationsgesellschaft ergeben sich möglicherweise neue Lösungen und Erkenntnisse, die bei einer isolierten Betrachtung unsichtbar bleiben würden.

1.2 Aufbau der Arbeit

Sachkriterium als Ausgangspunkt. Einer kurzen Begründung bedarf zunächst, warum die Struktur der vorliegenden Untersuchung nach *sachlichen* Kriterien und nicht nach *Ländern* geordnet ist. Dies gilt sowohl für die Darstellung der materiell-rechtlichen Vorschriften im Teil 4 (gegliedert nach jeweiligem strafbaren Verhalten), als auch für die Darstellung des Strafanwendungsrechts im Teil 5 (gegliedert nach Strafanwendungsgrundsätzen).

Für den Cyberspace sind die nationalen Regelungen nur ein erster Ansatzpunkt für das Auffinden universeller Lösungen, da in Anbetracht seiner internationalen Natur eine Lösung von Kollisionsfällen letztlich nur auf supra- oder internationaler Ebene gefunden werden kann. Zwar sind die materiell-rechtlichen nationalen Regelungen von großer Bedeutung (Land-Kriterium), jedoch bilden die allgemeinen Prinzipien des Strafanwendungsrechts das Hauptforschungsobjekt (Sach-Kriterium).

Indem die Struktur der Arbeit das Sachkriterium einem Land-Kriterium vorzieht, wird es möglich, rechtsvergleichenden Fragen des Strafanwendungsrechts gegenüber einer materiell-rechtlichen Analyse den Vorrang einzuräumen. Die ausgewählten Rechtsordnungen dienen repräsentativ der Beschreibung jener im Cyberspace feststellbaren Strafanwendungsprobleme. Wichtig ist allerdings dabei die bewusste Auswahl der hier untersuchten Länder.

Vor der Analyse der Strafanwendungsprinzipien müssen **zunächst die relevanten materiell-rechtlichen Tatbestände** untersucht werden.[31] Denn die Anwendbarkeit eines bestimmten nationalen Strafrechts ist zunächst von seinen materiell-rechtlichen Vorschriften abhängig. Das Strafanwendungsrecht kann entweder deliktspezifisch geprägt sein (etwa in Deutschland und teilweise in den USA) oder allgemeine Regeln enthalten, welche in den Strafanwendungsnormen keinen ausdrücklichen Verweis auf konkrete Straftatbestände enthalten (wie etwa in Russland). Deswegen ist es notwendig, zunächst einen Überblick der einschlägigen Tatbestände zu schaffen.

---

[31] Siehe Kapitel 4 Die Systematik der Delikte im Überblick, S. 77 ff.

Im Gegensatz dazu unterscheidet sich das **traditionelle (anerkannte) juristische Lösungsschema** dadurch, dass das Strafanwendungsrecht der materiellrechtlichen Prüfung vorangestellt wird. Dies beruht auf dem Gedanken, dass der nationale Richter regelmäßig zunächst nach seiner Zuständigkeit fragen wird, bevor er in eine detaillierte Prüfung der Tatbestandsmerkmale einsteigt.[32]

Im ersten Teil der Arbeit werden zunächst der Untersuchungsgegenstand der Arbeit, die dabei zu behandelnden Kernprobleme sowie das verfolgte Erkenntnisinteresse benannt und grundlegende Rechtsbegriffe sowie relevanten Fachbegriffe des Internets erläutert. Zwar sollen technologische Fragen nicht weiter vertieft werden, ein diesbezügliches Grundwissen ist aber für das Verständnis und die strafrechtliche Qualifizierung der hier dargestellten Erscheinungsformen der Internetkriminalität erforderlich.

Im zweiten Teil werden zur Verdeutlichung der hier behandelten Fragen reale Gerichtsentscheidungen und hypothetische Fälle dargestellt, welche im weiteren Verlauf der Arbeit problematisiert und gelöst werden.

Im dritten Teil der Arbeit wird auf die Grundlagen des Strafanwendungsrechts im Kontext des Cyberspace eingegangen. Zunächst wird die Problematik der Grenzenlosigkeit des Internets und der Begrenztheit des Anwendungsbereichs nationalen Strafrechts herausgearbeitet. Im Anschluss werden mit Blick auf einschlägige Legitimierungsvoraussetzungen der nationalen Strafgewalt Lösungen strafrechtlicher Jurisdiktionskonflikte im Cyberspace vorgeschlagen.

Der vierte Teil beschäftigt sich mit dem systematischen Rechtsvergleich der konkreten Computerdelikte (gegliedert nach jeweiligem strafbarem Verhalten) im Rahmen des deutschen, russischen und des (föderalen) amerikanischen Rechts. Insbesondere werden dabei einzelne strafrechtliche Inhaltsverbreitungs- und Äußerungsdelikte im Internet sowie Computersystem- und Datenschutzdelikte analysiert.

Im fünften Teil wird die Stellung der unterschiedlichen Strafanwendungsprinzipien im Rahmen der ausgewählten Rechtsordnungen betrachtet. Der systematische Vergleich dieser Prinzipien im Bezug auf den Cyberspace wird dabei einerseits auf bestimmte Deliktgruppen bezogen, andererseits erfolgt er auf der Grundlage sowohl realer als auch hypothetischer Fälle. Besondere Aufmerksamkeit gilt dabei dem Territorialitätsprinzip.

Im sechsten Teil wird die Lösung jener, der Untersuchung vorangestellten praktischen Fälle und gerichtlichen Entscheidungen dargestellt.

---

[32] *Jescheck/Weigend*, AT § 18 I, 1, S. 163 f.; *Lehle*, Der Erfolgsbegriff im Internet, 1999, S. 30.

Es schließt sich **in der Schlussbetrachtung (im siebten Teil)** der Arbeit eine Diskussion über die möglichen strafrechtlichen Änderungen in den entsprechenden Rechtsordnungen sowohl auf nationaler als auch auf internationaler Ebene im Bereich der Cyberkriminalität an. Die Schwierigkeiten des Territorialitätsprinzips als dem herrschenden Konzept bei seiner Anwendung auf Cybercrime werden diskutiert und die wachsende Bedeutung des Schutzprinzips im Cyberspace angedeutet.

1.3 Methodologische Ansätze der Arbeit

Internetkriminalität hat viele soziale, politische und rechtliche Aspekte, die alle ein selbstständiges Forschungsobjekt darstellen können. In diesem Abschnitt werden Objekt, Gegenstand, Ziele und Methoden der Untersuchung erläutert.

1.3.1 Objekt und Gegenstand der Untersuchung

Tabelle 1: Cyberspacekriminalität

Cyberspacekriminalität
Computerkriminalität
Cybercrime begangen in diversen Computernetzen
Cybercrime (begangen im globalen Computernetz-Internet)- **Internetkriminalität**
Einzelne Delikte: Inhaltsverbreitungs- und Äußerungsdelikte im Cyberspace; Computersystem- und Datenschutzdelikte (Strafanwendung/materiell-rechtliche Regulierung)

Forschungsobjekt der vorliegenden Arbeit sind rechtliche Fragen, die sich bei der Bekämpfung von Internetkriminalität sowohl im nationalen Rahmen in Deutschland, Russland und den USA, als auch auf internationaler Ebene stellen. Internetkriminalität wird in der vorliegenden Arbeit als eine Kategorie des umfassenderen Begriffs der Computerkriminalität betrachtet. Dabei wird in lokalen

Computernetzen[33] begangene Computerkriminalität von jenen Formen des Cybercrime unterschieden, bei denen das Internet der Tatort ist (*siehe Tabelle 1*). Der Begriff der Cyberspacekriminalität ist allerdings auch auf sich ständig fortentwickelnde neue Technologien mit Cyberspace-Bezug zu erstrecken, etwa auf IPhones.[34]

Zur Kategorie der Tatbestände, die in der vorliegenden Arbeit in Zusammenhang mit der Zuständigkeitsproblematik analysiert werden, gehören die Computerstraftatbestände im engeren Sinne.[35] Dazu zählen jene Delikte, die mittels und im virtuellen Raum begangen werden können. Der Computer (oder die computerähnlichen Geräte, etwa Smartphone) dient dabei als Speichergerät oder Kommunikationsmittel.[36] Das Ziel des Angriffs können beispielsweise die Integrität, Vertraulichkeit und Verfügbarkeit der Computerdaten (z.B. § 202b StGB: Abfangen von Daten; Art. 272 Russisches StGB (UKRF)[37]: Unberechtigter Zugang zu den Computerdaten) oder auch klassische Rechtsgüter sein (z.B. § 184b StGB oder Art. 242.1 UKRF: Verbreitung und Erwerb kinderpornographischer Schriften).

Keinen Gegenstand dieser Untersuchung bilden hingegen Computerstraftaten im weiteren Sinne. Zu ihnen zählen jene Delikte, die sich nur mittelbar auf Computerdaten beziehen, die aber nicht im oder mittelst des virtuellen Raumes begangen werden. Dazu gehören etwa Straftaten, bei denen Computer lediglich als passives Speichergerät[38] oder als Informationsmittel für die Begehung weiterer Straftaten verwendet werden und dann als Beweis im Strafverfahren dienen können. Eine solche Fallgruppe liegt zum Beispiel vor, wenn ein Drogenhändler in seinem Computer Informationen über seinen Umsatz und seine Klienten speichert oder ein Hacker den Computer für das Ablegen von gestohlenen Passwörtern einer Datenbank, von Kreditkartennummern oder von pornographischen Dateien benutzt.

---

[33] Oben wurde schon der Begriff des Computer-Netzwerks erläutert und die Möglichkeit erwähnt, dass Computer-Netzwerke in verschiedenen Größen in Erscheinung treten. Ein Computer-Netzwerk ist sowohl ein kleines Büro-Netzwerk (das z.B. 5 Computer unter einander verbindet) als auch das Internet – das größte Computer-Netzwerk.
[34] Siehe Kapitel 1 Einleitung und methodologische Ansätze (*Der Begriff der Computer-, Internet- und Cyberspacekriminalität*), S. 31 ff.
[35] *Yee Fen Lim*, Cyberspace Law, 2002, S. 247 ff.; *Sieber*, Mastering Complexity in the Global Cyberspace, 2008, S. 127 ff.
[36] *Golubev*, Cybercrimes – Analytical data compiled, 2008; *Zinina*, Prestuplenija v oblasti kompjuternoi informazii, 2007, S. 25; *Yee Fen Lim*, Cyberspace Law, 2002, S. 250.
[37] Strafgesetzbuch der Russischen Föderation (*UKRF*): 13.06.1996, N 63-FZ.
[38] Computer as storage device: *Yee Fen Lim*, Cyberspace Law, 2002, S. 249.

1.3 Methodologische Ansätze der Arbeit

Von dem Forschungsobjekt ist der **Untersuchungsgegenstand** zu unterscheiden. Internetkriminalität, die durch die oben angedeuteten Eigenschaften wie Anonymität, ihren grenzüberschreitenden Charakter und Geschwindigkeit geprägt ist, hat viele Seiten. Jedoch beschränkt sich die vorliegende Untersuchung auf spezifische *rechtliche Aspekte, die im Rahmen des konkreten Forschungsgegenstands präzisiert werden.*

Den Untersuchungsgegenstand der vorliegenden Arbeit bildet die Zuständigkeitsproblematik im Cyberraum unter besonderer Berücksichtigung des deutschen, russischen und (föderalen) amerikanischen Strafrechts im Bezug auf ausgewählte Inhaltsverbreitungs- und Äußerungsdelikte im Internet und Computersystem- und Datenschutzdelikte in den jeweiligen Rechtsordnungen.

Zunächst sollen die Strafanwendungsprinzipien nach den traditionellen Vorschriften des Strafanwendungsrechts erläutert werden, um zu verdeutlichen, welche Konsequenzen eine Anwendung dieser Regeln auf den Bereich der Internetkriminalität haben würde. Einschlägige Gesetzgebung, Rechtsprechung und dogmatische Ansätze hinsichtlich der im Cyberraum anwendbaren Strafanwendungsprinzipien werden mit Blick auf die einzelnen nationalen Rechtsordnungen analysiert. Dabei werden Unterschiede der jeweiligen materiell-rechtlichen Regelungen hinsichtlich ausgewählter Delikte im Bezug auf ihre Bedeutung für das Strafanwendungsrecht dargestellt. An konkreten Beispielen wird das Zusammenspiel des nationalen materiellen Strafrechts mit dem durch den jeweiligen Staat für anwendbar erachteten Strafanwendungsprinzip und der jeweiligen nationalen Interpretation dieses Prinzips erläutert.

Dabei ist der Untersuchungsgegenstand einerseits in „räumlicher" Hinsicht auf den Vergleich der rechtlichen Lage in drei Rechtsordnungen beschränkt, nämlich auf Deutschland, Russland und das Bundesrecht der USA. Andererseits bezieht sich die Untersuchung inhaltlich auf die Analyse des Strafanwendungsrechts und auf jene in diesem Zusammenhang relevanten materiell-rechtlichen Fragen im Hinblick auf ausgewählte Internetstraftaten.

1.3.2 Ziele und Aufgaben der Untersuchung

Die Festlegung der Ziele der Untersuchung sorgt für eine weitere systematische Eingrenzung. Hinsichtlich der Analyse der für den Cyberraum in den nationalen Rechtsordnungen geltenden Strafanwendungsprinzipien werden folgende **Ziele** gesetzt:

- Untersuchung der *Rechtslage im Bereich des Strafanwendungsrechts* hinsichtlich der ausgewählten Cyberspace-Straftaten in drei Staaten, nämlich in Deutschland, Russland und den USA;
- Darstellung und Analyse der grundlegenden *Unterschiede der Strafanwendungsmechanismen* im Cyberraum hinsichtlich der ausgewählten Internetdelikte;
- Verdeutlichung der *praktischen Relevanz der Strafanwendungsproblematik* für im Internet begangene Straftaten;
- Betrachtung der *Veränderung der Gestalt der Strafanwendungsprinzipien* bezüglich des Cyberspace insbesondere in diesen Staaten;
- Skizzierung der Reformüberlegungen zum Thema.

Für das Erreichen der genannten Ziele müssen folgende **Aufgaben** erfüllt werden:

- Analyse der einschlägigen Gesetzgebung, Rechtsprechung und dogmatischen Ansätze der einzelnen Rechtsordnungen im Hinblick auf Strafanwendungsprinzipien im Cyberraum;
- rechtsvergleichende Analyse der materiell-rechtlichen Regulierung ausgewählter Internetdelikte;
- systematischer Vergleich auf der Basis realer und hypothetischer Fälle aus der Praxis;
- Erarbeitung eines Lösungsschemas für Strafanwendungskonflikte bei Internetkriminalität;
- Bei der Analyse der Strafanwendungskonflikte soll untersucht werden: (1) in wieweit die verglichenen Staaten ihre Zuständigkeit beanspruchen, (2) in welchem Maße sich Strafanwendungsansprüche überschneiden, und (3) wie eine Abwägung der betroffenen staatlichen Souveränitätsinteressen vorgenommen werden kann.

1.3.3 Methoden und System der rechtsvergleichenden Analyse

Um die oben genannten Ziele konsequent zu verfolgen und die Problematik objektiv und umfassend zu betrachten, müssen ein bestimmtes System der rechtsvergleichenden Analyse und entsprechende Methoden der Rechtsverglei-

1.3 Methodologische Ansätze der Arbeit

chung verwendet werden. In der Arbeit werden die Rechtssysteme von Deutschland, Russland und den USA im Internetkriminalitätsbereich verglichen. Dabei müssen folgende Elemente berücksichtigt werden: *zeitliche (historische)* Komponente, *inhaltliche* Komponente und *räumliche* Komponente (in zwei Modifikationen: nationale und internationale Ebene). Für die Darstellung der methodologischen Ansätze werden Deutschland und Russland herangezogen, im Hinblick auf ausgewählte Aspekte werden dabei auch Entwicklungen in den USA betrachtet (*s. Abbildungen 1-5*).

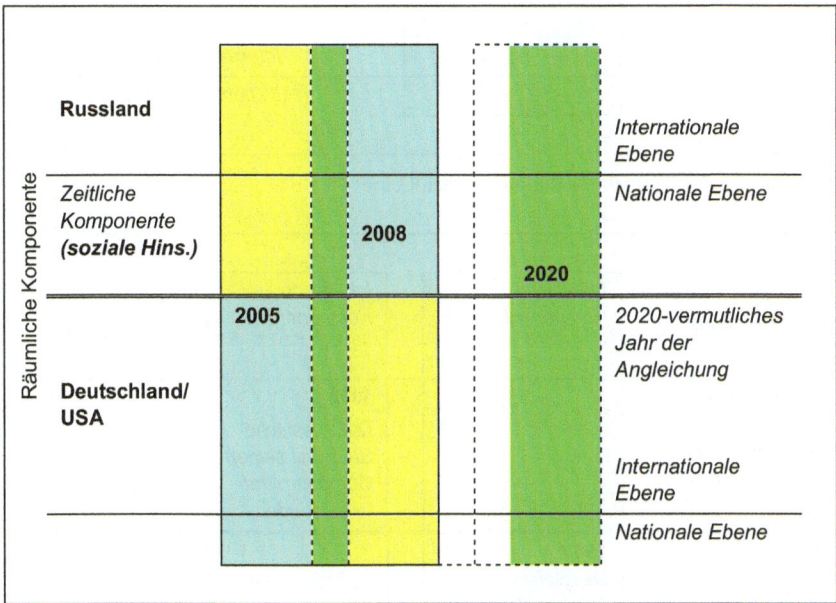

Abbildung 1: Soziale Hinsicht

	– Aktualitätsüberschneidungszone
	– hier nicht in Betracht kommende Vergleichskomponenten
	– Vergleichsadäquate Komponenten

Abbildung 2: Legende zu den Abbildungen 1, 3 und 4

		Inhaltliche Komponente		
	Russland			*Internationale Ebene*
	Zeitliche Komponente (juristische Lehre)	**1960-70er**		*Nationale Ebene*
	Deutschland/ USA	**1960-70er**		
				Internationale Ebene
				Nationale Ebene

Abbildung 3: Perspektive der juristischen Lehre

		Inhaltliche Komponente	Inhaltliche Komponente	
	Russland			*Internationale Ebene*
	Zeitliche Komponente (rechtliche Hinsicht)		**1996** Das russische StGB mit seinen Computerstraftatbeständen	*Nationale Ebene*
	Deutschland/ USA	**1986** Deutsches Zweites Gesetz zur Bekämpfung der Wirtschaftskriminalität **1984** Computer Fraud and Abuse Act (CFAA)		
				Internationale Ebene
				Nationale Ebene

Abbildung 4: Rechtlich-normative Hinsicht

Staat	Internet Nutzer	Bevölkerung (%)
China	425,000,000	28.7
Deutschland	65,200,000	79.1
Italien	34,000,000	54.0
Litauen	2,103,471	59.3
Polen	22,450,600	58.4
Russland	60,000,000	42.8
Spanien	29,095,000	62.6
USA	240,000,000	77.4

Abbildung 5: Internet-Gebrauch in einigen Staaten

1.3.3.1 Zeitlicher Aspekt

Damit vergleichbare Forschungsgegenstände entstehen, ist es zunächst einmal wichtig, sie **zeitlich** zu begrenzen *(s.o. Abbildungen 1, 2, 3, 4)*. Nur wenn man den Entwicklungsprozess in seiner Dynamik betrachtet, wird erkennbar, welche Bedeutung dem Phänomen Internet zu einem bestimmten Zeitpunkt im jeweiligen Land zukommt.

Die Aktualität innerhalb der zeitlichen Komponente muss man in folgenden Aspekten darstellen: erstens *in sozialer Hinsicht* (Intensität der Internetentwicklung im Alltagsleben einer bestimmten Gesellschaft), zweitens aus der *Sicht der Rechtslehre (Wissenschaft)* und drittens *aus rechtlich-normativer Perspektive* (wie weit das Internet rechtlich reguliert ist: durch Rechtsnormen und Rechtsprechung). Allerdings sind diese Aspekte eng miteinander verbunden, denn die entsprechende rechtliche Begleitung in normativer und wissenschaftlicher Form reflektiert ihrerseits die gesellschaftliche Bedeutung des Internets. Beim Vergleich der Problemlagen ist etwa zu beachten, dass die soziale und rechtliche Entwicklung des Internets in den USA und Deutschland früher und umfassender begonnen hat als in Russland *(s. Abbildungen 1–5)*.

Damit wird die Bedeutung der **Strukturvergleichungsmethode deutlich,** denn rechtliche Problemlösungen und Phänomene der Rechtssysteme lassen sich nicht allein auf der Regelungsebene bestimmen und verstehen. Ein ganzheitliches Verständnis muss die Wirklichkeitsebene einbeziehen. Diese ist oftmals von solchen „second codes" wie geschichtlichen, sozialen, kulturellen, politischen und wirtschaftlichen Faktoren, geprägt.[39] Daneben spielt bei der Auswahl

---

[39] *Sieber/Albrecht*, Strafrecht und Kriminologie unter einem Dach, 2006, S. 116.

der vergleichbaren Problemlage beider Rechtssysteme die **wertvergleichende Methode**[40] eine entscheidende Rolle. Jedoch müssen im Rahmen der Anwendung unterschiedlicher Vergleichsmethoden darüber hinaus auch weitere Einflussfaktoren berücksichtigt werden.

Aus der *sozialen Perspektive (s.o. Abbildung 1.)* sind beträchtliche Unterschiede in der Bedeutung des Internets für das Alltagleben der deutschen, russischen und der amerikanischen Gesellschaft feststellbar. In Deutschland nutzen mehr als Dreiviertel der Bevölkerung (79.1%) das Internet, wobei davon fast alle aktive Nutzer sind *(s.o. Abbildung 5.)*. Auch in den USA beträgt die Zahl der Internetnutzer ca. Dreiviertel der Bevölkerung (77.4%), was allerdings in absoluten Zahlen vergleichsweise deutlich mehr Nutzer als in Deutschland bedeutet. Dagegen hat in der Russischen Föderation derzeit nicht einmal die Hälfte der Bürger (42.8%) Zugang zur virtuellen Welt, wobei in Großstädten eine relativ hohe Zahl an Internetnutzern feststellbar ist *(s.o. Abbildung 5.)*.[41]

Mit der höheren Abhängigkeit der Gesellschaft von Internettechnologien und Datenschutzsystemen steigt in Deutschland und den USA die Zahl und die Qualität der computerbezogenen Risiken. Diese Tendenz verlangte früher als in Russland adäquate soziale und rechtliche Maßnahmen. Dagegen bedeutet die größere Unabhängigkeit der russischen Gesellschaft von Cybertechnologien wegen der eher schwachen Sicherheitsvorkehrungen gleichzeitig eine höhere Anfälligkeit für neue, unbekannte Risiken der Informationstechnologie. Letztere nimmt in Russland heutzutage eine immer noch geringere Rolle im Alltagleben ein, als in Deutschland oder den USA, etwa bei Datenverarbeitungsvorgängen, im Rahmen von Verwaltungsverfahren oder beim Online-Banking[42]. Das führt mitunter gar zu „internetnihilistischen„ Stellungnahmen[43] und hat immer noch eine schwache gesetzliche Regulierung in diesem Bereich zur Konsequenz.

Wenn man allerdings den Wachstumsgrad, beispielsweise des Jahres 2005, betrachtet (der in Russland sechsmal so hoch ist wie z.B. in Deutschland), dann wird klar, dass sich der Abstand mit jedem Jahr verringern wird.[44] Im *Abbildung*

---

[40] *Sieber/Albrecht*, Strafrecht und Kriminologie unter einem Dach, 2006, S. 119 ff.
[41] Razvitie interneta v regionah Rossii: http://actualweb.ru/2010/04/20/.
[42] *Online-Banking* trotz zunehmender Gefahren immer beliebter: http://www.heise.de/newsticker/ Online-Banking-trotz-zunehmender-Gefahren-immer-beliebter--/meldung/64965.
[43] Stellungsnahme vom *Russischen Ausbildungsminister A. Fursenko*: „Ich war nie für die staatliche Regulierung des Internets. Das Internet ist ein wichtiger Sektor der Zivilgesellschaft, sie muss die Gefahren, die daraus kommen, beachten, nicht der Staat.": http://www.newsru.com/russia/ 20nov2004/rtyvg.html.
[44] Worldwide Internet Users and Population Stats, 2010: http://www.internetworldstats.com/ stats.htm.

1.3 Methodologische Ansätze der Arbeit 17

1. Stellt sich diese Dynamik auf der Zeitachse so dar: Die Vergleichskomponenten werden sich mit der Zeit überschneiden und sich zu einem bestimmten Zeitpunkt mehr oder weniger **angleichen** *(vermutlich im Jahr 2020)*. Das heißt, dass mit der Zeit die soziale (und als Folge auch die rechtliche und wissenschaftliche) Aktualität des Problems der Internetkriminalität in den hier analysierten Ländern (Russland, Deutschland und den USA) von vergleichbar großer Bedeutung sein wird. Aufgrund dessen sind Untersuchungen der vorliegenden Art für Russland besonders wichtig, da die entsprechenden Fragen in näherer Zukunft für die russische Realität höchst aktuell werden.

Obwohl die Computerkriminalität in Deutschland (sowie in den USA) früher als in Russland einsetzte, wurde ihr wissenschaftliche Anerkennung erst nach einer gewissen Zeit zuteil.

Anfang der siebziger Jahre war in Deutschland in der *juristischen Lehre (s. Abbildung 3)* noch umstritten, ob es das Phänomen Computerkriminalität[45] überhaupt gebe oder vielmehr nur eine Erfindung der Medien sei und ob es diesbezüglich staatlicher Maßnahmen bedürfe. Allerdings wurde die Problematik in der Fachliteratur bereits diskutiert[46]. In den sechziger Jahren wurden Aspekte des Computerrechts in der wissenschaftlichen Diskussion überwiegend im Rahmen des Öffentlichen Rechts und des Zivilrechts behandelt. Erst in den 70er Jahren fokussierte sie sich auf die strafrechtlichen Fragen.[47] Erste wissenschaftlich und kriminologisch gesicherte Untersuchungen zur Erfassung einschlägiger Formen strafrechtlichen Handelns wurden wenige Jahre später durchgeführt.[48]

In den USA wurde bereits in den siebziger Jahren sowohl in der Literatur als auch auf der föderalen legislativen Ebene über eine mögliche Cybercrime-Gesetzgebung diskutiert.[49]

Auch die russische Lehre führte schon in den siebziger Jahren Diskussionen über rechtliche Aspekte des Computer- und Informationsrechts.[50] So wurde etwa

---

[45] Zur Entwicklung der Computerkriminalität siehe: *Sieber*, ZStW 1992, S. 251; *Sieber*, CR 1995, S. 100 ff.
[46] *Lampe*, GA 1975, S. 1; *Sieber*, Computerkriminalität und Strafrecht, 1980, S. 2/137-2/140; *Sieber*, Handbook on Computer Crime, 1986, S. 1 ff.
[47] *Sieber*, Mastering Complexity in the Global Cyberspace, 2008, S. 129 ff.
[48] Die ersten Untersuchungen wurden durchgeführt von *Lampe*, GA 1975, S. 1; *Sieber*, Computerkriminalität und Strafrecht, 1980, S. 1 ff.
[49] *Olivenbaum*, Rethinking Federal Computer Crime Legislation, 1997, S. 574, 584; *Kutz*, Computer Crime in Virginia, 1986, S. 789 ff.
[50] *Baturin*, Problemi compyuternogo prava, 1991, S. 126; *Channov*, Informazionnoe pravo, 2005; *Wengerov*, Teorija gosudarstva i prava, 1996, S. 36 ff. ; *Paramonova*, Pravovoe regulirovanie Interneta, 2011, S. 28–33.

im Jahre 1975 die Meinung geäußert, dass das Informationsrecht ein selbstständiges Rechtsgebiet[51] sei, im Rahmen dessen Computerdelikte zu betrachten seien. In der Literatur wurde schon lange vor der Einführung der Computertatbestände in das russische StGB im Jahre 1997 der Bedarf spezieller Delikte hervorgehoben.[52] Allerdings waren die Bedeutung und die Notwendigkeit einer Auseinandersetzung mit Computerkriminalität auch sehr umstritten. Ungeachtet ihrer inhaltlichen Intensität sind daher als zeitlicher Ausgangspunkt der wissenschaftlichen Diskussionen in Deutschland, in den USA und in Russland die **sechziger und siebziger Jahre** festzuhalten.

Die „Vergleichssituation" bezüglich der Computerdelikte stellt sich im Rahmen der zeitlichen Komponente aus der Sicht der Rechtslehre (*s.o. Abbildung 3.*) mithin anderes dar als in sozialer Hinsicht (*s.o. Abbildung 1.*). Obwohl die gesellschaftliche und rechtliche Bedeutung des Internet in Deutschland und in den USA viel deutlicher und intensiver abläuft, greift die juristische Lehre diese Themen in den genannten Ländern zeitgleich auf. Schon in den siebziger Jahren wurde das Internet von der Wissenschaft als ein neues Phänomen eingestuft, welches in der Zukunft von zunehmender Bedeutung sein würde.

Obwohl die Problematik sowohl von der deutschen, amerikanischen, als auch von der russischen Wissenschaft gleichzeitig erkannt wurde, machte die weitreichendere Entwicklung und Ausbreitung des Internets im deutschen und im amerikanischen Alltagleben früher als in Russland entsprechende *rechtlich-normative Maßnahmen (s.o. Abbildung 4.)* erforderlich.

Die Beurteilung der neuen Technologien änderte sich in Deutschland (wie auch in den USA) früher als in Russland bereits in den achtziger Jahren, als die Softwarepiraterie, die Manipulationen von Geldausgabeautomaten und der Missbrauch von Telekommunikationssystemen explosionsartig zunahmen. Damals wurde deutlich, dass Computerkriminalität eine ernst zu nehmende Kriminalitätsform darstellt.[53] Zunehmend wurden rechtswissenschaftliche und kriminologische Untersuchungen zu diesem Thema durchgeführt und Rechtsexperten gelangten zu der Erkenntnis, dass das bislang geltende Recht den neuen Herausforderungen nur bedingt gewachsen war. Immer mehr Gesetzes- und Strafbarkeitslücken und daher ein Bedürfnis nach entsprechenden rechtlichen Maßnah-

---

[51] *Wengerov*, Teorija gosudarstva i prava, 1996, S. 36 ff.
[52] *Baturin*, Problemi compyuternogo prava, 1991, S. 126; *Dulenko*, Computerkriminalität und Informationsschutz, 1995, S. 4 ff.
[53] Umfassend dazu *Sieber*, ZStW 1992, S. 251.

men wurden offenbar. Umfassende strafrechtliche Reformen waren notwendig geworden.[54]

Der Gesetzgeber in Deutschland hat mit dem am 15. Mai **1986** verkündeten *Zweiten Gesetz zur Bekämpfung der Wirtschaftskriminalität*[55] Strafbarkeitslücken im Bereich der Computerkriminalität geschlossen, die durch neue Kriminalitätsformen infolge neuer technischer Möglichkeiten entstanden waren. Darin wurden u.a. die Straftatbestände des § 202a StGB (Ausspähen von Daten), § 303a StGB (Datenveränderung) und § 303b StGB (Computersabotage) in das Strafgesetzbuch aufgenommen. Heutzutage ist Deutschland mit seiner Gesetzgebung bereits weit vorangeschritten – und auf einigen Gebieten Vorreiter. Ein Beispiel ist der Jugendschutz im Bereich der Medien[56] in Deutschland: der Staat kümmert sich intensiv darum, den Umgang mit jugendgefährdenden Inhalten zu regeln.[57] Die Nutzung „neuer Medien" zu verbotenen und zum Teil auch strafbaren Zwecken ist längst nicht mehr nur eine Frage von kriminalistischem und kriminologischem Interesse, sondern beschäftigt auch die deutschen Strafjuristen – in der Wissenschaft und zunehmend auch in der Praxis.[58]

In den USA war der *Computer Fraud and Abuse Act von* **1984** („CFAA")[59] das erste Gesetz auf föderaler Ebene, das speziell gegen Cybercrime gerichtet war. Mit der Zeit wurden weitere Cybercrime-Gesetze erlassen.[60] Auf der Ebene der Bundesstaaten erließen Arizona und Florida als erste entsprechende Gesetze.[61]

In Russland wurde am 13. Juni **1997** ein neues *StGB* erlassen.[62] Wegen der in Russland spät, überwiegend erst in den neunziger Jahren einsetzenden Verbreitung moderner Datenverarbeitungstechnologien und der hieraus resultierenden neuen Kriminalitätsformen wurden Computertatbestände erst zu diesem Zeitpunkt, also 1997, in das UKRF eingeführt, nämlich durch die Art. 272 bis 274.[63]

---

[54] *Vetter*, Gesetzeslücken bei der Internetkriminalität, 2002, S. 11 ff.
[55] Zweites Gesetz zur Bekämpfung der Wirtschaftskriminalität, (*2. WiKG*, 1986).
[56] Siehe etwa Abschnitt 3 vom *JuSchG*, 2002.
[57] Interview mit Prof. U. *Sieber*, Süddeutsche.
[58] *Popp*, JuS 2011, S. 385.
[59] Computer Fraud and Abuse Act 1984 (*CFAA*), Title 18. Crimes and Criminal Procedure, Part I – Crimes, 18 U.S.C. § 1030: http://www.usdoj.gov/criminal/cybercrime/cclaws.html.
[60] *Glenn D. Baker*, Trespassers Will be Prosecuted, 1993, S. 68.
[61] *Kutz*, Computer Crime in Virginia, 1986, 789 ff.: Arizona enacted computer crime legislation in 1978; *Becker*, Electronic Publishing, 1984/1985, 801, 703 ff.: Florida adopted computer crime legislation in 1979.
[62] *UKRF* 13.06.1996.
[63] Dazu ausführlicher: Kapitel 4 Die Systematik der Delikte im Überblick, S. 77 ff.

Folglich müssen beim Vergleich der sozialen, wissenschaftlichen und rechtlichen Aspekte der Computerkriminalität im Rahmen einer zeitlichen Komponente die Entwicklungsprozesse je nach Rechtsordnung individuell beachtet werden. Die verglichenen Bereiche der untersuchten Rechtsordnungen sind innerhalb der zeitlichen Komponente in rechtlicher und sozialer Hinsicht noch nicht auf der gleichen „Aktualitätsstufe". Wenn man allerdings *vergleichsadäquate Zeiträume* heranzieht (in rechtlicher Hinsicht den Zeitraum ab 1986 in Deutschland, 1984 in den USA und ab 1997 in Russland; 2005 und 2008 für den Vergleich bestimmter sozialer Prozesse, die 70er Jahre für die Entwicklung der juristischen Lehre im Bereich der Computerkriminalität), dann ist zu sehen, dass innerhalb dieses Rahmens ähnliche Prozesse ablaufen.

In der vorliegenden Arbeit werden vor allem rechtliche und dogmatische Aspekte des Internet mit Rücksicht auf zugrundeliegende soziale Entwicklungsprozesse dargestellt.

1.3.3.2 Inhaltlicher / Räumlicher Aspekt

Beim Vergleich unterschiedlicher Rechtsordnungen sollten im Rahmen der **inhaltlichen** Komponente auch Unterschiede der Strafrechtssystematik beachtet werden.

Erstens erscheint es sinnvoll, im Hinblick auf die Strafanwendungsproblematik nur bestimmte Deliktgruppen für den Vergleich heranzuziehen.[64]

Zweitens ist es zur Auswahl vergleichbarer Phänomene erforderlich, die unterschiedliche Systematik der Besonderen Teile des deutschen und des russischen StGB und die besonderen Strafanwendungs- und materiell-rechtlichen Regelungen der USA zu beachten. Manche strafrechtliche Regelungen sind nur im Gesamtsystem der jeweiligen Rechtsordnung verständlich; beim systematischen Vergleich ist die Mikroebene der strafrechtlichen Ordnung zu betrachten. Die **systematische Rechtsvergleichungsmethode**[65] erfordert die Darstellung der Gemeinsamkeiten und Unterschiede der nationalen Strafrechtsordnungen im jeweiligen rechtlichen Kontext.

Die gesetzgeberischen Konzepte der jeweiligen Staaten im Bereich der Computerkriminalität sind höchst unterschiedlich. Grundsätzlich sind folgende gesetzgeberischen Modelle möglich: Entweder die Schaffung eines *eigenständigen Computerstrafgesetzbuchs,* oder die Schaffung eines *Systems genuin neuer,* auf

---

[64] Siehe Kapitel 4 Die Systematik der Delikte im Überblick, S. 77 ff.
[65] *Sieber/Albrecht*, Strafrecht und Kriminologie unter einem Dach, 2006, S. 114 ff.

die veränderten Verhältnisse zugeschnittener Straftatbestände, ohne jedoch dazu ein separates Gesetzbuch zu schaffen. Oder aber eine *Erweiterung der bestehenden Tatbestände,* so dass diese auch neue Begehungsformen mit umfassen.[66] Typisch für einige westliche Länder, etwa **Deutschland** und die Schweiz, ist das *Konzept der Integration des Computerstrafrechts in die hergebrachte Systematik der Strafgesetzgebung.* Alle computerbezogenen Delikte wurden so ins deutsche StGB eingegliedert, dass sie immer noch im Rahmen der klassischen Rechtsgüter bleiben. Die Computerdelikte stellen keine partikulare Rechtsgütergruppe dar, sondern sind nach der schon bestehenden Systematik des Besonderen Teils verstreut, die die Abschnitte nach Schutzgütern gliedert. Zu den entsprechenden Abschnitten gehören auch die neuen Delikte: so werden z.b. die Datenveränderung (§ 303a StGB) im Zusammenhang mit der Sachbeschädigung (§ 303 StGB), der Computerbetrug (§ 263a StGB) im Anschluss an den konventionellen Betrug (§ 263 StGB) geregelt.[67] Dagegen orientierte sich der schweizer Gesetzgeber einerseits an bestehenden Tatbeständen, indem er Strafnormen für Computerbetrug und Datenbeschädigung schuf, welche sich eng an herkömmliche (Vermögens-)Delikte anlehnen.[68] Andererseits wurden zwei genuin neue Bestimmungen geschaffen, nämlich Art. 143 bis (gegen Computerviren) und Art. 144 bis (gegen Hacking).[69]

Das *Konzept der Einheitlichkeit des Computerkriminalitätsbegriffs,* spiegelt sich in der Strafgesetzgebung vieler GUS-Staaten wider. Dieses Konzept entspricht dem Verständnis des Legalitätsprinzips als Basis des Strafbarkeitsmonopols des jeweiligen nationalen Strafgesetzbuches.[70] Fast alle GUS-Staaten haben ein speziell auf Computerkriminalität bezogenes StGB-Kapitel, welches sich in den meisten Fällen auf ein gemeinsames Rechtsgut bezieht, etwa Computerinformation[71], oder Informationssicherheit[72].

In **Russland** wurde das Kapitel „Verbrechen im Bereich der Computerinformation" in den Besonderen Teil des UKRF eingefügt. Ebenso ist ein Sonder-

---

[66] *Pfinster,* Hacking in der Schweiz, 2008, S. 48.
[67] Siehe Kapitel 4 Die Systematik der Delikte im Überblick, S. 77 ff.
[68] *Schmid,* Schweizerisches Computerstrafrecht, CR 1991, S. 419; *Pfinster,* Hacking in der Schweiz, 2008, S. 49; zur Bewertung der jeweiligen Vorgehensweise: *Vetter,* Gesetzeslücken bei der Internetkriminalität, 2002, S. 179 ff.
[69] *Schweizerisches StGB.*
[70] Beispielsweise enthält das StGB der Ukraine im Abs. 3 Art. 3 wortwörtlich dieselbe Regelung wie das russische StGB im Abs. 1 Art. 3: „Die Tatbestandmäßigkeit sowie ihre Strafbarkeit und ihre sonstigen strafrechtlichen Folgen werden nur durch das vorliegende Gesetzbuch bestimmt".
[71] Kapitel 28 UKRF, Kapitel 30 des StGB der Republik Aserbaidschan; Kapitel 28 StGB von Kirgisistan; Kapitel 33 StGB von Turkmenistan.
[72] Kapitel 31 StGB von Weißrussland; Kapitel 28 StGB von Tadschikistan.

kapitel mit dem Namen „Verbrechen im Bereich der Computerinformation" auch in den Strafgesetzbüchern von Aserbaidschan (Kapitel 30), Turkmenistan (Kapitel 33) und Kirgisistan (Kapitel 28) vorhanden.[73] In Weißrussland ist das Kapitel 30 des Strafgesetzbuches „Verbrechen gegen Informationssicherheit" den Computerstraftatbeständen gewidmet. Die Ausnahmen sind Kasachstan und Usbekistan, die dem deutschen gesetzgeberischen Modell der Erweiterung der schon bestehenden Straftaten folgen. Das Usbekische StGB ordnet den Tatbestand: „Verletzung des Informationsrechts" bei den Vermögensdelikten im Kapitel 10 ein. In Kasachstan sind Computertatbestände im Kapitel 7 „Die Verbrechen gegen wirtschaftliche Tätigkeit" verankert. Für alle anderen Computerdelikte, die die traditionellen strafrechtlich geschützten Güter beeinträchtigen (wenn z.b. Computer als Kommunikationsmittel benutzt werden), gelten grundsätzlich entsprechende Abschnitte beispielsweise im russischen und im weißrussischen StGB, die nach den Schutzgütern gegliedert sind. So ist etwa Art. 159 UKRF (Betrug) auch auf Computerbetrug anwendbar.

In den *USA* sind Regelungen im Bezug auf Cybercrime deliktspezifisch insbesondere in 18 U.S. Code § 1030 festgelegt, der zugleich Tatbestände und entsprechende Zuständigkeitsvorschriften enthält, und dessen Inhalt vor allem auf den föderalen Computer Fraud and Abuse Act (CFAA) von 1984[74] und den US Patriot Act 2001 (Anti-Terrorism Act)[75] zurückgeht. Das entspricht grundsätzlich auch dem Konzept der Einheitlichkeit des Computerkriminalitätsbegriffs.

Folglich sind die verstreuten Computerdelikte im deutschen Strafrecht dem russischen einheitlichen Kapitel „Verbrechen im Bereich der Computerinformation" und den amerikanischen CFAA-Vorschriften grundsätzlich rechtlich korrelierend.

Die Anwendung der systematischen Rechtsvergleichungsmethode an dieser Stelle ist notwendig, da sie einen weiteren funktionalen Vergleich ermöglicht.

Die **funktionale Rechtsvergleichungsmethode** ist „dadurch geprägt, dass Bezugspunkt des Vergleichs ein bestimmtes Sachproblem ist: zu vergleichen sind all diejenigen (straf-)rechtlichen Regelungen, die eine entsprechende Funktion bei der Lösung dieses Problems erfüllen".[76] In diesem Zusammenhang muss

---

[73] Zu den Gesetzestexten im Computerkriminalitätsbereich der GUS-Staaten: http://www.crime-research.org/library/uks.htm
[74] Computer Fraud and Abuse Act 1984 (*CFAA*), 18 U.S.C. § 1030 ff.
[75] *USA Patriot Act*, 2001 (U.S. H.R. 3162, Public Law 107-56), Title VIII, Sec. 814. Amended 18 U.S.C. § 1030(e).
[76] *Sieber/Albrecht*, Strafrecht und Kriminologie unter einem Dach, 2006, S. 112 ff.

im Rahmen der inhaltlichen Komponente beispielsweise der entscheidende Unterschied zwischen den Quellen des russischen und des deutschen Strafrechts beachtet werden. Beide basieren vor allem auf dem Gesetzlichkeitsprinzip. Das Gesetzlichkeitsprinzip wird in beiden Rechtsordnungen so verstanden, dass es keine Strafbarkeit ohne Strafgesetz geben kann. Dies entspricht den Regelungen des Art. 7 I EMRK,[77] der für beide Staaten verbindlich ist. Allerdings wird in Deutschland das Prinzip in Bezug auf die Strafbarkeitsbestimmungen „weiter" ausgelegt. Gemäß § 1 StGB Deutschlands kann eine Tat bestraft werden, wenn die Strafbarkeit gesetzlich bestimmt war, bevor die Tat begangen wurde, d.h. entweder im *StGB.* oder in *Nebenstrafgesetzen.* Das in Art. 3 UKRF festgelegte Gesetzlichkeitsprinzip sieht vor, dass die Strafbarkeit und weitere strafrechtlich relevante Konsequenzen *nur vom UKRF* bestimmt werden können. Art. 1 UKRF macht deutlich, dass nur das UKRF strafrechtliche Verantwortung begründen kann. Alle Straftatbestände, die Nebengesetze eventuell vorsehen, müssen zwingend in das UKRF eingeführt werden.[78]

Daher sind alle in Betracht kommenden Straftatbestände in Russland nur in UKRF zu finden. In Deutschland ist die Strafbarkeit hingegen auch dann „gesetzlich" bestimmt, wenn strafrechtliche Tatbestände in Nebenstrafgesetzen außerhalb des StGB. niedergelegt sind. Dies bedeutet beispielsweise, dass im Gegensatz zu Deutschland in Russland solche mit Blick auf das Urheberrechtsgesetz strafbare Handlungen im russischen StGB (UKRF) zu verankern sind. Die sich entsprechenden Normen sind in diesem Zusammenhang die Art. 146 und 147 (Verletzung der Urheberrechte) des russischen StGB und die §§ 106-111 des deutschen UrhG[79].

Russische strafrechtliche Nebengesetze üben demnach eine *engere Funktion* aus, sie dienen nicht der Bestimmung strafbaren Verhaltens, wie dies bei vergleichsadäquaten Gesetzte in der deutschen Strafrechtsordnung der Fall sein kann (funktionale Strafrechtsvergleichung). Das Gesetzlichkeitsprinzip im Sinne des russischen StGB bezieht sich ausschließlich auf die Bestimmungen des Strafgesetzbuches und erlaubt die „Einmischung" der Nebengesetze nur in ganz geringem Maße (etwa bei der Präzisierung technischer Begriffe, z.B. Massenmedien).[80]

---

[77] Sowie Deutschland als auch Russland haben die *EMRK* unterschrieben und ratifiziert: http://www.bmj.bund.de; http://www.coe.int.
[78] Paramonova, Principle of legality in Russia, 2011, S. 103 – 117; *Paramonova*, Recent Reforms of Criminal and Criminal Procedural Law in Russia, 2012, S. 264 – 268.
[79] *UrHG*, 1965. Darin sind vor allem computerrelevante Tatbestände festgelegt.
[80] *Paramonova*, Principle of legality in Russia, 2011, S. 103 – 117.

Das russische Konzept bezüglich des Gesetzlichkeitsprinzips kann man auf die Gesetzgebung aller GUS-Staaten ausdehnen. Auf gleiche oder ähnliche Weise ist dort der Grundsatz der „engeren" Auslegung des Gesetzlichkeitsprinzips verankert. Zum Beispiel sehen Art. 1 Abs. 1.3 des StGB von Aserbaidschan[81], Art. 1 des StGB von Kasachstan[82], Art. 1 Abs. 1 des tadschikischen StGB[83] die gleiche Regelung über die Notwendigkeit der Einführung aller durch neue Gesetze vorgesehenen Straftatbestände in das StGB vor.

Andere Überlegungen, die aufgrund der Unterschiede in der Auslegung des Gesetzlichkeitsprinzips bezüglich der Strafbarkeitsquellen in beiden Rechtsordnungen entstehen, können im Wege der Anwendung **wertvergleichender und wertender Methoden** untersucht werden.

Inwieweit die *Bewertung der vergleichenden Regelungen* noch zur eigentlichen Rechtsvergleichung zählt, ist in der Literatur strittig.[84] Für die abschließende vergleichende Bewertung der Regelungen (einschließlich ihrer Wertentscheidungen) spielt es keine wesentliche Rolle, ob man die Bewertung noch zur eigentlichen Rechtsvergleichung zählt oder als eine über die Rechtsvergleichung hinausgehende Stufe bezeichnet. Festzustellen ist aber jedenfalls, dass erstens die gesellschaftliche Relevanz des Gesetzlichkeitsprinzips in beiden Rechtsordnungen von vergleichbarer Bedeutung ist (was hinsichtlich der wertvergleichenden Methode beachtenswert ist). Zweitens nehmen wir als Maßstab für die Bewertung die großen Wertkategorien, nämlich *Zweckmäßigkeit und Praktikabilität* (wertende Rechtsvergleichungsmethode).[85]

Als Folge könnte man einerseits sagen, dass der Zweck des Gesetzlichkeitsprinzips im Strafrecht - der Schutz des Bürgers vor willkürlicher Ausübung und Ausdehnung der staatlichen Strafgewalt und die Gewährleistung, dass er das strafrechtlich Verbotene seines Handelns vorhersehen kann[86] - im russischen Strafrecht (Verankerung der Strafbarkeit ausschließlich in UKRF) konsequenter

---

[81] Gesetzgebung von Aserbaidschan online: http://stracker.bos.ru/decrees/ks/.
[82] Gesetzgebung von Kasachstan online: http://www.pavlodar.com/zakon/?dok=00087&uro=08001.
[83] Gesetzgebung von Tadschikistan online: http://www.base.spinform.ru/show_doc.fwx?Regnom =2324.
[84] *Sieber/Albrecht*, Strafrecht und Kriminologie unter einem Dach, 2006, S. 119 ff.; *Zweigert/Kötz*, Rechtsvergleichung, 1996, S. 46 ff.; *Zweigert*, RabelsZ 1964, S. 601 ff., 610 ff.: Zweigert sieht die Bewertung als einen zentralen Bestandteil der rechtsvergleichenden Tätigkeit, der es vor allem um die bessere Lösung geht; *Jescheck*, Strafrechtsvergleichung, ZStW 1974, S. 782: Jescheck führt die Bewertung über den Rahmen der eigentlichen Rechtsvergleichung hinaus.
[85] *Jescheck*, Strafrechtsvergleichung, ZStW 1974, S. 782.
[86] *Wessels/Beulke*, Strafrecht AT, 2011, Rn 44 ff.; BVerfGE 28, 75, 183; 48, 48, 56.

ungesetzt ist.[87] Andererseits lässt sich dieser Zweck des Gesetzlichkeitsprinzips auch durch strafrechtliche Nebengesetze verwirklichen. Welche Methode praktikabler ist, lässt sich nicht bestimmen. Die Verankerung aller Tatbestände im russischen StGB erlaubt aber jedenfalls einen schnellen Überblick über einschlägige Straftatbestände; Regelungen in strafrechtlichen Nebengesetzen dienen lediglich der Konkretisierung der Tatbestandsmerkmale des Kernstrafrechts.

1.4 Begriffliches. Der Tatort „Cyberraum"

1.4.1 Vorbemerkungen

Forschungsobjekt der folgenden Arbeit sind zwar ausschließlich rechtliche Fragen der Internetkriminalität. Allerdings sind für die rechtliche Beurteilung vieler unmittelbar mit der technischen Fachterminologie verbundener Probleme Grundkenntnisse der Informationstechnologie unabdingbar. Deshalb sollen im Folgenden zunächst zentrale Begriffe dieses Bereichs sowie Grundzüge der Funktionsweise des Internet erläutert werden. Zudem soll der Unterschied zwischen Internetkriminalität und Computerkriminalität verdeutlicht werden.

1.4.2 Fachbegriffsbestimmungen und Arbeitsweise des Internets

Mit der zunehmenden Benutzung des neuen Kommunikationsmediums fanden insbesondere solche Begriffe wie „Cyberspace", „Internet", „Multimedia" und „World Wide Web" Aufnahme in den allgemeinen Sprachschatz.[88] Sie werden meist synonym ohne genaue Differenzierung verwendet, so dass es sinnvoll ist, ihre Bedeutung zumindest in dem in dieser Arbeit verwendeten Sinn zu erläutern:

■ *Multimedia* ist „das Zusammenwirken verschiedener Medientypen (Texte, Bilder, Grafiken, Videoclips, Animationen) in einem System".[89] Hinzu kommt eine „interaktive Benutzung", die es dem Nutzer ermöglicht, den Ablauf selbst zu steuern.[90]

---

[87] *Paramonova*, Principle of legality in Russia, 2011, S. 103 – 117.
[88] *Bremer*, Strafbare Internet-Inhalte, 2001, S. 24.
[89] Duden: http://www.duden.de/duden-suche.
[90] *Bremer*, Strafbare Internet-Inhalte, 2001, S. 24 ff.

- Das *Internet* ist das größte globale Computernetzwerk (das Netz der Netze), welches aus einer weltweit verteilten Vielzahl unterschiedlichster Computer, die trotz verschiedenartigster Rechnerarchitektur und Systemsoftware untereinander kommunizieren können[91] und die miteinander in lokalen oder nationalen Netzen verbunden sind[92]. Das Internet ist eine Möglichkeit, Multimedia zu erleben.[93]

- Das *World Wide Web* (WWW oder Web) stellt einen Teil des Internet dar. Es handelt sich nur um einen der bekanntesten Dienste des Internets.[94] Anfang der 90er-Jahre wurde das WWW im Kernforschungszentrum in Genf (CERN) entwickelt, das bis heute zum wichtigsten Netzwerk des „Internet" geworden ist. Das WWW war und ist ein wesentlicher Katalysator für die steigende Bedeutung des Internet.[95]

- *Cyberspace* ist eine englischsprachige Bezeichnung für „Virtuelle Welten", also Welten, die von Computern generiert werden und nur innerhalb von Computern oder Netzwerken existieren.[96] Der Ausdruck Cyberspace diente vor allem in den 90er Jahren als Synonym für das Internet[97] oder speziell für das World Wide Web.[98] In aktuellen Forschungsansätzen wird das Wort „Cyberspace" weitgehend gleichbedeutend mit dem Begriff „Internet" verwendet.[99] Der Cyberspace ist letztlich als virtueller, vom Internet (vor allem vom WWW) geschaffener Raum[100] zu verstehen. Daher sind Internet und WWW als unabdingbare Infrastrukturen vom Cyberspace zu unterscheiden.

Innerhalb des virtuellen Raums Cyberspace entwickelten sich neue Formen von Straftaten, die nur mittels Computer begangen werden können. Ein *Computer,* (von lat.: computare, zusammenrechnen) auch Rechner genannt, ist ein Apparat zur automatischen Verarbeitung, Speicherung, Versendung und Entgegennahme von Daten.[101]

---

[91] *Koch*, Internet-Recht, 1998, S. 548.
[92] *Klußmann*, Lexikon der Kommunikations- und Informationstechnik, 2007: http://www.ebooksx.com.
[93] *Bremer*, Strafbare Internet-Inhalte, 2001, S. 24 ff.
[94] *Pfinster*, Hacking in der Schweiz, 2008, S. 34.
[95] Dazu *Markus Köhler/Arndt/Fetzer*, Recht des Internets, 2011, S. 3.
[96] Das Web-Lexikon: http://www.s11.de/s11_web/lexikon/s11_lexikon.pdf
[97] *Bremer*, Strafbare Internet-Inhalte, 2001, S. 24 ff.
[98] http://de.wikipedia.org/wiki/Cyberspace.
[99] *Chichneva*, VMU 2002, S. 108 ff.; *Bremer*, Strafbare Internet-Inhalte, 2001, S. 24 ff.
[100] *Sieber*, Mastering Complexity in the Global Cyberspace, 2008, S. 127 ff., 130.
[101] *Pfinster*, Hacking in der Schweiz, 2008, S. 32; http://de.wikipedia.org/wiki/Computer; http://www.yourdictionary.com/computer; http://www.techterms.com/definition/computer.

Damit ein PC funktionieren kann, benötigt man mindestens ein Programm *(Software)*, welches die verschiedenen Arbeitsabläufe unter den Bauteilen organisiert und steuert. Ein Programm ist eine Ansammlung von Befehlen und Informationen, die den Computer zur Lösung einer bestimmten Aufgabe befähigt. Als Software bezeichnet man alle Programme, die einem Computer befehlen, welche Funktionen er ausführen soll. Diese Befehlsfolgen kann man allerdings nicht direkt sehen oder anfassen.[102]

Die *Hardware* wird dagegen aus den physisch erfassbaren Teilen des Computers gebildet.[103] Diese Unterteilung ist wichtig, wenn erörtert wird, dass das Löschen, die Zerstörung oder die Beschädigung von Daten zu höheren Schäden und zu gravierenden Konsequenzen führen kann (z.b. Computersabotage) als z.B. die Zerstörung von Hardware (Sachbeschädigung).

Computer können isoliert verwendet werden, ohne dass ein Austausch mit anderen PCs erfolgt. Die Verbindung mit anderen PCs kann durch lokale Netzwerke oder durch das Internet erfolgen. Ein *Netzwerk* ist ein Zusammenschluss von verschiedenen Systemen, der die Kommunikation der einzelnen Systeme untereinander ermöglicht.[104] Computer-Netzwerke können in verschiedenen Größen auftreten. Es reichen zwei verbundene Computer, um ein Netzwerk zu bilden. Das größte Netzwerk ist allerdings das Internet.

Der Zugang zum Internet erfolgt in der Regel über einen *Service-Provider* (Internetdienstanbieter, ISP). Der ISP hält auf seinen Rechnern fremde Angebote zu Abruf bereit, worunter auch die Anmietung von „Web-Space" fällt. Von einem *Access-Provider* spricht man, wenn nur der Zugang zu fremden Quellen gewährt, also nur ein „technischer Transport" von Daten vorgenommen wird.[105] Ein *Content-Provider* stellt selbst Inhalte zur Verfügung. Viele Provider bieten auch Mischformen dieser Leistungen an.[106]

In technischer Hinsicht stellt das Internet einen Netzwerkverbund dar, der Tausende individueller privater und kommerzieller Netzwerke zusammenschließt[107] und dessen Funktionieren das freiwillige Befolgen offener Protokollstandards durch die Beteiligten voraussetzt.[108] In den Medien wird mittlerweile die Vorstellung geweckt, dass das Internet chaotisch und anarchisch funktionie-

---

[102] *Mamoun Abu-Zeitoun*, Die Computerdelikte im deutschen Recht, 2005, S. 11.
[103] http://de.wikipedia.org/wiki/Computer
[104] *Pfinster*, Hacking in der Schweiz, 2008, S. 32.
[105] *Bremer*, Strafbare Internet-Inhalte, 2001, S. 34.
[106] http://www.bluewin.ch – ein Beispiel für ein Access-, Service- und Content-Provider; *Pfinster*, Hacking in der Schweiz, 2008, S. 34.
[107] *Hören*, NJW 1995, 3295; *Derksen*, NJW 1997, 1878.
[108] *Malek*, Strafsachen im Internet, 2005, S. 8.

re. Zwar gibt es keine nationale oder internationale Behörde oder sonstige zentrale Verwaltung, die das Internet steuert.[109] Im rechtlichen Sinne herrscht „Anarchie" im Netz[110], die mehr oder weniger durch die Bemühungen privater Organisationen und die Etablierung von Standards gezähmt wird.[111] Diese Einschätzung ist aber in technischer Hinsicht sehr umstritten. Das Internet hätte nie entstehen und fortbestehen können, wenn nicht bestimmte Vorbedingungen von den Teilnehmern strikt eingehalten worden wären. Für die Kommunikation innerhalb jedes Netzwerks und insbesondere im Rahmen vom „Netz der Netze" sind bestimmte *einheitliche technische* Regeln erforderlich, nämlich

- zwei Grundfunktionsweisen der Computer-Netzwerke: *Peer-to-Peer und Client-Server;* [112]

- eine *einheitlich organisierte Vergabe von Internetadressen* (durch das InterNIC), ohne die im Netz niemand gefunden werden kann;

- eine *einheitliche Verwendung von Protokollen zur Datenkommunikation* für die verschiedenen Dienste www, ftp oder telnet.[113]

Computer-Netzwerke funktionieren nach zwei Grundprinzipien. Bei der Peer-to-Peer-Variante sind alle Computer gleichberechtigt und können sowohl Dienste zur Verfügung stellen als auch in Anspruch nehmen. In der „Client-Server-Architektur" werden Rechner, die einen Dienst zur Verfügung stellen, als Server bezeichnet.[114] *Server* ist ein zentraler Computer, auf den PCs („Clients") in Netzwerken Zugang zu Programmen oder Daten haben. Internetseiten werden zum Beispiel auf einem Server gespeichert, um unterschiedlichen Rechnern Zugriff auf die Informationen zu ermöglichen. In der Fachsprache wird ein Server auch „*Host*" genannt.[115] Als Client wird ein PC bezeichnet, der in einem Netzwerk den Dienst eines Servers in Anspruch nimmt.

---

[109] *Koch*, Internet-Recht, 1998, S. 570.
[110] *Sieber*, JZ 1996,S. 429, 431.
[111] *Malek*, Strafsachen im Internet, 2005, S. 7.
[112] *Peer-to-Peer-Netz:* hier sind alle Computer gleichberechtigt und können sowohl Dienste in Anspruch nehmen, als diese auch zur Verfügung stellen. Der Gegensatz zum Peer-to-Peer-Modell ist das *Client-Server-Modell*: ein Server bietet einen Dienst an und ein Client nutzt diesen Dienst.
[113] *Koch*, Internet-Recht, 1998, S. 570.
[114] *Pfinster*, Hacking in der Schweiz, 2008, S. 32.
[115] Ganz einfach: anonym im Internet surfen: http://www.computerbild.de/artikel/cb-Ratgeber-Kurse-Internet-Anonym-im-Internet-surfen_2206076.html.

1.4 Begriffliches. Der Tatort „Cyberraum" 29

Für die zielgenaue Übertragung nach dem „*packet switching*"-System[116] muss weltweit jeder Computer seine Identifizierung – eine eigene Nummer (IP-Adresse) – haben. Die IP-Adressen werden im WWW aufgrund einer hierarchischen Struktur vergeben und werden in drei classes (A,B,C) – „Adressräume" – aufgeteilt. Jeder Provider erhält abhängig von seiner Art eine eigene Klasse, beispielsweise C-Klasse für einen Access-Provider.[117]

Das **International Network Information Center (InterNIC)** und seine nationalen Unterorganisationen sind für das Vergeben der Nummern zuständig. In Deutschland wurde die Aufgabe der Adressenvergabe an das Deutsche Network Information Center (DE-NIC) von IANA (Internet Assigned Numbers Authority[118]) delegiert (vgl. unten die Übersicht zu Vergabeorganisationen im Internet[119]).

Mittels Protokollen wird die Art des Datenaustausches zwischen Computern vereinbart.[120] Das IP definiert die im Internet verwendeten Adressen.

IP-Adresse (Internetprotokoll-Adresse) ist vergleichbar mit einer Telefonnummer, so hat jeder Computer eine eigene Adresse in einem Netzwerk. Auf diese Weise sind Computer im Netzwerk und im Internet erreichbar. Auch spezielle Drucker oder Internettelefone können über eine IP-Adresse mit einem Netzwerk verbunden werden.[121] Eine Nummer wie zum Beispiel 141.84.102.2 definiert das Netz (141.84), ein Subnetz (102) und einen Rechner (2).[122] Über das weltweit verfügbare *Domain Name System* (DNS) können IP-Adressen in die Buchstaben „übersetzt" werden. Anstatt also „192.0.34.65" einzugeben, kann man die DNS-Übersetzung: „www.icann.org" verwenden.

Anhand der obengenannten technischen und organisatorischen Regeln kann man einige rechtlich relevante Fragen beantworten. Zum Beispiel ist es möglich, mit der IP-Adresse zumindest die Art des Providers und manchmal auch die territori-

---

[116] Die paketorientierte Datenübertratung (packet switching) ermöglicht eine reibungslose Kommunikation dadurch, dass jeder übertragbare Befehl in sogenannte Pakete von maximal 1.500 Zeichen aufgeteilt und einzeln abgeschickt wird. Es wird nicht wie beim Telefon eine ständige verbindung aufgebaut; die einzelnen Pakete suchen sich stattdessen jeweils ihren eigenen Weg: *Bremer*, Strafbare Internet-Inhalte, 2001, S. 30.
[117] Implications of Various Address Allocation Policies for Internet Routing, Oct. 1996 (http://dsl.internic.net/rfc/rfc2008.txt).
[118] *IANA*, Univerisity of Southern California (USC9/Information Sciences Institute, Suite 1001, 4676 Admiralty Way, CA 90292.
[119] S.u. Übersicht, S. 41.
[120] *Pfinster*, Hacking in der Schweiz, 2008, S. 32.
[121] Ganz einfach: anonym im Internet surfen: http://www.computerbild.de/artikel/cb-Ratgeber-Kurse-Internet-Anonym-im-Internet-surfen_2206076.html.
[122] *Koch*, Internet-Recht, 1998, S. 551.

ale oder thematische Zugehörigkeit der Adresse festzustellen. Leider ist es trotz dieses Adressenvergabesystems nicht immer möglich, aus der IP-Adresse einen Rückschluss auf den Standort des Hostcomputers (Haupt- oder Servercomputer) zu ziehen.

Zum einen liegt dies an den so genannten *Top level domains* (TLD)[123], die teilweise nicht territorial identifizierbar sind (anders also als bei jenen, die ein bestimmtes Land[124] erkennen lassen). Beispielsweise werden einige TLDs wie „edu"[125], „net"[126], „com"[127] weltweit thematisch bzw. institutionell abgrenzbaren Bereichen zugeordnet.

Zudem stellt sich die Frage der Verantwortung beim Missbrauch von TLD , wenn diese ein Länderkürzel bezeichnen, um etwa mit der TLD „tv" (die für den Inselstaat Tuvalu[128] steht) auf Angebote der Fernsehbranche oder mit dem Kürzel „ag" (Antigua) auf eine Aktiengesellschaft hinzuweisen.[129] Die Verantwortung sollen wohl die für eine entsprechende Region oder einen thematischen Bereich zuständigen IP-Adressen-Vergabeorganisationen tragen. Beispielsweise ist für die Vergabe der TLD „de" das Deutsche Network Information Center (DE-NIC) verantwortlich.

Obwohl das Internet keine übergreifende organisatorische, finanzielle oder operationale Verwaltung hat, die für das gesamte unzentralisierte „Netz der Netzwerke" zuständig ist, müssen bestimmte administrative Aufgaben zentral wahrgenommen werden. Ein Großteil jener Cyber-Infrastrukturen befindet sich in den USA. Zu den wichtigsten organisatorischen Aufgaben, die einer weltweiten Koordinierung bedürfen und vom IANA mit Sitz in den USA ausgeübt werden, zählt die Verwaltung von IP-Adressen und Domain-Namen.

---

[123] Die IP-Adressen, die schon in die Namen umgewandelt sind in von links nach rechts ansteigende Hierarchiestufen aufgeteilt. Die Stufen bezeichnet man Domains. Von www.parents.com wird „parents" die **Second-Level Domain** representieren; „com" die **Top-Level Domain**. TLDs, im Vergleich zu den SLDs, können nicht an einzelne Nutzer vergeben werden, ähnlich einer telefonischen Ortsvorwahl.

[124] Beispielsweise „at" für Österrreich, „ru" für Russland, „de" für Deutschland. Eine Liste aller TLDs findet man unter: http://www.netplanet.org/adressierung/tld.html.

[125] TLD für die Institutionen im Bildungsbereich.

[126] TLD für Network-Provider

[127] TLD für Wirtschaftsunternehmen.

[128] Angeblich brachte der Verkauf dieser TLD an ein kanadisches Unternehmen jedem der 12.000 Einwohner von Tuvalu ein kleines Vermögen ein.

[129] *Bremer*, Strafbare Internet-Inhalte, 2001, S. 31.

1.4 Begriffliches. Der Tatort „Cyberraum" 31

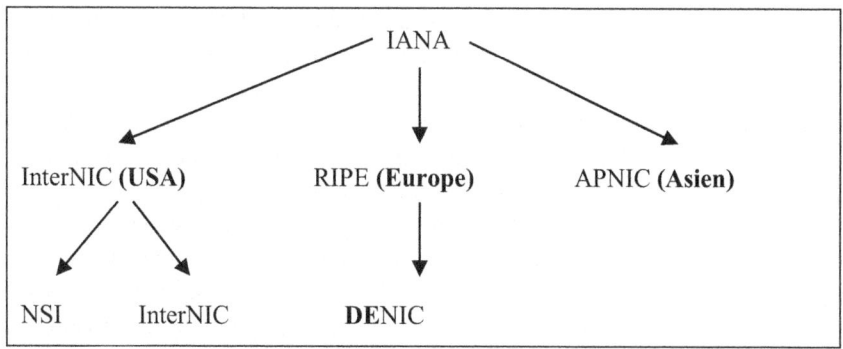

Abbildung 6: Vergabeorganisationen im Internet[130]

1.4.3 Der Begriff der Computer-, Internet- und Cyberspacekriminalität

Der Begriff der *Computerkriminalität* stammt vom amerikanischen Begriff „computer crime" ab.[131] Die Diskussionen über den Begriff der Computerkriminalität reichen sowohl in Deutschland[132] als auch in Russland[133] in die 70-er

---

[130] *Koch*, Internet-Recht, 1998, S. 573; **IANA (Internet Assigned Numbers Authority)** ist für die Verwaltung der internen Dienste, die Parameterfestlegung und die Vergabe von Top Level Domains (TLD) und IP-Adressen verantwortlich, generell für die Verwaltung eines einheitlichen DNS (Root of the Domain Name System) – Dienstes eingerichtet; *Koch*, Internet-Recht, 1998, S. 573; **InterNIC (International Network Information Center) in den USA** durch IANA-Beauftragung für die Vergabe von edu-, gov-, com-, org-, net- und root-Domains zuständig: http://rs.internic.net/domain-info/registration-FAQ.html; **RIPE NCC (Réseaux IP Européens Network Coordination Center, in Amsterdam).** Zuständig für die IP-Adressen-Vergabe in den europäischen Ländern: RIPE NCC, Kruilaan 409, NL-1098 SJ Amsterdam, Niederlande; **APNIC (Asien IP Network Coordination Center).** Zuständig für die IP-Adressen-Vergabe in den asiatischen Ländern; **NSI (Network Solutions, Inc.)** vergibt die Second-Level Internet Domain Namen in den TLDs com, org, gov, edu und net; **InterNIC (International Network Information Center).** Die IANA hat InterNIC mit der Verwaltung beauftragt; bei der Namensverwaltung arbeiten IANA und InterNIC zusammen. Hinter der IANA steht das Information Sciences Insitute (ISI). Bezüglich der Internetnummervergabe bleibt das Internet unter militärischer Verwaltung: *Koch*, Internet-Recht, 1998, S. 573; **DENIC (Deutsches Network Information Center).** Dem DENIC wurde die Aufgabe der Adressenvergabe von IANA delegiert.

[131] The Process of Criminalization: The Case of Computer Crime Laws, 1988, S. 101, 106 ff.; *Olivenbaum*, Rethinking Federal Computer Crime Legislation, 1997, S. 574, 596; *Lampe*, GA 1975, S. 1 ff.

[132] *Lampe*, GA 1975, S. 1 ff.; *Sieber*, Computerkriminalität und Strafrecht, 1980, S. 1 ff.; Zur Entwicklung der Computerkriminalität siehe *Sieber*, ZStW 1992, S. 251 ff.; *ders.*, CR 1995, S. 100 ff.; *Winkelbauer*, CR 1985, S. 40; *Tiedemann*, WM 1983, S. 1326 ff.

[133] Zur Entwicklung der Computerkriminalität siehe: *Baturin*, Problemi compyuternogo prava, 1991, S. 126; *Channov*, Informazionnoe pravo, 2005; *Dulenko*, Computerkriminalität und Informationsschutz, 1995, S. 4 ff.

Jahre zurück. In der russischen Literatur wurde dies im Rahmen des Entstehens von neuen Rechtsgebieten wie Informations-, Telekommunikations- und Computerrecht diskutiert.[134] Anfang der 70-er Jahre war – wie bereits hervorgehoben – in der deutschen akademischen Literatur noch die Existenz der Computerkriminalität umstritten.[135] In Amerika – im Pionierland des Cyberraums – waren diesbezügliche praktische Fragen schon Anfang der 80-er Jahre relevant.[136]

Der Begriff „Computerkriminalität" wird sowohl in der russischen,[137] amerikanischen[138] als auch in der deutschen Dogmatik weit ausgelegt. Erfasst sein sollen alle kriminellen Verhaltensformen, die unmittelbar oder mittelbar in irgendeiner Weise mit einer elektronischen Datenverarbeitungsanlage zusammenhängen.[139]

In der deutschen Literatur finden sich aber auch einschränkende Definitionen für Computerkriminalität, bei denen die automatisierte Datenverarbeitung entweder das Ziel der strafrechtlichen Angriffe oder das Mittel zur Begehung von Straftaten ist.[140]

Ähnlich wird der Computerkriminalitätsbegriff auch in der russischen Doktrin durch das „Angriffsobjekt" („Angriffsgegenstand"[141]) und das „Tatziel"[142] eingeschränkt, oder durch eine Aufteilung der kriminellen Computerangriffe in zwei Hauptgruppen, wonach die eine das Beeinflussen von Computerfunktionen oder von Netzwerkarbeitsabläufen betrifft, die andere jenes Verhalten, bei dem Computer lediglich als technisches Instrument der Tatbegehung benutzt werden.[143]

Bestrebungen, ein derart umfangreiches und in vielfältigen Formen erscheinendes Phänomen durch einen einheitlichen Begriff zu definieren, waren weder

---

[134] *Baturin*, Problemi compyuternogo prava, 1991, S. 126; *Channov*, Informazionnoe pravo, 2005.
[135] *Sieber*, ZStW 1992, S. 251 ff.; *ders.*, CR 1995, S. 100; *Jessen*, Zugangsberechtigung und besondere Sicherung, 1994, S. 648.
[136] *Glenn D. Baker*, Trespassers Will be Prosecuted, 1993, S. 68; The Process of Criminalization: Criminology, 1988, S. 106 ff.; CFAA 1984, 18 U.S.C. § 1030 ff.
[137] *Tichomiriv*, Administrativnoe pravo i prozess, 2001, S. 339; *Gavrilov*, Informatisazija pravovoj sistemi Rossii, 1998, S. 53; *Kopilov*, Informazionnoe pravo, 1995, S. 6; siehe auch: *Wengerov*, Teorija gosudarstva i prava, 1996, S. 36 ff. *Rassolov*, Pravo i Internet, 2008, S. 12 ff.
[138] *Olivenbaum*, Rethinking Federal Computer Crime Legislation, 1997, 574; *United States v. Middleton*, 231 F.3d 1207, 1212 (9th Cir. 2002). "Congress has consciously broadened the statute consistently since its original enactment."
[139] Zum Begriff der Computerkriminalität siehe *Tiedemann*, WM 1983, S. 1326 ff.; *Steinke*, NStZ 1984, S. 295; *Winkelbauer*, CR 1985, S. 40; *Dannecker*, Neuere Entwicklungen im Bereich der Computerkriminalität, 1996, S. 1285.
[140] *Jofer*, Strafverfolgung im Internet, 1999, S. 32.
[141] *Spivakov*, Rossiiskoe zakonodatel'stvo v bor'be s kompúternimi prestuplenijami, 2008.
[142] *Sergo*, Kompýuternaja prestupnost', 2003.
[143] Kompýuternaja bezopasnost': http://www.comp-bezopasnost.spb.ru/2.html.

1.4 Begriffliches. Der Tatort „Cyberraum"

in der deutschen, noch in der amerikanischen oder russischen Doktrin erfolgreich.[144] Gescheitert ist auch der Versuch, die Computerkriminalität bestimmten Deliktgruppen wie etwa Vermögensdelikten, Delikten gegen die Person oder Datenschutzdelikten zuzuordnen.[145] Dies dürfte nicht zuletzt daran liegen, dass fast jedes strafbares Verhalten als Computerdelikt eingestuft werden kann, wenn dabei ein Computer in irgendeiner Weise verwendet wird.

Die rechtswissenschaftliche *Lehre* unterteilt den Begriff der Computerkriminalität beispielsweise in Computerstraftaten im *engeren* und im *weiteren* Sinne oder untergliedert phänomenologisch anhand der Tätercharakteristika und Begehungsformen.[146] So unterscheidet die h.M. in der deutschen Literatur im Bereich der Computerkriminalität folgende Deliktgruppen: Computermanipulation, Computersabotage, Computerspionage und den so genannte Zeitdiebstahl.[147] In der durch das Common Law geprägten Rechtswissenschaft werden Deliktgruppen vorrangig nach der jeweiligen Rolle des Computers unterschieden, nämlich Computer als Zweck des Eingriffs; Computer als Speichergerät und Computer als Kommunikationsmittel.[148]

Auch in der russischen Lehre werden verschiedene Klassifikationsgruppen zur Untergliederung von Computerkriminalität vorgeschlagen. Unterschieden werden soll demnach zwischen gegen Daten gerichtete Straftaten (Ausspähen, Abfangen von Daten, Datenveränderung), Straftaten gegen Computernetzwerke (Netzwerkeingriffe und Computersabotagen); Straftaten zur Überwindung von Computersicherheitssystemen (Virenverbreitung, Hacken usw.) sowie Straftaten, bei denen der Computer lediglich als Hilfs- und Kommunikationsmittel für weitere Straftaten benutzt wird (etwa Computerbetrug).[149]

Bei der Differenzierung zwischen unterschiedlichen Deliktformen stellt sich vor allem die Frage, ob jede missbräuchliche Nutzung von Datennetzen vom

---

[144] *WiKG*, 1986; *Olivenbaum*, Rethinking Federal Computer Crime Legislation, 1997, 596; *Yee Fen Lim*, Cyberspace Law, 2002, S. 247 ff.; *Joga Rao*, Law of Cyber Crimes, 2004, S. 49 ff.
[145] *Seung-Hee Hong*, Flexibilisierungstendenzen des modernen Strafrechts, 2002, S. 95.
[146] *Bremer*, Strafbare Internet-Inhalte, 2001, S. 63 ff.; *Mühlen*, Computer-Kriminalität, 1973, S. 25 ff.; *Frey*, Computerkriminalität in eigentums- und vermögensstrafrechtlicher Sicht, 1987, S. 22 ff.
[147] Aufteilung nach *Tiedemann*, WM 1983, S. 1327 ff.; *Möhrenschlager*, Wistra 1991, S. 322; *Hilgendorf*, JuS 1996, S. 510; *Sieber*, CR 1995, S. 100 ff. lässt noch den Softwarediebstahl unter den Begriff der Computerkriminalität fallen.
[148] *Yee Fen Lim*, Cyberspace Law, 2002, S. 247 ff.; *Joga Rao*, Law of Cyber Crimes, 2004, S. 49 ff.
[149] *Zinina*, Prestuplenija v oblasti kompjuternoi informazii, 2007, S. 24; *Karchevskij*, Kompýuternie prestuplenija, 2005; *Tedeev*, Teoreticheskie osnovi pravovogo regulirovanija informazii, 2007, S. 16-17; *Rassolov*, Pravo i Internet, 2008, S. 23 ff.

Begriff der Computerkriminalität erfasst werden soll, oder ob es sich dabei nicht um eine neue und eigenständige Kriminalitätskategorie handelt, nämlich um *Internetkriminalität*. Einerseits gründet sich die Strafbarkeit dabei nicht mehr auf den Missbrauch automatischer Datenverarbeitungsanlagen, sondern auf den Missbrauch der Datennetze. Deshalb könnte man Internetkriminalität als eine eigenständige und neue Kriminalitätsform betrachten.[150] Andererseits wird Internetkriminalität weiterhin ausnahmslos über Datenverarbeitungsanlagen begangen und unterscheidet sich nur insofern von der Computerkriminalität, als die Computer untereinander vernetzt sind.[151] Die vorliegende Arbeit folgt der zweiten Ansicht, so dass Internetkriminalität hier als ein Unterfall des Computerstrafrechts betrachtet wird.

Allerding ist der Begriff der *Cyberspacekriminalität* im Bezug auf die zwei oben analysierten Begriffe als Oberbegriff zu betrachten, weil er neben Computern auch andere Technologien miteinschließt, etwa Smartphones.

---

[150] *Vassilaki*, CR 1997, S. 297 ff.
[151] *Vetter*, Gesetzeslücken bei der Internetkriminalität, 2002, S. 11 ff.

2 Fälle und Entscheidungen

Im folgenden Teil werden die im weiteren Verlauf der Arbeit analysierten Sachverhalte realer Gerichtsentscheidungen und hypothetischer Fälle dargestellt.[1]

2.1 Fall: Georgier

Der georgische Staatsangehöriger G., der seinen Wohnsitz in Deutschland hat, platzierte auf seinen Skype-Avatar[2] nach dem bewaffneten Konflikt zwischen Russland und Georgien im August, 2008 folgende Aussage: „Russia is a devil State". Strafrechtliche Zuständigkeit.

2.2 Fall: Herr Pornikov

Der russische Staatsangehöriger Herr Pornikov, der sich auf dem Territorium des Staates A befand, speicherte jedermann zugängliche Websites (nach russischem Recht strafbaren) kinderpornographischen Inhalts auf einem Server des Staates A. Außerdem verbreitete er entsprechende Inhalte mittels E-Mail. Nach dem Recht des Staates A. sind das Zugänglichmachen und die Verbreitung der kinderpornographischen Materialien (z.b. wegen höherer Altersgrenzen) rechtswidrig, allerdings nicht strafbar.[3] P. wurde aufgrund der Rechtswidrigkeit seines

---

[1] Für die Lösungen der Fälle siehe Kapitel 6 Falllösung, S. 179 ff.

[2] *Avatar* – Hauptbild von Nutzern der VoIP-Dienste (z.b. Skype), soziale Netzwerken (z.B. Facebook, StudiVZ) usw. mit möglichen kurzen Privatinformationen, Nachrichten, Slogans usw. Die Informationen und das Bild sind normalerweise allen Internetnutzern zugänglich, es sei denn, der Nutzer es anderes einstellt: http://de.wikipedia.org/wiki/Avatar_(Internet).

[3] Im Bezug auf die Kinderpornographie gibt es viele Fragen, die entscheidend sind bei der Qualifizierung dieser Tat, die allerdings unterschiedlich je nach der Rechtsordnung einzustufen sind. Beispielsweise wird die Frage der Altersgrenze der Kinder, die tatbestandsmäßig sind, auf verschiedene Weise entschieden. Ein anderer umstrittener Punkt kann der (Nicht)Kriminalisierung der sogenannten „*virtual child pornography*" sein. Darunter versteht man ein digitalisiertes Bild, ein Computerbild oder computererzeugtes Bild, bei dem nicht möglich zu unterscheiden ist, ob Kinder tatsächlich in die sexuellen Handlungen involviert waren oder nicht. Zum Beispiel blieb „virtual child pornography" in den USA nach der Entscheidung des Supreme Court (*Ashcroft v. Free Speech Coalition*, 535 U.S. 234, 2002) bis 2003 legal. Mit dem Verabschieden des Protect Act (April 2003) wurde das ursprüngliche Verbot wieder eingeführt. In Russland gibt es kein Tatbe-

Handelns zur Verantwortung gezogen und zu einer Geldbuße verurteilt. Grundlage zur Legitimierung russischer Strafgewalt?

2.3 Fall: Herr Lust

Der deutsche Staatsangehöriger Herr Lust, der sich auf dem Territorium des Staates A befand, speicherte jedermann zugängliche Websites (nach deutschem Recht strafbaren) kinderpornographischen Inhalts auf einem Server des Staates A. Außerdem verbreitete er entsprechende Inhalte mittels E-Mail. Nach dem Recht des Staates A. sind das Zugänglichmachen und die Verbreitung der kinderpornographischen Materialien rechtswidrig, allerdings nicht strafbar. L. wurde aufgrund der Rechtswidrigkeit seines Handelns zur Verantwortung gezogen und zu einer Geldbuße verurteilt. Grundlage zur Legitimierung deutscher Strafgewalt?[4]

2.4 Fall: Berliner Unternehmen

Der Zentralrechner des Unternehmens D in Berlin wurde über das Internet von einem russischen Hacker von einem sich in Moskau befindlichen Rechner angegriffen.
a) *Der Hacker verschaffte sich Zugang zu Informationen des Unternehmens (allerdings nicht zu den Betriebs- und Geschäftsgeheimnissen von D). Dabei wurden keine Informationen geändert und die Website des Unternehmens auch nicht beschädigt. Für das Unternehmen entstanden daher kein Schaden und keine Beeinträchtigung seines Computernetzwerks.*[5]
b) *Durch den Eingriff wurden Informationen auf der Website (mit TLD „com") vom Hacker erheblich verändert, allerdings keine solchen, die zu den Betriebs- oder Geschäftsgeheimnissen des Unternehmens D gehören.*

---

stand, der „virtual child pornography" kriminalisieren würde. Siehe auch dazu: *Brenner/Koops*, Approaches to Cybercrime Jurisdiction, 2004, S. 3 ff.
[4] Siehe dazu: *Hörnle*, in: Münchener Kommentar, § 184 StGB, Rn. 107 ff.
[5] Nach Angaben der Antivirus-Unternehmen wird oft von „Forschern der Computerfauna" in die gesicherten Systeme eingedrängt oder neue Viren entwickelt um bloß ihre „Kräfte zu messen". Interessant, dass einige fertig geschriebene Viren und Hacking-Algorithmen ohne weiteres Nutzen den Antivirus-Unternehmen von Hackern selbst geschickt wurden, damit sie nicht weiter für schädlichen Zwecken verbreitet werden konnten: *Kaspersky*, Kompýuternoe zlovredstvo, 2009, S. 15 ff.

c) *Durch den Eingriff wurden solche Informationen auf dem Server des Unternehmens vom Hacker erheblich verändert, die zu dessen Geschäftsgeheimnissen gehören.*

2.5 Fall: Moskauer Unternehmen

Der Zentralrechner des russischen Unternehmens R in Moskau wurde mittels Internet von einem Hacker deutscher Staatsangehörigkeit, welcher sich in Berlin aufhielt, angegriffen.

a) *Der deutsche Hacker verschaffte sich dabei Zugang zu den internen Daten des Unternehmens des R. Dabei wurden Informationen nicht verändert, kopiert oder anderweitig beschädigt. Für das Unternehmen entstanden daher kein Schaden und keine Beeinträchtigung seines Computernetzwerks.*

b) *Durch den Eingriff wurden Informationen auf der Website des Unternehmens vom Hacker erheblich verändert, allerdings keine solchen, die zu den Betriebs- oder Geschäftsgeheimnissen gehören.*

2.6 Fall: Computervirus „Loveletter"

Ein Philippinischer Staatsangehöriger (P) entwickelte das Virus „Loveletter" und verbreitete es von den Philippinen aus im Internet. Weltweit waren mehrere Computer (von Privatpersonen und Unternehmen) betroffen, unter anderem auch in Russland, Deutschland und in den USA.

a) *P schickte virenverseuchte E-Mails weltweit an unbekannte Internet-Nutzer.*

b) *P platzierte das Virus in ein Softwareprogramm, das frei zugänglich und zum kostenlosen Herunterladen auf einer Website mit amerikanischer TLD[6] angeboten wurde. Das Herunterladen des Programms führte zur Virenverseuchung des Computers.[7]*

---

[6] Top-Level-Domain, z.B. „at" für Österrreich, „ru" für Russland, „de" für Deutschland; thematisch: „edu", „net", „com".
[7] Love Bug infects computers worldwide: http://www.highbeam.com/doc/1P1-26415167.html; *Goodman/ Brenner,* Criminal Conduct in Cyberspace, 2002.

2.7 Fall: Kasache (Entscheidung des Bezirksgerichts, Russland)[8]

Ein Kasache, der sich als Russe ausgab und sich in Kasachstan aufhielt, stellte in einen Internetblog der Website eines russischen Servers mit Blick auf armenische Volkszugehörige herabsetzende Äußerungen ein.

2.8 Fall: Konzentrationslager

Der australische Staatsangehörige A stellte Informationen auf einem australischen Server ins Internet, in denen er unter dem Vorwand wissenschaftlicher Forschung darlegte, dass die Konzentrationslager in Russland gar nicht existierten und Behauptungen über diesbezügliche Opfer eine Erfindung sind.

2.9 Fall: Australier (Entscheidung des deutschen BGH)[9]

Der australische Bürger A machte über das Internet Materialien durch das Versenden englischsprachiger E-Mails (auch an Adressaten in Deutschland) zugänglich, in denen unter dem Vorwand wissenschaftlicher Forschung die unter der Herrschaft des Nationalsozialismus begangene Ermordung der Juden bestritt und als Erfindung „jüdischer Kreise" dargestellte. Außerdem speicherte er Websites gleichen Inhalts auf einem australischen Server, der Internetnutzern in Deutschland zugänglich war. Unter anderen wurden folgende Äußerungen eingespeist: "Wir erklären stolz, dass es bis heute keinen Beweis dafür gibt, dass Millionen von Menschen in Menschengaskammern umgebracht wurden." „Dies allein ist schon eine gute Nachricht, bedeutet es doch, dass ca. 3,2 Millionen Menschen nicht in Auschwitz gestorben sind - ein Grund zum Feiern." „Daher können alle Deutschen und Deutschstämmigen ohne den aufgezwungenen Schuldkomplex leben, mit dem sie eine bösartige Denkweise ein halbes Jahrhundert lang versklavt hat."

---

[8] Stadtbezirksgericht (StBezG) von Krasnodar, Bulleten N8, August 2008.
[9] BGHSt 46, 212 („Auschwitzlüge"-Urteil); dazu siehe: *Götting*, Kriminalistik 2007, S. 615 ff.

2.10 Fall: CompuServe (Entscheidung des Münchener Amtsgerichts)[10]

Die Firma CompuServe Information Services GmbH (Deutschland) war eine hundertprozentige Tochterfirma des weltweit tätigen Online-Service-Providers CompuServe (USA). CompuServe (Deutschland) hatte u.a. die Aufgabe, für Kunden von CompuServe (USA) in Deutschland Einwahlknoten bereitzustellen. Der jeweilige Kunde wählte sich bei dem für ihn nächstgelegenen Einwahlknoten in Deutschland ein. Er wurde dann von dort ohne weitere Plausibilitätsprüfung via Standleitung zwischen Tochter- und Muttergesellschaft mit dem in den USA befindlichen Rechenzentrum der Muttergesellschaft verbunden. Der Angeklagte war Geschäftsführer der Firma CompuServe Information Services GmbH (Deutschland). Das Gericht stellte fest, dass der Angeklagte, ein in Deutschland wohnhafter schweizer Staatsangehöriger, gemeinschaftlich mit der Firma CompuServe (USA) Kunden von CompuServe (USA) in Deutschland gewalt-, kinder- und tierpornographische Darstellungen zugänglich gemacht hatte. Die Darstellungen wurden auf dem Server von CompuServe (USA) zur Nutzung bereitgehalten. CompuServe Information Services GmbH hat die gegebenen Inhalte für deutsche Kunden zugänglich gemacht. Der Angeklagte wurde schuldig gesprochen. Keiner von den Mittätern von CompuServe (USA) wurde hingegen verurteilt.

2.11 Fall: People v. World Interactive Gaming Corp. (Entscheidung des New Yorker Gerichts)[11]

Auf dem Territorium des Staates New York sind Glücksspiele verboten. Ein entsprechendes Online-Angebot wurde auf einem Server in Antigua gehostet und von einer Tochterfirma von „World Interactive Gaming Corporation" (WIGC) mit einer nach dem dortigen Recht notwendigen Genehmigung betrieben. Ist es der WIGC erlaubt, auf dem Territorium des Staates New York verbotene Glücksspiele über das Internet anzubieten?

---

[10] AG München NJW 1998, 2836 („CompuServe"-Urteil); siehe dazu: *Hörnle*, in: Münchener Kommentar, § 184g StGB, Rn. 1 ff., § 184 StGB, Rn. 107 ff.
[11] *People v. World Interactive Gaming Corp.*, 714 N.Y.C. 2d 844 (N.Y. App. Div. 1999).

3 Strafanwendungsrecht (Internationales Strafrecht) und das Internet

Der Grenzüberschreitende Charakter der Internetkriminalität führt zur Frage: welches und inwieweit das jeweilige nationale Strafrecht zur Anwendung kommt. Im Rahmen des Strafanwendungsrechts muss man zwei Fragen auseinanderhalten: einerseits, ob die nationale Strafgewalt in einem bestimmten Sachverhalt zu bejahen ist, andererseits, soweit man die Frage nach der Strafgewalt bejaht hat, ob im nationalen materiellen Strafrecht das fragliche Verhalten tatsächlich kriminalisiert ist.[1] In beiden Phasen ergeben sich Rechtskonflikte. Oftmals stellt sich das Problem, dass ein Verhalten einer Vielzahl unterschiedlicher Strafgewalten und damit auch unterschiedlicher materiell-rechtlicher Ordnungen unterliegt.[2]

In diesem Teil der Arbeit wird auf die Grundlagen des Strafanwendungsrechts im Kontext des Cyberspace eingegangen. Dabei werden vor allem Mechanismen der Begrenzung der nationalen strafrechtlichen Zuständigkeit untersucht und ein Lösungsschema für Jurisdiktionskonflikte[3] herausgearbeitet.

3.1 Internetbesonderheiten in Verbindung mit der Frage des anwendbaren Strafrechts „Pull"- und „Push-Technologien"

3.1.1 Problematik

Die Bestimmung des anwendbaren nationalen Strafrechts ist zwingend die erste Frage, die sich bei Sachverhalten mit Auslandsbezug stellt. Es kann der Eindruck entstehen, dass „jedes nationale Strafrecht isoliert gesehen scheinbar den An-

---

[1] *Jescheck/Weigend*, AT § 18 I., 1, S. 163 ff.; *Lehle*, Der Erfolgsbegriff im Internet, 1999, S. 30; *Schmölzer*, ZStW 2011, S. 709 ff.; *Ambos*, in: Münchener Kommentar, §§ 3–7 StGB, Rn. 54-55
[2] *Sieber*, NJW 1999, S. 2066; *Kuner*, CR 1996, S. 453 ff.; *Dittrich*, ZIS, S. 81.
[3] Siehe dazu: *Ambos*, in: Münchener Kommentar, §§ 3–7 StGB, Rn. 54-55.

spruch erhebt, ein Weltstrafrecht zu sein",[4] so dass sich im Konfliktfall mehrere Rechtsordnungen für zuständig erklären.

Zudem sind Internetkriminalitätsfälle durch Besonderheiten der Online-Kommunikation wie insbesondere deren Grenzlosigkeit, ihrer enormen Geschwindigkeit, der Vielfältigkeit der kommunizierten Informationen und durch ihre Anonymität geprägt, welche im Rahmen der territorialen Anwendung und der funktionalen Anpassung des Strafrechts zu berücksichtigen sind. Wäre der Idealfall, dass "alles, was offline – nach den Konstellationen des klassischen Strafrechts – strafbar ist, auch online strafbar sein muss"[5] ohne Hindernisse realisierbar, oder stimmte es, dass das Internet "keine neuen Rechtsprobleme"[6] schafft, dann hätte der weltumspannende Charakter des Internets bei der Zuständigkeitsfrage keine besonderen Auswirkungen. Da aber nationale Grenzen durch das Internet ignoriert werden, ist es beinahe unmöglich, das Problem der Internetkriminalität aus der Perspektive einer einzelnen nationalen Rechtsordnung zu betrachten, insbesondere bei Informationsverbreitungs- und oft auch bei Computerdatenschutzdelikten (z.B. Ausspähen, Abfangen von Daten, Datenveränderung).[7] Auslandsbezüge sind in den meisten Fällen von Cyberspacekriminalität unvermeidbar.

Die Frage nach dem Anwendungsbereich des nationalen Rechts lässt sich im Cyberraum jedoch nicht einheitlich beantworten. Denn je nach dem einschlägigen Delikt, den jeweiligen Tatfolgen und den anwendbaren Strafanwendungsprinzipien sind unterschiedliche Voraussetzungen für die Bestimmung des anwendbaren Strafrechts in Betracht zu ziehen. Im Gegensatz zu den deutschen Strafanwendungsregelungen, die teilweise „deliktspezifisch geregelt"[8] sind (§§ 3-9 StGB), unterscheidet beispielsweise das russische internationale Strafrecht (Art. 11-13 UKRF) nicht zwischen den einzelnen Delikten.[9]

Cyberspacekriminalität kann äußerst vielgestaltig sein.[10] Das macht es schwer, ihre unterschiedlichen Erscheinungsformen einem einheitlichen Kriteri-

---

[4] *Lehle*, Der Erfolgsbegriff im Internet, 1999, S. 29.
[5] *Sieber*, CR 1997, S. 666.
[6] *Hoeren*, NJW 1998, 2849. Dagegen: *Lehle*, Der Erfolgsbegriff im Internet, 1999, S. 8; *Sieber*, CR 1997, S. 666; *Hilgendorf*, NJW 1997, S. 1873 ff.; *Ladeur*, ZUM 1997, S. 373; *Kienle*, Internationales Strafrecht und Straftaten im Internet, 1998, S. 41 ff.; *Kröger / Moos*, ZUM 1997, 462 ff.
[7] *Bremer*, Strafbare Internet-Inhalte, 2001, S. 24 ff.
[8] *Sieber*, NJW 1999, 2066.
[9] *Paramonova*, Jurisdikcija v transgranichnyh internet-prestuplenijah, 2010, S. 307 – 311; *Paramonova*, Jurisdikcionnye normy ugolovnogo prava v Internet-prostranstve, 2010 S. 356 – 360.
[10] Zur Klassifikation siehe Kapitel 1 Einleitung und methodologische Ansätze (*Der Begriff der Computer-, Internet-, und Cyberspacekriminalität*), S. 31 ff.

um zuzuordnen. Im Hinblick auf grenzüberschreitende Begehungsformen können in diesem Zusammenhang drei charakteristische Fallgruppen unterschieden werden. Zur ersten Gruppe gehören jene Fälle, bei denen *klassische Verbrechen* durch das Internet als Kommunikationsmittel begangen werden (z.B. Betrug, Geldwäsche). Zweitens sind solche Fälle zu nennen, in den *Computer als Träger krimineller Inhalte* dienen (wie etwa beim Verbreiten von Schriften mit volksverhetzendem Inhalt, beim Verbreiten von pornographischen Schriften oder bei Äußerungen mit nationalsozialistischem Gedankengut). In der dritten Fallgruppe werden die durch das Internet verbundenen *Computer selbst Ziel des Eingriffs* (z.B. Datenveränderung, Ausspähen, Abfangen von Daten).[11]

Nach der Cybercrime-Konvention (Art. 2-10) sind folgende Klassifikationsgruppen des Cybercrime zu unterscheiden: (1) Straftaten gegen die Vertraulichkeit, Unversehrtheit und Verfügbarkeit von Computerdaten und –systemen; (2) Computerbezogene Straftaten (Fälschung und Betrug mittelst Computer); (3) Inhaltsbezogene Straftaten; (4) Straftaten in Zusammenhang mit der Verletzung des Urheberrechts und verwandten Schutzrechten. Drei der vier Kategorien beziehen sich also auf das Objekt des Rechtsschutzes, nur die zweite Gruppe bezieht sich auf die Methode.[12] Das Fehlen eines einheitlichen Kriteriums führt jedoch zu Überschneidungen zwischen den Straftaten und daher zwischen den Kategorien „Computerkriminalität,, und „Internetkriminalität". Daher sind für eine umfassende Darstellung der Strafanwendungsproblematik im Internet „delikts- und sachverhaltsspezifische Differenzierungen"[13] und eine dementsprechende inhaltliche Beschränkung der Untersuchung nötig.

Die vorliegende Arbeit geht im Hinblick auf Zuständigkeitsfragen vor allem auf *Inhaltsverbreitungs- und Äußerungsdelikte im Internet* ein (bei denen Computer als Träger krimineller Inhalte fungieren). Diese Deliktgruppe wirft aufgrund der durch das Internet ermöglichten weltweiten Verbreitung und Abrufbarkeit illegaler Inhalte mit Blick auf eine strafanwendungsrechtliche Allzuständigkeit besonders schwierige Fragen auf.[14] Außerdem ist diese Form strafbaren Verhaltens für im Ausland agierende Täter insofern interessant, als sie weitestgehend anonym handeln können, somit einem geringen Strafverfolgungsrisiko ausgesetzt sind und mit einfachen Mitteln einen großen Adressatenkreis errei-

---

[11] *Yee Fen Lim*, Cyberspace Law, 2002, S. 247 ff.; *Zinina*, Prestuplenija v oblasti kompjuternoi informazii, 2007, S. 25; *Sieber*, ZStW 1992, S. 251 ff.; *Eser*, Internet und Internationales Strafrecht, 2002, S. 303, 304.

[12] *Gercke*, Understanding Cybercrime, 2009; *Popp*, JuS 2011, S. 386.

[13] *Sieber*, NJW 1999, S. 2066.

[14] *Eser*, Internet und Internationales Strafrecht, 2002, S. 304.

chen können[15] (vgl. die Fälle „*Australier*", „*Pornikov*", „*Georgier*" und „*Konzentrationslager*")[16].

Daneben wird im Kontext der Strafanwendungsproblematik auch auf *Computersysteme- und Datenschutzdelikte* eingegangen, bei denen Computer selbst das Ziel des Eingriffs darstellen (vgl. die Fälle „*Loveletter*", „*Berliner Unternehmen*" und „*Moskauer Unternehmen*")[17].

3.1.2 Die Relevanz der Unterscheidung der „Pull"- und „Push-Technologien"

3.1.2.1 Die allgemeine Differenzierung der Internet-Dienste im Rahmen der Strafanwendungsrechtsproblematik

Internet-Dienste treten im globalen Netz in vielfältiger Weise auf. Jeder hat besondere Charakteristika, welche bei der Lösung strafanwendungsrechtlicher Probleme zu berücksichtigen sind.

Im Hinblick auf Zuständigkeitsfragen bei *Verbreitungs- und Äußerungsdelikten* ist es nötig, den Ort des Zugänglichmachens von Schriften zu bestimmen. Dazu ist ein Eingehen auf jene Internet-Dienste notwendig, durch die Informationen ins Internet eingespeist und dort abgerufen werden können. Die im Folgenden dargestellte Kategorisierung dieser Dienste erlaubt eine gewisse Differenzierung im Hinblick auf die Zugänglichkeit von Informationen und berücksichtigt dazu die Besonderheiten der Abrufbarkeit von Informationen und Programmen im Internet. Die zwei wichtigsten dabei zu unterscheidenden Gruppen sind zum einen die auf dem „Pull Prinzip", zweitens jene auf dem „Push-Prinzip" des World Wide Web beruhenden Dienste.[18]

Die **„Pull-Technologien"** sind dadurch charakterisiert, dass sie eine weltweite Abrufbarkeit der Informationen (Programme) durch jedermann mit Zugang zum Internet anbieten.[19] Beim „Pull-Prinzip" des World Wide Web „zieht" der Internet-Nutzer sich die Informationen (Programme) aus dem Netz und entscheidet beispielsweise selbst, ob, wann und wie lange er eine Website besucht.[20]

---

[15] *Lehle*, Der Erfolgsbegriff im Internet, 1999, S. 16.
[16] Für die Lösungen der Fälle siehe Kapitel 6 Falllösung, S. 179 ff.
[17] Für die Lösungen der Fälle siehe Kapitel 6 Falllösung, S. 179 ff.
[18] *Sieber*, NJW 1999, S. 2071.
[19] Hier bleibt außer Betracht die Staaten, die gewisse Web-Seiten aufgrund der Religion, Ideologie usw., wie etwa China, Iran, Nordkorea sperren: www.tagesspiegel.de/.../Zensur-Internetfilter-China-Nordkorea-Iran.
[20] http://www.contentmanager.de/ressourcen/glossar_50_pull-technologie.html.

Bei den „**Push-Technologien**" werden die Informationen gezielt und aktiv übermittelt. Der Internet-Nutzer wird vom Anbieter etwa mit Informationen versorgt (beispielsweise mit die wichtigsten Nachrichten des Tages zusammenfassenden Newsletters) und auf entsprechende Inhalte im Internet verlinkt.[21] Darunter fallen auch E-Mails, die die direkteste Form der Daten- oder Programmübertragungen darstellen.

Hinsichtlich der Verbreitungs- und Äußerungsdelikte kann die benutzte Technologie für das anwendbare Strafrecht entscheidend sein. Werden *Pull-Technologien* benutzt, lässt sich die Anwendung eines bestimmten nationalen Rechts schwieriger begründen, so etwa beim Zugänglichmachen von nationalsozialistischer Propaganda auf einer Website, die sich auf dem ausländischen Server befindet. In dem Fall lassen sich zahlreiche Strafrechtsordnungen für zuständig erklären, weil die Inhalte weltweit (von jedem mit dem Internet verbundenen Staat) abrufbar sind. Bezüglich des WWW-Internet-Dienstes muss eine Website von dem Empfänger technisch „angefordert" werden, daher kann nicht argumentiert werden, dass die eine entsprechende Seite ins WWW einstellende Person diese absichtlich in den Staat des Abrufenden „geschickt" habe. Dies macht es schwierig, von einem bestimmten betroffenen Staat zu sprechen.

In dem Zusammenhang wird auf die Problematik des Erfolgsbegriffs (§ 9 StGB; Art. 9 und 11 UKRF) abstrakter Gefährdungsdelikte im deutschen, russischen und amerikanischen Strafrecht einzugehen sein.

Bei der Benutzung der *„Push-Technologien"* sind die Handlungen eher zielgerichtet. Eine solche Konstellation liegt etwa vor, wenn der Täter von seiner Mailbox von der Website, die sich auf dem ausländischen Server befindet (z.B. in den USA), nach dem Recht des Zielstaates (z.B. Deutschland) illegale Inhalte verbreitet, beispielsweise: das Senden einer E-Mail mit volksverhetzenden Inhalt in einen E-Mailaccount einer Website mit Top Level Domain (TLD)[22] „de" (etwa gmx.de, online.de). Die Verbreitung solcher Schriften steht nach deutschen Recht unter Strafe (§ 130 StGB), wohingegen sie in den USA unter dem Schutz der Meinungsfreiheit straflos bleibt.

---

[21] http://www.internetworld.de/Wissen/Web-Lexikon/Push-Technologie.
[22] Die IP-Adressen, die schon in die Namen umgewandelt sind (z.B. www.google.de), sind von links nach rechts in ansteigende Hierarchiestufen aufgeteilt. Die Stufen bezeichnet man Domains. Von www.parents.com wird „parents" die Second Level Domain repräsentieren; „com" – die Top Level Domain. TLDs, im Vergleich zu den SLDs, können nicht an einzelne Nutzer vergeben werden, ähnlich einer telefonischen Ortsvorwahl.

Einerseits erschiene es logisch, dass das Land des Standorts des die Informationen zugänglich machenden Servers[23] für diesen Fall zuständig wäre.[24] Denn das ausländische Strafrecht könnte in einem solchen Fall nur schwer eine verhaltenssteuernde Wirkung auf die Anbieter derartiger Inhalte entfalten.[25] Andererseits kann das Zielland der Kommunikation (im vorliegenden Fall ist es primär Deutschland: TLD „de") durchaus ein Bedürfnis nach Anwendung seines nationalen Strafrechts haben, soweit Möglichkeiten bestehen, auf den Anbieter der Inhalte einzuwirken.[26] Dies ist insbesondere dann denkbar, wenn der jeweilige ausländische Staat des Serverstandorts selbst keine Maßnahmen trifft (hier: USA oder Australien – vgl. die Fälle „*Australier*"[27] und „*Konzentrationslager*"[28]).

Zu weiteren Komplikation kommt es in diesem Zusammenhang dann, wenn die zunächst nach Deutschland übermittelte E-Mail auch durch in einem Drittstaat befindliche Empfänger wahrgenommen werden kann, die ihre Mailboxen auf einer Website mit der TLD „de" haben. Zu ähnlichen Fragen wie bei den Pull-Technologien kommt es außerdem, wenn es sich nicht um die TLD „de" handelt, sondern um Mailboxen auf Websites mit internationalen TLDs wie etwa „com". Hier können die Jurisdiktionen von zahlreichen Staaten in Betracht kommen. Denn einige Top Level Domains sind teilweise nicht territorial identifizierbar, im Gegensatz zu jenen, die ein Land[29] erkennen lassen (z.B. „de"). Beispielsweise werden einige TLDs wie „edu"[30], „net"[31], „com"[32] weltweit thematisch bzw. institutionell abgrenzbaren Bereichen zugeordnet.

Es stellt sich dann die Frage, welcher von den betroffenen Staaten sein nationales Strafrecht anwenden kann. Zu fragen ist etwa, ob auch die Zuständigkeit

---

[23] Hier: die 2. Bedeutung wahrzunehmen. Der Begriff des „Servers" (‚Anbieter') ist doppeldeutig. 1. *Ein Programm*, das einen Dienst (Service) anbietet (als Bezeichnung für Software). 2. *Ein Rechner*, auf dem eine Server-Software oder eine Gruppe von Server-Programmen laufen, die grundlegenden Dienste bereitstellt. Beispiele: Mailserver oder Webserver (als Bezeichnung für Hardware).
[24] *Maennel*, MMR 1999, S. 189 ff.; *Sieber*, CR 1997, S. 581 ff., 653 ff.
[25] *Sieber*, NJW 1999, S. 2071.
[26] BGHSt 46, 212.
[27] Siehe Kapitel 6 Falllösung (*Fall „Australier"*), S. 244.
[28] Siehe Kapitel 6 Falllösung (*Fall „Konzentrationslager"*), S. 252.
[29] Z.B.: „at" für Österrreich, „ru" für Russland, „de" für Deutschland. Eine Liste aller TLDs findet man unter: http://www.netplanet.org/adressierung/tld.html.
[30] TLD für die Institutionen im Bildungsbereich.
[31] TLD für Network-Provider.
[32] TLD für Wirtschaftsunternehmen.

jenes Staates denkbar ist, in dem die Ausgabeorganisation der TLD ihren Sitz hat (d.h. eine Zuständigkeit der USA[33] – vgl. den Fall „*Georgier*"[34]). Auch bei *Computersystem- und Datenschutzdelikten*[35] (z.B. Ausspähen, Abfangen von Daten, Datenveränderung) kann eine Differenzierung zwischen dem „Pull"- und dem „Push-Prinzip" des World Wide Web für die Frage des Tatorts und mithin für das anwendbare nationale Recht von Bedeutung sein. Allerdings kann die Anwendung dieser in einigen Fällen sicherlich angemessen Differenzierung in anderen Konstellationen ins Leere laufen, etwa bei sich enorm schnell verbreitenden Computerviren (vgl. den Fall „*Loveletter*"[36]).

3.1.2.2 Zu den konkreten Möglichkeiten der „Pull"- und „Push-Technologien"

Zu den „Pull-Technologien" gehört – wie bereits dargelegt – das Anbieten von Informationen, die im globalen Netz über den WWW-Internet-Dienst angeboten werden.[37] Dabei dienen zahlreiche zusätzliche Möglichkeiten der Vereinfachung der WWW-Nutzung. Ist etwa die entsprechende WWW-Adresse nicht bekannt, können *Suchmaschinen* und Kataloge zu Hilfe genommen werden, um ein bestimmtes Dokument aufzurufen.[38] Zur Vereinfachung der Informationssuche sind auf WWW-Seiten zudem Verweise auf andere WWW-Seite möglich (sog. Links).[39] Zu den neueren WWW-Anwendungen gehören *Gästebücher, Diskussionsforen, Wikis* und *Weblogs*. Ein Wiki (vom hawaiianischen Wort „wikiwiki", was „schnell" bedeutet) ist eine Sammlung von WWW-Seiten, die von den Nutzern nicht nur rezipiert, sondern auch geändert werden können.[40] Ein Gästebuch erlaubt es Besuchern einer WWW-Seite (oft ohne Registrierung), über ein Formular Nachrichten zu erstellen, die in der Reihenfolge ihrer Erstellung angezeigt werden. Mit dem sogenannten „*Podcasting*" ist es möglich, auf Websites selbstgestaltete Audio- oder Videodateien zu veröffentlichen.[41]

Die diversen „direkten" Formen der Datenübertragung im Internet (*E-Mails, Usenet-Newsgruppen, Internet Relay Chat, Internet-Telefonie, Instant-Massag-*

---

[33] *NSI* (Network Solutions, Inc.) vergibt die Second-Level Internet Domain Namen in den TLDs com, org, gov, edu und net.
[34] Siehe Kapitel 6 Falllösung (*Fall „Georgier"*), S. 179.
[35] Siehe Kapitel 4 Die Systematik der Delikte im Überblick, S. 77 ff.
[36] Siehe Kapitel 6 Falllösung (*Fall „Loveletter"*), S. 224.
[37] *Hoeren/Sieber*, Handbuch Multimedia-Recht, 2008, Rn. 79 ff.; *Schröder*, NJW-CoR 1998, S. 40 ff.; *Bremer*, Strafbare Internet-Inhalte, 2001, S. 35.
[38] *Bremer*, Strafbare Internet-Inhalte, 2001, S. 42.
[39] *Hoeren/Sieber*, Handbuch Multimedia-Recht, 2008, Rn. 84 ff.
[40] http:/de.wikipedia.org/wiki/Wiki.
[41] *Hoeren/Sieber*, Handbuch Multimedia-Recht, 2008, Rn. 91 ff.

ing usw.) sind als „Push-Technologien" zu betrachten.[42] Für diese Formen der Kommunikation ist – wie ebenfalls bereits hervorgehoben – charakteristisch, dass die Informationen auf einen (oder mehrere) Adressaten abzielen. Doch obwohl die Zahl der Adressaten im Rahmen dieser Kommunikationsformen grundsätzlich begrenzt ist, können die kommunizierten Informationen vielfach weltweit zugänglich gemacht werden (so ist etwa das Abrufen der Inhalte einer Mailbox weltweit möglich). Die Frage der tatsächlichen Zugänglichkeit muss bei diesen Diensten deshalb auf differenzierte Weise betrachtet werden.

Bei den *Usernet-Newsgruppen* können Nachrichten wie auf einem „Schwarzen Brett" abgelegt werden. Allerdings ist jede hinterlassene Nachricht auf einem Newsserver[43] in kurzer Zeit über zahlreiche andere Newsserver weltweit abrufbar. Jeder Nutzer kann auf einem bestimmten Newsserver eigene Beiträge, die auf diesem Newsserver gespeichert werden, erstellen oder an mehrere Gruppen absenden, oder eine Diskussionsgruppe eröffnen. Solche Server stehen untereinander in ständigem Kontakt damit ein Beitrag auch für die Nutzer von anderen Newsservern abrufbar ist. Regelmäßig nimmt jeder Server Kontakt zu einem oder mehreren anderen auf, wobei Unterschiede im Datenbestand automatisch abgeglichen werden.[44] Auf solche Weise werden neue Beiträge ständig weitergeleitet und erscheinen auf anderen Newsservern.

Mit *Internet Relay Chat (IRC)* bezeichnet man sogenannte „Chatrooms".[45] Der IRC ermöglicht textbasierte Diskussionen und Konferenzen (chat) zwischen zwei und mehr Personen in Echtzeit. Baut der Nutzer eine Verbindung zu einem IRC-Server auf, so wird ihm eine Liste der laufenden Diskussionsforen (Channels) angezeigt.[46] Dabei ist jeder Teilnehmer durch einen Nickname identifizierbar. Solche Pseudonyme nutzen beispielsweise Pädophile aus, um Kinder gezielt über Chats anzusprechen.[47] Internet-Telefonie, Instant-Messaging und Konferenzdienste stellen weitere Möglichkeiten der Kommunikation dar.[48] Skype etwa

---

[42] *Bremer*, Strafbare Internet-Inhalte, 2001, S. 39; *Hoeren/Sieber*, Handbuch Multimedia-Recht, 2008, Rn. 79 ff.
[43] Die Internet-Provider betreiben sogennante Newsserver, die ihren Kunden zur Verfügung stehen oder öffentliche Newsserver, die jedermann zugänglich sind (z.B. der über das WWW erreichbare Dejanews). Auf diesen Server werden die Newsgruppen, die sich jeweils mit einem bestimmten Thema befassen, und ihre einzelnen Beiträge verwaltet. Öffentliche Newsserver sind für jedermann zugänglich.
[44] *Bremer*, Strafbare Internet-Inhalte, 2001, S. 40 ff.
[45] *Bremer*, Strafbare Internet-Inhalte, 2001 S. 41.
[46] *Hoeren/Sieber*, Handbuch Multimedia-Recht, 2008, Rn. 119 ff.
[47] http:/www.heise.de/newsticker/meldung/48669; *Hoeren/Sieber*, Handbuch Multimedia-Recht, 2008, Rn. 119 ff.
[48] *Hoeren/Sieber*, Handbuch Multimedia-Recht, 2008, Rn. 124 ff.

ist eine unentgeltlich erhältliche Voice over IP (VoIP)-Software mit Instant-Messaging-Funktion, Dateiübertragung und Videotelefonie.[49]

3.1.2.3 Die für Fragen des Strafanwendungsrechts notwendige Differenzierung zwischen spezifischen Internet-Diensten

Bei der Frage nach dem anwendbaren Strafrecht ist nicht nur die allgemeine Unterscheidung in „Pull"- und „Push-Technologien", sondern darüber hinaus die Besonderheiten der einzelnen Dienste zu berücksichtigen, durch die es zu zusätzlichen rechtlichen Problemen kommen kann.

Im Rahmen der „Push-Technologien" sind bei der unmittelbaren Übertragung der Informationen Auslandsbezüge unvermeidbar. *E-Mails* unternehmen beispielsweise oft innerhalb einiger Sekunden eine "Weltreise".[50] Während bei anderen Telekommunikationsmitteln, etwa beim Telefon, eine direkte Verbindung zwischen dem Sender und dem Empfänger hergestellt wird, funktioniert die Übertragung von Informationen im Internet durch die sogenannten „paketorientierten" TCP/IP-Standards (Transmission Control Protocol / Internet Protocol).[51] Dabei wird eine Nachricht in kleine Pakete (maximal 1.500 Zeichen) aufgeteilt und durch Routing-Tabellen nach dem von Rechner zu Rechner günstigsten Weg für Datenblöcke gesucht. Am Zielcomputer werden die Pakete schließlich wieder in der richtigen Reihenfolge zusammengestellt.[52]

Auf solche Weise kann eine Nachrichtübertragung innerhalb einer Stadt über Rechner im Ausland (insbesondere über die USA[53]) geleitet werden. Zum Beispiel wird der Versand einer E-Mail über die www.yahoo.com - Mailbox von einem Rechner in Passau zu einem anderen in Passau befindlichen Rechner über die USA geleitet. Dabei werden die Bestandteile der Nachricht auf verschiedenen Routern (weltweit) verbreitet und dann wieder zusammengestellt. Es ist für den Internet-Benutzer unter normalen Umständen unmöglich, den Weg der Daten bei einer Übertragung zu kontrollieren.[54] Eine andere Konstellation wäre,

---

[49] Die offizielle Skype-Website: http://www.skype.com/intl/de/.
[50] *Bremer*, Strafbare Internet-Inhalte, 2001, S. 107.
[51] *Kuner*, CR 1996, S. 454; *Bremer*, Strafbare Internet-Inhalte, 2001, S. 29.
[52] *Bremer*, Strafbare Internet-Inhalte, 2001, S. 30.
[53] *InterNIC* mit dem Sitz in den USA ist für die Vergabe von edu-, gov-, com-, org, net- und root-Domains zuständig: *Koch*, Internetrecht, 1998, S. 573.
[54] Der Weg, den ein Dokument durch das Internet nimmt, lässt sich mit dem Hilfsprogramm „Traceroute" nachvollziehen: wird in der MS-DOS-Eingabeaufforderung der Befehl tracert gefolgt von der Internet-Adresse eingegeben, so erscheint in der Tabelle die Adresse jedes angesprochenen Netzrechners. Dieser Weg kann mit Hilfe des Programms „Visual Route" auch geographisch dargestellt werden.

dass ein Internet-Nutzer in Russland eine E-Mail an einen Nutzer in Deutschland in dem Wissen schickt, dass der Inhalt der E-Mail nach russischen und deutschen Recht strafbar ist, wobei die Nachricht wiederum über die USA geleitet wird.

In solchen Fällen scheint es naheliegend, dass die Täter der Zuständigkeit Deutschlands beziehungsweise Deutschlands und Russlands unterfallen sollen. In beiden Fällen (auch im ‚inländischen' Passauer Fall, wenn etwa mit der E-Mail kinderpornographische Inhalte übermittelt werden) stellt sich jedoch zudem die Frage nach der Zuständigkeit der USA.

3.1.3 Die Relevanz der Unterscheidung der „Pull"- und „Push-Technologien"

Folglich muss die Problematik der strafrechtlichen Zuständigkeit im Internet erstens *deliktspezifisch* und zweitens auf Grundlage einer *Differenzierung der unterschiedlichen Internet-Dienste* betrachtet werden.

3.2 Grenzenlosigkeit des Cyberspace und Begrenztheit des nationalen Strafanwendungsraums

3.2.1 Problematik

Die Besonderheiten des Cyberraums, vor allem der grenzüberschreitende Charakter von Cyberspacekriminalität, stellen für das Strafrecht ein Dilemma dar. Einerseits können Kriminelle durch **die modernen technischen Möglichkeiten** in vernetzten Datenverarbeitungsanlagen grenzüberschreitend und oft anonym unmittelbar Wirkung entfaltende Straftaten begehen, und in kurzer Zeit eine Vielzahl von Informationen einspeisen und abrufen, ohne dabei nationale Grenzen beachten zu müssen.[55] Andererseits ist das Strafrecht als Ausdruck staatlicher **Souveränität in seinem räumlichen Anwendungsgebiet** – vorbehaltlich anderslautender zwischenstaatlicher Übereinkommen – grundsätzlich auf das jeweilige Staatsterritorium beschränkt.[56]

Staaten stehen nach den einschlägigen völkervertraglichen und völkergewohnheitsrechtlichen Grundsätzen eine Reihe zentraler grundsätzlicher Rechte

---

[55] *Barton*, Multimedia-Strafrecht, 1999, S. 8; *Loskutov*, Sravnitelnij analis norm zakonodatelnogo regulirovanija Interneta, 2008; *Paramonova*, Priroda jurisdikzionnich norm ugolovnogo prava, 2011, S. 714 – 720.
[56] *Paramonova*, University Academic Digest, 2013.

und Pflichten zu, die die Charakteristika des modernen Völkerrechts maßgeblich prägen. Diese Rechte und Pflichten werden im Wesentlichen in Art. 2, 55, 56 UNO-Charta und in der Friendly Relations-Declaration (Erklärung über die Grundsätze des Völkerrechts betreffend die freundschaftlichen Beziehungen und die Zusammenarbeit unter den Staaten in Übereinstimmung mit der Charta) formuliert. Darunter fallen: Souveränität, Interventionsverbot, souveräne Gleichheit der Staaten, Gewaltverbot, Kooperationspflicht.[57]

Damit stellt sich die Frage: inwieweit die Anwendung des nationalen Rechts ausgedehnt werden kann, ohne dabei gegen die Souveränität anderer Staaten und mithin gegen das völkerrechtlich Nichteinmischungsprinzip zu verstoßen.[58] Denn ein Staat darf seine Strafgewalt im Verhältnis zu anderen Staaten grundsätzlich nur soweit ausdehnen, wie er deren Interessen nicht ungebührlich verletzt.[59] Hier stellt sich die Frage, ob die vom Völkerrecht legitimierten Strafanwendungsgrundsätze in gleicher Weise auch auf Internetkriminalität anwendbar sind.

3.2.2 Anwendungsrahmen des nationalen Rechts im Bezug auf transnationale Internetkriminalität

3.2.2.1 Die Möglichkeit der extraterritorialen Anwendung des nationalen Strafrechts

Das Strafrecht ist im Gegensatz zu den Möglichkeiten des Internet auf sein räumliches Anwendungsgebiet (primär auf das Staatsterritorium) beschränkt. Doch wird die **extraterritoriale Anwendung** des nationalen Rechts auch im Völkerrecht nicht a priori als unzulässig betrachtet.[60] Vielmehr darf sich die nationale Gesetzgebung nach Ansicht von Lehre und Praxis auch auf extraterritoriale Sachverhalte beziehen, wenn dabei ein eindeutiger Inlandsbezug besteht.[61]

Im Bezug auf Internetkriminalität ist die extraterritoriale Wirkung von besonders großer Relevanz, da Straftaten in diesem Bereich besonderes leicht meh-

---

[57] *Resolution 2625/XXV* vom 24. Okt. 1970; *Kälin/Epiney*, Völkerrecht, 2003, S. 130; *Oehler*, Internationales Strafrecht, 1973, S. 127 ff.
[58] BGHSt 27, 30, 32; 34, 334, 336; BGHR StGB § 6 Nr. 1 Völkermord 1 - BGH NStZ 1994, 232, 233; BGH NStZ 1999, 236; *Schönke/Schröder/Eser*, StGB, 2010, § 6 Rn. 1.
[59] *Ambos*, Internationales Strafrecht, 2008, S. 22.
[60] Siehe: *The report on Extraterritorial Criminal Jurisdiction.* Council of Europe, European Committee on Crime Problems, 1992, S. 447 ff.
[61] *Oehler*, Internationales Strafrecht, 1973, S. 127 ff.; *Kälin/Epiney*, Völkerrecht, 2003, 3, S. 140; *Lotus-Fall*, C.P.J.I. Ser. A. No. 10, 1927; BGHSt 46, 212; *Paramonova*, Primenenie ugolovnogo prava v internet-prostranstve, 2010, S. 249 – 251.

rere Staaten betreffen können, auch wenn sie nicht auf ihrem Territorium begangen wurden.

Die Entscheidung über die Grenzen der eigenen Strafgewalt steht jedoch jedem Staat grundsätzlich selbst zu, **internationales Strafrecht ist also lediglich ein einseitiges Kollisionsrecht.**[62] Zu beachten sind einerseits die im innerstaatlichen Recht festgesetzten Grenzen des Anwendungsbereichs des nationalen Strafrechts. Andererseits müssen die völkerrechtlichen Grenzen des staatlichen Strafanwendungsrechts berücksichtigt werden.[63] Es gilt heute als gesichert, dass sich entsprechende Grenzen aus allgemeinverbindlichen völkerrechtlichen Normen ergeben.[64] Ihr Inhalt ist jedoch umstritten. Die staatliche Souveränität und das Gebot der Nichteinmischung in die Angelegenheiten anderer Staates schließen eine unbegrenzte Zuständigkeit des nationalen Strafrechts für Auslandstaten aus.

Festzustellen ist aber, dass Staaten in ihrem nationalen Strafanwendungsrecht vom ihnen durch das Völkerrecht bewilligten Anwendungsraum ohnehin regelmäßig nicht umfassend Gebrauch machen.[65] So stellt beispielsweise der Vorbehalt Deutschlands zu Art. 7 II der Europäischen Menschenrechtskonvention einen Verzicht auf eine durch das Völkerrecht zugestandene Ausübung der nationalen Strafgewalt dar.[66] Dies macht deutlich, dass völkerrechtliche Verträge und Völkergewohnheitsrecht nach deutschem Recht allein keine Strafbarkeit begründen, sondern eine solche nur aufgrund der ins innerstaatliche Recht inkorporierten Normen angenommen werden kann. Dies entspricht einem **dualistischen Konzept** des Völkerrechts.[67]

Diesem Konzept folgen im Hinblick auf völkerrechtliche Normen (jedenfalls bezüglich strafrechtlich relevanter Abkommen) sowohl die russische Lehre als auch die russische Rechtsprechung, einschließlich des Obersten Gerichtshofs (vgl. Art. 15 der Verfassung Russischer Föderation, Art. 15 des Bundesgesetzes „Über Internationale Abkommen").[68] Zwar geht Art. 15 Abs. 4 der Verfassung

---

[62] *Kälin/Epiney*, Völkerrecht, 2003, S. 139.
[63] *Oehler*, Internationales Strafrecht, 1973, S.128; *Grinuyk*, Pravo i Internet, 2004.
[64] Siehe etwa Art. 2, 55, 56 *UNO-Charta* und *Friendly Relations-Declaration*.
[65] *Oehler*, Internationales Strafrecht, 1973, S. 128, 129.
[66] Siehe *EMRK*; *Oehler*, Internationales Strafrecht, 1973, S. 128, 129.
[67] Siehe auch *Paramonova*, KritV, 2013.
[68] *Paramonova*, KritV, 2013; Plenum des Bundesgerichtshofs Russischer Föderation „*Über die Anwendung der Normen des internationalen Rechts sowie der internationalen Abkommen Russischer Föderation*") 10.10.2003, N 5, 6 Nach dem *dualistischen* System haben die völkerrechtlichen Abkommen eine unmittelbare Wirkung im Inland, wenn sie ins nationale Recht transformiert worden sind. Deutschland: Völkerrecht ist ein Bestandteil des Bundesrechts (Art. 25 GG D), allerdings benötigen grundsätzlich die internationalen Abkommen eine Implementierung ins nationalen Recht (Art. 59 GG D). Russland: nach dem Art. 15 der *Verfassung RF* 1993 und

3.2 Grenzenlosigkeit des Cyberspace und Begrenztheit des nationalen Strafanwendungsraums

grundsätzlich vom Vorrang internationaler Abkommen gegenüber nationalen Normen aus: „Wenn ein internationaler Vertrag der Russischen Föderation vom Gesetz abweichende Bestimmungen enthält, so sind die Bestimmungen des internationalen Vertrages anzuwenden".[69] Jedoch folgt aus der systematischen Auslegung der weiteren Vorschriften der Verfassung (Art. 4 Abs. 2 und 15 Abs. 3) und der Normen des UKRF (Art. 1 und 3: Gesetzlichkeitsprinzip) sowie den Regelungen des Bundesgesetzes „Über internationale Abkommen" (Art. 15), dass im Strafrecht nur jene völkerrechtlich ratifizierten Verträge anwendbar sind, welche ins innerstaatliche Recht inkorporiert wurden.[70]

Daher lässt sich sowohl in Russland als auch in Deutschland der Anwendungsraum des nationalen Strafrechts nur durch die *im nationalen Recht* verankerten Strafanwendungsregeln legitimieren.[71] Das bedeutet aber nicht, dass die nationalen Anknüpfungsgrundsätze per se einen legitimen Anknüpfungspunkt im Sinne des Völkerrechts darstellen, da bei ihrer Festsetzung der völkerrechtliche Nichteinmischungsgrundsatz unter Umständen aus nationalen kriminalpolitischen Überlegungen und Interessen heraus unzureichend berücksichtigt wurde.[72] Notwendig ist mithin eine völkerrechtliche Begründung der Prinzipien des nationalen Strafanwendungsrechts.

Nach dem **monistischen** Konzept begründen dagegen völkerrechtliche Verträge und das Völkergewohnheitsrecht die Anwendbarkeit des nationalen Strafrechts (so z.B. in der Schweiz), ohne dass es einer darüberhinausgehenden Transformierung ins nationale Recht bedarf.[73]

Die USA stehen zwischen dem **dualistischem und monistischem** Konzept. Sie gehören zu jenen Staaten, in denen die Legislative oder ein Teil der Legislative am Prozess der Ratifikation internationaler Abkommen beteiligt ist. Dadurch wird die Ratifikation als solche zu einem Gesetzgebungsakt. Ein internationales Abkommen tritt (auf föderaler Ebene) damit gleichzeitig im Völkerrecht und im inländischen Recht in Kraft. Die Verfassung der Vereinigten Staaten gibt dem

---

Art. 15 des Bundesgesetzes „Über Internationale Verträge" müssen grundsätzlich internationale Abkommen um im Inland geltend zu sein zuvor ins nationalen Recht in der Form eines Bundesgesetzes transformiert werden. Einige Staaten folgen dem anderen – *monistischen* System, welches keine Transformation des Völkerrechts erfordert, damit es innerstaatlich Geltung erlangt, z.B., Niederlande, die Schweiz: *Malanczuk,* Introduction to International law, 2010, S. 45; *Kaufmann,* Das Verhältnis von Völkerrecht und Landesrecht, 2008.
[69] *Paramonova,* KritV, 2013.
[70] Mezhdunarodnoe pravo: http://eulaw.edu.ru/documents/articles/glob2.htm; Art. 1 UKR; Art. 14, 15, 30 des FZ RF „*Über Internationale Abkommen",* 1995.
[71] *Paramonova,* Extraterritorial jurisdiction in Russia, 2011, S. 297 – 315.
[72] *Ambos,* Internationales Strafrecht, 2008, S. 24.
[73] *Kaufmann,* Das Verhältnis von Völkerrecht und Landesrecht, 2008.

Präsidenten „die Macht, durch und mit dem Rat und der Zustimmung des Senats internationale Abkommen zu schließen, vorausgesetzt, dass zwei Drittel der anwesenden Senatoren zustimmen".[74] Die in Übereinstimmung mit der Verfassung ratifizierten Abkommen werden automatisch ein Teil des innerstaatlichen Rechts.

An dieser Stelle ist die Leitentscheidung des BGH von 12.12.2000 zur „Ausschwitzlüge"[75] für die Anwendung des deutschen Strafrechts im Bezug auf Äußerungsdelikte im Internet erwähnenswert, die im Rahmen des Territorialitätsprinzips noch näher analysiert werden wird. Im konkreten Fall wurde ein australischer Staatsbürger nach seiner Einreise in die Bundesrepublik wegen Volksverhetzung nach § 130 StGB verurteilt, weil er auf einem australischen Webserver Materialien rechtsextremistischen Inhalts veröffentlicht hat. Nach dem in Deutschland geltenden dualistischen Konzept genügt eine völkerrechtliche Grundlage zur Begründung der Anwendung innerstaatlichen Strafrechts nicht. Ohne eine *im nationalen Recht verankerte Legitimierung* (durch das Territorialitätsprinzip nach § 3 i.V.m. § 9 Abs. 1, 3. Alt. StGB) wäre die Anwendbarkeit des deutschen Strafrechts also zu verneinen gewesen, was zu einer Einstellung des Verfahrens wegen des Vorliegens eines Prozesshindernisses (nicht aber zu einem Freispruch) geführt hätte.[76] Die Begründung der Strafrechtsanwendung allein über einen völkerrechtlichen Anknüpfungspunkt wäre also zwar nicht möglich gewesen,[77] vom BGH wurde jedoch ein „*völkerrechtlich legitimierender Anknüpfungspunkt*" als Argument für die Anwendung nationalen Rechts (im konkreten Fall § 130 Abs. 1 und Abs. 3 StGB) herangezogen: Die Tat betreffe „ein gewichtiges inländisches Rechtsgut, das zudem objektiv einen besonderen Bezug auf das Gebiet der Bundesrepublik Deutschland aufweist".[78]

Zusammenfassend ist also festzuhalten, dass die extraterritoriale Anwendung des nationalen Strafrechts nach dem sowohl von Deutschland als auch von Russland vertretenen Konzepts durch die Normen des innerstaatlichen Strafrechts begrün-

---

[74] Artikel II, Section 2 der *US-Verfassung*; vgl. *Malanczuk,* Introduction to International law, 2010, S. 45.
[75] BGHSt 46, 212; siehe Kapitel 6 Falllösung (*Fälle „Australier"* und *"Konzentrationslager"*), S. 244 ff. und 252 ff.
[76] *Schönke/Schröder/Eser*, StGB, 2010, §§ 3-7 Rn. 2; BGH 34, 3, LG Frankfurt NJW 77, 508.
[77] Siehe Kapitel 3 Strafanwendungsrecht (*Extraterritoriale Anwendung nationalen Strafrechts*), S. 51 ff.
[78] BGHSt 46, 212; Siehe Kapitel 5 Einzelne Strafanwendungsprinzipien (*Territorialitätsprinzip, Deutschland*), S. 134 ff.

det werden muss, die sich ihrerseits jedoch aus dem Völkerrecht ableiten können.[79] In den USA genügt zur Begründung der Anwendbarkeit des nationalen Strafrechts hingegen bereits die Ratifizierung entsprechender internationaler Abkommen.

3.2.2.2 Die Frage der Anwendbarkeit der traditionellen Regeln des Strafanwendungsrechts auf den Cyberspace

Als Anknüpfungspunkte für das anwendbare Strafrecht dienen die Regeln des internationalen Strafrechts (Strafanwendungsrechts), welche ihrerseits von entsprechenden völkerrechtlichen Grundsätzen abhängen. In den nationalen Rechtsordnungen sind diese Anknüpfungspunkte in unterschiedlichem Umfang ausgestaltet. Zu den anerkannten Anknüpfungsprinzipien gehören neben dem *Territorialitätsprinzip* (Tatort auf dem eigenen Staatsgebiet) das *Flaggenprinzip* (Tatort an Bord eines im Staat registrierten Schiffes oder Luftfahrzeuges), das *aktive Personalitätsprinzip* (Staatsangehörigkeit des Täters), das *Domizilprinzip* (inländischer Wohnsitz des Täters), das *Schutzprinzip* (Angriff gegen Rechtsgüter/ Interessen des Staates), das *passive Personalitätsprinzip* (Tat gegen Individualrechtsgüter eines eigenen Staatsangehörigen) und das *Weltrechtsprinzip* oder *Universalitätsprinzip* (Straftaten gegen gewisse übernationale Rechtsgüter).[80]

Die Regelungen des deutschen (§§ 3-7, 9 StGB) und des russischen[81] (Art. 11-13 UKRF) Strafanwendungsrechts beruhen grundsätzlich, wenn auch mit nationalen Unterschieden, auf den oben aufgelisteten Prinzipien.[82] Bezüglich beider Rechtsordnungen ist festzustellen, dass **die für traditionelle Straftaten anerkannten Strafanwendungsregelungen** im Grundsatz auch für den Cyberspace gelten. Dies folgt aus dem Gesetzlichkeitsprinzip[83] (§ 1 StGB, Art. 3 UKRF) und dem Umstand, dass spezielle Regelungen über die strafrechtliche Zuständigkeit im Internet in beiden Rechtsordnungen fehlen.

---

[79] Siehe dazu *Paramonova*, KritV, 2013.
[80] *Kälin/Epiney*, Völkerrecht, 2003, S. 140 ff.; *Ambos*, Internationales Strafrecht, 2008, S. 24; *Oehler*, Internationales Strafrecht, 1973, S. 127 ff.
[81] *Paramonova*, Extraterritorial jurisdiction in Russia, 2011, S. 297 – 315.
[82] BVerfG erkennt für das deutsche Strafrecht folgende Prinzipien des Strafanwendungsrechts als Anknüpfungspunkte an: Territorialitäts-, Schutz-, Personalitätsgrundsatz (aktives und passives), Weltrecht und das Prinzip der stellvertretenden Strafrechtspflege: BVerfGE 92, 277 (320 f.). In das russische Strafanwendungsrecht wurde etwa das passive Personalitätsprinzip zum ersten Mal im 2006 eingeführt: *StÄndG RF, 2006*.
[83] *Paramonova*, Principle of legality in Russia, 2011, S. 103 – 117.

Allerdings kann es in anderen Staaten **spezielle gesetzliche Vorschriften** geben, welche eine Zuständigkeit im Internet extra bestimmen und traditionelle Strafanwendungsprinzipien bezüglich des Cyberspace besonders ausgestalten. Derartige gesetzliche Regelungen finden sich beispielsweise im Recht von Singapur[84] und Malaysia[85], in Bundesgesetzen der USA sowie in Gesetzen einiger US-Staaten[86].

Im deutschen, russischen und amerikanischen Schrifttum werden im Rahmen der Umsetzung der traditionellen Strafanwendungsprinzipien im Bereich des Cyberspace unterschiedliche *Ansichten* vertreten.

Eine Gruppe von Autoren befürwortet es, grundsätzlich den traditionellen Prinzipien des Strafanwendungsrechts zu folgen, dabei allerdings Besonderheiten des Internet durch Auslegung, zu berücksichtigen (etwa im Zusammenhang mit abstrakten Gefährdungsdelikten im Internet bei der Definition von „Erfolg").[87]

Die Anhänger eines anderen Standpunktes behaupten, das Internet sei eine "rechtlich eigenständige Entität", ein "neuer Rechtsraum"[88] oder "ein ganz neues kollektives Phänomen",[89] weshalb die traditionellen Prinzipien darauf nicht in gleichem Umfang übertragen werden könnten. Vielmehr müssten "neue angepasste Regeln erst gefunden werden".[90] Innerhalb dieser zweiten Gruppe kann man zwei ‚Meinungslager' unterscheiden. Einerseits jene (eher radikale) Ansicht, wonach die Schaffung spezieller Strafanwendungsregelungen für Internetstraftaten beziehungsweise eine neue Definition des Territoriums im Cyberspace notwendig sei (einer Ansicht, der einige US-Bundesstaaten folgen)[91] Andererseits wird vertreten, die traditionellen Grundsätze müssten an die Besonderheiten des Cyberspace angepasst werden, so müsste etwa das Persönlichkeits- und das Territorialitätsprinzip mit Blick auf das Internet ausgeweitet werden.[92]

---

[84] *Singapure Computer Misuse Act*, 1993 (Art. 10).
[85] *Malaysia Computer Crimes Act,* 1997.
[86] Auf der Bundesebene: Basic Federal Computer Crime Provision: *CFAA* 1984, 18 U.S.C. § 1030 (e) (2) (B). Auf der Ebene der Bundesstaaten: z.B. *W. Va. Code Ann.* § 61-3C-20, 2004; *Ark. Code Ann.* § 5-27-606, 2003; *N.C. Gen. Stat.* § 14-453.2, 2002.
[87] *Werle*, JuS 2001, S. 39; *Kudlich*, HRRS 2004, S. 279; *Cornils*, JZ 1999, S. 394 ff.; *Brenner/Koops*, Approaches to Cybercrime Jurisdiction, 2004, S. 5 ff.
[88] *Jakuschev*, Zakonodatelstvo, 1997; *Babkin*, Intellektualnaya sobstvennost´ v Internete, 2006, S. 197 ff.; *Mayer*, NJW 1996, S. 1789.
[89] *Ladeur*, ZUM 1997, S. 373 ff.
[90] *Ladeur*, ZUM 1997, S. 373 ff.
[91] *Guinchard*, Criminal Law in the 21-st century, 2007, S. 1 ff.; *Babarykin/Kitaev*, Informazionnaja bezopasnost Rossii, 2001, S. 40 - 41.
[92] *Bremer*, Strafbare Internet-Inhalte, 2001, S. 173 ff.; *Grinuyk*, Pravo i Internet, 2004.

3.2 Grenzenlosigkeit des Cyberspace und Begrenztheit des nationalen Strafanwendungsraums

Im deutschen Schrifttum wurde beispielsweise ein neuer Anwendungsumfang des § 9 StGB bezüglich strafbarer Internet-Inhalte vorgeschlagen, wonach bei Inhaltsverbreitungsdelikten im Internet allein § 9 I Var. 1 StGB zur Anwendung kommen soll. Demnach wäre der Handlungsort des Content-Providers[93] grundsätzlich der alleinige Anknüpfungspunkt, also der Ort, von dem aus die Inhalte ins Internet gestellt beziehungsweise über das Internet versandt wurden. Für die Strafbarkeit des Service-Providers[94] wäre demnach allein sein Handlungsort, also der Standort des Hostrechners entscheidend.[95] Allerdings löst dieser formale Anknüpfungspunkt die eigentlichen Probleme der Bekämpfung von Cyberkriminalität nicht, sondern würde vor allem zu vielen Fällen von Gesetzumgehung führen.

3.2.2.3 Der nationale Charakter des internationalen Strafrechts (Strafanwendungsrechts) und bestehende Kernunterschied zum internationalen Privatrecht (IPR)

Für jene die Zuständigkeit des nationalen Strafrechts regelnden Normen wird sowohl im deutschen als auch im russischen[96] Recht herkömmlicherweise der Begriff **„Strafanwendungsrecht"**, im deutschen auch der Begriff **„internationales Strafrecht"**[97] benutzt. In den USA erfasst man die strafrechtliche Zuständigkeit unter dem Begriff **„criminal jurisdiction"**.[98]

Im deutschen strafrechtlichen Schrifttum wird „internationales Strafrecht" allerdings unterschiedlich verwendet. Im weiteren Sinne umfasst der Begriff alle einen Auslandsbezug aufweisenden Bereiche des Strafrechts, vor allem das Völkerstrafrecht, das Recht über die internationale Rechtshilfe in Strafsachen und das Strafanwendungsrecht[99]. Der Begriff „internationales Strafrecht" ist im Bezug auf das Strafanwendungsrecht aus zumindest zwei Gründen „irreführend".[100] Einerseits handelt es sich bei den Strafrechtsanwendungsregeln nicht (wie etwa beim Völker(straf)recht) um supranationale Normen, sondern um nationales

---

[93] Content-Provider stellt eigene Informationen zur Verfügung: Abs. 1 § 7 *TMG* Deutschlands, 2007.
[94] Service-Provider (ISP) hält auf seinen Rechnern fremde Angebote zu Abruf bereit, worunter auch die Anmietung von „Web-Space" fällt: § 10 *TMG* Deutschlands, 2007.
[95] *Bremer*, Strafbare Internet-Inhalte, 2001, S. 173 ff.
[96] *Romaschkin*, Sovetskoe gosudarstvo i pravo, 1946; *Kudrjavzev*, Mezhdunarodnoe ugolovnoe pravo, 1999, S. 264.
[97] *Ambos*, Internationales Strafrecht, 2008, Rn. 2; *Jescheck/Weigend*, AT, 1996, S. 190 ff.
[98] *CFAA* 1984, 18 U.S.C. § 1030 ff.
[99] In vorliegender Arbeit wird der Begriff "internationales Strafrecht" als Synonym zum Strafanwendungsrecht gebraucht. *Oehler*, Internationales Strafrecht, 1973, S. 1 ff.
[100] *Ambos*, Internationales Strafrecht, 2008, Rn. 2; *Primig*, Internationales Strafrecht und das Internet, S. 1 ff.; *Eser*, Internet und Internationales Strafrecht, 2002, S. 305.

Recht. Andererseits scheinen die Regelungen der §§ 3-9 StGB bzw. Art. 11-13 UKRF insofern "international" geprägt zu sein, als sie das deutsche bzw. russische Strafrecht auf Auslandstaten erstrecken und damit nationale Grenzen überschreiten. Deshalb werden im Schrifttum für das "internationale Strafrecht" im Sinne des Rechtsanwendungsrechts andere Termini vorgeschlagen, etwa "Strafanwendungsrecht", "Geltungsbereichsrecht", "Strafgewaltsrecht" und "transnationales Strafrecht"[101]. Die Autoren stimmen aber darin überein, dass es sich dabei um dieselbe Materie handelt, nämlich um *jene Normen des innerstaatlichen Rechts, die den sachlichen und räumlichen Anwendungsrahmen des nationalen Strafrechts bestimmen*[102]. Das Strafanwendungsrecht gibt als innerstaatliches Recht Antworten auf die Frage, ob ein Sachverhalt der innerstaatlichen Strafgewalt unterliegt und welche Strafrechtsnormen auf diesen Sachverhalt anzuwenden sind[103].

Das **internationale Privatrecht (IPR)** *entscheidet* im konkreten Fall anhand bestimmter Anknüpfungspunkte über die anwendbare Rechtsordnung (z.B. anhand der Staatsangehörigkeit in Art. 10 EGBGB[104]: "Der Name einer Person unterliegt dem Recht des Staates, dem die Person angehört"). Dabei werden auch ausländische Interessen und Kollisionsnormen beachtet.[105]

Das Strafanwendungsrecht bestimmt den Geltungsbereich des nationalen Strafrechts hingegen einseitig; mögliche Kollisionen mit anderen nationalen Rechtsordnungen bleiben außer Betracht.[106] Es stellt also gar kein Kollisionsrecht im eigentlichen Sinne dar.[107]

Das deutsche, russische oder amerikanische Strafanwendungsrecht enthält beispielsweise keine Regeln, wonach etwa die strafrechtliche Verantwortlichkeit des Providers dem Recht des Staates unterfallen würde, in dem dieser seinen Sitz hat oder registriert ist. Die deutschen und russischen Strafgesetzbücher enthalten

---

[101] *Ambos*, Internationales Strafrecht, 2008, Rn. 5; *Eser*, Internet und Internationales Strafrecht, 2002, S. 305; *Oehler*, Internationales Strafrecht, 1973, S. 1 ff.; *Schönke/Schröder/Eser*, StGB, 2010, §§ 3-7 Rn. 2; *Naumov*, Rossijskoe Ugolovnoe Pravo, 2007, S. 222 ff.

[102] *Gribbohm,*, LK 1997, § 3, Rn. 1; *Jescheck/Weigend*, AT, § 18 I. 1; *Oehler*, Internationales Strafrecht, 1973, S. 1 ff.; *Primig*, Internationales Strafrecht und das Internet, S. 1 ff.; *Naumov*, Rossijskoe Ugolovnoe Pravo, 2007, S. 222 ff.; *Kropachev*, Rossijskoe Ugolovnoe Pravo, 2010, S. 67 ff.

[103] *Jescheck/Weigend*, AT § 18 I., 1, S. 163 ff.; *Lehle*, Der Erfolgsbegriff im Internet, 1999, S. 30; *Werle*, JuS 2001, S. 36 ff.; *Akehurst*, Jurisdiction in International Law, 1972 S. 145, 179; *Goode*, The Tortured Tale of Criminal Jurisdiction, 1997, S. 411 - 412; *Uta*, Jurisdiction and the Internet, 2007, S. 16 ff.

[104] *EGBGB*, 1994.

[105] *Kegel/Schurig*, Internationales Privatrecht, 2004, S. 316 ff.

[106] *Rath*, JA 2006, S. 435.

[107] *Ambos*, Internationales Strafrecht, 2008, Rn. 3.

lediglich Strafanwendungsnormen, die über die **Anwendbarkeit speziell des eigenen nationalen (deutschen beziehungsweise russischen) Strafrechts** entscheiden.[108] Folglich ist die Bejahung deutscher beziehungsweise russischer Strafgewalt gleichbedeutend mit der Anwendung deutschen (beziehungsweise russischen) Strafrechts.[109] Sowohl deutsche als auch russische Gerichte sind verpflichtet, ihre nationalen Strafrechtsordnungen anzuwenden. Ausnahmsweise ist es allerdings möglich, dass der die Strafgewalt ausübende Staat die Anwendung ausländischen Strafrechts anordnet.[110]

Auch im US-amerikanischen Strafrecht sind die „jurisdiction to prescribe" (also die materiell-rechtliche Regelungsbefugnis)[111] und die „jurisdiction to adjudicate" (die Ausübung gerichtlicher Zuständigkeit[112]) deckungsgleich, d.h. angewendet wird ausschließlich das nationale Strafrecht.[113] Auch die im US-amerikanischen Bundesrecht bestehenden speziellen Strafanwendungsregelungen im Bereich Cybercrime erlauben keine Anwendung ausländischen Strafrechts.[114]

Das Bestreben der Staaten nach der Durchsetzung ausschließlich eigener nationaler strafrechtlicher Vorschriften entspricht der Schutzfunktion des Strafrechts, dem es – anders als dem Privatrecht – nur um tiefgreifende Verletzungen geht.

3.2.2.4 Transnationale Kriminalität und nationale Verantwortlichkeit

Wegen des *transnationalen Charakters* des Internets lassen sich weltweit auswirkende Internetstraftaten, insbesondere Inhaltsverbreitungsdelikte, durch nationale Regelungen allein nicht mehr effektiv verhindern: „Das klassische auf der territorialen Souveränität beruhende Strafrecht"[115] wird immer an seine *nationalstaatlichen Grenzen* stoßen.[116] Internationale strafrechtliche Instrumente und Institutionen finden jedoch nur hinsichtlich einer begrenzten Zahl von Straftaten

---

[108] *Kudlich*, HRRS 2004, S. 279; Art. 9-13 UKRF.
[109] "Gleichlaufprinzip", *Mankowski/Bock*, JZ 2008, S. 558 ff.
[110] Im Jahre 2003 wurde das russische Strafrecht vom Budesgerichtshof Israels angewandt: *Dorfmann*, Pravo i politika 2006.
[111] *Foreign Relations Law of the US, 3rd Restatement of the Law*, 1987, § 401 (a), 1987.
[112] *Foreign Relations Law of the US, 3rd Restatement of the Law*, 1987, § 401 (b), 1987.
[113] *American Banana Company v. United Fruit Company*, 213 U.S. 1909, S. 347, 356; *Uta*, Jurisdiction and the Internet, 2007, S. 87 ff.
[114] *CFAA* 1984, 18 U.S.C.
[115] *Sieber*, Grenzen des Strafrechts, ZStW 2007, S. 7.
[116] Der für die EU vereinheitlichte Haftbefehl ermöglicht eine gewisse extraterritoriale Wirkung des Strafrechts: *EuHbG*, 2006; *Uschakov*, Mezhdunarodnoe pravo, 2000, S. 222; *Weber*, Völkerstrafrecht, Rn. 217 ff., 282 ff.

und Individuen Anwendung. So ist gemäß Art. 5 des Römischen Statutes[117] der IStGH für eine Gruppe schwerster Straftaten zuständig, beispielsweise für Völkermord. Die Einrichtung internationaler Militärgerichtshöfe und Ad-hoc-Tribunale sowie die Existenz des Internationalen Strafgerichtshofs stellen die Ausnahme dar und berühren den Grundsatz der nationalen Verantwortlichkeit nicht.[118] Das Völkerstrafrecht bezieht sich auf den Schutz elementarer Rechtsgüter der internationalen Gemeinschaft und dient der Sicherung völkerrechtlicher Mindeststandards.[119]

Für die rechtliche Ausgestaltung jener mit der Globalisierung verbundenen Prozesse spielen internationale Abkommen eine wichtige harmonisierende Rolle.

Im Bereich der Cyberkriminalität ist dabei insbesondere die **Cybercrime-Konvention des Europarats** vom 23.11.2001 hervorzuheben[120]. Die Konvention ist auch für Nichtmitglieder des Europarates offen. Sie wurde beispielsweise bereits von Kanada, Japan und Südafrika unterzeichnet und von den USA ratifiziert.[121] Die Frage der Ratifizierung der Konvention, welche vor allem die wichtigsten Computerstraftatbestände enthält, hat einen bedeutsamen Einfluss auf die Ausgestaltung der nationalen Rechtsordnungen im Bereich der Internetkriminalität.

Russland hat bedauerlicherweise die Cybercrime-Konvention nicht ratifiziert und sogar die am 15.11.2005 vorgenommene Unterzeichnung im Jahr 2008 zurückgenommen.[122] Soweit die nach der Konvention für strafbar erklärten Handlungen nicht bereits nach russischem Strafrecht strafbar sind, werden sie in Russland mithin nicht verfolgt. Auf Grund der fehlenden internationalen Verpflichtungen ist eine trotzdem erfolgende Implementierung der entsprechenden Konventions-Normen ins nationale Strafrecht wenig wahrscheinlich.

So ist etwa das „bloße Eindringen" (also der Zugang) in ein Computersystem nach russischem Recht nicht strafbar, aber gemäß Art. 2 der Konvention als strafwürdig zu beurteilen.[123] Dagegen wurden die Konventionsregeln durch viele andere Staaten bereits in ihre jeweilige nationale Rechtsordnung umgesetzt. Zum Beispiel wurde in Deutschland mit der am 11.08.2007 in Kraft getretenen Reform des Computerstrafrechts (die der Umsetzung der Cybercrime-Konvention

---

[117] http://www.un.org/law.
[118] *Weber*, Völkerstrafrecht, Rn. 229 ff.
[119] *Ambos/Steiner*, JuS 2001, Rn. 10; *Gless,* Internationales Strafrecht, 2011.
[120] *Cybercrime-Konvention*, 2011.
[121] Unterzeichnungen von *Cybercrime-Konvention*, 2011.
[122] Anordnung vom Präsidenten „*Über den Widerruf der Unterzeichnung der Cybercrime-Konvention",* 2008; *Tropina,* Kiberprestupnost´, 2005 S. 3 ff.
[123] Siehe Kapitel 4 Die Systematik der Delikte im Überblick, S. 77 ff.

des Europarates diente) § 202a StGB derart verändert, dass nunmehr auch schon der unberechtigte Zugang zu Computersystemen strafbar ist. Die bisherige strafbare Handlung des „Verschaffen von elektronischen Daten" wurde durch „Verschaffen des (bloßen) Zugangs" ersetzt.

3.2.2.5 Internationaler Cybercrime Gerichtshof

Immer mehr hochrangige Rechtsgüter werden jedoch durch die virtuelle Kriminalität betroffen. Entsprechende Straftaten werden auch immer häufiger begangen, wobei die Begehungsweisen andauernd weiterentwickelt werden. In Anbetracht derartiger negativer Entwicklungen des Internets kann sich die Notwendigkeit einer supranationalen Strafgewalt ergeben. Es ist deshalb durchaus denkbar, dass in Zukunft die Gründung einer **Internationalen Gerichtlichen Strafrechtsinstitution für Cybercrime** (Internationaler Cybercrime Gerichtshof) nach dem Muster des Internationalen Strafgerichtshofs[124] erforderlich wird.[125]

Das Potenzial der Internetkriminalität kann unter Umständen gar die Schwere der „core crimes" des „Rom-Statuts" erreichen, etwa, wenn im Internet Hinweise zum Bau von Nuklearwaffen zugänglich gemacht werden. Außerdem werden heutzutage wesentliche Infrastrukturen wie beispielsweise die Wasser- und Stromversorgung sowie Datenbanken verschiedenster Art durch Informations- und Kommunikationstechnologie gesteuert.[126] Angriffe gegen eine derartige Infrastruktur können das Potenzial haben, Gemeinschaften in unterschiedlichen Staaten auf neuartige und schwerwiegende Weise zu schädigen.[127]

Der Zuständigkeit eines solchen Gerichtshofes könnten Cybercrime-Delikte im engeren Sinne[128] etwa erst ab einer bestimmten Erheblichkeit hinsichtlich des Schadens unterliegen und ihm könnte vor allem die Lösung von Jurisdiktionsfragen zufallen.

---

[124] *Weber*, Völkerstrafrecht, Rn. 229 ff.
[125] *Paramonova*, University Academic Digest, 2013.
[126] *Gercke*, Understanding Cybercrime, 2009; *Suter*, Generic National Framework for Critical Information Infrastructure Protection, 2007.
[127] *Wigert*, Varying policy responses to Critical Information Infrastructure Protection, 2006, S. 1 ff; *Wilshusen*, Internet Infrastructure, Challenges in Developing a Public/Private Recovery Plan. 2007.
[128] Siehe Kapitel 1 Einleitung und methodologische Ansätze (*Der Begriff der Computer-, Internet-, und Cyberspacekriminalität*), S. 31 ff.

3.2.3 Ergebnis

Die Charakteristika des Cyberspace, insbesondere seine grenzüberschreitende Natur, führen in Anbetracht der durch nationale Grenzen gekennzeichneten Natur des Strafrechts zu einem Umdenken hinsichtlich der bisher existierenden strafrechtlichen Regelungen, insbesondere jener des Strafanwendungsrechts.[129] Damit das Strafrecht gegenüber der Cyberkriminalität effizient ist, muss es nach Möglichkeit selbst über nationale Grenzen hinauswirken, was insbesondere durch internationale Instrumente und Institutionen ermöglicht werden kann. Allerdings müssen zwischenstaatliche Rechtsinstrumente innerstaatliche Interessen und Besonderheiten der nationalen Rechtsordnungen auch im Falle des Cyberspace berücksichtigt werden.

3.3 Lösung der Jurisdiktionskonflikte im Strafrecht

3.3.1 Legitimierungsvoraussetzungen der nationalen Strafgewalt

Da jeder Staat die Grenzen seiner Strafgewalt selbst festlegt, ist es nicht überraschend, dass dieselbe Tat unter Umständen nach dem Recht mehrerer Staaten verfolgt werden kann.[130] Bei grenzüberschreitender Internetkriminalität wird dies sogar die Regel sein. Es ist dann zu fragen, inwieweit der von einem Staat im konkreten Fall geltend gemachte Strafanspruch tatsächlich begründbar ist.

Soweit sich Überschneidungen mit anderen Rechtsordnungen ergeben, ist abzuwägen, welcher Strafanspruch am aussichtsreichsten durchsetzbar ist (reasonableness standard[131]).

Die Strafbarkeit wird als solche noch nicht durch das Strafanwendungsrecht eines die Verfolgung an sich ziehenden Staates begründet.[132] Die Normen des Strafanwendungsrechts ersetzen nicht den materiell-rechtlichen Tatbestand,

---

[129] *Paramonova*, University Academic Digest, 2013.
[130] *Sieber*, NJW 1999, S. 2065 ff.; *Dittrich*, ZIS, S. 81.
[131] *Brenner/Koops*, Approaches to Cybercrime Jurisdiction, 2004, S. 29 ff.
[132] *Werle*, JuS 2001, S. 36: Grundsätzlich unabhängig von der Erstreckung der Strafgewalt eines Staates ist zu prüfen, ob der Sachverhalt auch der Strafgerichtsbarkeit des betreffenden Staates unterliegt. Die Staaten sind zwar bestrebt, ihre Strafgewalt nicht durch die ausländische Justiz wahrnehmen zu lassen, weshalb in aller Regel Strafgewalt und Strafgerichtsbarkeit übereinstimmen. Es ist aber nicht ausgeschlossen, dass Staaten im Rahmen ihrer Strafgewalt die Gerichtsbarkeit auf ausländische oder internationale Spruchkörper übertragen (z.B. IStGH).

3.3 Lösung der Jurisdiktionskonflikte im Strafrecht 63

sondern erstrecken einen bestehenden Tatbestand auf ein Verhalten und machen dieses dadurch tatbestandsmäßig für den verfolgenden Staat.[133] Daher müssen für die Legitimierung der nationalen Strafgewalt bei Taten mit Auslandsbezug zwei Voraussetzungen erfüllt sein:

■ Legitimierung der Strafrechtszuständigkeit durch die Normen des **Strafanwendungsrechts;**

■ Begründung der strafrechtlichen Verantwortlichkeit durch die tatkriminalisierenden **Regeln des materiellen nationalen Rechts.**

Ohne entsprechende *Strafanwendungsrechtsvorschriften* ist die Tat nach der jeweiligen Rechtsordnung keine strafbare Handlung. (vgl. die Fälle „*Australier*", „*Pornikov*" und „*Loveletter*")[134], weshalb man von einer materiell-prozessualen Doppelnatur des Strafanwendungsrechts sprechen kann. So führt in *Deutschland* das Fehlen eines die Strafanwendung legitimierenden Anknüpfungspunktes zur Einstellung des Verfahrens.[135]

Auch im *US-amerikanischen* Recht umfasst der Begriff „jurisdiction" nicht nur die materiell-rechtliche „jurisdiction to prescribe" (Regelungsbefugnis), sondern auch die prozessuale „jurisdiction to adjudicate" (Ausübung gerichtlicher Zuständigkeit), so dass die amerikanische Strafjustiz ihre Zuständigkeit, also eine „jurisdiction to enforce" (Rechtsdurchsetzung), nur dann annimmt, wenn ein Verhalten nach ihrem nationalen materiellen Strafrecht kriminalisiert ist und gleichzeitig ein dessen Anwendung legitimierender Anknüpfungspunkt vorliegt.[136] Fehlt es im Hinblick auf Cybercrime an entsprechenden Zuständigkeitsregelungen im auf den Computer Fraud and Abuse Act zurückgehenden 18 U.S.C. § 1030, so ist eine Zuständigkeit hinsichtlich der darin verankerten Straftatbestände ausgeschlossen.[137]

Im *russischen Recht* wäre das Fehlen eines Strafanwendungsanknüpfungspunktes mit dem im materiellen Strafrecht festgelegten Gesetzlichkeitsprinzip

---

[133] *Oehler*, Internationales Strafrecht, 1973, S. 134-135; *Jescheck/Weigend*, AT, S. 127 ff.; *Vogler*, Geltungsanspruch und Geltungsbereich der Strafgesetze, 1970, S. 149 ff.
[134] Siehe Kapitel 6 Falllösung, S. 179 ff.
[135] BGHSt 34, 1 (3 f.); NStZ 1997, 119; OLG Saarbrücken, Urteil vom 03.10.1974 Anwendbarkeit deutschen Strafrechts als Verfahrensvoraussetzung, NJW 1975 Heft 11, 506; *Ambos*, Internationales Strafrecht, 2008, Rn. 4.; *Mankowski/Bock*, JZ 2008, S. 556 ff; *Fischer*, StGB, § 3, Rn. 2; *Schönke/Schröder/Eser*, StGB, 2010, §§ 3-7, Rn. 2.
[136] *Foreign Relations Law of the US, 3rd Restatement of the Law,* 1987, § 404 (a,b,c) (1987); Siehe: *The report on Extraterritorial Criminal Jurisdiction* of the Council of Europe, S. 444, 445 ff.
[137] CFAA 1984, 18 U.S.C. § 1030 ff.; Die letzten Änderungen am 26. September, 2008 mit dem *Identity theft Enforcement and Restitution Act* of 2008.

(Art. 3 UKRF) nicht vereinbar.[138] Daher würde beim Fehlen der Strafanwendungsvorschriften kein legitimer Grund für die Anwendung entsprechenden Strafrechts vorliegen.[139]

Andererseits vermag beim Fehlen eines materiell-rechtlichen Tatbestandes weder das deutsche, noch das russische oder amerikanische Strafanwendungsrecht zu einer Strafbarkeit einer auslandsbezogenen Handlung zu führen. Die Anwendung des jeweiligen nationalen Strafrechts ist (nach den deutschen und russischen Recht) beim *Fehlen eines entsprechenden Straftatbestandes* aufgrund des Gesetzlichkeitsprinzips („Keine Strafe ohne Gesetz")[140] ausgeschlossen (vgl. Fall „*Georgier*")[141].

3.3.2 Lösungsschema

Erste Stufe: Die Legitimierung der Anwendung des nationalen Strafrechts durch die Vorschriften des Strafanwendungsrechts

1) Anwendbare Regelungen des nationalen Strafanwendungsrechts

   a) Zunächst ist zu entscheiden, welche Strafanwendungsgrundsätze im Bereich der Internetkriminalität gelten, d.h. ob **allgemeine Regeln des Strafanwendungsrechts** oder **spezielle strafrechtliche Zuständigkeitsvorschriften**, die als lex specialis an die Stelle der allgemeinen Vorschriften treten, anzuwenden sind.

   So werden die Zuständigkeitsfragen einiger Computerdelikte auf der föderalen Ebene in den USA durch 18 U.S.C. § 1030 (e) (2) (B) *speziell geregelt*. Auch in einigen US-Staaten gibt es besondere Internetzuständigkeitsregeln: z.B. in North Carolina[142] Arkansas[143], Connecticut[144]. Dabei wird beispielsweise das Territorialitätsprinzip („territorial clause") im Hinblick auf den Cyberraum extra geregelt. In den entsprechenden Vorschriften von North Carolina wird die territoriale Zuständigkeit

---

[138] *Paramonova*, Principle of legality in Russia, 2011, S. 103 – 117.
[139] Art. 3 UKRF; *Naumov*, Rossijskoe Ugolovnoe Pravo, 2007, S. 155 ff.; *Kropachev*, Rossijskoe Ugolovnoe Pravo, 2010, S. 328 ff.
[140] *Wessels/Beulke*, Strafrecht AT, 2011, Rn 44 ff.; *Kropachev*, Rossijskoe Ugolovnoe Pravo, 2010, S. 328 ff.
[141] Siehe Kapitel 2 Fälle und Entscheidungen, S. 35 und Kapitel 6 Falllösung (*Fall „Georgier"*), S. 179.
[142] *N.C. General Stat.* § 14-453.2. 2002.
[143] *Ark. Code Ann.* § 5-27-606, 2003.
[144] *Conn. General Stat.* Ann. § 53a-261, 2004.

des Staates hinsichtlich der Internetverbreitungsdelikte auf jene Fälle ausgedehnt, in denen „die elektronische Mitteilung ursprünglich aus diesem Staat gesendet oder ursprünglich in diesem Staat empfangen wurde".[145]

b) Im Rahmen der *allgemeinen Strafanwendungsregeln* (etwa nach deutschem und russischem Recht) ist zu betrachten, **inwieweit die für traditionelle Straftaten geltenden Inhalte und Interpretationen der jeweiligen nationalen Strafanwendungsprinzipien hinsichtlich des Internetraums anwendbar sind**. Denn die Zuständigkeitsprinzipien (z.B. das Territorialitätsprinzip nach §§ 3, 9 StGB bzw. Art. 11 UKRF) sind nicht nur gesetzlich, sondern auch auf der Ebene der wissenschaftlichen Interpretation und der Rechtsprechung unterschiedlich inhaltlich ausgeprägt. So wird etwa das Territorialitätsprinzip nach deutscher Auffassung durch die Regelungen des § 9 StGB (Tatort) breiter verstanden als im russischen Strafanwendungsrecht, welches der Handlungstheorie folgt (Art. 11 UKRF).[146]

c) Über die (unter Punkt b angesprochenen) allgemeinen Zuständigkeitsvoraussetzungen hinaus sind **bei Internetstraftaten anzuwendende Sonderinterpretationen oder etwaige Spezialregelungen** zu berücksichtigen. Zum Beispiel soll die Bestimmung des Erfolgsorts bei den Äußerungsdelikten mit Rücksicht auf die Besonderheiten des Internets neu ausgelegt werden. So wird etwa die Anwendung des Strafrechts bei Inhaltsverbreitungsdelikten (z.B. die Verbreitung illegaler Schriften, etwa gegen Interessen Deutschlands oder Russlands, von einem ausländischen Server) im Falle des Erfolgseintritts („effects"[147]) im deutschen und im russischen Strafrecht auf unterschiedliche Weise begründet. Nach russischen Recht würde die Ausdehnung der Strafrechtszuständigkeit durch das Schutzprinzip (Art. 12 UKRF) legitimiert. Dagegen wäre die Konstellation nach dem deutschen Strafanwendungsrecht mit dem durch §§ 3 und 9 StGB (Tatort: „zum Tatbestand gehörende Erfolg eingetreten ist") weit ausgelegten Territorialitätsprinzip begründbar.[148]

---

[145] *N.C. General Stat.* § 14-453.2. 2002: "the electronic communication was originally sent or originally received in this State".

[146] Siehe Kapitel 5 Einzelne Strafanwendungsprinzipien (*Territorialitätsprinzip, Deutschland*), S. 134 ff.

[147] *CFAA* 1984, 18 U.S.C. § 1030 (e) (2) (B).

[148] Auffassung, dass abstrakt-konkrete Gefährdungsdelikte einen Erfolgsort im Sinne des § 9 StGB D. haben: BGHSt 46, 212; *Collardin*, CR 1995, S. 618: speziell zur Auschwitzlüge, wenn der Täter

Daher wird diese Konstellation je nach Rechtsordnung durch unterschiedliche Strafanwendungsgrundsätze legitimiert.

2) Zuständigkeitskonflikte
Häufig ergeben sich infolge unterschiedlicher nationaler Strafanwendungsregelungen positive, aber auch negative Zuständigkeitskonflikte.[149]

a) *Positiver Zuständigkeitskonflikt* (wenn mehr als zwei Staaten die Anwendung ihres Strafrechts beanspruchen[150] – vgl. den Fall *„Berliner Unternehmen"*[151]).

b) *Negativer Zuständigkeitskonflikt* (wenn kein Staat die Anwendung seines Strafrechts beanspruch(t)en (kann)[152]. Ein negativer Zuständigkeitskonflikt kann aus folgenden Gründen entstehen:

Ein (negativer) *Tatsachen-Konflikt* liegt vor, wenn eine Handlung nach den Gesetzen mehrerer Staaten strafbar ist und daher potenziell mehrere Zuständigkeitsansprüche gegeben sind, aber keiner dieser Staaten die Anwendung seiner strafrechtlichen Gewalt beansprucht. So werden beispielsweise im Falle des Verbreitens eines Virus im Internet mit schädlichen Konsequenzen für viele Staaten mehrere Staaten potenziell strafrechtlich zuständig. Nicht selten (insbesondere, wenn der Ursprung des Virus schwer festzustellen ist) beansprucht kein Staat die Zuständigkeit, da jeder davon ausgeht, dass diese schon von einem anderen Land in Anspruch genommen wurde.[153] Tatsachen-Konflikte können sich zum Beispiel aus besonderen politischen Situationen ergeben (vgl. den Fall *„Georgier")*[154].

---

in Deutschland wirken will; *Kuner*, CR 1996, S. 453, 455: zu Äußerungen im Internet; *Martin*, ZRP 1992, S. 19: zu grenzüberschreitenden Umweltdelikten.
Dagegen: OLG München StV 1991, S. 504; *Schönke/Schröder/Eser*, StGB, 2010, § 9 Rn. 6; *Jakobs*, AT, 1991, S. 117; *Tiedemann/Kindhäuser*, NStZ 1988, S. 337, 346; *Cornils*, JZ 1999, S. 394: speziell zur Volksverhetzung im Internet.

[149] Siehe dazu: *Ambos*, in: Münchener Kommentar, §§ 3–7 StGB, Rn. 54 - 55.
[150] *Ambos*, Internationales Strafrecht, 2008, S. 71: davon zu unterscheiden ist die Situation, dass ein Staat seine Strafgewalt auf mehrere Anknüpfungspunkte stützen kann; dazu *Dittrich*, ZIS, S. 81.
[151] Siehe Kapitel 2 Fälle und Entscheidungen, S. 36 und Kapitel 6 Falllösung (*Fall „Berliner Unternehmen"*), S. 199.
[152] *Brenner/Koops*, Approaches to Cybercrime Jurisdiction, 2004, S. 1 ff.
[153] *Brenner/Koops*, Approaches to Cybercrime Jurisdiction, 2004, S. 3 ff.
[154] Siehe Kapitel 2 Fälle und Entscheidungen, S. 35 und Kapitel 6 Falllösung (*Fall „Georgier"*), S. 179.

Ein *juristischer* negativer Konflikt[155] betrifft jene Konstellationen, in denen erforderliche Strafanwendungs- oder Strafbarkeitsregeln nicht vorliegen (vgl. den Fall „*Loveletter"*)[156].

Zweite Stufe: Die Notwendigkeit entsprechender materiell-rechtlicher Tatbestände im jeweiligen nationalen Strafrecht

Die gleichen Straftaten werden von verschiedenen Rechtsordnungen oft unterschiedlich beurteilt, wobei der Cybercrime-Bereich keine Ausnahme ist.

Diese Problematik bezieht sich nicht nur auf unterschiedliche Kulturkreise, sondern kommt auch bei vergleichbaren sozialen Ordnungen in Betracht. So stellt sich beispielsweise die Frage, „ob die Internet-Angebote aus dem christlichen Kulturkreis auch dem Strafrecht islamischer Staaten unterfallen, in denen sie abrufbar sind".[157] Von totalitären Staaten werden politische Aussagen oftmals gar nicht hingenommen. In Europa (etwa in Deutschland, Frankreich oder Österreich) ist nationalsozialistische Propaganda strafbar, nach den Rechtsordnungen der USA und Kanada steht sie hingegen unter dem Schutz der Meinungsfreiheit und gehört zur alltäglichen Diskussion. Kinderpornographie wird zwar weltweit verurteilt, allerdings gibt es keine einheitliche Gesetzgebung (z.B. hinsichtlich des Alters der geschützten Kinder).[158]

3.3.3 Gegenwärtige Regulierung der Fragen der strafrechtlichen Zuständigkeit im Bezug auf Internetkriminalität auf der internationalen Ebene

Die Probleme des Cyberspace gehen offensichtlich über nationale Grenzen hinaus. Daher wäre die beste Lösung ein multilaterales Übereinkommen, das die Fragen der Zuständigkeit im Cyberspace regulieren würde.[159] Obwohl das „transnational wirksame Strafrecht" [160] im Bereich der strafrechtlichen Zuständigkeit für das Internet eine gewisse Anwendung findet, kommt es häufig zu Zuständigkeitskonflikten.

---

[155] *Brenner/Koops*, Approaches to Cybercrime Jurisdiction, 2004, S. 7 ff.
[156] Siehe Kapitel 2 Fälle und Entscheidungen, S. 37 und Kapitel 6 Falllösung (*Fall „Loveletter"*), S. 224.
[157] *Sieber*, NJW 1999, 2066.
[158] *Brenner/Koops*, Approaches to Cybercrime Jurisdiction, 2004, S. 3; *Sieber*, NJW 1999, 2065; *Schmölzer*, ZStW 2011, S. 709 ff.
[159] *Ray August*, International Cyber-Jurisdiction, ABLJ 2002, S. 545 ff.
[160] *Sieber*, Grenzen des Strafrechts, ZStW 2007, S. 8 ff.

Im Bezug auf Cybercrime ist die *Cybercrime-Konvention des Europarats von 2001* ein erstes Ergebnis zwischenstaatlicher Zusammenarbeit in diesem Bereich. Nach diesem Abkommen sind die wichtigsten Cyberspace-Straftaten im Bereich des materiellen Strafrechts durch den nationalen Gesetzgeber zu kriminalisieren. Die Regelungen des Art. 22 der Konvention sind den Zuständigkeitsfragen im Cyberraum gewidmet, können allerdings nicht zufrieden stellen. Grundsätzlich sind Territorialitäts-, Flaggen- und aktives Personalitätsprinzip von der Konvention anerkannt (Art. 22 Abs. 1). Jedoch erlaubt Art. 22 Abs. 4 die Ausübung einer Strafgerichtsbarkeit (in aller Regel stimmen Strafgewalt und Strafgerichtsbarkeit überein)[161] durch eine Vertragspartei nach ihrem innerstaatlichen Recht. Damit dienen die Vorschriften dieses Artikels eher der Hierarchisierung der möglichen Legitimierungsgrundsätze, aber nicht der Herstellung einheitlicher Zuständigkeitsregeln.

Der einzige für die Lösung strafrechtlicher Zuständigkeitskonflikte im Cyberraum potenziell weiterhelfende Mechanismus des Übereinkommens, besteht in der Ausgestaltung eines (allerdings fakultativen) Konsultationsverfahrens zwischen den Vertragsparteien in Fällen, in denen mehr als ein Staat seine Zuständigkeit beansprucht, um die „geeignetste" Zuständigkeit zu bestimmen (Art. 22 Abs. 5).

Auf der GUS-Ebene wurde bisher nur das *Modelgesetz „Über das Internet"*[162] erarbeitet, das als Vorbild zur Übernahme entsprechender Änderungen in die nationalen Rechtsordnungen der GUS-Staaten (zu den auch Russland gehört) dienen soll.

Nach den Zuständigkeitsregelungen des Art. 11 des Modelgesetzes („Die Bestimmung des Orts und der Zeit der Begehung der juristisch relevanten Taten") sind „die juristisch relevanten Verhaltensweisen" als auf dem jeweiligen Territorium begangen anzuerkennen, wenn sie von einer Person während des Aufenthaltes auf dem jeweiligen Staatsterritorium verübt wurden (Art. 11 Abs. 1). Gemäß Art. 11 Abs. 2 dieses Gesetzes ist als Zeitpunkt der Begehung der Taten der Zeitpunkt der Begehung einer ersten Handlung mit juristisch relevan-

---

[161] *Werle*, JuS 2001, S. 36: Grundsätzlich unabhängig von der Erstreckung der Strafgewalt eines Staates ist zu prüfen, ob der Sachverhalt auch der Strafgerichtsbarkeit des betreffenden Staates unterliegt. Die Staaten sind zwar bestrebt, ihre Strafgewalt nicht durch die ausländische Justiz wahrnehmen zu lassen, weshalb in aller Regel Strafgewalt und Strafgerichtsbarkeit übereinstimmen. Es ist aber nicht ausgeschlossen, dass Staaten im Rahmen ihrer Strafgewalt die Gerichtsbarkeit auf ausländische oder internationale Spruchkörper übertragen.

[162] GUS Modelgesetz *„Über das Internet"*, 2007.

ten Konsequenzen anzunehmen. Im Art. 12 (Kollisionsfragen) wird der Vorrang internationaler Abkommen gegenüber der nationalen Gesetzgebung festgelegt. Die russischen Strafanwendungsnormen entsprechen teilweise den oben genannten Zuständigkeitsregeln. Die Einfügung neuer Internet-Tatbestände (einschließlich solcher durch die – von Russland allerdings nicht unterzeichneten – Cybercrime-Konvention vorgesehenen) in das nationale materielle Recht bildet einen Gegenstand der gegenwärtigen Diskussion.[163]

3.3.4 Hierarchisierung der Anknüpfungspunkte

Für die Lösung der positiven Zuständigkeitskonflikte im Cyberspace (wenn also zwei oder mehr Staaten die Anwendung ihres Strafrechts beanspruchen) sind sowohl auf der internationalen als auch auf der nationalen Regulierungsebenen Mechanismen der Zuständigkeitsbegrenzung notwendig.[164]

Völkerrechtliche Vereinbarungen zur Hierarchisierung von Anknüpfungspunkten und mithin zur Lösung von Zuständigkeitskonflikten wären für eine Kompetenzverteilung zwischen den Staaten insbesondere im Bereich der Computerkriminalität zwar wünschenswert, fehlen aber.[165] Entsprechende Übereinkommen lassen sich auf internationaler Ebene kaum herstellen.

In dieser Situation sollte man sich vor allem mit einer Rangfolge bzw. Hierarchisierung der Strafanwendungsprinzipien helfen, wozu man auf das Völkerrecht zurückgreifen kann.[166] Die Frage wird allerdings in Rechtsprechung und Lehre der einzelnen Staaten und auf der internationalen Ebene nicht einheitlich entschieden und provoziert viele Kontroversen, weil eben die Zuständigkeitsregeln von den einzelnen nationalen Rechtssystemen geprägt werden.[167] Bei der Berücksichtigung der zahlreichen Meinungsverschiedenheiten deutet sich zwar eine Tendenz zur gewissen Hierarchisierung an, aber feste Regeln sind noch nicht erkennbar.

---

[163] Die Tagung des Expertenbeirates des interparlamentischen Assemblee von GUS - das Modelgesetz „Über das Internet", 13.10.2009: http://www.vesti.ru/doc.html?id=320380.
[164] *Kuner*, CR 1996, S. 453 ff.; *Ambos*, Internationales Strafrecht, 2008, S. 3 ff.; *Uta*, Jurisdiction and the Internet, 2007, S. 253 ff.
[165] Siehe dazu: *Ambos*, in: Münchener Kommentar, §§ 3–7 StGB, Rn. 55 ff.
[166] *Ambos*, Internationales Strafrecht, 2008, S. 74; *Herdegen*, ZaäRV 1987, S. 235 ff.; *Oehler*, Geburtstagsgabe für *Grützner*, 1970, S. 115 ff.; auf europäischee Ebene hat die „*Draft European Convention on Conflicts of Jurisdiction in Criminal Matters*" 1965 versucht, eine Rangfolge aufzustellen.
[167] *Uta*, Jurisdiction and the Internet, 2007, S. 87 ff.; *Donald W.Greig*, Sources of International Law, 2005, S. 56 ff.; *Ambos*, Internationales Strafrecht, 2008, S. 74.

Genereller Vorrang wird dem *Territorialitätsgrundsatz* eingeräumt.[168] Der *Auswirkungsgrundsatz*[169], soweit er im nationalen Recht vorgesehen ist, wird als Unterfall des Territorialitätsgrundsatzes angesehen (z.B. im deutschen Strafrecht in § 9 Abs. 1 – Erfolgsort) oder auch als selbstständiger Anknüpfungspunkt (etwa im russischen Strafrecht, Art. 12 UKRF). Die extraterritorialen Anknüpfungspunkte werden wie folgt gereiht: das *Realprinzip*[170] (eigene Interessen des Staates), der *Personalitätsgrundsatz* (Tat gegen Interessen der Bürger eines Staates gerichtet), der Grundsatz *stellvertretender Strafrechtspflege* (der in Russland allerdings nicht anerkannt ist) und das *Weltrechtsprinzip*.[171] Diese Hierarchie entspricht der im Art. 22 Abs. 1 der Cybercrime-Konvention festgelegten Rangfolge.

Es soll im weiteren Verlauf der Arbeit noch näher geprüft werden, ob eine derartige Hierarchisierung für den Bereich der Cyberspacekriminalität sinnvoll bleibt.

3.3.5 Möglichkeiten der Begrenzung der strafrechtlichen Zuständigkeit im Cyberraum auf nationaler Ebene. Sonderbezugspunkte

■ Der Verzicht auf die Zuständigkeit auf nationaler legislativer Ebene als primäre Möglichkeit einer Zuständigkeitsbegrenzung.[172]

Eine denkbare Lösung des Problems der Zuständigkeit mehrerer Staaten läge darin, dass ein Staat beim Vorliegen eines entsprechenden Konflikts auf Grundlage entsprechender gesetzlicher Regelungen auf seinen Strafverfolgungsanspruch verzichtet.

In Deutschland und Russland ist für die transnationale Cyberspacekriminalität das traditionelle Strafanwendungsrecht einschlägig. Während die russischen Strafanwendungsregelungen von allgemeinem Charakter sind, ist das deutsche Strafanwendungsrecht außerhalb der Cybercrimedelikte teilweise durch eine deliktspezifische Verankerung solcher Normen geprägt.[173] Zum Beispiel wird durch § 6 StGB die nationale Zuständigkeit hinsichtlich international geschützter

---

[168] Siehe „*Draft European Convention on Conflicts of Jurisdiction in Criminal Matters*" 1965; *Ambos*, Internationales Strafrecht, 2008, S. 75; *Adel'hanyan*, Ugolovnoe Pravo Rossii, 2004, S. 1 ff.; *Naumov*, Rossijskoe Ugolovnoe Pravo, 2007, S. 231 ff.
[169] Art. 3 Abs. 3 vom „*Draft European Convention on Conflicts of Jurisdiction in Criminal Matters*" 1965: der Ort der Haupthandlung dem der Beihilfehandlung und der Auswirkung vorgeht.
[170] Art. 7 vom „*Draft European Convention on Conflicts of Jurisdiction in Criminal Matters*", 1965.
[171] *Ambos*, Internationales Strafrecht, 2008, S. 74 ff.; *Oehler*, Internationales Strafrecht, Rn. 126 ff.; *Schönke/Schröder/Eser*, StGB, 2010, §§ 3-7, Rn. 11.
[172] *Kuner*, CR 1996, S. 453 ff.
[173] *Paramonova*, Primenenie ugolovnogo prava v internet-prostranstve, 2010, S. 249 – 251.

3.3 Lösung der Jurisdiktionskonflikte im Strafrecht 71

Rechtsgüter ausschließlich auf die in der Vorschrift gelisteten Straftatbestände ausgedehnt. Dagegen beschreiben die Art. 11-13 UKRF, die dem Strafanwendungsrecht gewidmet sind, allgemeine Anwendungsbedingungen und beziehen sich nicht auf spezielle Tatbestände (siehe Fälle: „Pornikov"; "Lust")[174].

In den USA sind auf der föderalen Ebene im Bezug auf „federal computer-related offences" die Rechtsanwendungsvorschriften des 18 U.S.C. § 1030 anwendbar.[175] Auch der zurzeit auf *internationaler Ebene* vorhandene Mechanismus verweist auf nationale Normen. Denn die Zuständigkeitsregeln des Art. 22 der Cybercrime-Konvention dienen der Hierarchisierung der auf nationaler Ebene anerkannten Legitimierungsgrundsätze. Ein Verzicht auf die Zuständigkeit zur Verfolgung der Cyberspacekriminalität ist also auf nationaler und internationaler Ebene nicht erkennbar.

In dem Zusammenhang könnte das von dem EU am 26. Januar 2012 unterzeichnete ACTA[176], das die Bestimmungen zur strafrechtlichen Durchsetzung der Rechte des geistigen Eigentums enthält, zu der Lösung entsprechender Zuständigkeitsfragen beitragen, etwa der Vorrang eines konkreten Landes bei Begehung bestimmter Taten (Art. 23-26). Da jedoch auf diesem Gebiet von einer „geteilten" Zuständigkeit der EU und der Mitgliedstaaten ausgegangen wird, muss das Abkommen erst von allen 27 Mitgliedstaaten unterzeichnet und ratifiziert werden.[177]

- Weitere Möglichkeiten der Begrenzung nationaler strafrechtlicher Zuständigkeit im Cyberspace.

    a) Als erstes ist eine **Auslegung der Prinzipien des Strafanwendungsrechts** im Lichte der Besonderheiten des Cyberspace zu erwähnen. Durch Rechtsprechung und Lehre werden entweder die für den virtuellen Raum geltenden allgemeinen Regeln des Strafanwendungsrechts (hinsichtlich Deutschlands und Russlands) oder die speziellen strafrechtlichen Zuständigkeitsvorschriften (etwa die USA oder Singapur) interpretiert. Beispielsweise können fallgruppenspezifische konkrete Kriterien bei der Eingrenzung der Zuständigkeit eine entscheidende

---

[174] Siehe Kapitel 2 Fälle und Entscheidungen, S. 35 - 36 und Kapitel 6 Falllösung (*Fälle „Herr Pornikov"*und *„Herr Lust"*), S. 186 ff. und 193 ff.; *Paramonova*, Jurisdikcionnye normy ugolovnogo prava v Internet-prostranstve, 2010, S. 356 – 360.
[175] Kommentare zum *CFAA* 1984 vom US Bundesjustizministerium; *CFAA* 1986, 18 U.S.C. § 1030 ff.
[176] Anti-Counterfeiting Trade Agreement, 26.01.2012, Council of EU: http://register.consilium.europa.eu.
[177] „Was ist das ACTA?", European Commission: http://trade.ec.europa.eu.

Rolle spielen, insbesondere, wenn die gesetzlichen Normen zu weitgehend sind.[178] Andererseits kann die breite innerstaatliche Auslegung gewisser Strafanwendungsprinzipien dazu führen, dass sie umgekehrt die Jurisdiktionen anderer Staaten eingrenzen (siehe Fall: „Australier").[179]

b) Die Strafanwendungsregeln im deutschen und im russischen Recht sind zwar gesetzlich vorgeschrieben. Allerdings ist **Zurückhaltung** bei der Wahrnehmung strafrechtlicher Zuständigkeit seitens der Justizbehörden durch bestimmte Mechanismen durchaus möglich. Beispielsweise ist § 153 c der deutschen StPO zu erwähnen, der der Staatsanwaltschaft einen gewissen Freiraum gibt. Sie „kann von der Verfolgung von Straftaten absehen" (*Opportunitätsprinzip*).[180] Dadurch werden „flexible Lösungen" ermöglicht: § 153 c Abs.1 Nr.1 StPO D sieht eine Ausnahme vom Legalitätsprinzip generell bei Taten vor, die außerhalb Deutschlands begangen werden.[181] Die Strafanwendungsregeln vom UKRF beruhen hingegen auf einem strikten Legalitätsprinzip (Art. 3 UKRF), das keine Ausnahmen zulässt.

c) Grundsätzlich wäre auch eine Anwendung der von den Zivilgerichten des *Common-Law*-Rechtskreises entwickelten *Non-Conveniens-Lehre* im Bereich des Strafrechts denkbar. Danach ist es für Gerichte möglich, eine gegebene Zuständigkeit im konkreten Fall nicht auszuüben, wenn die Streitsache vor einem anderen Gericht deutlich besser aufgehoben wäre".[182] Den grundsätzlich zuständigen Gerichten wird eine Ermessensentscheidung ermöglicht, ggf. über eine Sache nicht zu entscheiden.[183] Es kann im Einzelfall beurteilen, ob genügende Anknüpfungspunkte zum Gerichtsort vorliegen. Nicht überraschen kann einerseits, dass ein solcher Ansatz zur Lösung internationaler *strafrechtlicher* Ju-

---

[178] Siehe Kapitel 5 Einzelne Strafanwendungsprinzipien (*Territorialitätsprinzip, USA*), S. 153 ff. Der Begriff „protected computer" (geschützter Computer) ist in den Statutsnormen sehr breit formuliert. Der schliesst alle Computer von den US Behörden und US Finanzinstitutionen ein (§ 1030 (e) (2) (A)), außerdem sind das alle Computer, die für den zwischenstaatlichen und Außenhandel oder Kommunikation benutzt werden (§ 1030 (e) (2) (B)).

[179] Siehe"Erfolgsort" in der deutschen Doktrin: Kapitel 5 Einzelne Strafanwendungsprinzipien (*Territorialitätsprinzip, Deutschland*), S. 134 ff.; BGHSt 46, 212; siehe Kapitel 2 Fälle und Entscheidungen, S. 38 und Kapitel 6 Falllösung (*Fall „Australier"*), S. 244.

[180] Siehe *Meyer-Goßner*, StPO, Rn. 699 ff.

[181] *Ambos*, Internationales Strafrecht, 2008, S. 78.

[182] *Schack*, Internationales Zivilverfahrensrecht, 2010, S. 184; *Yuval Shany*, The competing jurisdictions of international courts and tribunals, 2003, S. 136 ff.; *Kuner*, CR 1996, S. 453 ff.; *Felder*, Die Lehre vom Forum Non Conveniens.

[183] *Felder*, Die Lehre vom Forum Non Conveniens.

risdiktionskonflikte wenig geeignet erscheint, da es – anders als im Falle des zur bestmöglichen Lösung eines zivilrechtlichen Konflikts angerufenen Richters – Strafrichter grundsätzlich gleichgültig sein kann, ob auch andere Rechtsordnungen die Anwendung ihres Strafrechts bejahen. Andererseits kann sich gerade im Bereich eines von Natur aus zu erheblichen Jurisdiktionskonflikten führenden Bereichs wie dem Internetstrafrecht zunehmend die Möglichkeit ergeben, solche Konflikte zu vermeiden. Es kann dann durchaus als sinnvoll erscheinen, sich am der *Non-Conveniens-Lehre* zugrunde liegenden Gedanken eines möglichst *zweckmäßigen* Forums zu orientieren. Derartige Erwägungen finden (auch für traditionelle Kriminalitätsformen) in den USA mitunter bereits insoweit Berücksichtigung, als es um die Vermeidung strafrechtlicher Jurisdiktionskonflikte zwischen den Strafrechtsordnungen der einzelnen Bundesstaaten geht,[184] denn das auf internationaler Ebene anzutreffende Problem positiver Jurisdiktionskonflikte stellt sich in den USA auch innerstaatlich in beträchtlichem Umfang, wobei die Notwendigkeit einer diesbezüglichen Lösung durch den Umstand verstärkt wird, dass im Verhältnis zwischen den Bundesstaaten sowie im Verhältnis zwischen Bund und Bundesstaaten – ebenso wie im Völkerrecht – das Gebot *ne bis in idem* keine Anwendung findet (sog. *dual sovereignty exception*).[185] Überschneidungen werden insbesondere bei Cybercrime deutlich. Viele Staaten der USA haben spezielle Cybercrime-Gesetze und diesbezügliche Sonderstrafanwendungsregelungen. Beispielsweise ist gemäß den entsprechenden Jurisdiktionsvorschriften von North Carolina die territoriale Zuständigkeit („territorial clause") des Staates betreffend diverser Computerdelikte gegeben, „wenn die elektronische Mitteilung ursprünglich aus diesem Staat gesendet oder ursprünglich in diesem Staat empfangen wurde".[186] Eine derartige Formulierung überschneidet sich aber beispielsweise mit US-Bundesrecht im Bereich der Computerkriminalität (insbesondere mit 18 U.S.C. § 1030),[187] denn dieses erstreckt sich auf fasst jede Online-Transaktion, bei der die Grenzen eines Bundesstaates überschritten werden.

---

[184] *Foreign Relations Law of the US, 3rd Restatement of the Law,* 1987, § 403(3) (1987).
[185] *Heath v. Alabama,* 474 U.S. 82, 1985; *United States v. Lara,* 541 U.S. 193; *Dubber/Kelman,* American Criminal Law, 2005, S. 163 ff.
[186] *N.C. General Stat.* § 14-453.2, 2002: "...if the electronic communication was originally sent or originally received in this State".
[187] *CFAA* 1984, 18 U.S.C. § 1030 ff.

d) Auch durch eine Hierarchisierung der Strafanwendungsprinzipien werden sich positive Zuständigkeitskonflikte allerdings nicht immer verhindern lassen.[188] Soweit mehrere Staaten auf der Grundlage desselben Prinzips ihre Zuständigkeit begründen, bedarf es weiterer Eingrenzungskriterien, die man als *faktische Sonderbezugspunkte* beziehungsweise *juristische Sonderbezugspunkte* bezeichnen kann. Außerdem können auch *weitere objektive Bezugspunkte* zum jeweiligen Land als Eingrenzungskriterien dienen. Als **faktische Sonderbezugspunkte** sind die für den Sachverhalt relevanten (beispielsweise historischen) Tatsachen anzusehen, welche einen besonders engen Bezug zwischen Tat und Rechtsordnung begründen (z.b. Holocaust in der deutschen Geschichte). Soweit solche faktischen Bezugspunkte durch strafanwendungsrechtliche oder materiell-rechtliche Normen einer Rechtsordnung anerkannt sind und mithin den besonderen Bezug zum jeweiligen Staat explizit (insbesondere durch die Schaffung eines besonderen Rechtsguts und als Folge einer rechtlichen Norm, etwa Verbot der Volksverhetzung, § 130 StGB[189]) zum Ausdruck bringen, handelt es sich um *juristische Sonderbezugspunkte*. Dadurch wird die Bedeutung des fraglichen Rechtsguts – mittels der Implementierung der besonderen Norm in die Rechtsordnung – in der konkreten Rechtsordnung in besonderem Maße hervorgehoben. Das kann für die Lösung von Zuständigkeitskonflikten nicht unberücksichtigt bleiben.[190] Liegen also weder faktische noch juristische Sonderbezugspunkte vor, dann ist nach den **weiteren objektiven Bezugspunkten** einer Straftat zum jeweiligen Land zu suchen. Das sind Tatsachen, die für den Sachverhalt relevant und erst durch den Sachverhalt entstanden sind (z.B. der tatsächlich verursachte Schaden). Faktische und juristische Sonderbezugspunkte (etwa historische Umstände) – dagegen – existieren unabhängig von Sachverhalt.

---

[188] Siehe dazu: *Ambos*, in: Münchener Kommentar, §§ 3–7 StGB, Rn. 55.
[189] Siehe *Satzger/Schmitt/Widmaier,* StGB, Rn. 1, § 130; *Hörnle*, in: Münchener Kommentar, § 184 StGB, Rn. 109.
[190] Siehe Kapitel 6 Falllösung (*Fälle „Australier"* und *"Konzentrationslager"*), S. 244 ff. und 252 ff.

3.3.6 Ergebnis

Im grenzlosen Cyberraum versucht jeder Staat seine eigenen nationalen Grenzen zu bestimmen. Um einen einigermaßen klar erkennbaren und legitimen Rahmen für die jeweilige nationale Zuständigkeit zu schaffen, ist eine gewisse Systematisierung und Hierarchisierung der Strafanwendungsmechanismen nötig.[191] Dabei zeichnen sich gewisse Tendenzen zu Begrenzungsmechanismen ab, die auf der nationalen Ebene von den Staaten für den Cyberraum jedoch in unterschiedlichem Maß und in unterschiedlicher Form angewandt werden.

In den Common Law-Rechtsordnungen sind im Hinblick auf das Jurisdiktionsproblem aufgrund der strukturellen Systemsunterschiede (großer Einfluss eines fallbasierten Richterrechts) besonders weite Entscheidungsspielräume erkennbar. Allerdings ist die Auslegungsfreiheit der Gerichte hinsichtlich des Cybercrime auch in kontinentalen Rechtssystemen relativ groß. Eine extensive Interpretation der traditionellen Strafanwendungsregeln führt so zur extensiven Bejahung nationaler Zuständigkeit im Bereich der virtuellen Kriminalität.[192] Nicht deliktspezifische Jurisdiktionsregeln ermöglichen einen flexibleren Rahmen für die Anwendung der bestehenden Delikte im Bereich des sich ständig verändernden Cybercrime-Phänomens, erlauben etwa ein flexibleres Vorgehen der Strafverfolgungsorgane im Wege von Verfahrenseinstellungen.

---

[191] Siehe dazu: *Ambos*, in: Münchener Kommentar, §§ 3–7 StGB, Rn. 55 ff.
[192] BGHSt 46, 212.

4 Die Systematik der dem Schutz von Computerdaten- und Computersystemen dienenden Delikte im Überblick. Vergleich zwischen Deutschland, Russland und den USA

Ein entsprechendes Rechtsvergleichungsschema befindet sich im Anhang (Tabelle 6).

In der vorliegenden Arbeit wird insbesondere auf die transnationalen Konstellationen der Inhaltsverbreitungs- und Äußerungsdelikte im Internet und auf Computerdatenschutz- und Computersystemschutzdelikte der deutschen, russischen[1] und amerikanischen (auf der föderalen Ebene) Rechtsordnungen eingegangen, wobei vor allem Zuständigkeitsfragen im Mittelpunkt stehen. Für die Analyse der Strafanwendungsprinzipien müssen aber zuvor die relevanten materiell-rechtlichen Tatbestände untersucht werden, da diese in untrennbarer Verbindung zum Strafanwendungsrecht stehen.[2] Als Ausgangspunkt des Vergleichs der in den verschiedenen Ländern geltenden Straftatbestände dienen die deutschen Computerdelikte: §§ 202a, 202b, 202c, 303a, 303b StGB. Die Änderungen des StGB auf Grund der in Kraft getretenen Reform des Computerstrafrechts vom 11.08.2007[3] und die Implementierung der Regelungen der Cybercrime-Konvention[4] finden Berücksichtigung.[5]

Im Anhang findet sich eine Vergleichungstabelle mit den Gesetzestexten der untersuchten Normen.[6]

---

[1] Siehe auch: *Paramonova*, Concept and systematization of the criminal offense in Russia, 2011 S. 86 – 97.
[2] Siehe Kapitel 1 Einleitung und methodologische Ansätze (*Aufbau der Arbeit*), S. 7 ff.
[3] BGBl. I S. 1786, in Kraft seit 11.08.2007.
[4] Deutschland ratifizierte die Cybercrimeskonvention am 01.07.2009: http://conventions.coe.int/Treaty/EN/cadreprincipal.htm.
[5] Siehe dazu: *Sensburg*, Kriminalistik 2007, S. 607 ff.
[6] Siehe Anhang (*Tabelle 6*), S. 307 ff.

4.1 Ausspähen von Daten

4.1.1 Deutschland

Der im 11.08.2007 eingefügte Straftatbestand **§ 202a StGB (Ausspähen von Daten)** setzt Art. 2 (Rechtswidriger Zugang) der Cybercrime-Konvention um.

§ 202a Abs. 1 StGB hat eine Doppelfunktion: erstens bezweckt er neben dem Geheimnisschutz[7] auch den Integritätsschutz, zweitens schützt der Tatbestand die Verfügbarkeit besonders gesicherter Daten. „Daten" (§ 202a Abs. 2 StGB), die „nicht für ihn (den Täter) bestimmt und die gegen unberechtigten Zugang besonders gesichert sind", werden als Tatobjekt des § 202a Abs. 1 StGB genannt.[8]

Tathandlung ist das „*Verschaffen des Zugangs*" zu Daten. Das Verschaffen muss „unter Überwindung der Zugangssicherung" erfolgen.[9] Damit ist die bloße (erfolgreiche) Systempenetration vom Tatbestand des § 202a Abs. 1 StGB erfasst.[10] Vor der durch die entsprechenden Änderungen des StGB am 11.08.07[11] in Kraft getretenen Reform des Computerstrafrechts führte das bloße Eindringen in ein EDV-System hingegen noch nicht zur Strafbarkeit nach § 202a StGB a.F.

Im deutschen wissenschaftlichen Schrifttum wurde schon vor der Einfügung des neuen Paragraphen – § 202a StGB (Ausspähen von Daten) – die Nichtkriminalisierung des Hackens kritisch beurteilt.[12] Außerdem wurde die Idee der Strafbarkeit des bloßen unbefugten Zugangs zu Daten und des Versuchs dieser Straftat im Rechtsausschuss des Deutschen Bundestages schon frühzeitig angesprochen.[13] Allerdings wollte die Mehrheit das bloße Eindringen in ein fremdes System ursprünglich nicht unter Strafe stellen.[14]

Nach der a.F. des § 202a StGB, der das „Verschaffen von Daten" unter Strafe stellte, mussten neben dem Eindringen in ein EDV-System noch weitere

---

[7] *Fischer*, StGB, § 202a, Rn. 2, 11.
[8] Siehe dazu: *Sensburg*, Kriminalistik 2007, S. 607 ff.
[9] *Gröseling/Höfinger*, Hacking und Computerspionage, MMR 2007, S. 551.
[10] *Schultz*, Der Entwurf des StrafÄndG, MIR 2006, Rn. 9.
[11] BGBl. I S. 1786, in Kraft seit 11.08.2007.
[12] *Lenckner/Winkelbauer*, CR 1986, S. 483; Granderath, *2. WiKG*, 1986; Beilage Nr. 18, S. 1; Bühler, Ein Versuch, Computerkriminellen das Handwerk zu legen: *2. WiKG*, 1986, MDR 1987, S. 448; Binder, Strafbarkeit intelligenten Ausspähens von programmrelevanten DV-Informationen, S. 43 ff.
[13] Bundestags-Drs. 10/5058, S. 28.
[14] Kindhäuser Lb, BT II/1, § 24, Rn. 4 ff.; Otto BT § 52/31; Achenbach, Jura 1991, S. 227; *Hilgendorf*, JuS 1996, S. 511

4.1 Ausspähen von Daten

Zugriffe, wie etwa das Abrufen der Daten, erfolgen.[15] Konnte der Hacker sich mit dem bloßen Eindringen in ein Computersystem keine Daten verschaffen, so war das bloße „Knacken" eines EDV-Systems beim Fehlen daraus erwachsender weiterer Folgen straflos. Bei der früheren Norm war es also nötig, das „Verschaffen von Daten" festzustellen. Bei den Anhängern der Kriminalisierung des bloßen Hackens spielte das folgende Argument eine Rolle: Ein alleiniges „Begnügen mit dem unberechtigten Zugang"[16] aus technischen Gründen sei nicht möglich, denn jeder Hacker nehme während des Eindringens in das System zwangsläufig auch Daten wahr.[17]

§ 202a Abs. 1 n.F. StGB greift schon im Vorfeld des bisher vorausgesetzten Verschaffens von Daten ein. Demnach genügt das Erlangen der realen Möglichkeit, auf die Daten zuzugreifen, also das, was die Zugangssicherung verhindern soll. Daher ist schon eine konkrete Gefährdung der Vertraulichkeit von Daten tatbestandsmäßig. Mithin ist die Vorschrift zum Vorfeldtatbestand im Hinblick auf Verletzungen der Integrität von Daten (der Gewährleistung, dass keine unberechtigte inhaltliche Umgestaltung erfolgt) und ihrer Verfügbarkeit (der Gewährleistung ihrer Verwendungsmöglichkeiten) geworden.[18]

Nach der geltenden Fassung des § 202a Abs. 1 StGB macht sich somit auch derjenige strafbar, der aus reiner Experimentierfreude unbefugt in fremde Systeme eindringt. Der Umstand, dass normalerweise das Hacken nicht nur aus dem bloßen Eindringen in eine fremde EDV-Anlage besteht, sondern auch aus dem Aufrufen von Daten, bleibt außer Betracht. Also ist ein alleiniges „Begnügen mit dem unberechtigten Zugang" für die Bejahung des geltenden § 202a Abs. 1 StGB ausreichend.

In der Literatur wurde § 202a StGB als Bestrafung des bloßen Hackens eines Computersystems schon „**elektronischer Hausfriedensbruch**" getauft. Geschützt sind dadurch nicht nur Daten, sondern auch Datenverarbeitungssysteme. Denn „jede Zugangssicherung eines Systems ist naturgemäß zugleich eine Zugangssicherung der darin verarbeiteten Daten"[19].

Die neue Regelung entspricht auch dem Konzept des Art. 2 (Rechtswidriger Zugang) der Cybercrime-Konvention, nach dem die Vertragsparteien sich ver-

---

[15] *Vetter*, Gesetzeslücken bei der Internetkriminalität, 2002, S. 125 ff.
[16] Bundestags-Drs. 10/5058, S. 28.
[17] *Fischer,* StGB, § 202a, Rn. 11; Hauptmann, JUR-PC 89, S. 215; *Vetter*, Gesetzeslücken bei der Internetkriminalität, 2002, S. 126 ff.
[18] *Gröseling/Höfinger*, Hacking und Computerspionage, MMR 2007, S. 551
[19] Siehe dazu: *Popp*, NJW 2004, S. 3517; *Gröseling/Höfinger*, Hacking und Computerspionage, MMR 2007, S. 551 ff.

pflichten „den unbefugten Zugang zu einem Computersystem als Ganzem oder zu einem Teil davon" nach ihrem innerstaatlichen Recht zu kriminalisieren.[20]

Sowohl der frühere *objektive Tatbestand* des § 202a Abs. 1 StGB als auch der geltende erfordern die Überwindung einer Sicherung verschlüsselter Daten durch den Täter.[21]

Nach der h.M. bezieht sich die Zugangssicherung allein auf die Verschlüsselung der Daten, so dass „der Zugang zu den verschlüsselten Daten (also Geheimtext) durch Wegnahme eines Datenträgers oder Abspeichern der verschlüsselten Daten auf einem tätereigenen Datenträger noch nicht tatbestandsmäßig" ist. Erst mit der Entschlüsselung selbst „unter Überwindung der Zugangssicherung" verschafft sich der Täter den Zugang zu Daten (zum Klartext).[22]

Bei der Beantwortung der Frage, wann der Zugang im Sinne des Tatbestands ‚gesichert' ist, überzeugt jene Ansicht, die sowohl ein objektives als auch ein subjektives Element in sich vereint. Dementsprechend ist es erforderlich, dass „der Berechtigte den Zugang zu seinen Daten dergestalt behindert, dass für den Verkehr objektiv ersichtlich ist, dass ein regulärer Zugriff vom Willen des Berechtigten abhängig sein soll".[23] Die Sicherungsmaßnahmen verhindern oder erschweren eine Kenntnisnahme vom Unberechtigten.[24] Die Höhe und Qualität des Sicherheitsgrades können hingegen keine tauglichen Kriterien sein, denn auch ein technischer Laie muss eine Möglichkeit haben, die Daten dem Schutz des § 202a Abs. 1 StGB zu unterstellen. Es geht allein um das Recht sich „eine formale Geheimsphäre"[25] zu schaffen. Dies entspricht den anderen Geheimnisschutznormen des StGB, wie etwa dem Schutz verschlossener Briefe; die Schwierigkeit des Öffnens spielt für die Frage der Strafbarkeit keine Rolle.[26] Unter dem Schutz des § 202a Abs. 1 StGB fallen allerdings keine Daten, die „offen liegen" und damit durch regulären Zugriff frei abrufbar sind.[27] Sonst wäre jegliches Abrufen der Informationen von frei zugänglichen Websites im Internet strafbar.

---

[20] *Popp*, JuS 2011, S. 385.
[21] *Schultz*, Der Entwurf des StrafÄndG, MIR 2006, Rn. 9; *Lenckner* in Schönke/Schröder, StGB, § 202a, Rn. 10; *Fischer,* StGB, § 202a, Rn. 8; *Schünemann*, LK 1997, § 202a, Rn. 10.
[22] *Gröseling/Höfinger*, Hacking und Computerspionage, MMR 2007. S. 551 ff.
[23] *Schultz*, Der Entwurf des StrafÄndG, MIR 2006, Rn. 16.
[24] *Lenckner* in Schönke/Schröder, StGB, § 202a, Rn. 10.
[25] *Popp*, JuS 2011, S. 386.
[26] Siehe dazu: *Popp*, § 202a, In: *Klaus Leipold / Michael Tsambikakis / Mark A. Zöller*, StGB, 2011; *Schultz*, Der Entwurf des StrafÄndG, MIR 2006, Rn. 7.
[27] *Fischer,* StGB, § 202a, Rn. 10.

Für die *subjektive Seite* ist von Bedeutung, dass nach § 15 StGB grundsätzlich nur vorsätzliches Handeln strafbar ist, es sei denn, das Gesetz bedroht ausdrücklich fahrlässiges Handeln mit Strafe, wie etwa die fahrlässige Tötung, § 222 StGB, und die fahrlässige Körperverletzung, § 229 StGB. Im Bereich der Internet- bzw. der Computervirenkriminalität wird Fahrlässigkeit nicht erfasst. Sowohl das Ausspähen von Daten (§ 202a) und das Abfangen von Daten (§ 202b) als auch die Datenveränderung (§ 303a) und die Computersabotage (§ 303b StGB) sind nur bei entsprechendem vorsätzlichen Handeln strafbar.

4.1.2 Russland

Der eben angesprochene Tatbestand des § 202a StGB (Ausspähen von Daten) findet im russischen Strafrecht *kein Äquivalent*. Zwar ist nach Art. 272 UKRF der unberechtigte Zugang zu Computerdaten strafbar, Art. 272 UKRF stellt jedoch ein Erfolgsdelikt (materielles Delikt) dar, im Gegensatz zu § 202a StGB, bei dem es sich um ein Tätigkeitsdelikt (formelles Delikt) handelt.[28]

Gemäß Art. 272 Abs. 1 UKRF ist der Tatbestand nur erfüllt „wenn die Tat die Vernichtung, Blockierung, Modifizierung oder die Erstellung einer Kopie gespeicherter Informationen oder die Störung der Funktion einer EDVA[29], eines EDVA-Systems oder eines EDVA-Netzwerks nach sich gezogen hat".[30] Von Interesse ist dabei, dass in einem der Entwürfe des russischen Strafgesetzbuches von 1997 bereits eine weiterreichende Strafbarkeit dahingehend vorgeschlagen wurde, dass der „unberechtigte Zugang zu automatisierten Computersystemen" (Art. 271 des Entwurfes) in der Form eines Tätigkeitsdelikts unter Strafe stehen sollte.[31]

Es ist aber darauf hinzuweisen, dass Russland aufgrund der fehlenden Ratifizierung der Cybercrime-Konvention (im Jahr 2008 wurde deren Unterzeichnung zurückgenommen) auch keinen internationalen Verpflichtungen unterliegt, den bloßen Zugang zu Computerdaten zu kriminalisieren, wie dies durch Art. 2 der Cybercrime-Konvention gefordert wird.

---

[28] Siehe auch: *Paramonova*, Concept and systematization of the criminal offense in Russia, 2011 S. 86 – 97.
[29] EDVA – elektronische Datenverarbeitungsanlage.
[30] Siehe auch: *Paramonova*, Objective aspects of the offense in Russia, 2011 S. 239 – 254.
[31] *Tropina*, Kiberprestupnost´, 2005, S. 20 ff.; *Maksimov*, Kompúternie prestupleniya, 1999, S. 64-65, *Volevodz*, Protivodejstvie kompúyernim prestuplenijam, 2002, S. 91.

4.1.3 USA

Auf der Ebene des Bundesrechts der USA sind die Fragen des materiellen und prozessualen Charakters der Computerkriminalität speziell durch ein einheitliches Statut – den **Computer Fraud and Abuse Act 1984 (CFAA)**[32] – geregelt worden. Dessen Ziel war es, „to address federal computer-related offenses in a single, new statute".[33]

Einschlägige Regelungen fanden sich vorher bereits im Wire Fraud Statute und [34] im Comprehensive Crime Control Act 1984, bei denen es sich aber nicht um computerspezifische Normen handelte. Die durch den CFAA geschaffenen Regelungen wurden mehrfach verändert, zuletzt durch den Identity Theft Enforcement and Restitution Act 2008.[35] Der CFAA ist dadurch gekennzeichnet, dass er sich ausschließlich auf jene Fälle beschränkt, in denen föderale Interessen betroffen sind, z.B., wenn Computer von Bundesbehörden oder Finanzinstitutionen betroffen sind oder eine Straftat bundesstaatenübergreifender Natur vorliegt.[36]

Die Normen des 18 U.S.C. § 1030 enthalten Zuständigkeitsregeln für die in Tabelle 2 dargestellten Delikte.

Nach dem CFAA sind die Computerdatendelikte, wie auch im russischen Strafrecht (Art. 272 UKRF), grundsätzlich durch einen bestimmten Erfolg gekennzeichnet. So ist etwa gemäß 18 U.S.C. § 1030 (a) (1), (2)37 der vorsätzliche unbefugte Zugang zu Computersystemen nur dann strafbar, wenn dabei solche nicht für den Täter bestimmte Informationen erlangt wurden, z.B. Daten von Finanzinstitutionen oder staatlichen Behörden der USA (18 U.S.C. § 1030 (a) (2), (A), (B)).

Das Tätigkeitsdelikt 18 U.S.C. § 1030 (a) (3) jedoch ähnelt dem deutschen „Ausspähen von Daten" i.S.d. § 202a StGB. Gemäß 18 U.S.C. § 1030 (a) (3) ist „der vorsätzliche unbefugte Zugang zum nichtöffentlichen Computer einer US-Behörde oder Agentur oder der Zugang zu einem Computer, der exklusiv für die Benutzung durch die US-Regierung bestimmt ist...", unter Strafe gestellt.[38] Die Regelung bezieht sich also ausschließlich auf den Schutz staatlicher Computer

---

[32] *CFAA* 1984, 18 U.S.C. § 1030.
[33] Kommentare zum *CFAA* 1984 vom US Bundesjustizministerium.
[34] 18 U.S.C. § 1343.
[35] *US Identity theft Enforcement and Restitution Act of 2008.*
[36] Siehe S. Rep. No. 99-432, at 4 (1986), reprinted in 1986 U.S.C.C.A.N. 2479, 2482.
[37] *CFAA* 1984, 18 U.S.C. § 1030.
[38] *CFAA* 1984, 18 U.S.C. § 1030 (a) (3).

Tabelle 2: Die Normen des 18 U.S.C. § 1030

Tatbestand	Paragraph
1. Abfangen von Staatssicherheitsinformationen	18 U.S.C. § 1030 (a) (1)
2. Erlangen von Daten durch unerlaubten Zugang zu geschützten Computern	18 U.S.C. § 1030 (a) (2)
3. Unbefugter Zugang zu einem nichtöffentlichen Computer von US-Behörden	18 U.S.C. § 1030 (a) (3)
4. Unerlaubter Zugang zu einem geschützten Computer zum Zweck des Computerbetrugs	18 U.S.C. § 1030 (a) (4)
5. Wissentliche Übermittlung eines Programms, einer Information, eines Codes oder eines Befehls, die zur vorsätzlichen Schädigung eines geschützten Computers führt	18 U.S.C. § 1030 (a) (5) (A)
6. Vorsätzlicher unbefugter Zugang zu einem geschützten Computer mit grob fahrlässig verursachter Schädigung	18 U.S.C. § 1030 (a) (5) (B)
7. Vorsätzlicher unbefugter Zugang zu einem geschützten Computer mit Schadens- und Verlustverursachung	18 U.S.C. § 1030 (a) (5) (C)
8. Phishing (trafficking in passwords)	18 U.S.C. § 1030 (a) (6)
9. Erpressung unter Androhung der Schädigung eines geschützten Computers	18 U.S.C. § 1030 (a) (7)

gegen den bloßen Zugang. Wie bei § 202a StGB ist das Erlangen bestimmter Informationen oder das Eintreten eines Schadens keine Strafbarkeitsvoraussetzungen, im Gegensatz zur deutschen Vorschrift aber nicht einmal die Überwindung einer besonderen Zugangssicherung. Dies entspricht Art. 2 (Rechtswidriger Zugang) der von den USA im Jahre 2006 ratifizierten Cybercrime-Konvention.[39]

4.1.4 Zwischenergebnis

Das nach der deutschen Norm § 202a StGB (Ausspähen von Daten) strafbare Verhalten bleibt nach russischem Recht straflos, wohingegen das föderale amerikanische Computerstrafrecht den bloßen rechtswidrigen Zugang nur zu staatlichen Computern unter Strafe stellt.

---

[39] Abrufbar unter: http://conventions.coe.int/Treaty/Commun/ChercheSig.asp?NT=185&CM=&DF=&CL=GER.

4.2 Abfangen von Daten

4.2.1 Deutschland

§ 202b StGB (**Abfangen von Daten**) umfasst das Verschaffen von nicht für den Täter bestimmten Daten i.S.d. § 202a Abs. 2 StGB aus einer nichtöffentlichen Datenübermittlung oder aus der elektromagnetischen Abstrahlung einer Datenverarbeitungsanlage, wenn dies „unter Anwendung technischer Mittel" geschieht.[40]

§ 202b StGB (Abfangen von Daten) entspricht dem Art. 3 der Cybercrime-Konvention (Rechtswidriges Abfangen) und schließt die Lücke des § 201 StGB ("Verletzung der Vertraulichkeit des Wortes").[41]

Das Abfangen einer Datenübermittelung (Sniffen)[42] „unter Anwendung von technischen Mitteln" nach § 202b 1. Alt. StGB ist nur subsidiär strafbar. Bejaht man bereits eine Strafbarkeit nach § 202a Abs. 1 StGB (falls eine Zugangssicherung überwunden wird), so tritt § 202b StGB im Wege der Gesetzeskonkurrenz zurück: § 202b hat also lediglich eine Auffangfunktion.[43] § 202b schützt dabei auch solche Daten, die nicht i.S.d. § 202a StGB „besonders gesichert" sind.

Nach dem früheren Recht (vor der Einfügung des Tatbestandsmerkmals „Abfangen von Daten" im Jahre 2007) war das Fremd-Sniffen aufgrund der Voraussetzung der „besonderen Sicherung" gemäß § 202a StGB straflos. Eine Strafbarkeit nach § 202a Abs. 1 a.F. StGB ergab sich nur dann, wenn die mitgeschnittenen Daten zuvor verschlüsselt und die Originaldaten nach dem Abfangen wieder erfolgreich entschlüsselt wurden.[44] Das verschlüsselte Datenpaket als solches unterlag keinem Schutz. Mit dem neu eingefügten § 202b StGB sollen nunmehr auch **unverschlüsselte Datenpakete** grundsätzlich strafrechtlichen Schutz genießen.[45]

§ 202b 2. Alt. StGB führt zudem nunmehr zur Strafbarkeit in jenen – nach dem früheren Recht nicht strafbaren – Fällen, in denen sich der Täter die Daten

---

[40] *Popp*, §§ 202a, 202b, In: *Klaus Leipold / Michael Tsambikakis / Mark A. Zöller*, StGB, 2011; *Gröseling/Höfinger*, Hacking und Computerspionage, MMR 2007, S. 551 ff.
[41] *Lenckner* in Schönke/Schröder, StGB, § 202a, Rn. 8; Siehe dazu: *Sensburg*, Kriminalistik 2007, S. 607 ff.
[42] *Sniffer* (engl. „to sniff" für riechen, schnüffeln) ist eine Software, die den Datenverkehr eines Netzwerks empfangen, aufzeichnen, darstellen und ggf. auswerten kann. Es handelt sich also um ein Werkzeug der Netzwerkanalyse.
[43] RegE vom 20.09.2006, S. 16, P. 5; http://www.bmj.bund.de/media/archive/1317.pdf.
[44] RegE vom 20.09.2006, S. 15, P. 1.
[45] *Schultz*, Der Entwurf des StrafÄndG, MIR 2006, Rn. 19.

aus der **elektromagnetischen Abstrahlung** eines Computersystems verschafft, beispielsweise, wenn der Inhalt eines Bildschirmes einer Datenverarbeitungsanlage sichtbar gemacht wird.[46] Der Tatbestand des § 202b StGB ist dadurch eingegrenzt, dass nur die „**nichtöffentliche Datenübertragung**" geschützt werden soll, was auch dem Art. 3 der Cybercrime-Konvention entspricht. Diesbezüglich verweist die Begründung der Norm auf die Regelung des § 201 Abs. 2 Nr. 2 StGB. Demnach ist eine Mitteilung öffentlich, wenn es objektiv erkennbar ist, dass ihr Inhalt von einem größeren, nach Zahl und Individualität unbestimmten Personenkreis unmittelbar zur Kenntnis genommen werden kann. Ob die Wahrnehmung auch tatsächlich geschieht, ist dabei irrelevant.[47] Das einschränkende Tatbestandsmerkmal der „Nichtöffentlichkeit" i.S.d. des § 202b StGB dient als funktionales Äquivalent zu dem im Übereinkommen verwendeten Merkmal „unbefugt".

In der Literatur wird die Meinung vertreten, dass das im § 202a Abs. 1 und im § 202b StGB festgelegtes Merkmal „**unbefugt**" kein Tatbestandsmerkmal sei, sondern „nur ein deklaratorischer Hinweis auf das allgemeine Verbrechensmerkmal der Rechtswidrigkeit"[48]. Dies überzeugt nicht. Vielmehr sollte das Merkmal „unbefugt" i.S.d. § 202a Abs. 1 und § 202b StGB als Tatbestandsmerkmal angesehen werden, weil es gerade das Vorhandensein oder Fehlen des Willens des Berechtigten bezüglich der Wahrnehmung der Informationen charakterisiert. Im Falle des Einverständnisses des Berechtigten mit der Kenntnisnahme der Daten durch einen Dritten ist das Sich-Verschaffen der Daten nicht mehr tatbestandsmäßig, denn die Daten sind dann für den Wahrnehmenden „bestimmt".

4.2.2 Russland

Vergleichbare Regelungen kann man im russischen Strafrecht in den Regelungen des Art. 272 (Unberechtigter Zugang zu Computerdaten) und Art. 273 UKRF (Erstellung, Verwendung und Verbreitung schadensträchtiger EDV-Programme) finden.[49]

Art. 272 UKRF, der ein Erfolgsdelikt darstellt, umfasst eine denkbare Konstellation, die unter „Abfangen von Daten" subsumiert werden kann. Gemäß

---

[46] *Gröseling/Höfinger*, Hacking und Computerspionage, MMR 2007, S. 553; *Popp*, JuS 2011, S. 386.
[47] *Popp*, JuS 2011, S. 387; *Lenckner* in Schönke/Schröder, StGB, § 201, Rn. 26.
[48] *Gröseling/Höfinger*, Hacking und Computerspionage, MMR 2007, S. 553 ff.
[49] Siehe auch: *Paramonova*, Subjective aspects of the offense in Russia, 2011, S. 436 – 452; Siehe auch: *Paramonova*, Objective aspects of the offense in Russia, 2011 S. 239 – 254.

Art. 272 Abs. 1 UKRF ist unter anderem der unbefugte Zugang zu gesetzlich geschützten Computerdaten, bei dem „die Erstellung einer Kopie gespeicherter Informationen" erfolgt, strafbar.

Zunächst verlangt der Tatbestand, dass die Computerinformationen i.S.d. Art. 272 UKRF **vom Gesetz geschützt** sind, wobei dieser Schutz nicht nur durch das Strafrecht, sondern auch durch alle anderen Gesetze der Russischen Föderation und durch das Verfassungsrecht begründet werden kann, so dass etwa auch Betriebsgeheimnisdaten oder private Informationen im Sinne der Vorschrift geschützt sind.[50] Durch das UKRF ist beispielsweise die unberechtigte Erlangung und Offenlegung solcher Angaben geschützt, die ein Geschäfts-, Steuer- oder Bankgeheimnis darstellen (Art. 183 UKRF).

Das Tatbestandsmerkmal „gesetzlich geschützte Computerdaten" des Art. 272 UKRF kann als Äquivalent der „nichtöffentlichen Datenübertragung" des § 202b StGB angesehen werden. Beide Begriffe machen deutlich, dass die Informationen nur für eine begrenzte Zahl von Adressaten bestimmt sind und nicht für die Öffentlichkeit.[51]

Darüber hinaus muss auch nach russischem Recht der Zugang **„unbefugt"** sein. Im Falle, dass der Berechtigte mit der Wahrnehmung der Daten einverstanden ist, kann die Kenntnisnahme der Daten nicht mehr als „unbefugt" i.S.d. Art. 272 UKRF angesehen werden.[52]

Gemäß Art. 272 Abs. 1 UKRF brauchen die Daten im Gegensatz zu § 202a Abs. 1 StGB nicht „besonderes gesichert" zu sein, doch unterliegen sie dem Schutz des Art. 272 Abs. 1 UKRF auch im Falle einer besonderen Sicherung. Es reicht schon aus, dass sie „auf einem maschinellen Träger, in einer elektronischen Datenverarbeitungsanlage (EDVA), in einem EDVA-System oder einem EDVA-Netzwerk" gespeichert sind. D.h., dass nach Art. 272 UKRF auch unverschlüsselte Computerdaten geschützt sind, wie dies auch bei § 202b StGB der Fall ist. Somit steht jene Konstellation, die vor der Schaffung des § 202b StGB bis zum Jahr 2007 in Deutschland straflos blieb, nach dem russischen Strafrecht durch Art. 272 UKRF bereits seit 1999 unter Strafe. Dies betrifft auch den Fall, dass ein Täter sich die Daten etwa aus der elektromagnetischen Abstrahlung eines Computersystems verschafft, denn strafbar ist nach Art. 272 UKRF das durch unbefugten Zugang ermöglichte Kopieren von nicht für die Öffentlichkeit bestimmten Computerdaten (andere Alternativen des von Art. 272 erfassten Verhaltens, wie die Modifizierung oder Blockierung einer Information usw.

---

[50] *Razumov*, Kommentarii k UKRF.
[51] *Lebedev*, Kommentarii k UKRF, 2012, S. 690 ff.
[52] Birsk, StBezG, N УД № 1010005, 2001; *Lebedev*, Kommentarii k UKRF, 2012, S. 690 ff.

4.2 Abfangen von Daten

kommen hier nicht in Betracht). Ob der Taterfolg mittels „technischer Mitteln" (wie beim § 202b StGB) erreicht wird oder etwa aus der elektromagnetischen Abstrahlung, ist irrelevant. Die Daten, zu den der Zugang verschafft wurde, sind **auf besondere Weise gespeichert**, brauchen jedoch nicht extra gesichert zu sein.

Folglich kann man den durch Zugang zu Daten ermöglichten Tatbestandserfolg der „Erstellung einer Kopie gespeicherter Informationen" i.S.d. Art. 272 UKRF mit dem deutschen Tatbestand des „Abfangens von Daten" i.S.d. § 202b StGB gleichsetzen.

Nach **Art. 273 UKRF**, der ein Tätigkeitsdelikt darstellt, ist die Verwendung von EDV-Programmen strafbar, wenn sie unter anderem offenkundig zur **„Erstellung einer Kopie einer Information"** führen könnte. Soweit das Kopieren von Daten durch die Verwendung schadenträchtiger Computerprogramme erfolgt bzw. erfolgen soll, liegt darin eine weitere Möglichkeit der Strafbarkeit des Abfangens der Computerdaten. Dabei ist der Zugang zu einem Computer – im Gegensatz zu Art. 272 UKRF – nicht vorausgesetzt.

Somit stellt diese Variante des Art. 273 UKRF einen Fall der Bestrafung des „Abfangens von Daten" i.S.d. § 202b StGB schon im Vorfeld des Erfolgsdelikts dar und kann daher als Äquivalent zu § 202c StGB (Vorbereiten des Ausspähens und Abfangens von Daten) eingestuft werden.

§ 202b StGB ist durch das Merkmal der „nichtöffentlichen Datenübermittlung" begrenzt, d.h. dass die Datenübertragung nur einem bestimmten Personenkreis zugänglich sein muss. In Art. 273 UKRF wird durch das Merkmal **„unberechtigt"** verdeutlicht, dass die Zahl der zum Zugang zu den Computerinformationen berechtigten Personen begrenzt ist.[53] Daher hat das Merkmal der „nichtöffentlichen Datenübermittlung" (und eventuell auch das Merkmal „unbefugt") im deutschen Straftatbestand die gleiche Funktion, wie „unberechtigt" im vergleichbaren Straftatbestand des russischen Rechts.

Nach § 202b StGB und Art. 273 UKRF erfolgt das Abfangen bzw. das Kopieren von Daten **durch technische Hilfsmittel**, wobei sich Art. 273 UKRF allerdings nur auf EDVA-Schadprogramme bezieht.

Nach Art. 273 UKRF ist die Erstellung und Verwendung schädlicher EDVA-Programme unter Strafe gestellt, wobei diese letztlich auch zum Abfangen von Daten durch Kopieren verwendet werden können. Art. 272 UKRF schützt vor einem rechtswidrigen Zugang zu Computerdaten, wobei einer der

---

[53] *Razumov*, Kommentarii k UKRF.

möglichen tatbestandlichen Erfolge das Kopieren von Informationen sein kann, was einem Abfangen von Daten i.S.v. § 202b StGB entspricht.[54]

4.2.3 Die subjektive Seite des Abfangens von Daten im deutschen und russischen Recht

Die Konstruktion der subjektiven Seite der vergleichbaren Delikte ist in beiden Rechtsordnungen unterschiedlich. Nach dem deutschen Strafrecht ist gemäß § 202b StGB nur vorsätzliche Handeln strafbar, wohingegen einer der hier betrachteten Tatbeständen (Art. 273 Abs. 2 UKRF) im russischen Strafrecht auch fahrlässiges Handeln einschließt. Auch in Russland steht fahrlässiges Handeln nur dann unter Strafe, wenn dies ausdrücklich in einem Artikel des Besonderen Teils vorgesehen ist (Art. 24 Abs. 2 UKRF).[55]

Art. 273 Abs. 2 UKRF enthält einen qualifizierten Fall der „Erstellung, Verwendung und Verbreitung schadenträchtiger EDVA-Programme", wenn eine solche Tat „infolge von **Fahrlässigkeit** schwere Folgen nach sich gezogen" hat.

Bei Art. 272 UKRF ist das fahrlässige Handeln ebenso wie bei § 202b StGB, nicht strafbar. Nach der russischen Auffassung bedeutet dies, dass die Straftat (in dem Fall also Art. 272 UKRF) entweder mit direktem oder indirektem Vorsatz begangen werden muss.

Laut Art. 25 UKRF gibt es zwei Formen des **Vorsatzes**. Art. 25 Abs. 2 UKRF bestimmt: „eine Straftat gilt als mit direktem Vorsatz begangen, wenn einer Person die Gesellschaftsgefährlichkeit ihrer Handlungen (Unterlassen) bewusst war, die Möglichkeit oder Unvermeidbarkeit des Eintritts gesellschaftsgefährlicher Folgen vorhergesehen und ihren Eintritt gewollt hat". Gemäß Art. 25 Abs. 3 UKRF „gilt eine Straftat als mit indirektem Vorsatz begangen, wenn einer Person die Gesellschaftsgefährlichkeit ihrer Handlungen (Unterlassen) bewusst war, die Möglichkeit des Eintritts gesellschaftsgefährlicher Folgen vorhergesehen und diese Folgen nicht gewollt, jedoch bewusst zugelassen oder ihnen gleichgültig gegenübergestanden hat". Gemäß diesen Regelungen enthält der Tatbestandvorsatz ein Willens- und ein Wissenselement. Das entspricht der deutschen Rechtsprechung und der h.M. in der deutschen Literatur.[56]

Der direkte Vorsatz im Sinne des russischen Rechts stellt das Äquivalent der deutschen „Absicht" (dolus directus 1. Grades) dar, bei der es dem Täter

---

[54] Siehe auch: *Paramonova*, Concept and systematization of the criminal offense in Russia, 2011 S. 86 – 97.
[55] *Paramonova*, Subjective aspects of the offense in Russia, 2011, S. 436 – 452.
[56] BGHSt 36, 1, 10; *Wessels/Beulke*, Strafrecht AT, 2011, Rn. 203.

gerade auf die Verwirklichung des Tatbestandes ankommt[57]. Der indirekte Vorsatz des russischen Strafrechts umfasst die deutschen Tatbestandsvorsatzformen des dolus directus 2. Grades und des Eventualvorsatzes. Das Hauptabgrenzungskriterium ist das Willenselement.[58] Gemäß der ersten Alternative des Willenselements wird nach Art. 25 Abs. 3 UKRF, wie beim dolus directus 2. Grades, die Person trotz des Voraussehens des unvermeidbaren Eintritts der gefährlichen Folgen willentlich tätig, obwohl ihr der Eintritt der Konsequenzen „an sich unerwünscht" sein kann.[59] Nach der zweiten Alternative des Willenselementes des Art. 25 Abs. 3 UKRF hält der Täter, wie beim Eventualvorsatz, die Verwirklichung des Tatbestandes für möglich (sieht „die Möglichkeit des Eintritts gesellschaftsgefährlicher Folgen" voraus) und findet sich damit ab (dem Täter ist der Eintritt des Erfolges gleichgültig).[60]

Im Bezug auf **Art. 272 UKRF** heißt dies, dass auch ein **indirekter Vorsatz tatbestandsmäßig** ist. Eine Person macht sich schon dann strafbar, wenn beim Zugang zu Computerdaten gesellschaftlich gefährliche Folgen, wie die „Vernichtung, Blockierung, Modifizierung" der Informationen von ihr nicht gewollt sind, jedoch von ihr bewusst für möglich gehalten werden.

Auch zur Verwirklichung des **§ 202b StGB** genügt **Eventualvorsatz**. Die hinsichtlich der geforderten Voraussetzungen des Eventualvorsatzes in der deutschen Rechtsprechung und dem deutschen Schrifttum herrschende Meinung entspricht dem russischen Verständnis des (gesetzlich geregelten) indirekten Vorsatzes. Tatbestandsmäßig handelt der Täter also schon dann, wenn er die tatbestandlichen Folgen für möglich hält und sich damit abfindet.[61]

Daher ergibt sich in den beiden Rechtsordnungen im Bezug auf § 202b StGB und Art. 272 UKRF als Mindestanforderung für die Annahme vorsätzlichen Handelns das Vorliegen von Eventualvorsatz im Sinne des deutschen Rechts, was einer der Alternativen vom indirekten Vorsatz im russischen Strafrecht entspricht.

Hingegen stellen – wie bereits hervorgehoben – weder § 202b StGB noch Art. 272 UKRF fahrlässiges Handeln unter Strafe. Art. 273 Abs. 2 UKRF senkt hinsichtlich schwerer Folgen der Tat – wie beim denkbaren erfolgsqualifizierten

---

[57] *Wessels/Beulke*, Strafrecht AT, 2011, Rn. 211.
[58] *Paramonova*, Subjective aspects of the offense in Russia, 2011, S. 436 – 452.
[59] BGHSt 21, 283; *Wessels/Beulke*, Strafrecht AT, 2011, Rn. 213.
[60] *Paramonova*, Subjective aspects of the offense in Russia, 2011, S. 436 – 452.
[61] *Wessels/Beulke*, Strafrecht AT, 2011, Rn. 214.

Delikt – die Mindestanforderungen an die subjektive Tatseite aber auf Fahrlässigkeit herab.

4.2.4 USA: 18 U.S.C. § 2510 ff. und § 1030 CFAA

Auch das US-amerikanische Bundesrecht enthält Normen, die das Abfangen von Daten i.S.v. § 202b StGB und Art. 272 UKRF für strafbar erklären.

4.2.4.1 18 U.S.C. § 2510 ff.

In den USA wird das Abfangen von über Kabel- und elektronische Kommunikationsmittel übermittelten Informationen und das Abfangens mündlicher Kommunikation durch **Kapitel 119** des **U.S. Code ("Wire and electronic communications interception and interception of oral communications")**[62] erfasst. 18 U.S.C. § 2511 (Prohibition of interception and disclosure of wire, oral, or electronic communications) verbietet das Abfangen und die Veröffentlichung von Kabel-, mündlicher oder elektronischer Kommunikationen.

„Elektronische Kommunikation" wird in § 2510 (12) definiert: „Jede Übermittlung von Zeichen, Signalen, Schriften, Bilden, Tönen, Daten oder Informationen jeglicher Natur, die ganz oder zum Teil mittels Kabel-, Radio-, Computer-, elektromagnetische, photoelektronische oder photooptische Systeme durchgeführt werden...". Diese Definition ist mit dem Tatbestandsmerkmal „**Anwendung von technischen Mitteln**" vergleichbar. Außerdem wird das Abfangen der Informationen im Rahmen „mündlicher Kommunikation" (18 U.S.C. § 2510 (2)) und „Kabelkommunikation" erfasst. „Kabelkommunikation" ist gemäß § 2510 (1) „jeder akustischer Transfer, der ganz oder zum Teil mittels Draht-, Kabel- oder ähnlichen Übermittlungseinrichtungen zwischen dem Ursprungs- und dem Empfangspunkt vorgenommen wird". Im russischen Strafrecht ist deren Schutz durch das Verbot des Abfangens der Inhalte von Telefongesprächen, Postmeldungen und „*anderen Fernmeldungen*" (Art. 138 UKRF) umfasst. Hier soll 18 U.S.C. § 2511 nur insoweit betrachtet werden, als er elektronische Kommunikation erfasst und insoweit mit dem deutschen (Abfangen von Daten gem. § 202b StGB) und dem russischen Strafrecht (Art. 272 Abs. 1 UKRF) vergleichbar ist.

Gemäß 18 U.S.C. § 2511 (1) (a) macht sich derjenige strafbar, der „vorsätzlich die Inhalte von **Kabel-, mündlicher oder elektronischer Kommunikation** abfängt oder dies versucht oder eine andere Person zum Abfangen oder zum

---

[62] CFAA 1984, 18 U.S.C. § 2510.

4.2 Abfangen von Daten

Versuch des Abfangens solcher Inhalte veranlasst". Außerdem sind gemäß 18 U.S.C. § 2511 (1) (c), (d), (e) die (versuchte) Veröffentlichung und die Benutzung der Inhalte der abgefangenen Informationen strafbar.

18 U.S.C. § 2511 (1) (a) schützt Daten i.S.d. § 202a und § 202b StGB. Den Schutz des 18 U.S.C. § 2511 (1) (a) genießen im Gegensatz zu § 202 a StGB aber auch solche Daten, die **nicht „besonderes gesichert"** sind. Gilt gemäß § 2510 (12), (14) „jede Übermittlung von Zeichen, Signalen, Schriften, Bilden, Tönen, Daten usw." als „elektronische Kommunikation", so spricht dies dafür, dass (wie in § 202b StGB) sowohl verschlüsselte als auch unverschlüsselte Datenpakete dem Schutz dieser Norm unterliegen. Verschlüsselte Datenpakete können beispielsweise diverse Zeichen oder Schriften sein, denen an sich ohne Dechiffrieren noch keine unmittelbar wahrnehmbaren Inhalte entnommen werden kann.

Im Vergleich zum russischen Recht ist zudem der Schutzbereich des 18 U.S.C. § 2511 (1) (a) weiter formuliert. Denn nach 18 U.S.C. § 2511 (1) (a) ist das Abfangen der Informationen im Gegensatz zu Art. 272 UKRF nicht auf das *Kopieren* begrenzt; nach der gängigen Gerichtspraxis fällt darunter beispielsweise schon die *Wahrnehmung* von Informationen.[63]

Tatbestandsmerkmale wie „unbefugt" und „nichtöffentliche Datenübertragung" sind in der amerikanischen Norm 18 U.S.C. § 2511 (1) durch das Nennen der **Berechtigten** festgelegt. Im Bezug auf das Abfangen der Inhalte der Kabel-, mündlichen oder elektronischen Kommunikation sind in 18 U.S.C. § 2511 (2) ausdrücklich die Konstellationen geregelt, bei den das Abfangen nicht als rechtswidrig gilt, daher als „befugt" angesehen wird.

Die erste Konstellation (18 U.S.C. § 2511 (2) (a) (i)) bezieht sich auf den Fall, dass *ein Mitarbeiter eines Providers von Kabel- oder elektronischen Kommunikationsdiensten*, dessen Einrichtungen für die Übermittlung derartiger Kommunikation verwendet werden, Kommunikation abfängt, offenlegt oder nutzt,, wenn dies dem gewöhnlichen Inhalt seines Beschäftigungsverhältnisses entspricht und notwendigerweise mit der Erbringung seiner Dienste verbunden ist.

Zweitens steht das Abfangen von Kommunikationsinhalten gemäß 18 U.S.C. § 2511 (2) (c) nicht unter Strafe, wenn eine Person, die die entsprechenden Inhalte abfängt, eine *Partei des Kommunikationsvorgangs* ist oder eine der Parteien des Kommunikationsvorgangs zuvor in das Abfangen eingewilligt hat.

Die dritte, detailliert durch 18 U.S.C. § 2511 (2) (h) und § 2516 beschriebene Konstellation strafloser Datennutzung betrifft vor allem die in strafrechtliche

---

[63] Kommentare zum *CFAA* 1984 vom US Bundesjustizministerium.

Ermittlungen einbezogenen Personen und jene auf Grund einer richterlichen Genehmigung zum Abfangen berechtigten *Behörden*. Fehlt es an einer Berechtigung zum Zugang gemäß der im Gesetz aufgelisteten Konstellationen, so handelt man unbefugt.

18 U.S.C. § 2511 (2) (g) regelt ausdrücklich, dass das Verhalten dann nicht unter Strafe steht „wenn das Abfangen oder der Zugang hinsichtlich solcher elektronischer Kommunikation erfolgt, die für die Öffentlichkeit zugänglich ist". Daher sind durch die Vorschrift nur **„nichtöffentliche"** Datenübertragungen geschützt.

4.2.4.2 18 U.S.C. § 1030

§§ 2510 ff. des Kapitels 119 U.S.C. regeln die Fragen des Abfangens von Informationen im Allgemeinen. § 1030 des Kapitels 47 U.S.C. enthält Straftatbestände, die das Abfangen von Daten föderaler Bedeutung betreffen, etwa von für die nationale Sicherheit bedeutsamen Informationen oder von Daten von Finanzinstitutionen.

Gemäß **18 U.S.C. § 1030 (a) (1)** (*„Obtaining National Security Information"*) wird bestraft, „wer wissentlich unbefugt oder unter Überschreitung seiner Befugnis Zugang zu einem Computer erlangt und dadurch Informationen erlangt, die durch die Regierung der Vereinigten Staaten (…) im Interesse der nationalen Sicherheit oder der auswärtigen Beziehungen als geheimhaltungsbedürftig eingestuft wurden oder (…) unter Abschnitt 11(y) des Atomic Energy Act 1954 fallen, und dabei Grund zu der Annahme gibt, dass die so erlangten Informationen zum Nachteil der Vereinigten Staaten oder zum Vorteil einer anderen Nation verwendet werden könnten".

Nach **18 U.S.C. § 1030 (a) (2), (A), (B), (C)** (*„Compromising the Confidentiality of a Computer"*) macht sich strafbar, „Wer vorsätzlich unbefugt oder unter Überschreitung seiner Befugnis Zugang zu einem Computer erlangt und dadurch Informationen erlangt, (A) die in der Buchführung eines *Finanzinstituts oder eines Kreditkartenunternehmens* (…) enthalten sind, (B) die von einem *Ministerium oder einer Behörde der Vereinigten Staaten,* oder (C) die von einem *geschützten Computer* stammen".

Der Begriff **„geschützter Computer"** schließt (infolge der durch den Patriotic Act vorgenommenen Änderungen[64]) alle Computer von US Behörden und US Finanzinstitutionen ein (§ 1030 (e) (2) (A)). Außerdem sind alle Computer

---

[64] *USA Patriot Act* of 2001.

erfasst, die für zwischenstaatlichen und auswärtigen Handel oder derartige Kommunikation benutzt werden (§ 1030 (e) (2) (B)).

Bei der Bestimmung des „geschützten Computers" wird mithin vor allem auf dessen Zweck abgestellt. Allerdings ist dieses Tatbestandsmerkmal ziemlich weit formuliert: jeder Computer, durch dessen Missbrauch US-Behörden oder US-Finanzinstitutionen beeinträchtigt oder der zwischenstaatliche oder internationale Handel oder derartige Kommunikation gestört werden kann (einschließlich im Ausland befindlicher Rechner), wird als „geschützter Computer" angesehen.[65] Zwar wird in den Kommentaren des Justizministeriums der USA ausgeführt, dass es für die Annahme des Tatbestandsmerkmals „geschützter Computer" nicht schon ausreiche, dass ein Computer über einen Internetanschluss verfügt. Notwendig für eine Bejahung des § 1030 (a) (2) (C) ist aber lediglich der Nachweis, dass der Computer für „zwischenstaatliche oder ausländische Kommunikation" benutzt wurde.[66] Diese Tatbestandsvoraussetzung erlaubt es, praktisch jeden Computer einzubeziehen. Denn jeder Computer, von dem irgendwann eine E-Mail ins Ausland („ausländische Kommunikation") oder sogar in einen anderen Staat innerhalb der USA („zwischenstaatliche Kommunikation") geschickt wurde, kann demnach als „geschützter Computer" angesehen werden.[67]

Außerdem stellt **18 U.S.C. § 1030 (6)** die Weitergabe von Passwörtern oder ähnlichen, den unberechtigten Zugang zu Computern ermöglichenden Informationen unter Strafe, soweit dies wissentlich und mit Täuschungsvorsatz geschieht. Der Begriff „Passwort" umfasst nicht nur den Zugang zum Computer mittels Wörter oder Sätze, sondern auch komplexe Instruktionen hinsichtlich der Verschaffung des Zugangs zu einem Rechner.[68]

Durch 18 U.S.C. § 1030 (a) (1) und § 1030 (a) (2), (A), (B), (C) wird nur solches Abfangen von Daten bestraft, das **durch den Zugang zu Computern** erfolgt. Das Abfangen unter Anwendung anderer „technischen Mitteln", etwa im Wege elektronischer Abstrahlung, ist mit diesen Tatbeständen im Gegensatz zu 18 U.S.C. § 2511 (Abfangen und Offenlegung von Kabel-, mündlicher und elektronischer Kommunikationen), Art. 272 UKRF und § 202b StGB nicht abgedeckt.

An dieser Stelle muss darauf hingewiesen werden, dass für die Bejahung des Abfangens von Daten gemäß § 1030 (a) (1) und § 1030 (a) (2), (A), (B), (C) schon „**die bloße Wahrnehmung der Informationen auch ohne das Herun-**

---

[65] Siehe Kapitel 5 Einzelne Strafanwendungsprinzipien (*Territorialitätsprinzip, USA*), S. 153 ff.
[66] Kommentare zum *CFAA* 1984 vom US Bundesjustizministerium.
[67] Dazu siehe Kapitel 3 Strafanwendungsrecht (*Differenzierung zwischen spezifischen Internet-Diensten*) S. 49.
[68] Kommentare zum *CFAA* 1984 vom US Bundesjustizministerium.

terladen oder Kopieren"[69] ausreichend ist. Hingegen setzt die entsprechende russische Norm das Kopieren als Abfangsmethode voraus (Art. 272 Abs. 1 UKRF).

Nach der amerikanischen Gesetzgebung ist bei einigen Straftatbestandsvarianten des 18 U.S.C. § 1030 entscheidend, ob der Zugang **völlig unberechtigt war** oder bloß **unter Überschreitung einer Berechtigung**. Das Tatbestandserfordernis „ohne Berechtigung oder unter Überschreitung seiner Berechtigung Zugang zu einem Computer erlangt" ist mit den deutschen Tatbestandsmerkmalen „unbefugt" und „nichtöffentliche Datenübertragung" vergleichbar.

Im Hinblick auf 18 U.S.C. § 1030 (also auch bei § 1030 (a) (1) und § 1030 (a) (2)) stützt sich die gerichtliche Praxis hinsichtlich der Frage, ob der Zugang unberechtigt war oder unter Überschreitung erfolgte, auf eine Unterscheidung zwischen "**Insider**" und "**Outsider**". Die Schutzgüter von § 1030 (a) (1) und § 1030 (a) (2) können sowohl von „Insidern" als auch von „Outsidern" beeinträchtigt werden. Grundsätzlich ist der Zugang berechtigt, wenn er im Rahmen von Arbeits- oder Dienstverhältnissen erfolgt und gemäß der entsprechenden Funktion ausgeführt wird (Insider-Konstellation).

Zu schwierigen Fragen kann es kommen, wenn jemand im Rahmen eines Arbeits- oder Dienstverhältnissen (Insider) nicht zu bestimmten Handlungen berechtigt war oder seine Berechtigung überschritten hat. Musterbeispiele für die "Insider/Outsider"- Frage sind die Entscheidungen *United States v. Czubinski*[70] und *United States v. Ivanov*[71].

Im ersten Fall wurde der Angestellte eines Unternehmens für die Überschreitung seiner hinsichtlich Interner Computer bestehenden Zugangsberechtigung verurteilt, weil er die Steuerakten des Unternehmens für Privatzwecke eingesehen hatte. In *United States v. Ivanov* wurde ein russischer Eindringling für schuldig befunden, ohne Berechtigung in die Kundendatenbank eines amerikanischen Unternehmens eingedrungen zu sein.

Die amerikanische Gerichtspraxis ist in diesem Bereich uneinheitlich.[72] Besonderes aktuell wird dies bei § 1030 (a) (1) und § 1030 (a) (2). In der Regel gilt nach der Praxis der Gerichte, dass ihre Berechtigung überschreitende Personen „Insider", ohne Berechtigung Handelnde hingegen „Outsider" sind (vgl. *United States v. Czubinski* und *United States v. Ivanov*). Zum Zugang berechtigte Insider

---

[69] *America Online, Inc. v. National Health Care Discount*, Inc., 121 F.Supp.2d 1255; Kommentare zum *CFAA* 1984 vom US Bundesjustizministerium.
[70] *United States v. Czubinski*, 106 F.3d 1069 (1st Cir. 1997).
[71] *United States v. Ivanov*, 175 F. Supp. 2d 367 (D. Conn. 2001).
[72] Kommentare zum *CFAA* 1984 vom US Bundesjustizministerium.

4.2 Abfangen von Daten

machen sich im Falle des Eintritts eines Schadens nur im Falle eines diesbezüglichen *Vorsatzes* strafbar. Für Outsider gelten strengere Regeln. Denn da sie überhaupt keine Berechtigung zum Zugang zu den geschützten Computern haben, werden sie auch dann bestraft, wenn die schädlichen Konsequenzen in Folge von *Fahrlässigkeit* eintreten.[73]

Außerdem stellen gewisse Konsequenzen der Tat oder Ziele des Täters nach 18 U.S.C. § 1030 (c) (2) (B) strafschärfende Umstände dar. So wird etwa gemäß 18 U.S.C. § 1030 (c) (2) (B) (iii) die Strafe für die Delikte nach § 1030 (a) (2) erhöht, wenn der Wert der erlangten Informationen $5,000 übersteigt.

4.2.4.3 Subjektive Seite der 18 U.S.C. § 2510 ff. und § 1030

Die hier betrachteten amerikanischen Tatbestände: 18 U.S.C. §§ 1030 (a) (1), 1030 (a) (2), (A), (B), (C) und § 2511 setzten ein **vorsätzliches Handeln** („intentionally") voraus. Dies beinhaltet einerseits ein Wissens-Element im Sinne des sicheren Voraussehens der tatbestandlichen Folgen. Zudem ist ein diesbezüglicher Wille des Täters erforderlich. Nicht erfasst ist „irrtümliches, versehentliches oder fahrlässiges"[74] Handeln. Diese tatbestandlichen Anforderungen gelten hinsichtlich solcher Daten von Finanzinstitutionen, staatlichen Behörden der USA und Daten von einem geschützten Computer, die durch einen unberechtigten Zugang abgefangen werden können (§ 1030 (a) (2), (A), (B), (C)). Dementsprechende Anforderungen an den subjektiven Tatbestand gelten genauso für das Abfangen der Inhalte elektronischer Kommunikation durch diverse technische Mittel (gem. § 2511).

Strengere Regeln gelten allerdings für solche die nationale Sicherheit betreffende Daten (§ 1030 (a) (1)). In diesem Fall ist schon das Wissen des Täters („knowingly") für die Bejahung des Tatbestands ausreichend. Inwieweit der Täter die Tatbestandserfüllung gewollt hat, ist irrelevant. Damit ist auch die Konstellation erfasst, in welcher dem Täter eventuelle Folgen seines Handelns gleichgültig sind.

Bis 1986 genügte auch hinsichtlich der Daten von Finanzinstitutionen (§ 1030 (a) (2), (A)) bereits Wissen des Täters („knowingly") für die Bejahung des Tatbestands. Das nunmehr geltende Vorsatzerfordernis („intentionally") in 18 U.S.C. § 1030 (a) (2), (A), (B), (C) und § 2511 ist hauptsächlich mit Beson-

---

[73] Siehe S. Rep. No. 99-432, at 10 (1986), 1986 U.S.C.C.A.N. 2479; see also S. Rep. No. 104-357, at 11 (1996), zugänglich im 1996 WL 492169.

[74] *Brody/Acker/Logan*, Criminal law, 2001, S. 174; S. Rep. No. 99-432, at 5, 1986 U.S.C.C.A.N. at 2483; Kommentare zum *CFAA* 1984 vom US Bundesjustizministerium.

derheiten der Computertechnologien zu begründen. Das Wissens-Element („knowingly") allein war nicht befriedigend, klare Strafbarkeitsgrenzen zu setzen. Denn damit wurden auch Konstellationen erfasst, die nicht Ziel der Kriminalisierung waren, nämlich wenn jemand ungewollt versehentlich auf Daten in einem fremden Rechner stieß. Insbesondere war dies für „Insider" problematisch, die Zugang zu internen Daten in lokalen Netzwerken haben.[75] „Intentionally" wurde eingefügt, um die Strafverfolgung auf jene Fälle zu beschränken, in denen ein eindeutiger Vorsatz hinsichtlich des rechtswidrigen Erlangens entsprechender Daten vorliegt.[76]

4.2.5 Zwischenergebnis

Das Abfangen von Daten im Sinne des deutschen § 202b StGB steht in unterschiedlichem Maße sowohl nach dem russischen als auch nach dem amerikanischen föderalen Recht unter Strafe.

Nach dem deutschen Recht ist vor allem die *Art und Weise* des Abfangens von Daten entscheidend: dies muss „unter Anwendung technischer Mittel" erfolgen oder sich auf „elektromagnetische Abstrahlung" beziehen.

Dagegen wird im russischen Recht der *Tatbestandserfolg* hervorgehoben – nämlich die „Erstellung einer Kopie einer Information" – welche entweder durch den unbefugten Zugang (Art. 272 UKRF) oder die Verwendung schadensträchtiger Computerprogramme (Art. 273 UKRF) eintritt.

In der amerikanischen föderalen Gesetzgebung wird in 18 U.S.C. §§ 2510 ff. das Abfangen der Inhalte von Inhalten Kabel-, mündlicher oder elektronischer Kommunikation unter Strafe gestellt und in 18 U.S.C. § 1030 das Abfangen von Daten föderaler Bedeutung.

---

[75] 1986 U.S.C.C.A.N. at 2483; Kommentare zum *CFAA* 1984 vom US Bundesjustizministerium
[76] 1986 U.S.C.C.A.N. at 2484; *Popp*, JuS 2011, S. 387.

4.3 Datenveränderung

4.3.1 Grunddelikte der Datenveränderung

Das Äquivalent zu § 303a StGB (Datenveränderung) kann im russischen Strafrecht in Art. 272, 273 und 274 UKRF gesehen werden. „Computerdaten" bilden sowohl in § 303a StGB als auch in Art. 272 UKRF das Tatobjekt.[77] In der föderalen US-amerikanischen Gesetzgebung sind vergleichbare Regelungen in 18 U.S.C. § 1030 (a) (5) zu finden.

4.3.1.1 Deutschland

„§ 303a StGB schützt Daten, welche „elektronisch, magnetisch oder sonst nicht unmittelbar wahrnehmbar gespeichert sind oder übermittelt werden" (§ 202a Abs.2 StGB) dagegen, dass sie gelöscht, unterdrückt, unbrauchbar gemacht oder verändert werden (§ 303a Abs.1 StGB).[78]

Zwecks Erfassung schon der Vorbereitung einer Straftat nach § 303a Abs. 1 StGB wird in § 303a Abs. 3 StGB der § 202c (Vorbereiten des Ausspähens und Abfangens von Daten) für entsprechend anwendbar erklärt. Demnach gelten im Hinblick auf das Herstellen oder Zugänglichmachen von der Tatbegehung dienenden Computerprogrammen die Ausführungen zu § 202c Abs. 1 Nr. 2 StGB grundsätzlich auch hier.[79]

In der Literatur wird darauf hingewiesen, dass es bei § 303a Abs. 3 StGB sogar noch schwieriger ist, taugliche Abgrenzungskriterien für Programme mit Missbrauchspotential zu finden: die Anzahl der hierbei in Frage kommenden Programme ist noch viel größer als bei den bereits behandelten §§ 202a / b StGB. Jeder herkömmliche Dateimanager lässt sich letztlich für eine rechtswidrige Datenveränderung zweckentfremden.[80]

---

[77] Siehe auch: *Paramonova*, Concept and systematization of the criminal offense in Russia, 2011 S. 86 – 97.
[78] *Popp*, § 303a, In: *Klaus Leipold / Michael Tsambikakis / Mark A. Zöller*, StGB, 2011; *Popp*, JuS 2011, S. 388.
[79] Siehe Kapitel 4 Die Systematik der Delikte im Überblick (*Vorbereitungshandlungen, Deutschland*), S. 113.
[80] *Schultz*, Der Entwurf des StrafÄndG, MIR 2006, Rn. 36.

4.3.1.2 Russland

Nach dem russischen Strafrecht werden Computerdaten durch alle drei Delikte des 28. **Kapitels UKRF** (Straftaten im Bereich der Computerinformation), wenn auch in unterschiedlichen Umfang, geschützt.[81] Unmittelbares Schutzobjekt bilden Computerdaten nur bei **Art. 272 UKRF**. Davon erfasst werden „gesetzlich geschützte Computerdaten, die auf einem maschinellen Träger, in einer elektronischen Datenverarbeitungsanlage (EDVA), in einem EDVA-System oder einem EDVA-Netzwerk" gespeichert sind.

Gemäß Art. 272 Abs. 1 UKRF müssen die Daten nicht „besonderes gesichert" sein (wie dies etwa nach § 202a Abs. 1 StGB erforderlich ist). Hauptkriterium ist demnach, dass die Daten gesetzlich geschützt sind: beispielsweise durch das Verfassungsrecht, durch das etwa Betriebsgeheimnisdaten oder private Informationen geschützt sind, oder durch das UKRF, das die unberechtigte Erlangung und Offenlegung von Geschäfts-, Steuer- oder Bankgeheimnis (Art. 183 UKRF) und die Offenlegung von Staatsgeheimnissen (Art. 283 UKRF) für strafbar erklärt.[82]

Gemäß Art. 272 UKRF ist für die Datenveränderung eine Verwendung technischer Mittel, z.B. von Virusprogrammen, keine Tatbestandsvoraussetzung. Allerdings ist das Benutzen von derartigen schädlichen Computerprogrammen, deren Verwendung speziell durch Art. 273 UKRF erfasst wird, für die Tatbegehung auch nicht ausgeschlossen. Somit ist in beiden Delikten der Charakter der Daten das entscheidende Kriterium.

Bei den Art. 273, 274 UKRF kommt es im Gegensatz zu den Regelungen des ausschließlich Computerdaten schützenden Art. 272 UKRF (und auch im Gegensatz zu § 303a StGB) gerade darauf an, auf welche Weise die Datenveränderung erfolgt.

Mit **Art. 273 UKRF** verfolgte der Gesetzgeber vor allem das Ziel, die Erstellung, Verwendung und Verbreitung schadenträchtiger EDV-Programme zu sanktionieren. Entsprechendes Handeln ist unter der Voraussetzung strafbar, dass das Programm unter anderem „offenkundig zu einer nicht berechtigten Vernichtung, Blockierung oder Modifizierung einer Information" führen kann. Damit stellt der Gesetzgeber bereits die Herstellung des Mittels der Datenbeeinträchtigung (d.h. des schadenträchtigen EDV-Programms) unter Strafe.

Eine ähnliche Struktur weist auch **Art. 274 UKRF** auf. Nach diesem Tatbestand ist der Verstoß gegen Vorschriften über den Betrieb einer EDVA, eines

---

[81] Siehe auch: Siehe auch: *Paramonova*, Objective aspects of the offense in Russia, 2011 S. 239–254.
[82] *Razumov*, Kommentarii k UKRF.

4.3 Datenveränderung

EDVA-Systems oder EDV-Netzwerks strafbar, wenn es dabei zur „Vernichtung, Blockierung oder Modifizierung einer gesetzlich geschützten EDVA-Information" gekommen ist und „diese Tat einen erheblichen Schaden herbeigeführt hat".

Im Umkehrschluss bedeutet dies, dass der alleinige Verstoß gegen entsprechende Vorschriften ohne die Herbeiführung schädlicher Konsequenzen für Daten oder anderer in der Vorschrift genannten Folgen nicht strafbar ist.

Die *subjektive Seite* der ansonsten vergleichbaren Delikte ist in den deutschen und russischen Rechtsordnungen unterschiedlich. Nach dem deutschen Strafrecht ist, wie oben schon erwähnt wurde, nach § 303a i.V.m. § 15 StGB nur vorsätzliches Handeln strafbar, wohingegen die vergleichbaren Tatbestände des russischen Strafrechts (Art. 273 Abs. 2, 274 Abs. 2 UKRF) auch fahrlässiges Handeln einschließen.

4.3.1.3 USA

Den deutschen und russischen Datenveränderungsnormen entspricht im US-amerikanischen Recht 18 U.S.C. § 1030 (a) (5).

Nach **18 U.S.C.** **§ 1030 (a) (5) (A)** ist strafbar, wer "wissentlich die Übermittlung eines Programms, einer Information, eines Codes oder eines Befehls bewirkt und als Folge dieses Verhaltens vorsätzlich einen geschützten Computer unbefugt schädigt".

Nach **18 U.S.C.** **§ 1030 (a) (5) (B)** ist zudem strafbar, wer vorsätzlich unbefugt Zugang zu einem geschützten Computer erlangt und als Folge dieses Verhaltens grob fahrlässig einen Schaden herbeiführt.

Nach **18 U.S.C.** **§ 1030 (a) (5) (C)** ist strafbar, wer vorsätzlich unbefugt Zugang zu einem geschützten Computer erlangt, und als Folge dieses Verhaltens einen Schaden und Verlust herbeiführt. Die Norm differenziert also zwischen fahrlässiger (§ 1030 (a)(5)(B) und (C)) und vorsätzlicher (§ 1030 (a)(5) (A)) Verursachung des Schadens.

Erwähnenswert ist hier die mit dem Patriot Act im Jahre 2001 eingefügte Änderung von 18 U.S.C. § 1030 (a) (5) (A) und (e)(8).[83] Nach der alten Fassung des 18 U.S.C. § 1030 (a) (5) (A) waren im Hinblick auf den verursachten Schaden eine Mindestgrenze in Höhe von 5000 US-Dollar oder anderweitige bestimmte Tatfolgen, etwa die Gesundheitsschädigung einer Person, vorausgesetzt.

Mit den durch den Patriot Act 2001 (Abschnitt 814) eingeführten Änderungen ist ein Schaden i.S.d. § 1030 (a) (5) nunmehr gemäß 18 U.S.C. § 1030 (e) (8)

---

[83] Kommentare zum *CFAA* 1984 vom US Bundesjustizministerium.

als „jede Beeinträchtigung der Integrität und Verfügbarkeit von Computerdaten, eines Programms, eines Systems oder einer Information" zu verstehen. Darunter fallen beispielsweise Handlungen des Täters, die Computerdaten für den Berechtigten unzugänglich machen[84] oder entsprechende Daten löschen oder verändern.[85] Von dieser Norm werden auch Konstellationen umfasst, bei denen aufgrund des Eingriffs Informationen auf einer bestimmten Website für Internetuser nicht mehr zugänglich sind oder unberechtigterweise hinzugefügt werden.[86]

Die Regelung umfasst die oben erläuterten Fälle der Datenveränderung i.S.d. § 303a StGB (Löschen, Unterdrücken, Unbrauchbarmachen oder Veränderung der Daten), sowie die Konstellationen von Art. 272-274 UKRF (Vernichtung, Blockierung, Modifizierung einer Information).

Bei der *subjektiven* Tatseite genügt für § 1030 (a) (5) (A) Vorsatz mit Blick auf die Beeinträchtigung der Integrität und Verfügbarkeit von Daten, ohne dass er sich auf eine bestimmte Schadenshöhe oder Schadensart beziehen muss.

4.3.2 *Qualifizierte Datenveränderung*

4.3.2.1 Deutschland/Russland

§ 303b Abs. 1 Nr. 1 (Computersabotage) stellt die Veränderung von Daten unter Strafe, wenn sie eine Datenverarbeitung, die für einen anderen **„von wesentlicher Bedeutung"** ist, **„erheblich stört".**[87] Dem vergleichbar sind im russischen Recht Art. 272 Abs. 1 i.V. mit Art. 63 UKRF, Art. 273 Abs. 1 i.V. mit Art. 63 UKRF, Art. 273 Abs. 2 UKRF und Art. 274 Abs. 1 und Abs. 2 UKRF. In der US-amerikanischen föderalen Gesetzgebung entspricht dem 18 U.S.C. § 1030 (a) (5) i.V.m. § 1030 (c) (4).

Da **§ 303b Abs. 1 StGB** an einen weiten Begriff der "Datenverarbeitung" anknüpft, ist damit jede Form des Umgangs mit elektronisch gespeicherten Daten (d.h. von ihrer Erhebung bis zu ihrer Verwendung) erfasst.[88] Als Begehungsformen der Tat kommen sowohl Datenveränderungen i.S.v. § 303a Abs. 1 StGB als auch die Beeinträchtigung von EDV-Anlagen in Betracht (§ 303b Abs. 1 Nr. 1 bzw. Nr. 2 u. Nr. 3 StGB).

---

[84] *YourNetDating v. Mitchell*, 88 F.Supp.2d 870, 871 (N.D. Ill. 2000).
[85] Kommentare zum *CFAA* 1984 vom US Bundesjustizministerium.
[86] Kommentare zum *CFAA* 1984 vom US Bundesjustizministerium.
[87] Siehe dazu: *Popp*, § 303b, In: *Klaus Leipold / Michael Tsambikakis / Mark A. Zöller*, StGB, 2011; *Popp*, JuS 2011, S. 388.
[88] *Fischer*, StGB, § 303b, Rn. 4; *Lackner/Kühl*, § 303b, Rn. 2.

4.3 Datenveränderung

Mit dem neuen Merkmal "erheblichen Störung" in § 303b Abs. 1 StGB soll klargestellt werden, dass nur Handlungen erfasst werden, die eine gewisse Erheblichkeitsschwelle überschreiten.[89] In Deutschland wird dabei eine Konkretisierung dieses Begriffs gefordert. In Anbetracht der Tatsache, dass § 303b Abs. StGB allgemein jedermann schützt, erschiene es verfehlt, „einen pauschalen Maßstab hinsichtlich der Erheblichkeit der Störung anzulegen".[90] So kann bereits ein kurzer Datenverarbeitungsausfall für einen Heimarbeiter Umsatzeinbußen bedeuten, wohingegen ein anderer von dem Ausfall möglicherweise überhaupt nichts bemerken wird.[91] Deswegen ist der Maßstab für kleine Betriebe und große Unternehmen völlig unterschiedlich.

Wie oben schon erläutert wurde, stellen Art. 272, 273, 274 UKRF eine Datenveränderung im unterschiedlichen Umfang unter Strafe.[92]

Grundsätzlich wird die Computerdatenveränderung von **Art. 272 UKRF** erfasst, wenn „*der unberechtigte Zugang* zu gesetzlich geschützten Computerdaten die Vernichtung, Blockierung, Modifizierung oder die Erstellung einer Kopie einer gesetzlich geschützten EDVA-Information (Datenveränderung) nach sich gezogen hat".

Art. 273 UKRF kommt in Frage, wenn die Datenveränderung (Vernichtung, Blockierung, Modifizierung oder die Erstellung einer Kopie einer gesetzlich geschützten EDVA-Information) durch *Verwendung schadenträchtiger EDVA-Programme* erfolgt.

Art. 274 UKRF ist im Bezug auf die Computerdatenveränderung dann anzuwenden, wenn die Vernichtung, Blockierung, Modifizierung oder die Erstellung einer Kopie einer gesetzlich geschützten EDVA-Information mittels des *Verstoßes gegen Vorschriften über den Betrieb von EDVA* erfolgt. Jedoch nur dann, wenn solche Datenveränderung *einen erheblichen Schaden herbeigeführt hat*. Die letzte Voraussetzung ist schon im Grunddelikt von Art. 274 UKRF als Tatbestandsmerkmal vorgesehen (**Art. 274 Abs. 1 UKRF**).

Im Gegensatz enthalten Grunddelikte von **Art. 272 Abs. 1** und **273 Abs. 1 UKRF** für den Fall von durch Datenveränderung herbeigeführten schweren Folgen oder erheblichen Schaden keine Qualifikation. Es kommt dann aber eine Strafschärfung nach den allgemeinen Regeln der Strafzumessung gemäß **Art. 63**

---

[89] RegE vom 20.09.2006, S. 15, P. 1.
[90] *Schultz*, Der Entwurf des StrafÄndG, MIR 2006, Rn. 42.
[91] *Schultz*, Der Entwurf des StrafÄndG, MIR 2006, Rn. 42.
[92] Siehe Text der Rechtsnormen im *Anhang, Tabelle 6 (Qualifizierte Formen der Datenveränderung)*, S. 307 ff.

Abs. 1 Var. b UKRF („Eintritt schwerer Folgen aufgrund der Begehung der Straftat" als *strafschärfender Umstand*) in Betracht.

Das Tatbestandsmerkmal von **Art. 274 Abs. 1 UKRF** (erheblicher Schaden) entspricht jedoch schon dem strafschärfenden Umstand gemäß Art. 63 Abs. 1 Var. b UKRF „die durch die Straftat bewirkten schweren Folgen" (darunter fällt ‚erheblicher Schaden'). Derselbe Umstand kann aufgrund des Doppelverwertungsverbots nicht zweimal bei der Qualifizierung berücksichtigt werden: Die Liste der in Art. 63 UKRF genannten erschwerenden Umstände, welche vom Gericht bei der Verhängung der Strafe berücksichtigt werden können, ist abschließend. Ist ein erschwerender Umstand schon als Tatbestandsmerkmal festgelegt (wie im Art. 274 Abs. 1 UKRF), so kann gemäß Art. 63 Abs. 2 UKRF derselbe Umstand durch das Gericht nicht noch einmal berücksichtigt werden. Bei den **Art. 272 Abs. 1 und 273 Abs. 1 UKRF** kann dieser erschwerende Umstand (Art. 63 Abs. 1 Var. b UKRF) doch berücksichtigt werden.

Daher ist es möglich erhebliche Schädigung – je nach der Weise des Verursachens – durch unterschiedliche Qualifizierungswege zu beachten: **Art. 272 Abs. 1 UKRF i.V.m. Art. 63 Abs. 1 Var. b UKRF** (*unberechtigter Zugang mit erheblicher Schädigung*), **Art. 273 Abs. 1 UKRF i.V.m. Art. 63 Abs. 1 Var. b UKRF** (*Verwendung schadenträchtiger EDVA-Programme mit erheblicher Schädigung*), **Art. 274 Abs. 1 UKRF** (*Verstoß gegen Vorschriften über den Betrieb von EDVA*). Art. 274 Abs. 1 UKRF enthält schon ‚erhebliche Schädigung' als Tatbestandsmerkmal.

Art. 272 Abs. 2 UKRF kommt im Fall des erheblichen Schadens i.V.m. **Art. 63 Abs. 1 Var. b UKRF** in Frage. Art. 272 Abs. 2 UKRF bezieht sich auf die qualifizierte Konstellation des unberechtigten Zugangs zu Computerdaten und zwar, wenn diese Computerdaten „*von einer Personengruppe nach vorheriger Verabredung, von einer organisierten Gruppe oder von einer Person unter Ausnutzung ihrer Dienststellung*" beschädigt wurden. Kommt es im Fall des Art. 272 Abs. 2 UKRF zur erheblichen Schaden, dann ist Art. 272 Abs. 2 UKRF i.V.m. Art. 63 Abs. 1 Var. b UKRF anzuwenden.

Das Doppelverwertungsverbot (Art. 63 Abs. 2 UKRF) ist hier berücksichtigt: Art. 63 Abs. 1 Var. b UKRF sieht einen anderen strafschärfenden Umstand („schwere Folgen", darunter fällt erheblicher Schaden) als Art. 272 Abs. 2 UKRF vor. Daher kann der Umstand von Art. 63 Abs. 1 Var. b UKRF bei der Qualifizierung berücksichtigt werden.

Art. 273 Abs. 2 UKRF ist dagegen im Fall eines erheblichen Schadens selbstständig anzuwenden. Jedoch muss – nach der Formulierung des Art. 273

Abs. 2 UKRF – der von der Verwendung schadenträchtiger EDVA-Programme verursachte erheblicher Schaden „*infolge von Fahrlässigkeit*" bewirkt werden. Der vorsätzlich bewirkte Schaden ist damit nicht erfasst. Die Berücksichtigung des strafschärfenden Umstands ‚erheblicher Schaden' (Art. 63 Abs. 1 Var. b UKRF) ist hier wegen des Doppelverwertungsverbots (Art. 63 Abs. 2 UKRF) ausgeschlossen:

Die gleiche Qualifikation gilt für **Art. 274 Abs. 2 UKRF**: Der durch den Verstoß gegen Vorschriften über den Betrieb von EDVA bewirkte erheblicher Schaden muss *fahrlässig verursacht werden.*

Folglich sind die Absätze 2 der Art. 272-274 UKRF (also die qualifizierten Fälle jeweiliger Artikel) beim Eintritt des erheblichen Schadens auf folgende Weise anzuwenden: **Art. 272 Abs. 2 UKRF i.V.m. Art. 63 Abs. 1 Var. b UKRF** (*unberechtigter Zugang mit verursachtem erheblichem Schaden*, die z.B. von einer Personengruppe), **Art. 273 Abs. 2 UKRF** (*Verwendung schadenträchtiger EDVA-Programme mit fahrlässig verursachtem erheblichem Schaden*), **Art. 274 Abs. 2 UKRF** (*Verstoß gegen Vorschriften über den Betrieb von EDVA mit fahrlässig verursachtem erheblichem Schaden*).

4.3.2.2 USA

In den USA entspricht **18 U.S.C. § 1030 (a) (5)** den deutschen und russischen Datenveränderungsnormen. **18 U.S.C. § 1030 (c) (4)(A)(B)** enthält Qualifizierungen zu § 1030 (a) (5).

Um von § 1030 (c) (4)(A) oder (B) erfasst zu sein, muss der durch die Übermittlung eines Programms, eines Codes oder eines Befehls, oder der durch den unbefugten Zugang zu einem Computer verursachte Schaden von einer gewissen Erheblichkeit sein. Dies ist etwa der Fall, wenn der Schaden den Wert von 5000 US-Dollar überschreitet, die medizinische Versorgung eines Menschen beeinträchtigt, ein Mensch an seiner Gesundheit geschädigt oder die öffentliche Gesundheit oder Sicherheit bedroht wird (§ 1030 (c)(4)(A)(i)(I-IV)). Dies entspricht dem deutschen Tatbestandsmerkmal "erhebliche Störung" bei der Datenveränderung.

Für die *subjektive Seite* ist ausreichend, dass der Täter die Straftat wissentlich begeht, auch wenn er den Schaden nicht herbeiführen will.

Mithin enthalten alle drei Rechtsordnungen qualifizierte Fälle der Computerdatenveränderung, wobei auf unterschiedliche Qualifizierungsmerkmale abgestellt wird, etwa auf die wesentliche Bedeutung der Daten oder das Ausmaß des Schadens.

4.3.3 Beweiserhebliche Daten

Unter besonderem Schutz stehen nach deutschem Strafrecht beweiserhebliche Daten, und zwar auch dann, wenn sie die Eigenschaften von § 202a Abs. 2 StGB besitzen. Es handelt sich um Daten, über die der Täter „nicht oder nicht ausschließlich verfügen darf und die er in der Absicht, einem anderen Nachteil zuzufügen, löscht, unterdrückt, unbrauchbar macht oder verändert" (§ 274 Abs. 1 Var. 2 StGB).

Dem entsprechen die „Datenveränderungsparagraphen" im russischen Strafrecht, soweit vergleichbare Tatumstände über Art. 63 UKRF als strafschärfende Umstände berücksichtigt werden. Im amerikanischen Recht dürften entsprechende Konstellationen vielfach durch 18 U.S.C. § 1030 (a) (5) i.V.m. (c)(4)(A)(i)(I) (Herbeiführen eines Schadens von mindestens 5000 US-Dollar) erfasst werden.

4.3.4 Zwischenergebnis

Der entscheidende Unterschied in der strafrechtlichen Regulierung im Bereich der Computerdatenveränderung liegt darin, dass nach dem russischen Strafrecht die Veränderung der Computerdaten nur mittelbar als besondere Folgen der Art. 273, 274 UKRF erfasst werden, die eine Strafanwendung rechtfertigen.

Eine solche gesetzgeberische Methodik ist auch für das amerikanische Strafrecht charakteristisch, nach dem „Schaden" gemäß 18 U.S.C. § 1030 (e) (8) als „jede Beeinträchtigung der Integrität und Verfügbarkeit von Computerdaten, eines Programms, eines Systems oder einer Information" für mehrere Paragraphen, wie etwa 18 U.S.C. § 1030 (a) (5) (A), (B), (C), Grundlage einer Qualifizierung ist.

Dagegen wird der Datenveränderung in Deutschland eine gesonderte Norm (§ 303a StGB) gewidmet.

4.4 Schutz von Datenverarbeitungen (Computersabotage)

4.4.1 Deutschland/Russland

§ 303b StGB stellt Computersabotage unter Strafe. Entsprechende Regelungen finden sich neben den bereits angesprochenen Datenveränderungdelikten für das russische Recht in **Art. 272 i.V.m. Art. 63, Art. 273 i.V.m. Art. 63, Art. 274** i.V.m. Art. 63 und Art. 274 Abs. 1 UKRF.[93] In der amerikanischen Gesetzgebung entspricht dies 18 U.S.C. § 1030 (c) (4) als Qualifizierung zu 18 U.S.C. § 1030 (a) (5).

Die am 11.08.2007[94] geänderte Regelung des § 303b StGB dient der Umsetzung des Art. 5 der Cybercrime-Konvention (Eingriff in ein System). Gemäß dieses Artikels verpflichten sich die Vertragsparteien zu den „erforderlichen gesetzgeberischen und anderen Maßnahmen, um die unbefugte schwere Behinderung des Betriebs eines Computersystems durch Eingeben, Übermitteln, Beschädigen, Löschen, Beeinträchtigen, Verändern oder Unterdrücken von Computerdaten, wenn vorsätzlich begangen, nach ihrem innerstaatlichen Recht als Straftat zu umschreiben".

Im Gegensatz zu Art. 6 erlaubt die Cybercrime-Konvention den Vertragsparteien gegen Art. 5 keine Vorbehalte und Einschränkungen seines Inhalts auf nationaler Ebene. Die Vorschrift wurde somit vollumfänglich ins deutsche Recht umgesetzt. Der Schutzbereich des § 303b StGB ist dadurch ausgeweitet worden.

§ 303b I Nr. 1 StGB pönalisiert die Störung einer Datenverarbeitung im Wege einer Datenveränderung i. S. d. § 303a StGB. § 303b I Nr. 2 StGB erweitert den Tatbestand des Absatz 1 um die Begehungsformen der Dateneingabe und Datenübermittlung. § 303b I Nr. 3 StGB sanktioniert Angriffe auf die Hardware.[95] Während § 303b I Nr. 1 StGB einen Qualifikationstatbestand zu § 303a StGB darstellt, enthält § 303b I Nr. 3, II, IV StGB nunmehr selbstständige sachbeschädigungsähnliche Tatbestände.[96]

Mit der Änderung kommt der Schutz des § 303b Abs. 1 StGB n.F. auch **Privatpersonen** zugute. Früher wurden durch § 303b Abs. 1 StGB a.F. nur Interessen der betroffenen Betriebe, Unternehmen und Behörden geschützt. Jetzt gilt Absatz 1 dieses Paragraphen grundsätzlich für jedermann, allerdings ist die Qualifikation der Tat nach § 303b Abs. 2 StGB n.F. (Abs. 1 a.F.) nur für **fremde Betriebe, fremde Unternehmen und Behörden** einschlägig.[97]

§ 303b Abs. 1 StGB enthält zudem die Tatbestandsmerkmale einer **"erheblichen Störung"** der Datenverarbeitung, die für einen anderen „von wesentlicher Bedeutung" ist.

---

[93] Siehe auch: *Paramonova*, Concept and systematization of the criminal offense in Russia, 2011 S. 86 – 97.
[94] BGBl. I S. 1786.
[95] *Vetter*, Gesetzeslücken bei der Internetkriminalität, 2002, S. 43 ff.
[96] *Schönke/Schröder/Eser*, StGB, 2010, § 303b, Rn. 11.
[97] *Schultz*, Der Entwurf des StrafÄndG, MIR 2006, Rn. 37.

Das Tatbestandsmerkmal "**von wesentlicher Bedeutung**" war auch in der alten Fassung des § 303b Abs. 1 StGB enthalten. Bislang gilt, dass der Betrieb, das Unternehmen oder die Behörde aufgrund seiner/ihrer Organisation ganz oder überwiegend von einer ungestörten Datenverarbeitung abhängig sein muss. Bei Privatpersonen soll darauf abzustellen sein, „ob die Datenverarbeitungsanlage für die Lebensgestaltung der Privatperson eine zentrale Funktion einnimmt"; z.B. im Falle der Nutzung des Computers als Arbeitsmittel bei der Heimarbeit. Kurze DoS-Attacken[98] werden in der Gesetzesbegründung ausdrücklich von der Strafbarkeit ausgenommen ("...nicht aber jeglicher Kommunikationsvorgang im privaten Bereich oder etwa Computerspiele.").[99]

In der Regel ist für die Strafbarkeit entscheidend, dass überhaupt in den Computer eingegriffen wird. Angesichts der Umstände, dass schon das bloße Verschaffen von der Tatbegehung dienender Instrumente nach § 303b Abs. 5 i.V.m. § 202c Abs. 1 Nr. 2 StGB n.F. (mithin eine Vorbereitung der Vorbereitung) strafbar ist, erscheint die deutsche Regelung äußerst problematisch. Bei einer solchen Vorfeldkriminalität verflüchtigt sich das zu schützende Rechtsgut.[100]

§ 303b StGB verwendet den weiten **Begriff „Datenverarbeitung"**, der nicht nur Computerdatenveränderungen, sondern auch Funktionsstörungen einer EDV-Anlage einschließt.

Gemäß § 303b Abs. 1 Nr. 3 StGB macht sich strafbar, „wer eine Datenverarbeitung, die für einen anderen von wesentlicher Bedeutung ist, dadurch erheblich stört, dass er eine Datenverarbeitungsanlage oder einen Datenträger zerstört, beschädigt, unbrauchbar macht, beseitigt oder verändert".

§ 303b Abs. 1 Nr. 3 StGB entspricht im Falle der Annahme strafschärfender Tatumstände i.S.d. **Art. 63 UKRF** dem Art. 272 UKRF. Denn Art. 272 stellt unter anderem die Herbeiführung der Funktionsstörung von EDV-Anlagen unter Strafe, allerdings nur in der Begehungsform des unberechtigten Zugangs zu Computerdaten.

§ 303b Abs. 1 Nr. 3 StGB entspricht **Art. 273 UKRF i.V. mit Art. 63 UKRF**, da letzterer auch die Störung einer Datenverarbeitung (durch das Erstellen, Verwenden oder Verbreiten schadensträchtiger EDV-Programme) bestraft, wenn die Funktion einer EDVA, eines EDV-Systems oder EDV-Netzwerks

---

[98] Als Denial of Service (*DoS*), Dienstverweigerung bezeichnet man einen Angriff auf einen Host (Server) oder sonstigen Rechner in einem Datennetz mit dem Ziel, einen oder mehrere seiner Dienste arbeitsunfähig zu machen. In der Regel geschieht dies durch Überlastung.
[99] RegE vom 20.09.2006, S. 15, P. 1.
[100] *Schultz*, Der Entwurf des StrafÄndG, MIR 2006, Rn. 41.

durch Vernichtung, Beschädigung, Veränderung von Daten beeinträchtigt wird.[101]

Art. 274 UKRF (Verstoß gegen Vorschriften über den Betrieb von EDVA) kann sowohl **i.V. mit Art. 63 UKRF** als auch teilweise selbstständig (Art. 274 Abs. 1) als Äquivalent des § 303 b StGB dienen. Denn **Art. 274 Abs. 1 UKRF** enthält schon einen „erheblichen Schaden" als Tatbestandsmerkmal.

Qualifizierende Umstände wie bei § 303b StGB (gemäß Abs. 2 u. 4 StGB und die Merkmale „von wesentlicher Bedeutung" und „erhebliche Störung" des § 303b Abs. 1 StGB) können gegebenenfalls auch bei der Begehung von Straftaten nach Art. 272, 273 UKRF vorliegen und werden dann durch Art. 63 UKRF als strafschärfende Tatumstände erfasst. Als solche kommen insbesondere „die durch die Straftat bewirkten schwere Folgen" (gemäß Art. 63 Abs. 1 Var. b UKRF), möglicherweise aber auch noch andere Umstände in Betracht. Ob die Störung sich auf eine Datenverarbeitung bezieht, die für eine natürliche Person, ein Unternehmen oder eine Behörde „von wesentlicher Bedeutung" ist, bleibt im Rahmen dieser Delikte nach dem russischen Strafrecht grundsätzlich unbeachtlich.

Daher könnten die qualifizierten Fälle der Computersabotage nach deutschem Recht (**§ 303b Abs. 2, 4 StGB**) nach dem russischen Strafrecht unter Art. 272 i.V.m. Art. 63, Art. 273 i.V.m. Art. 63, Art. 274 UKRF i.V. mit Art. 63 UKRF und Art. 274 Abs. 1 UKRF subsumiert werden.

4.4.2 USA

Die amerikanischen Normen **18 U.S.C. § 1030 (a)(5) (A) (B) (C)** erfassen das Verursachen solcher Schäden, die durch die unberechtigte Übermittlung eines Programms, einer Information, eines Codes oder eines Befehls an einen geschützten Computer, oder durch den unberechtigten Zugang zu einem geschützten Computer herbeigeführt werden. Damit wird außer einer Datenveränderung auch die Störung einer EDVA, eines EDVA-Systems oder EDVA-Netzwerks erfasst.

§ 1030 (a) (5) (A) (B) (C) stellen Erfolgsdelikte dar. Gemäß der Definition in § 1030 (e) (8) fällt unter den Begriff „Schaden" i.S.d. § 1030 (5) unter anderem „jede Beeinträchtigung der Integrität und Verfügbarkeit" eines **Programms oder eines Computersystem**s.

---

[101] *Razumov*, Kommentarii k UKRF.

Nach der Praxis der amerikanischen Gerichte sind unter § 1030 (a) (5) (A) u. (B) folgende Konstellationen subsumierbar:

In *United States v. Middleton*[102] stellte der Täter die Sicherheitssoftware der Computer des Opfers so ein, dass die Berechtigten sich nicht in ihre Rechner einloggen konnten.

In *YourNetDating v. Mitchell*[103] installierte der Täter ein Programm auf dem Webserver des Opfers derart, dass zum Zugang berechtigte User automatisch zu einer Pornowebsite weitergeleitet wurden.

Das Gericht sah darin die Verursachung eines Schadens i.S.d. 18 U.S.C. § 1030 (a)(5). Darüber hinaus fallen auch DoS-Attacken unter **§ 1030 (a) (5) (A)**, soweit sie die Funktion eines Rechners zum Erliegen bringen, wenn beispielsweise eine Website durch Überlastung zeitweilig nicht mehr abrufbar ist. Solche Angriffe können bei Unternehmen zu erheblichen Schäden führen.[104]

§ 1030 (a) (5) (A) erfasst das Verbreiten von Schadprogrammen verschiedenster Arten, etwa Trojanern oder Würmer. Gemäß § 1030 (a) (5) (A) ist dabei nicht notwendig, dass ein Zugang zu den infizierten Computern erfolgte, die Übermittlung entsprechender Programme reicht aus. Beispielsweise breiten sich die meisten Trojaner und Computerwürmer durch Selbstkopieren aus, ohne dass der Täter in die betroffenen Computersysteme einzudringen braucht. Hingegen ist der unberechtigte Zugang bei § 1030 (a) (5) (A) und (B) eine Tatbestandsvoraussetzung.[105]

Im Hinblick auf § 1030 (a) (5) (B) und (C) wird die Unterscheidung zwischen dem Zugang zum Computer „ohne Berechtigung" und „unter Überschreitung der Berechtigung" aktuell.

Gemäß § 1030 (5) (B) (C) sind nur jene Konstellationen strafbar, bei denen der Zugang „ohne Berechtigung" erfolgt. Anders als bei (a)(5)(A) ist bei ihnen allerdings nicht erforderlich, dass der Täter einen Schaden herbeiführen wollte. Nach 18 U.S.C. § 1030 (a) (5) (A) ist die wissentliche Übermittlung eines Programms, einer Information, eines Codes oder eines Befehls strafbar, wenn dieses Verhalten einen geschützten Computer *vorsätzlich* schädigt. Nach 18 U.S.C. 31030 (a) (5) (B) und (C) ist der Täter hingegen auch bei *fahrlässig* bewirkten Schäden strafbar, wenn er diesen durch unberechtigten Zugang zu einem geschützten Computer bewirkt.

---

[102] *United States v. Middleton*, 231 F.3d 1207, 1212 n.2 (9. Cir. 2000).
[103] *YourNetDating v. Mitchell*, 88 F.Supp.2d 870, 871 (N.D. Ill. 2000).
[104] Siehe Fall mit der DoS-Attacke auf www.washingtonpost.com: Kommentare zum *CFAA* 1984 vom US Bundesjustizministerium
[105] Kommentare zum *CFAA* 1984 vom US Bundesjustizministerium.

4.4 Schutz von Datenverarbeitungen (Computersabotage)

Wie schon oben erläutert, ist der Zugang grundsätzlich dann berechtigt, wenn die Handlung im Rahmen eines Arbeits- oder Dienstverhältnisses und gemäß der entsprechenden innerbetrieblichen Funktion des Handelnden ausgeführt wird (*Insider-Konstellation*). Problematisch kann allerdings die Beantwortung der Frage sein, ob ein Insider seine Berechtigung im konkreten Fall überschritten hat.

Zudem gilt der Grundsatz, dass nur Insider „unter Überschreitung der Berechtigung" handeln können und nur Outsider „ohne Berechtigung zum Zugang" sind, nicht ausnahmslos. Wie die amerikanische Gerichtspraxis zeigt, ist "*Berechtigung*" eben doch ein beweglicher Begriff. Selbst wenn eine solche grundsätzlich vorhanden war, kann sie später widerrufen worden sein und im Fall *United States v. Morris*[106] wurde beispielsweise ein Insider so behandelt, als ob er keine Berechtigung zum Computerzugang gehabt hätte (also als Outsider), da er "die Grenzen seiner Berechtigung *offensichtlich* überschritten" hatte[107]. Morris hatte ein Internetprogramm, einen sog. "Wurm", erstellt und fahrlässig verbreitet, und dadurch eine Schädigung eines "geschützten Computers" i.S.d. § 1030 (e) (2) verursacht. Für die Verbreitung des Wurms hatte er "sendmail"- und "finger demon"-Programme (Programme zur Suche nach bestimmten Informationen über Computernutzer innerhalb eines Networks) verändert, zu deren Benutzung er innerhalb des durch den Wurm betroffenen Netzwerks berechtigt war.

Das Gericht beurteilte trotz der grundsätzlich berechtigten Verwendung der Hilfsprogramme sein Handeln als "unberechtigt", da er zwar zur Verwendung entsprechend ihres ursprünglichen Zwecks, nicht aber zu der durch die Manipulation der Programme ermöglichten Weise berechtigt gewesen sei. Zudem führe der CFAA nicht dazu, dass eine hinsichtlich eines Computers zugangsberechtigte Person automatisch auch zugangsberechtigt hinsichtlich anderer "geschützter" Computer desselben Netzwerks sei.[108] Da der Täter folglich als "Unberechtigter" angesehen wurde, war er gemäß *18 U.S.C. § 1030 (a) (5) (B) (C)* nicht nur für vorsätzlich, sondern auch für fahrlässig herbeigeführte Schäden verantwortlich.

Beim Vergleich der Normen, die die Störung von EDV-Anlagen unter Strafe stellen fällt auf, dass vom deutschen (§§ 303a/b i.V.m. § 202c StGB) und russischen Strafrecht (Art. 273 UKRF) sowohl die Erstellung als auch die Verbrei-

---

[106] *United States v. Morris*, 928 F.2d 504 (2d Cir. 1991); *America Online, Inc. v. LCGM, Inc.*, 46 F.Supp.2d 444, 451 (E.D. Va. 1998).
[107] *United States v. Morris*, 928 F.2d 504 (2d Cir. 1991).
[108] *United States v. Morris*, 928 F.2d 511 (2d Cir. 1991).

tung der Schadprogramme erfasst werden, wohingegen nach dem amerikanischen Recht (nach § 1030 (a) (5) (A) nur die Verwendung solcher Programme strafbar ist, und auch nur dann, wenn dabei ein Schaden vom Täter gewollt ist. Zu beachten ist jedoch, dass gemäß § 1030 (b) bereits die Verabredung zur Begehung einer Tat nach § 1030 (a) strafbar ist, wobei hierbei das Herstellen oder Verschaffen von Schadprogrammen oftmals ein Indiz sein dürfte.

4.4.3 Zwischenergebnis

Computersabotage ist im Wege unterschiedlicher Regelungstechniken nach drei Rechtsordnungen kriminalisiert.

In Deutschland ist sie durch eine spezielle Norm unter Strafe gestellt (§ 303b StGB), wohingegen das russische und amerikanische Recht dieses Verhalten als Tatbestandsqualifikation zu Grunddelikten unter Strafe stellen. So ist sie etwa nach russischem Strafrecht unter Art. 272 i.V.m. Art. 67 UK RF als strafschärfender Tatumstand zu subsumieren.

4.5 Die subjektive Seite bei Datenveränderung und Computersabotage nach deutschem, russischem und amerikanischem Recht

Das *deutsche Strafrecht* stellt weder die fahrlässige Datenveränderung (§ 303a StGB), noch die fahrlässige Computersabotage (§ 303b StGB) unter Strafe. Nach den entsprechenden Tatbeständen im russischen Strafrecht (Art. 273 Abs. 2, 274 Abs. 2 UKRF) wird auch fahrlässiges Handeln bestraft.[109]

Folglich ist nach deutschem Recht beispielsweise nur die vorsätzliche Installation bzw. Aktivierung eines Computerviren-Programms strafbar[110] wobei aber sowohl für den subjektiven Tatbestand des § 303a StGB, als auch des § 303b StGB schon bedingter Vorsatz ausreicht.[111]

---

[109] *Paramonova*, Subjective aspects of the offense in Russia, 2011, S. 436 – 452.
[110] *Vetter*, Gesetzeslücken bei der Internetkriminalität, 2002, S. 43 ff.; dazu *Hofer*, Jur-PC, 1991, S. 1370 ff.; *Mühle*, Hacker und Computer-Viren im Internet, 1998, S. 98 ff.; *Schulze-Heiming*, Der strafrechtliche Schutz der Computerdaten, 1995, S. 189 ff.
[111] *Schönke/Schröder/Eser*, StGB, 2010, § 303a, Rn. 5; *Lackner/Kühl*, LK 1997, § 303a, Rn. 5; *Tolksdorf*, LK 1997, § 303a, Rn. 36; *Volesky/Scholten*, IuR 1987, S. 282; *Fischer*, StGB, § 303b, Rn. 9.

4.5 Die subjektive Seite bei Datenveränderung 111

Der neu eingefügten Abs. 1 Nr. 2 von § 303b StGB erfordert zusätzlich eine Nachteilszufügungsabsicht, weshalb Attacken zu Testzwecken durch dazu Beauftragte weiterhin zulässig sind. Hinsichtlich der Nachteilszufügungsabsicht wird von der Gesetzesbegründung auf § 274 Abs. 1 Nr. 1 StGB verwiesen.[112] Der Täter muss sich bewusst sein, dass der Nachteil die notwendige Folge der Tat ist, d.h. es genügt – wie bei den anderen Varianten vom § 303b StGB – dolus directus 2. Grades.

In der deutschen Literatur wird die Nichtkriminalisierung fahrlässigen Handelns durch §§ 303a und 303b StGB als Gesetzeslücke kritisiert. In der Praxis sei es problematisch, die innere Tatseite nachzuweisen. Dem Täter bleibe so die Möglichkeit offen, zu behaupten, er habe nur experimentieren wollen, wobei der Computervirus versehentlich in Umlauf gebracht worden sei.[113]

Es erscheint notwendig, zumindest hinsichtlich der Verbreitung von Schadcomputerprogrammen Fahrlässigkeit ausreichen zu lassen. Denn gerade im Bereich der Computervirenkriminalität ist es (auch für den Viruserseller) schwer und in vielen Fällen unmöglich vorherzusagen, wie sich der Computervirus weiter verbreiten wird und welche Wirkungen zu erwarten sind.

Nach dem *russischen Strafrecht* ist, genau wie nach dem deutschen (gem. § 15 StGB), grundsätzlich nur vorsätzliches Handeln unter Strafe gestellt. Es existieren jedoch Ausnahmen. Gemäß Art. 24 Abs. 2 UKRF ist „fahrlässiges Handeln ausschließlich dann strafbar, wenn es ausdrücklich in einem Artikel des Besonderen Teils normiert ist".[114]

Die Merkmale von Vorsatz und Fahrlässigkeit werden im russischen Strafrecht durch das Strafgesetzbuch (UKRF) legal definiert. Nach dem russischen Strafrecht handelt der Täter fahrlässig, wenn eine Straftat entweder mit Leichtsinnigkeit oder Nachlässigkeit begangen wird.

Nach Art. 26 Abs. 2 UKRF ist die Straftat mit Leichtsinnigkeit begangen, „wenn der Täter die Möglichkeit des Eintretens der gesellschaftlich gefährlichen Folgen seiner Handlungen (Unterlassen) vorhersah, jedoch ohne ausreichende Gründe in Selbstüberschätzung damit rechnete, er könne diese Folgen verhindern. Nach Art. 26 Abs. 3 UKRF liegt Nachlässigkeit vor, „wenn der Täter die Möglichkeit des Eintretens der gesellschaftlich gefährlichen Folgen seiner Handlungen (bzw. eines Unterlassens) nicht voraussah, jedoch bei genügender Aufmerksamkeit und Vorsicht hätte voraussehen sollen und können".

---

[112] BGHSt NJW 1953, 1924.
[113] *Vetter*, Gesetzeslücken bei der Internetkriminalität, 2002, S. 43 ff.; *Hofer*, Jur-PC, 1991, S. 1370 f.
[114] *Paramonova*, Subjective aspects of the offense in Russia, 2011, S. 436 – 452.

Gemäß Art. 273 Abs. 2, 274 Abs. 2 UKRF ist im Rahmen der Datenveränderung und Computersabotage nicht nur vorsätzliches Handeln strafbar, sondern hinsichtlich des Eintretens der „schweren Folgen" werden auch die beiden Fahrlässigkeitsformen (Leichtsinnigkeit und Nachlässigkeit) erfasst.

Im russischen Schrifttum wird die Tatsache kritisiert, dass fahrlässiges Herbeiführen schwerer Folgen gemäß den Art. 273 Abs. 2, 274 Abs. 2 UKRF eine strengere Strafe nach sich zieht (maximal sieben Jahre Freiheitsstrafe), als das entsprechende Grunddelikt (Freiheitsstrafe bis zu drei Jahren), selbst wenn dabei schwere Folgen vorsätzlich herbeigeführt werden.[115] In Anbetracht der Systematik des Strafgesetzbuches erscheint es als unlogisch, dass Vorsatz milder bestraft wird als Fahrlässigkeit.[116]

Dem halten andere entgegen, dass die Schwere der Folgen eine solche hohe Strafandrohung rechtfertigt. Konsequenzen der Verwendung schadenträchtiger EDV-Programme i.S.d. Art. 273 UKRF (worunter auch die Verbreitung von Computerviren fällt) seien unvorhersehbar und könnten besonders schwerwiegend sein. Die subjektive Seite solle hingegen eine geringere Rolle spielen, denn sogar dem Computerlaien sei heutzutage bekannt, dass Schadprogramme auf Computersysteme weltweit zerstörend wirken können. Dem Virusersteller sollte zumindest bewusst sein, dass der Virus von dem geplanten „Vernichtungsweg" abweichen könne, daher sei mit „schweren Folgen" letztlich immer zu rechnen.

Diese Argumentation vermag nicht zu überzeugen. Im Art. 63 Abs. 1b des Allg. Teils UKRF sind „schwere Folgen der begangenen Straftat" als ein möglicher strafschärfender Tatumstand genannt, den das Gericht bei der Strafzumessung berücksichtigen kann. Jedoch muss die Sanktion für eine Straftat innerhalb der vom Besonderen Teil festgesetzten Grenzen bleiben (Art. 60 Abs. 1 UKRF). Bei Art. 273 Abs. 1 UKRF (Grunddelikt) beträgt die maximale Freiheitsstrafe für das vorsätzliche Handeln drei Jahre, bei Art. 273 Abs. 2 UKRF für das fahrlässige Herbeiführen schwerer Folgen dagegen zwischen drei und sieben Jahren.[117] Der Hinweis auf oftmals schwere Folgen bei Taten i.S. von Art. 273 Abs. 2 UKRF vermag diesem Widerspruch nicht aufzulösen.

Da im deutschen Strafrecht ein entsprechender Fahrlässigkeitstatbestand fehlt, ist das russische Strafrecht mithin im subjektiven Bereich hinsichtlich des von Art. 273 Abs. 2, 274 Abs. 2 erfassten Verhaltens strenger.

---

[115] *Lebedev*, Kommentarii k UKRF, 2012, S. 691 ff.
[116] *Paramonova*, Ugolovnoe presledovanie transnazional´nih Internet-prestuplenij, 2009, S. 326 ff.
[117] *Paramonova*, Ugolovnoe presledovanie transnazional´nih Internet-prestuplenij, 2009, S. 327 ff.; *Razumov*, Kommentarii k UKRF.

Nach den *amerikanischen Regelungen* (18 U.S.C. § 1030 (a) (5)) ist im Falle eines unberechtigten Zugangs zu einem geschützten Computer die strafrechtliche Verantwortlichkeit sowohl für den vorsätzlich als auch für den fahrlässig verursachten Schaden (und zwar sowohl bei der Computerdatenveränderung als auch bei der Computersystemstörung gemäß § 1030 (e) (8)) gegeben.

4.6 Vorbereitungshandlungen

4.6.1 Deutschland

In Deutschland wurden Vorbereitungshandlungen im Bezug auf die Computerdelikte der §§ 202a, 202b, 303a, 303b StGB explizit durch **§§ 202c, 303a Abs. 3, 303b Abs. 5 StGB** sanktioniert.

Mit dem neu eingeführten § 202c Abs. 1 StGB wurde Art. 6 der Cybercrime-Konvention (Missbrauch von Vorrichtungen) umgesetzt. Die neue Norm birgt allerdings einige Unklarheiten.[118]

§ **202c Abs. 1 Nr. 1 StGB** ist anwendbar, wenn **Passwörter oder sonstige Sicherungscodes** verschaffen werden. Damit können die Täter auf Daten zugreifen, die besonders gesichert und nicht für sie bestimmt sind. Vom Gesetz wird die Art und Weise der Erlangung der Information nicht weiter präzisiert. Daher macht es keinen Unterschied, ob der Täter die Daten etwa über eine Phishing-Site[119] oder durch Trojaner erlangt. Im Grunde stellt die Norm aber vor allem eine Reaktion auf Phishing dar.[120]

§ **202c Abs. 1 Nr. 2 StGB** stellt entsprechend Art. 6 Abs. 1a der Cybercrime-Konvention (Missbrauch von Vorrichtungen) das Herstellen, Verschaffen, Verkaufen, Überlassen, Verbreiten oder sonstiges Zugänglichmachen sog. **Hacker-Tools** unter Strafe. Auf den konkreten Erfolg i.S.d. § 202a/b StGB kommt es nicht an.[121]

---

[118] BGBl. I S. 1786.
[119] *Phishing* (eng., *fishing* - „Angeln", „Fischen") - Versuche über gefälschte WWW-Adressen, E-Mails oder Kurznachrichten an Daten eines Internetnutzers zu gelangen und damit Identitätsdiebstahl zu begehen um mit den erhaltenen Daten beispielsweise Kontoplünderung zu begehen, dazu auch *Spring*, Do You Speak Spam?, 2003. Dazu siehe: *Popp*, NJW 2004, S. 3517 ff.; *Popp*, MMR 2006, S. 84.
[120] *Schultz*, Der Entwurf des StrafÄndG, MIR 2006, Rn. 26.
[121] *Popp*, GA 2008, S. 375; *Schultz*, Der Entwurf des StrafÄndG, MIR 2006, Rn. 27.

Jedoch erfasst § 202 c Abs. 2 StGB nicht jedes schädliche Computerprogramm, sondern nur solche, die dem Ausspähen oder Abfangen von Daten dienen.
Gem. § 202 c Abs. 1 Nr. 2 StGB sollen die vom Tatbestand erfassten Computerprogramme dem Ausspähen (§ 202a) oder dem Abfangen von Daten (§ 202b StGB) dienen.

§ 303a Abs. 3 StGB und § 303b Abs. 5 StGB, welche die Vorbereitung einer Datenveränderung oder Computersabotage unter Strafe stellen, verweisen auf § 202c StGB. Es könnte der Eindruck entstehen, dass in Anbetracht des Titels und des Zwecks des § 202c StGB ausschließlich Vorbereitungshandlungen für Straftaten gem. §§ 202a / b StGB unter Strafe stehen. Denn insbesondere der Verweis durch § 303a Abs. 3 StGB, der zu einer Strafbarkeit der Vorbereitung von Datenveränderung führt, geht potenziell äußerst weit und gibt Anlass zu der Frage, ob ein derartiges Gesetz mit dem Bestimmtheitsgrundsatz vereinbar ist. Wenn aber das Ziel des Gesetzgebers die Kriminalisierung solcher Schadprogramme wäre, deren Zweck ausschließlich in der Begehung von Taten nach §§ 202a / b StGB läge, so wären die Regelungen in § 303a Abs. 3 StGB (Vorbereitung einer Datenveränderung) und in § 303b Abs. 5 StGB (Vorbereitung einer Computersabotage) überflüssig. Deshalb ist davon auszugehen, dass die §§ 303a Abs. 3 und § 303b Abs. 5 StGB dazu dienen, die Zweckbestimmung schadensträchtiger Programme zusätzlich durch „Datenveränderung" und „Computersabotage" zu erweitert. Dann ergibt sich jedoch die Notwendigkeit einer Eingrenzung der Tatbestände in besonderem Maße.

Als Eingrenzungskriterium bei der Qualifizierung einer Tat als Vorbereitungshandlung soll bei §§ 202c, 303a Abs. 3 und 303b Abs. 5 StGB die objektive Zweckbestimmung des Programms dienen.[122] Es stellt sich dabei die Frage nach tauglichen **Abgrenzungskriterien** für Programme mit Missbrauchspotenzial. Denn sowohl nach der engeren als auch nach der weiteren Interpretation erfassen Vorbereitungshandlungen i.S.d. genannten Paragraphen eine große Zahl von Programmen, „die potentiell gefährliche Funktionen als zusätzliche Features offerieren". Solange noch keine konkrete (End)tat vorliegt und **nur objektive** Merkmale eines Programms geprüft werden, kann eine Tat nach § 202a / b StGB oder nach §§ 303a Abs. 3, 303b Abs. 5 StGB nur schwer als aussagekräftiges Begrenzungskriterium für § 202c Abs. 1 StGB herangezogen werden.[123]

---

[122] RegE vom 20.09.2006, S. 15, P. 3.
[123] *Schultz*, Der Entwurf des StrafÄndG, MIR 2006, Rn. 27.

4.6 Vorbereitungshandlungen

Es ist mitunter schwer zu beurteilen, ob ein Programm tatsächlich zur Vorbereitung einer Datenveränderung oder der Beschädigung einer EDV-Anlage, oder vielmehr zum Schutz eines Computersystems entwickelt wurde. Probleme bei der Zweckbestimmung sind beispielsweise dann nicht auszuschließen, wenn es um eine juristische oder natürliche Person geht, die nicht zur Entwicklung von Antivirus-Programmen (insbesondere im Rahmen eines Beschäftigungsverhältnisses) befugt ist.

Im *russischen* Schrifttum wird im Rahmen der Auslegung des Art. 273 UKRF das Vorhandensein einer derartigen Befugnis als Abgrenzungskriterium genannt.[124] Auch ein IT- Experte oder Laie, der privat ein Schadprogramm beispielsweise aus dem Internet herunterlädt, ausprobiert und eventuell aus Neugier weiter entwickelt, könnte sich strafbar machen, da sein Verhalten als Vorbereitungshandlungen gemäß § 202 c Abs. 1 Nr. 2 StGB angesehen werden kann.

In solchen Fällen sollte man sich auf eine an der Cybercrime-Konvention orientierte teleologische Reduktion stützen. In Übereinstimmung mit Art. 6 Abs. 2 der Cybercrime-Konvention kann die Vorschrift nicht in einer Weise ausgelegt werden, durch die strafrechtliche Verantwortlichkeit auch dann begründet wäre, wenn der Täter einen genehmigten Test oder den Schutz eines Computersystems bezweckt.

In den *USA* ist dieses Problem durch eine ausdrückliche Regelung im Gesetz gelöst. Im 18 U.S.C. § 1030 (f) wird bestimmt, dass das Gesetz keine legale Tätigkeit von US-Behörden erfasst, etwa in Ermittlungsverfahren oder im Rahmen der Gefahrenabwehr. 18 U.S.C. § 2511 (2) enthält eine Auflistung der Berechtigten. Darunter fallen beispielsweise Beamte und Angestellte, wenn sie die Tätigkeit im Rahmen ihres Dienstverhältnisses ausüben, ohne dabei ihre Berechtigung zu überschreiten (etwa Mitarbeiter eines Providers).

Im Bezug auf § 202 c Abs. 1 Nr. 2 StGB scheint eine rein objektivierte Zweckbestimmung unzureichend zu sein. Vielmehr sollte der Zweck eines schädlichen Programms mittels gemischt **objektiv-subjektiver Kriterien** bestimmt werden.[125] Eignet sich ein Computerprogramm sowohl zur Begehung strafbarer Handlungen als auch für legitime Zwecke, so muss untersucht werden, welche der Verwendungsmöglichkeiten offensichtlich überwiegen. Im Zweifelsfall sollte die subjektive Sicht des Urhebers ausschlaggebend sein. Dadurch lie-

---

[124] *Razumov*, Kommentarii k UKRF.
[125] *Fischer,* StGB, § 263a, Rn. 32 a.E.

ßen sich zumindest die Computerprogramme ausklammern, bei denen eine mögliche strafbare Zweckentfremdung lediglich ein ungewollter Nebeneffekt ist.[126]
Jede extensivere Auslegung würde gegen die Grundsätze der Verhältnismäßigkeit und strafgesetzlichen Bestimmtheit verstoßen und die Hersteller und Anwender verschiedener legitimer Computerprogramme (z.b. Diagnoseprogramme, Netzwerk-Scanner, Trafficauswertung, etc.) ungerechtfertigterweise mit Strafe bedrohen. Es bestünde eine erhebliche Rechtsunsicherheit bei der Entwicklung entsprechender Software, die erst durch höchstrichterliche Kasuistik eingegrenzt würde.

Vor der Einführung des § 202 c StGB wurde in der deutschen Literatur kritisiert, es fehle dem Strafgesetzbuch an einem Straftatbestand, der Handlungen im Vorfeld der eigentlichen Schädigung durch Schadprogramme (insbesondere durch Computerviren) explizit pönalisiert. Insbesondere konnte auch im „Inverkehrbringen" von Computerviren keine „öffentliche Aufforderung zu einer rechtswidrigen Tat" i. S. des § 111 I StGB gesehen werden. Denn die Bereitstellung eines solchen Programms, durch dessen Verwendung sich Dritte strafbar machen können, stellt noch keine bestimmte „Aufforderung" i. S. dieser Vorschrift dar.[127] Folglich war bis zur Änderung des StGB im Jahre 2007[128] jedenfalls das „Herstellen" und das „Zugänglichmachen" von Computerviren straflos und fiel unter eine Gesetzeslücke.

Nach Einfügung des § 202 c StGB wird in der deutschen Literatur problematisiert, dass die Vorschrift ein **abstraktes Gefährdungsdelikt** darstellt und eventuell in seine Wirkung zu weit geht. Ausweislich der Gesetzesbegründung gehe es der Vorschrift nicht um die Begehung einer Tat nach den §§ 202a/b StGB, sondern um die bloße Gefährlichkeit der tatvorbereitenden Programme (gleiches gilt im Hinblick auf §§ 303a Abs. 3, 303b Abs. 5 StGB).[129]
Die **Vorverlagerung der Strafbarkeit** durch die §§ 202c, 303a Abs. 3, 303b Abs. 5 StGB) ist jetzt aber sowohl in gesetzessystematischer als auch kriminologischer Hinsicht stark umstritten. Normalerweise würden Vorbereitungshandlungen im Wege der Versuchs- oder Beihilfestrafbarkeit erfasst. Ohnehin sei es der Polizei häufig technisch unmöglich, eine konkrete Verbindungen zwischen einer (geplanten) Tat gem. §§ 202a Abs. 1 und 202b StGB und einem

---

[126] *Schultz*, Der Entwurf des StrafÄndG, MIR 2006, Rn. 32.
[127] *Hilgendorf*, ZStW, 2001, S. 650 ff.; *Vetter*, Gesetzeslücken bei der Internetkriminalität, 2002, S. 90-91.
[128] BGBl. I S. 1786.
[129] RegE vom 20.09.2006, S. 15, P. 3.

entsprechenden Programm nachzuweisen.[130] Außerdem gefährde die Vorschrift die Arbeit von Systemadministratoren und Programmierern, die auf entsprechende Tools im Rahmen ihrer Arbeit angewiesen seien.[131]

Ein weiteres Argument dafür, dass die Vorverlagerung der Strafbarkeit durch die §§ 202c, 303a Abs. 3, 303b Abs. 5 StGB zu weit geht, könnte das Fehlen eines speziellen „Virusparagraphen" sein.

Einerseits stehen also die Vorbereitungshandlungen (etwa das Vorbereiten des Ausspähens und Abfangens von Daten, § 202c StGB) – also das Verhalten, welches für sich gesehen *noch keine Schädlichkeit innewohnt* – unter Strafe.

Andererseits fehlt es nach wie vor an einem speziellen Tatbestand ‚Virenverbreitung', welcher jedoch *besonderes schädliche und häufige Verhaltensformen* ausdrücklich erfasst (siehe: Fall Computervirus „*Loveletter*"[132]).

Also ist die Verbreitung von schädlichen Programmen ist nur strafbar, wenn sie als Tatbestandsmerkmal *unter die anderen Tatbeständen* subsumiert werden kann, etwa das Verbreiten der Computerprogramme das zur Vorbereitung eines Ausspähens (Abfangens) von Daten (§ 202c Abs. 1 Nr. 2 StGB). Es scheint jedoch konsequent und notwendig die Einführung eines speziellen „Virusparagraphen".

4.6.2 USA

Nach **18 U.S.C. § 1030 (b)** macht sich strafbar, wer sich zur Begehung eines Delikts nach § 1030 (a) verabredet oder ein solches zu begehen versucht. Demnach ist der Versuch und die Verabredung zur Tatbegehung bei allen Delikte des § 1030 (a), also auch bei der Schädigung geschützter Computer (§ 1030 (a) (1), (2), (5)) oder beim unberechtigten Zugang (§ 1030 (a) (3)) strafbar. Mit dieser Regelung nähert sich die amerikanische Gesetzgebung (§ 1030 (a) (3)) der Weite des deutschen Straftatbestands "Ausspähen von Daten" (§ 202 a StGB) an, der als reines Tätigkeitsdelikt keine Erfolgsverwirklichung verlangt.

Auch **18 U.S.C. § 2511 (1) (a)** stellt den Versuch des missbilligten Verhaltens unter Strafe. So macht sich derjenige strafbar, der „vorsätzlich die Inhalte von Kabel-, mündlicher oder elektronischer Kommunikation abfängt oder dies unternimmt".

---

[130] *Fischer,* StGB, § 263a, Rn. 29; *Schultz,* Der Entwurf des StrafÄndG, MIR 2006, Rn. 30, 37.
[131] http://www.spiegel.de/netzwelt/politik/0,1518,438969,00.html; *Schultz,* Der Entwurf des StrafÄndG, MIR 2006, Rn. 28.
[132] Siehe Kapitel 2 Fälle und Entscheidungen, S. 37 und Kapitel 6 Falllösung (Fall „*Loveletter*"), S. 224.

4.6.3 Russland

Wie oben bereits erläutert wurde, entspricht Art. 273 UKRF zudem § 202b StGB, also dem Abfangen (nicht aber auch dem nach russischen Recht straflosen schlichten Ausspähen) von Daten. Im Hinblick auf eine darüber hinausgehende Vorbereitung der **Verwendung und Verbreitung** solcher Programme entspricht **Art. 273 Abs. 1 UKRF** den deutschen Vorbereitungsparagraphen aber nur in Verbindung mit den Vorbereitungs- und Versuchsstrafbarkeitsregeln des Allgemeinen Teils des UKRF (**Art. 29, 30 UKRF**).[133]

Die deutsche und die russische Rechtsordnung unterscheiden sich also bezüglich der strafrechtlichen Regulierung von **Vorverlagerungshandlungen**. In Deutschland sind Vorbereitungshandlungen nur in den im Gesetz ausdrücklich genannten Fällen strafbar (wie etwa bei §§ 202c und 303a Abs. 3 StGB); im Übrigen sind sie straflos.[134] Das UKRF unterscheidet in seinem Allgemeinen Teil hingegen zwischen „Vorbereitung" und „Versuch" (Art. 30 UKRF). Der Versuch einer Straftat ist immer strafbar, Vorbereitungshandlungen stehen dagegen nur bei schweren und besonders schweren Straftaten unter Strafe (Art. 15, 30 Abs. 2 UKRF).

Zu prüfen ist zudem, ob möglicherweise auch Art. 272, Art. 273 Abs. 2 und Art. 274 UKRF i.V.m. Art. 29, 30 UKRF (Vorbereitung und Versuch) als Äquivalente dienen können.

Art. 272-274 UKRF stimmen in Verbindung mit den Vorbereitungs- und Versuchsstrafbarkeitsregeln des Allgemeinen Teils UKRF (**Art. 29, 30 UKRF**) mit §§ 303a und 303b und 202c StGB teilweise überein. Erforderlich ist dafür aber, dass es sich bei ihnen um „schwere" oder „besonders schwere" Straftaten im Sinne von Art. 30 Abs. 2 UKRF handelt.

Die §§ 202b, 303a Abs. 3 und 303b Abs. 5 StGB entsprechen in Verbindung mit § 202c Abs. 1 Nr. 2 StGB dem **Art. 273 Abs. 1 UKRF**. Nach deutschem Recht wird – wie dargelegt – nicht nur das Abfangen von Daten erfasst, sondern auch das Vorbereiten von der Datenveränderung (§ 303a Abs. 3 StGB) und der Computersabotage (§ 303b Abs. 5 StGB) dienenden Programmen.

Die **„Erstellung schadensträchtiger Computerprogramme"** gemäß Art. 273 Abs. 1 UKRF erfasst – ebenso wie § 202c Abs. 1, Nr. 2 StGB – teilweise sog. Hacker-Tools. Ein Entwurf zum UKRF aus dem Jahre 1995 sah einen

---

[133] Siehe auch: *Paramonova*, Concept and systematization of the criminal offense in Russia, 2011 S. 86 – 97.
[134] *Fischer*, StGB, § 22, Rn. 5.

4.6 Vorbereitungshandlungen

separaten Art. 274 „Entwicklung und Verbreitung von Computerviren" vor.[135] Dies wird jetzt von Art. 273 UKRF erfasst. Dabei schafft die russische Norm für die Bestimmung der Eigenschaften strafbarer Computerprogramme mehr Klarheit als die entsprechenden deutschen Regelungen. Denn zwar stellt auch Art. 273 Abs. 1 UKRF die Erstellung einer großen Zahl potentiell gefährlicher Computerprogramme unter Strafe, grenzt den Anwendungsbereich aber wiederum dadurch ein, dass die Programme „offenkundig zu einer nicht berechtigten Vernichtung, Blockierung, Modifizierung oder Erstellung einer Kopie einer Information oder zur Störung der Funktion einer EDVA, eines EDVA-Systems oder EDV-Netzwerks führen" sollen.

Allerdings finden sich in der russischen Rechtsprechung bisher noch keine Fälle, in denen jemand allein wegen der bloßen Erstellung von Schadprogrammen (gem. Art. 273 Abs. 1 UKRF) und nicht in Verbindung mit weiteren Begehungsformen (Verwendung oder Verbreitung) verurteilt wurde.[136]

Wenn eine Handlung als Verwendung oder/und Verbreitung von Programmen i.S.d. Art. 273 Abs. 1 UKRF zu qualifizieren ist, wird der Täter normalerweise auch wegen der Erstellung der fraglichen Computerprogramme verurteilt.[137] Dies spiegelt jene oben hinsichtlich der deutschen §§ 202c, 303a Abs. 3, 303b Abs. 5 StGB angesprochenen Schwierigkeiten wieder, einen Zusammenhang zwischen der Erstellung eines Programms und dessen sich möglicherweise anschließenden Verwendung nachzuweisen.

Der Begriff „**Erstellung**" **i.S.d. Art. 273 Abs. 1 UKRF** kann in zweierlei Weise verstanden werden: als selbstständige Straftat (wie etwa Art. 273 Abs. 1 UKRF) oder als eine Vorbereitungshandlung für bereits konkret bestimmte oder bestimmbare Anschlusshandlungen (§§ 202c Abs. 1 Nr. 2, Alt. 1, 303a Abs. 3, 303b Abs. 5 StGB), wobei aber nur eine Form mit dem deutschen „Vorbereitungsparagraphen" korreliert.

---

[135] *Volevodz*, Protivodejstvie kompúyternim prestuplenijam, 2002, S. 91.
[136] *Lebedev*, Kommentarii k UKRF, 2012, S. 691 ff.; Siehe dazu: Nowgorod, StBezG, N УД № 011678, 1999; Birsk, StBezG, N УД № 1010005, 2001; Moskau, StBezG, УД № 128223, 2001; Murmansk, StBezG, УД № 1-7849, 2003; Moskau, Stadtbezirksgericht (StBezG), N УД № 77772, 1999.
[137] Woronezh, Stadtbezirksgericht (StBezG), N УД № 00124132; Wologda, Stadtbezirksgericht (StBezG), N УД № 010317, 1999; Nowgorod, StBezG, N УД № 011678, 1999; Birsk, StBezG, N УД № 1010005, 2001; Moskau, StBezG, УД № 128223, 2001; Murmansk, StBezG, УД № 1-7849, 2003; Moskau, Stadtbezirksgericht (StBezG), N УД № 77772, 1999.

Die „Erstellung" des Computerprogramms stellt also im *russischen Recht* bereits eine selbständige Straftat dar.[138] Eine Strafbarkeit kann möglicherweise sogar schon dann zu bejahen sein, wenn beispielsweise erst ein Entwurf zu einem noch nicht hergestellten Computervirus erstellt wurde. Ob ein solches Verhalten schon als „Erstellung schadenträchtiger Programme" qualifiziert werden kann, hängt vom der jeweiligen Interpretation des Begriffs „Erstellung" ab.

Der Begriff „Erstellung" ist nicht ganz eindeutig und könnte vielleicht bereits vorbereitendes Handeln erfassen (etwa den Entwurf noch herzustellender Computerviren).[139]

Gemäß Art. 30 Abs. 1 UKRF wird „Vorbereitung" definiert als „die Erkundung, Herstellung oder Zurüstung von Mitteln oder Werkzeugen für die Begehung einer Straftat durch eine Person, die Erkundung von Mitbeteiligten an einer Straftat, die Verabredung zur Begehung einer Straftat oder die sonstige vorsätzliche Schaffung von Voraussetzungen für die Begehung einer Straftat, wenn die Straftat hierbei aus nicht von dieser Person abhängigen Umständen nicht zu Ende geführt wurde".

Auf Grund des **Art. 30 Abs. 2 UKRF** ist – wie bereits dargelegt – die Vorbereitung nur für schwere Straftaten (Art. 15 Abs. 4 UKRF: von fünf bis maximal zehn Jahre Freiheitsstrafe) und besonderes schwere Straftaten (Art. 15 Abs. 5 UKRF: Freiheitsstrafe für die Dauer von mehr als zehn Jahre oder eine strengere Strafe) strafbar.[140] Die „Erstellung, Verwendung und Verbreitung schadensträchtiger EDV-Programme" (Art. 273 UKRF) gehört aber weder zu den schweren noch zu den besonders schweren Straftaten. Daher ist es ausgeschlossen, dass Vorbereitungshandlungen für solche Straftat bereits nach allgemeinen Regeln unter Strafe gestellt werden.

Da der Gesetzgeber auch keine selbständige Vorbereitungsstrafbarkeit schaffen wollte und auch die Gesetzessystematik letztlich gegen die Einbeziehung der Vorbereitungshandeln spricht, verstößt die erweiterte Interpretation des Begriffs „Erstellung" durch das Miteinschließen von Vorbereitungshandlungen i.S.d. Art. 30 Abs. 2 UKRF gegen das Gesetzlichkeitsprinzip (Art. 3 UKRF).

Dies schließt jedoch nicht aus, dass das Entwickeln von Computervirusprogrammen (auch das Programmieren) unter das Tatbestandsmerkmal „Erstellung" des Art. 273 UKRF gefasst werden kann.[141]

---

[138] *Vorob'jev/Dnischewskij*, Prestuplenija v sfere kompúternoi informatzii, 2000, S. 11 ff.
[139] *Paramonova*, Transnazional'nie Internet-prestuplenija, 2009, S. 12 ff.
[140] Siehe auch: *Paramonova*, Recent Reforms of Criminal and Criminal Procedural Law in Russia, 2012, S. 264–268.
[141] *Paramonova*, Ugolovnoe presledovanie transnazional'nih Internet-prestuplenij, 2009, S. 326 ff.

4.6 Vorbereitungshandlungen

In der *deutschen* Doktrin ist es anerkannt, dass das „Herstellen", die „Erstellung"[142] das „Inverkehrbringen" und das „Zugänglichmachen" von Schadprogrammen sogenannte Vorbereitungshandlungen darstellen, da sie – wenn überhaupt – die für einen späteren Zeitpunkt geplante Ausführung der Tat nur ermöglichen oder erleichtern sollen, jedoch die Täter dazu noch nicht unmittelbar ansetzen.[143] Diese Handlungen stehen jedoch nach dem deutschen Recht *nicht als selbstständige Tatbestände* unter Strafe, z.B. die ‚Erstellung von schädlichen Computerprogrammen' als solche ist nicht strafbar. Allerdings sind diese Vorbereitungshandlungen wohl *strafbar, wenn sie als Tatbestandsmerkmal unter die anderen Tatbeständen subsumiert werden können*, etwa die Erstellung der Computerprogramme zur Vorbereitung eines Ausspähens (Abfangens) von Daten (§ 202c Abs. 1 Nr. 2 StGB).

Folglich wird das reine Erstellen schadensträchtiger Programme im russischen und deutschen Strafrecht im Wege **unterschiedlicher gesetzlicher Konstruktionen** kriminalisiert:

Nach dem russischen Strafrecht wird die Erstellung als selbstständige Straftat mit einem **speziellen „Virusparagraphen"** pönalisiert (Art. 273 Abs. 1 UKRF): „Die *Erstellung* und die Veränderungen von EDVA-Programmen, die offenkundig zu einer nicht berechtigten Vernichtung, Blockierung … eines EDVA-Systems führen wird bestraft". Im deutschen Strafrecht hingegen aufgrund des Fehlens eines speziellen „Virusparagraphes"[144] ist ‚Erstellung' in StGB (§ 202c Abs. 1 Nr. 2, Alt. 1) als eine **Vorbereitungstat** kriminalisiert, die sich jedoch auf eine bereits konkret bestimmte oder bestimmbare Anschlusstat beziehen muss: „wer eine Straftat nach § 202a oder § 202b vorbereitet, in dem er Computerprogramme, deren Zweck die Begehung einer solchen Tat ist, *herstellt* macht sich strafbar". Im Schrifttum wird anerkannt, dass die Erstellung im Kontext der schädlichen Computerprogramme als solche schon eine Vorbereitungshandlung für das strafbare Verhalten darstellt.

---

[142] Unter „*Erstellung*" kann das Entwickeln bzw. das Programmieren von Computervirusprogrammen verstanden werden. Dabei sollte der Begriff im Sinne einer Fertigstellung verstanden werden, d. h. das Programm muss in codierte Form gebracht und kompiliert worden sein: *Vetter*, Gesetzeslücken bei der Internetkriminalität, 2002, S. 91 ff.; Nach der russischen Auffassung sind schon geschriebene Texte von Computerviren nach Art. 273 Abs.1 UKRF strafbar: *Razumov*, Kommentarii k UKRF.

[143] Als weitere Vorbereitungshandlungen kommen das „Anbieten", das „Einführen" sowie das „Sich-Verschaffen" von Computerviren in Betracht: *Vetter*, Gesetzeslücken bei der Internetkriminalität, 2002, S. 91 ff.; *Wessels/Beulke*, Strafrecht AT, 2011, Rn. 590.

[144] S.o. S. 116-117.

Es wäre also durchaus möglich auch in Deutschland, entsprechende Handlungen – wie in Art. 273 Abs. 1 UKRF – *als selbständige Straftat* und nicht (wie durch § 202c StGB geschehen) lediglich als ein auf ein Anschlussverhalten bezogenes Vorbereitungsdelikt auszugestalten. Dann wäre die Strafbarkeit eines Computervirusentwurfs auch nach deutschem Recht zu bejahen (falls die Entwicklung solcher Programme die Begehung der §§ 202a, 202b, 303a oder 303b StGB bezweckt).

Daher entspricht den deutschen Vorbereitungsparagraphen (**§§ 202c, 303a Abs. 3, 303b Abs. 5 StGB**) im russischen Strafrecht **Art. 273 Abs. 1 UKRF** (Erstellung, Verwendung und Verbreitung schadensträchtiger EDVA-Programme) insoweit, als es um die Erstellung schadensträchtiger Programme geht, die zu Datenveränderung, EDVA-Störungen oder dem Abfangen von Daten führen können. Art. 272, Art. 273 Abs. 2 und Art. 274 UKRF scheiden hingegen als Äquivalente zu den deutschen Vorbereitungsparagraphen (§§ 202c, 303a Abs. 3, 303b Abs. 5 StGB) aus. Eine Strafbarkeit der Vorbereitung von Straftaten nach Art. 272, Art. 273 Abs. 2 und Art. 274 UKRF durch einen Rückgriff auf die Vorbereitungsvorschriften des Allgemeinen Teils des UKRF ist aus den dargelegten Gründen nicht möglich.

Im Gegensatz zur Vorbereitungshandlungen, die nur bei schweren und besonderes schweren Taten strafbar sind, ist der **Versuch** einer Straftat nach russischem Recht unabhängig von ihrer Schwere gemäß Art. 15 UKRF „stets strafbar". Die Art. 272-274 UKRF bilden dabei keine Ausnahme. Art. 30 Abs. 2 UKRF definiert den „Versuch einer Straftat" als „vorsätzliche Handlung (bzw. Unterlassung), die unmittelbar auf die Begehung einer Straftat gerichtet ist, wenn dabei die Straftat aus vom Täter unabhängigen Umständen nicht vollendet wurde".

Bei den betrachteten deutschen Delikten ist der Versuch aufgrund ausdrücklicher gesetzlicher Anordnung nur bei der Datenveränderung (§ 303a StGB) sowie der Computersabotage (§ 303b StGB) strafbar. Hingegen bleibt der Versuch des Ausspähens und des Abfangens von Daten straflos (§ 202a, 202b StGB).

Zu beachten ist allerdings, dass durch § 202c StGB trotz der Straflosigkeit des Versuchs des Ausspähens und Abfangens von Daten bereits darauf gerichtete Vorbereitungshandlungen teilweise unter Strafe stehen.

4.7 Ergebnis

Im Bezug auf die vier hier analysierten strafbaren Verhaltensformen (Ausspähen von Daten, Abfangen von Daten, Datenveränderung, Computersabotage, sowie entsprechende Vorbereitungshandlungen) ist festzustellen, dass sie auf unterschiedliche Weise nach allen drei Rechtsordnungen unter Strafe stehen, wobei das Ausspähen von Daten eine Ausnahme bildet. Letzteres bleibt nach dem russischen Strafrecht straflos und nach dem föderalen amerikanischen Computerstrafrecht nur begrenzt strafbar, da nur der bloße rechtswidrige Zugang zu staatlichen Computern unter Strafe steht.

Außerdem wurden durch die Analyse der hier untersuchten Delikte Unterschiede des materiellen deutschen, russischen und US-amerikanischen Rechts aufgezeigt. Deutlich wurden dabei einige sich in diesen Rechtsordnungen stellende Probleme.

So ergibt sich beispielsweise für den *deutschen* Rechtsraum die Frage, ob nicht ein Bedürfnis für neue, weitergehende gesetzliche Regelungen gegen die fahrlässige Verbreitung von Computerviren besteht.

In allen drei Rechtsordnungen lässt sich eine durch internationale Vereinbarungen verstärkte Tendenz der Verschärfung und Ausweitung der strafrechtlichen Kontrolle von Computerkriminalität beobachten. Hier ist etwa auf die jüngsten Änderungen im *russischen* Strafrecht (Schärfung der Strafen im Bereich der Computerinformation in Kapitel 28 des UKRF) hinzuweisen.

Allerdings bleibt die russische Gesetzgebung ziemlich unbeweglich und beruht in diesem Bereich auf teilweise veralteten und manchmal unlogischen Normen (etwa die Regelungen der Art. 273 Abs. 2, 274 Abs. 2 im Hinblick auf das fahrlässige Herbeiführen schwerer Folgen), was nicht zuletzt durch die fehlende Ratifizierung der Cybercrime-Konvention erklärbar ist. Hingegen wurde im deutschen Strafrecht der Schutzbereich der entsprechenden Computerdelikte mit der am 11.08.2007 in Kraft getretener Reform des Computerstrafrechts ausgeweitet, was eben auch gerade mit der Ratifizierung der Cybercrime-Konvention erklärt werden kann.

Die mit dem Patriot Act im Jahre 2001 eingefügten Regelungen der *US-amerikanischen* föderalen Gesetzgebung dienen sowohl einer weiteren Flexibilisierung des materiellen Strafrechts als auch der Ausweitung des Bereichs des Strafanwendungsrechts.

5 Einzelne Strafanwendungsprinzipien

5.1 Einleitung

Die legitime Anwendung der jeweiligen nationalen Strafrechtsordnungen basiert auf von völkerrechtlichen Grundsätzen abgeleiteten Strafanwendungsprinzipien. Ein systematischer und umfassender Vergleich der Strafanwendungsgrundsätze der vorliegend behandelten Staaten im Bezug auf den Cyberraum erfordert zunächst eine grundsätzliche Analyse der dabei in Betracht kommenden strafrechtlichen Legitimierungsansätze.

In diesem Teil geht es mithin darum, die Strafanwendungsregeln der ausgewählten Rechtsordnungen separat zu betrachten. Dabei wird erstens den Umfang einzelner Legitimierungsprinzipien im entsprechenden Staat untersucht, zweitens analysiert, inwieweit sich die strafrechtlichen Legitimierungsansätze der Staaten insgesamt und im Hinblick auf einzelne Prinzipien unterscheiden oder sich ähneln.[1]

Dargestellt werden der Legitimierungsumfang der einzelnen Strafanwendungsprinzipien im Cyberraum und ihr Verhältnis zueinander. Auf das Territorialitätsprinzip als das grundlegende Strafanwendungsprinzip der nationalen Rechtsordnungen wird besonders ausführlich eingegangen.[2]

Als Ausgangspunkt muss an dieser Stelle darauf hingewiesen werden, dass bei Deutschland und Russland jene für traditionelle Straftaten anerkannten Strafanwendungsregelungen auch für den Cyberspace gelten und deshalb im Folgenden analysiert werden. Hingegen muss bei den USA auf spezielle strafanwendungsrechtliche Normen sowie Verfassungsregelungen eingegangen werden.

---

[1] Siehe etwa: *Paramonova*, Extraterritorial jurisdiction in Russia, 2011 S. 297 – 315; *Paramonova*, Jurisdikcija v transgranichnyh internet-prestuplenijah, 2010 S. 307–311.
[2] Siehe Kapitel 5 Einzelne Strafanwendungsprinzipien (*Territorialitätsprinzip*), S. 130 ff.

5.2 Vergleichungstabelle

Tabelle 3: Überblick der Strafanwendungsprinzipien bezüglich Cybercrime im Vergleich: Deutschland, Russland, USA[3]

Deutschland	Russland	USA
1.Territorialprinzip: *Handlungsort* *Auswirkungsgrundsatz* **2.Schutzprinzip** *Straftaten gegen Bestand und Integrität des Staates* (z.B. § 5 Abs. 1, 2 StGB). **3.Passives Personalitätsprinzip** *Straftaten gegen Deutsche, teilweise auch Inländer* (grundsätzlich: § 7 Abs. 1 StGB, sonst: z.B. § 5 Nr. 6). Ausschlaggebend die Staatsangehörigkeit des Opfers.	**1.Territorialprinzip:** *Handlungsort* **2. Schutzprinzip** A. Straftaten, die außerhalb des Staatsterritoriums von Ausländern oder Staatenlosen (ohne Wohnsitz in Russland) begangen worden, wenn sie *gegen die Interessen der Russischen Föderation gerichtet sind*, oder (Art. 12 Abs. 3 Alt. 1 UKRF). B. Straftaten *gegen die Interessen eines russischen Staatsangehörigen oder eines Staatenlosen mit Wohnsitz in Russland* (Art. 12 Abs. 3 Alt. 2 UKRF).	**1.Territorialprinzip:** *Handlungsort* *Auswirkungsgrundsatz* „Geschützter Computer": jeder Rechner „der für zwischenstaatlichen oder internationalen Handel oder derartige Kommunikation genutzt wird, einschließlich eines außerhalb der Vereinigten Staaten befindlichen Computers, der in solcher Weise genutzt wird, dass dabei zwischenstaatlicher oder internationaler Handel oder derartige Kommunikation der Vereinigten Staaten beeinflusst werden" (§ 1030 (e) (2) (B)).[4] **2. Schutzprinzip** *deliktspezifisch* im Bezug auf Computerdelikte festgelegt etwa in 18 U.S.C. § 1030 (a) (1): „unbefugt (…) Informationen erlangt, die durch die Regierung der Vereinigten Staaten (…) *im Interesse der nationalen Sicherheit* oder der auswärtigen Beziehungen als geheimhaltungsbedürftig eingestuft wurden (…) mit Grund zu der Annahme, dass die so erlangten Informationen zum *Nachteil der Vereinigten Staaten* (…) verwendet werden könnten".

---

[3] Der Umfang (farbig) der Anwendung der Prinzipien wurde im Bezug auf Territorialitätsgrundsatz und Schutzprinzip berücksichtigt.
[4] *CFAA* 1984, 18 U.S.C. § 1030 (e) (2) (B), 2001.

5.2 Vergleichungstabelle

Deutschland	Russland	USA
4. Aktives Personalitätsprinzip *Die im Ausland begangenen Straftaten von einem Deutschen, teilweise auch Inländer (grundsätzlich: § 7 Abs. 2 StGB, sonst: z.B. § 5 Abs. 5b, 8). Ausschlaggebend die Staatsangehörigkeit des Täters.*	**3. Staatsangehörigkeitsprinzip** *Die Straftaten, die von den Staatsangehörigen der Russischer Föderation oder von Staatenlosen mit permanenten Wohnsitz in Russland außerhalb des Territoriums Russlands begangen worden sind und gegen die vom UKRF geschützten Rechtsgüter gerichtet sind, wenn im Bezug auf diese Personen und diese Tat keine Gerichtsentscheidung eines anderen Staates vorliegt (Art. 12 Abs. 1 UKRF).*	**3. Personalitätsprinzip** Bei Computerdelikten im Gesetz grundsätzlich ohne Bedeutung (vgl. 18 U.S.C. § 1030 (a): „jedermann"), Nationalität des Täters aber durchaus von Bedeutung für die Praxis der Strafverfolgungsbehörden als Kriterium der Eingrenzung der weiten Zuständigkeitsregelungen von 18 U.S.C. § 1030; vgl. *People v. World Interactive Gaming Corp.*
5. Universalitätsprinzip Unbeschränkte Strafbarkeit nur bzgl. der in § 6 Abs. 1-8 StGB gelisteten besonders schweren Straftaten. (Taten, die sich gegen Rechtsgüter richten, an deren *Schutz ein gemeinsames Interesse aller Staaten besteht*, bestimmt.[5]) Im Ausland begangene Taten, die auf Grund eines für die BRD verbindlichen zwischenstaatlichen Abkommens zu verfolgen sind (§ 6 Abs. 9 StGB).	**4. Universalitätsprinzip** Keine ausdrückliche Benennung konkreter „international geschützter Rechtsgüter" im nationalen Strafrecht. -Nur insoweit, als Taten durch *internationale Abkommen* bestimmt und in nationales Recht implementiert (Art. 15 Abs. 4 Verfassung, Art. 12 Abs. 3 UKRF).	**4. Universalitätsprinzip** Keine ausdrückliche Benennung für den Bereich der Computerkriminalität (auch keine ausdrücklichen Regelungen zu Cyberterrorismus). Die Weite des zentralen Tatbestandsmerkmals „protected computer" in 18 U.S.C. § 1030 führt jedoch vielfach zu *de facto* universeller Zuständigkeit, auch bei Computerstraftaten, die keine gemeinsamen Interessen der Staaten berühren.

---

[5] *Werle*, JuS 2001, S. 37.

Deutschland	Russland	USA
6. Kompetenzenverteilungsprinzip Dem Prinzip liegen zwischenstaatliche Vereinbarungen zu Grunde, welche die Zuständigkeit zur Aburteilung von Straftaten festlegen. Das Ziel ist die Zuständigkeitskonflikte unter den Staaten zu lösen und Doppelbestrafungen zu vermeiden. Hinsichtlich Computerdelikte bestehen aber keine diesbezügliche Zuständigkeitsfragen verbindlich regelnde zwischenstaatliche Vereinbarungen.	**5. Kompetenzenverteilungsprinzip** Das deutsche Kompetenzenverteilungsprinzip wird im russischen Recht vom Universalitätsprinzip mit umfasst. Denn letzteres basiert hierausschließlich auf internationalen Verträgen, vgl. Art. 12 Abs. 3 UKRF. Russland bindende Vereinbarungen bestehen aber hinsichtlich Computerdelikte nicht.	**5. Kompetenzenverteilungsprinzip** § 403 Restatement of Foreign Relations Law of the US sieht eine Reihe von verschiedenen Faktoren, die bei der Entscheidung der Zuständigkeit berücksichtigt werden sollen, z.B. „die Interessen eines anderen Staates" hinsichtlich entsprechender Tat (§ 403 Abs. 2, g) Im Bezug auf Computerdelikte nicht ausdrücklich erwähnt.
7. Prinzip der stellvertretenden Strafrechtspflege Verkörpert die Solidarität der Staaten bei der Ahndung von Straftaten (§ 7 Abs. 2 Nr. 2 StGB).	**6. Prinzip der stellvertretenden Strafrechtspflege** Nicht anerkannt.	**6. Prinzip der stellvertretenden Strafrechtspflege** Keine deliktspezifischen Regelungen für Computerkriminalität.

5.3 Strafanwedungsprizipien im Überblick

Je nach Rechtsordnung werden die Fragen des Strafanwendungsrechts von der Gesetzgebung und der Wissenschaft unterschiedlich beantwortet. Die europäischen Kontinentalstaaten, zu den Russland und Deutschland gehören, behandeln das Strafanwendungsrecht überwiegend entweder in ihren Strafgesetzbüchern oder in den Strafprozessordnungen. Davon unterscheiden sich jene dem Common Law zugehörigen Rechtsordnungen wesentlich, da hier der Geltungsbereich des Strafrechts im Rahmen des Verfassungsrechts behandelt wird.[6]

So enthält die **amerikanische** Verfassung in Art. 3, section 2 und im 5. und 6. Amendment diesbezügliche Bestimmungen.[7] Im Bundesstrafgesetzbuch finden sich allgemeine Vorschriften über die *maritime jurisdiction* des Bundes (Title 18 Crimes and Criminal Procedure - 18 U.S.C. § 7). Zudem enthält es im

---

[6] *Oehler*, Internationales Strafrecht, 1973, S. 28 ff.
[7] *US-Verfassung*: http://law.onecle.com/constitution/article-3/index.html.

Rahmen der einzelnen Delikte mitunter Hinweise auf den Begehungsort.[8] Auch auf der Ebene der Gesetzgebungen der einzelnen Bundesstaaten finden sich fast immer Vorschriften über den Geltungsbereich des Strafrechts, insbesondere hinsichtlich des Cyberspace.[9] In den USA sind auf der föderalen Ebene folgende Anknüpfungspunkte zu nennen: das Territorialitätsprinzip (territoriality nexus), das Personalitätsprinzip (personality nexus), das Schutzprinzip (protective nexus) und das Universalitätsprinzip (universality nexus).[10] Die amerikanische Verfassung bildet die Grundlage des Strafanwendungsrechts.[11]

Die **deutsche** Doktrin unterscheidet zwischen sieben Anknüpfungspunkten staatlicher Strafgewalt, die sich in zwei Gruppen unterteilen lassen. Die erste Gruppe beruht auf dem Gedanken des Selbstschutzes des Staates, wozu das Territorialitätsprinzip, das Schutzprinzip (Realprinzip) und das passives Personalitätsprinzip zu zählen sind. Die zweite Gruppe basiert auf der Idee der Solidarität der Staaten, worunter das Kompetenzverteilungsprinzip, das aktive Personalitätsprinzip, das Prinzip der stellvertretenden Strafrechtspflege und der Weltrechtsgrundsatz (Universalitätsprinzip) fallen.[12]

Nach der herrschenden Meinung in der **russischen** strafrechtlichen Doktrin sind nur vier Strafanwendungsgrundsätze anerkannt, nämlich das Territorialitätsprinzip, das Schutzprinzip (Realprinzip), das Personalitätsprinzip und das Universalitätsprinzip.[13] Allerdings wird zuweilen auch eine Einteilung in fünf Anknüpfungsgrundsätze befürwortet und dabei zwischen einem aktiven und einem passiven Personalitätsprinzip unterschieden.[14] Letztlich umfasst das Universalitätsprinzip nach dem russischen Verständnis das in Deutschland anerkannte Kompetenzverteilungsprinzip, das Prinzip der stellvertretenden Strafrechtspflege und den Weltrechtsgrundsatz. Das Schutzprinzip wird in Russland weit ausgelegt und umfasst sowohl das Realprinzip als auch das passive Personalitätsprinzip nach deutschem Verständnis.

---

[8] Title 18 Crimes and Criminal Procedure, section 7. Special maritime and territorial jurisdiction of the United States; *Oehler*, Internationales Strafrecht, 1973, S. 28 ff.
[9] Z.B. *W. Va. Code Ann.* § 61-3C-20, 2004.
[10] CFAA 1984, 18 U.S.C. § 1030 (e) (2) (B); *Ray August*, International Cyber-Jurisdiction, ABLJ 2002, S. 536 ff.; *Brenner/Koops*, Approaches to Cybercrime Jurisdiction, 2004, S. 5 ff.; *Oehler*, Internationales Strafrecht, 1973, S. 167, 466 ff.
[11] *US-Verfassung*: http://law.onecle.com/constitution/.
[12] *Oehler*, Internationales Strafrecht, 1973, S. 133 ff.
[13] *D'jakov*, Kommentarii k UKRF, 2008, S. 36 ff.; *Naumov*, Rossijskoe Ugolovnoe Pravo, 2007, S. 236 ff.; *Korobeev*, Polnij Kurs Ugolovnogo Prava, 2008, S. 763 ff.; *Kruglikov*, Kommentarii k UKRF, 2005, S. 30 ff.; *Paramonova*, Extraterritorial jurisdiction in Russia, 2011 S. 297–315.
[14] *Bogusch*, Ugolovnij Zakon, 2011, S. 78 ff.

5.3.1 Territorialitätsprinzip

5.3.1.1 Allgemeines

Das Territorialitätsprinzip, das allen Staaten weltweit eigen ist, wird als „das gerechteste und am unmittelbarsten einsichtige Prinzip des internationalen Strafrechts"[15] bezeichnet, denn bei einer Bestrafung am Tatort kann dem lokalen sozialen, kulturellen und wirtschaftlichen Hintergrund der Tat am besten Genüge getan werden, da Richter, Staatsanwälte und Verteidiger denselben kulturellen Hintergrund aufweisen wie der Täter.[16]

Durch die Anknüpfung an das staatliche Territorium dokumentiert der Staat nach außen sein Interesse an der Aufrechterhaltung des inneren Friedens und der Sicherheit auf dem eigenen Staatsgebiet und verwirklicht damit einen Teil seiner Souveränität.[17] Dadurch werden Jurisdiktionskonflikte vermieden, weil der Staat sich damit an der Grundform der vorgegebenen Ordnung staatlicher Souveränitätsbereiche orientiert.[18] Auf die Staatsangehörigkeit des Täters kommt es nicht an.[19] Das Territorialitätsprinzip genießt ein Höchstmaß an völkerrechtlicher Anerkennung und hat in der Hierarchie der Anknüpfungsprinzipien grundsätzlich Vorrang.[20]

Wie ist jedoch die Situation zu beurteilen, wenn der strafrechtsrelevante Raum – der *Cyberspace* – nicht mehr in traditionelle Territorialbereiche untergliedert werden kann? Denn bei der Cyberspacekriminalität ist der Regelfall eher die Betroffenheit der Interessen mehrerer Staaten als eines einzelnen, insbesondere beim Verbreiten von Computerviren oder von illegalen Inhalten im Internet. Hier ist hervorzuheben, dass dem Territorialitätsgrundsatz keineswegs immer eine führende Rolle zukam. Vielmehr wurde schon seit über 100 Jahren darauf

---

15 *Oehler*, Internationales Strafrecht, 1973, S. 133.
16 *Lehle*, Der Erfolgsbegriff im Internet, 1999, S. 40.
17 *Oehler*, Internationales Strafrecht, 1973, S. 155; *Scholten*, Das Erfordernis der Tatortstrafbarkeit, 1995, S. 37; *Lewis*, Foreign Jurisdiction and the Extradition of Criminals, 1857; *Ray August*, International Cyber-Jurisdiction, ABLJ 2002, S. 536 ff. Gemäß dem Art. 4 Abs. 1, 67 der *Verfassung RF* 1993: „die Souveränität Russischer Föderation erstreckt sich auf ihr ganzes Territorium".
18 *Ambos*, Internationales Strafrecht, 2008, S. 75; *Razumov*, Kommentarii k UKRF.
19 *Ambos*, Internationales Strafrecht, 2008, S. 25; *Naumov*, Rossijskoe Ugolovnoe Pravo, 2007, S. 231.
20 Erklärung über die Grundsätze des Völkerrechts betreffend die freundschaftlichen Beziehungen und die Zusammenarbeit unter den Staaten in Übereinstimmmung mit der Charta; Art. 3, 4, 5 des Entwurfes der „*European Convention on Conflicts of Jurisdiction in Criminal Matters*", 1965; *Ambos*, Internationales Strafrecht, 2008, S. 75.

5.3 Strafanwedungsprizipien im Überblick

hingewiesen, dass er nur eines von mehreren Prinzipien ist und nicht einmal den Ausgangspunkt für das internationale Strafrecht darstellt.[21]

Bezüglich der Anwendung des Territorialitätsprinzips auf das Internet wird in der deutschen, russischen und amerikanischen Literatur der Standpunkt vertreten, dass der Zweck der Anwendbarkeit dieses Prinzips in seinem klassischen Sinne im Hinblick auf zumindest einige Internetstraftaten (vor allem bei der Verbreitung strafbarer Internet-Inhalte) hinfällig ist.[22] Dem ist jedoch entgegen zu halten, dass sowohl durch entsprechende **gesetzliche Regelungen** als auch durch seine adäquate **Auslegung** das traditionelle Territorialprinzip in den jeweiligen nationalen Rechtsordnungen an die Erfordernisse des Cyberraums angepasst werden kann, etwa durch eine spezifische Interpretation des Handlungsorts bei Inhaltsverbreitungsdelikten.

Auf internationaler Ebene finden sich Zuständigkeitsregeln für den Cyberspace in der **Cybercrime-Konvention**. Darin wird dem Territorialitätsgrundsatz Vorrang eingeräumt.

Gemäß Art. 22 Abs. 1, a der Konvention sind die Vertragsstaaten verpflichtet, erforderliche gesetzgeberische und andere Maßnahmen zu treffen, um ihre Gerichtsbarkeit für jene Fälle zu begründen, in denen die Straftat in ihrem Hoheitsgebiet begangen wurde. Jedoch dienen die Regeln der Konvention weder der Lösung von Jurisdiktionskonflikten im Bereich der Computerkriminalität, noch enthalten sie eine Definition des Territoriums im Cyberspace. Nach den Jurisdiktionsbestimmungen der Konvention (Art. 22 Abs. 4) sind neben den in ihr ausdrücklich genannten auch andere durch das nationale Recht vorgesehene Anknüpfungspunkte (etwa Erfolgsortsklauseln) zulässig.

Im **Entwurf einer Europäischen Konvention über Zuständigkeitskonflikte in Strafsachen**[23] werden mit der Erstellung einer Rangfolge der völkerrechtlich anerkannten Anknüpfungsprinzipien auch die einzelnen „Bestandteile" des Territorialitätsgrundsatzes hierarchisiert. Gemäß Art. 3 Abs. 3 des Entwurfes geht der Ort der Haupthandlung dem der Beihilfehandlung und dem Erfolgsort vor.

---

[21] *Binding*, Hanbuch des Strafrechts, 1885, S. 372, dgg.: *Oehler*, Internationales Strafrecht, 1973, S. 130, 153: die Ansicht von Binding widerspricht dem modernen Souveränitätsbegriff; das Gebiet ist ein essentiale, Abwehrrecht des Staates in innere Angelegenheiten durch einen fremden Staat.

[22] *Bremer*, Strafbare Internet-Inhalte, 2001, S. 114, 173; *Guinchard*, Criminal Law in the 21-st century, 2007, S. 1 ff.; *Babarykin/Kitaev*, Informazionnaja bezopasnost Rossii, 2001, S. 40-41; *Grinuyk*, Pravo i Internet, 2004.

[23] *Draft European Convention on Conflicts of Jurisdiction in Criminal Matters"*, 1965.

Grundsätzlich „macht eine völkerrechtlich-rechtsvergleichende Betrachtung deutlich, dass der Territorialitätsgrundsatz **nirgendwo absolut** in dem Sinne anerkannt ist, dass das nationale Strafrecht tatsächlich von Geltungsbereichsausdehnungen absieht."[24]

Folglich wird die extraterritoriale Anwendung im Rahmen des Territorialitätsprinzips als eine Ausnahme anerkannt. Jedoch ändert sich beim Cyberraum der Ausgangspunkt grundlegend: die Straftat als lokale Angelegenheit stellt gerade nicht mehr den Regelfall dar.[25]

Die extraterritorialen Unterkategorien des Territorialitätsprinzips, wie der „Handlungsort" (commencement nexus[26]) im technischen Sinne (z.B. der Standort des Servers) oder der „Erfolgsort" (effects nexus[27]), fallen in den meisten Fällen auseinander (etwa bei der Computervirenverbreitung oder bei Inhaltsverbreitungsdelikten). Diese Unterkategorien des Territorialitätsprinzips gewinnen zunehmend als selbstständige Legitimationsgründe an Bedeutung, weil sie in Anbetracht ihrer Flexibilität der Natur des grenzlosen Cyberraums eher entsprechen. Andererseits besteht die Gefahr, dass solche technischen Anknüpfungspunkte an ein Territorium auf eine bloße Formalität hinauslaufen können, welche die Möglichkeit eröffnen, unbequeme' Zuständigkeiten zu umgehen.

Zwar ist es zutreffend, dass jene fest in den juristischen Traditionen verankerte Vorstellung weiterhin gültig bleibt, wonach das Territorialitätsprinzip „seine zentrale Stellung im internationalen Strafrecht niemals verlieren wird".[28] Jedoch sind bestimmte Modifikationen im Bezug auf den Cyberraum unvermeidbar, sei es auf der legislativen Ebene oder (bei Untätigkeit des Gesetzgebers) im Wege richterlicher Auslegung. Denn die traditionellen Kriterien des Territoriums sind im Cyberspace in nur begrenztem Umfang anwendbar.

---

[24] *Ambos*, Internationales Strafrecht, 2008, Rn. 5; *Lotus-Fall*, C.P.J.I. Ser. A. No. 10, 1927.
[25] *Harvard Research. Jurisdiction with Respect to Crime*, 1935), S. 484 ff.: "with the increasing facility of communication and transportation, the opportunities for committing crimes whose constituent elements take place in more than one State have grown apace."
[26] *Ray August*, International Cyber-Jurisdiction, ABLJ 2002, S. 537.
[27] *Ray August*, International Cyber-Jurisdiction, ABLJ 2002, S. 537.
[28] *Oehler*, Internationales Strafrecht, 1973, S. 157; *Kelsen*, Principles of International Law, 1952, S. 128 ff: sieht die anderen Prinzipien als Ausnahmen zum Territorialitätsgrundsatz; *Razumov*, Kommentarii k UKRF; *Naumov*, Rossijskoe Ugolovnoe Pravo, 2007, S. 231 ff.

5.3.1.2 Vergleichstabelle

Tabelle 4: Territorialitätsgrundsatz im Bezug auf Cybercrime (z.B. Inhaltsverbreitungs- und Äußerungsdelikte; Computersysteme- und Datenschutzdelikte)

	Deutschland	Russland	USA
Rechtliche Regulierung	§§ 3, 9 StGB (Ubiquitätsprinzip)	Art. 11 UKRF (Handlungsortprinzip)	– Spezielle Gesetzgebung Bundesebene: Computer Fraud and Abuse Act, Title 18 U.S.C. § 1030 (e) (2) Staatenebene: z.B. Arkansas: Code Ann. § 5-27-606 (2003)
Doktrin	– Ubiquitätstheorie – Handlungstheorie – Erfolgstheorie – Theorie des Zwischenerfolgs	– Ubiquitätstheorie – Handlungstheorie – Erfolgstheorie	– -Ubiquitätstheorie – -Handlungsort – -Erfolgstheorie (effects nexus)
In der Praxis durchsetzbares Konzept	– Ubiquitätstheorie	– Handlungstheorie	– -Ubiquitätstheorie

5.3.1.3 Die deutsche, russische und amerikanische Zuständigkeitsregulierung im Cyberraum nach dem Territorialitätsgrundsatz

Nach dem deutschen und russischen Strafrecht gelten im Bezug auf das Territorium im Cyberraum die für traditionelle Straftaten territorialitätsbestimmenden Strafanwendungsregeln (§§ 3, 9 StGB, Art. 11 UKRF). Dagegen enthält die US-amerikanischen Gesetzgebung spezielle Regelungen für die territoriale Zuständigkeit im Internet (CFAA § 1030ff.).[29]

Territorialität hat im Bezug auf den Cyberspace in den nationalen Rechtsordnungen unterschiedliche Grenzen. Aufgrund der unterschiedlichen rechtlichen Ausgestaltung des Territorialitätsgrundsatzes sind innerhalb einer bestimmten Rechtsordnung auch die Grenzen der anderen Strafanwendungsprinzipien zu betrachten.

Hinsichtlich der hier untersuchten Staaten ist zu prüfen, ob Konstellationen, die nach dem Strafrecht eines Staates unter territoriale Strafanwendungsregeln subsumiert werden, in anderen Rechtsordnungen eventuell unter den Regelungs-

---

[29] *CFAA* 1984, 18 U.S.C. § 1030 (e) (2) (B).

bereich anderer Legitimierungsprinzipien (etwa unter das Schutzprinzip) fallen könnten.

5.3.1.3.1 Deutschland

a) Allgemeines

Der Territorialitätsgrundsatz ist seit 1975 in § 3 StGB wieder als **grundlegendes Prinzip** verankert. Mit Inkrafttreten des 2. StrRG am 01.01.1975[30] kehrte das Strafrecht der BRD wieder zum Rechtszustand vor 1940 zurück, womit der Territorialitätsgrundsatz „seinen Platz als Grundprinzip des deutschen internationalen Strafrechts zurückerhielt"[31]. Der deutsche Gesetzgeber hat den Territorialitätsgrundsatz zum Haupt- und Ausgangspunkt für die Anknüpfung des Geltungsbereichs des staatlichen Strafrechts gemacht.[32]

Allerdings wird darauf hingewiesen, dass die in den §§ 4-7 StGB geregelten Durchbrechungen des Territorialitätsgrundsatzes so zahlreich sind, dass von einem „Grundsatz" kaum noch die Rede sein kann.[33] Gleichwohl darf nicht übersehen werden, dass sich kaum ein Strafrechtssystem bloß mit dem Territorialitätsprinzip zufrieden gibt, ohne daneben auf weitere legitimierende Grundsätze zurückzugreifen.

Im deutschen Strafanwendungsrecht bildet das Territorialitätsprinzip den Ausgangsgrundsatz (§§ **3, 9 StGB**). Es ist zu bejahen, wenn die Sondervorschriften der §§ 4-7 StGB keine Anwendung finden.

b) Ubiquitätsprinzip

Nach der in Deutschland geltenden Fassung des Territorialprinzips findet das deutsche Strafrecht bei Taten[34] Anwendung, „die im Inland begangen werden" (§ 3 StGB), unabhängig von der Staatsangehörigkeit des Täters. Anknüpfungspunkt ist der **Tatort**.[35]

Die Frage, an welchem Ort eine Straftat als begangen gilt, regelt § 9 StGB. Dem § 9 StGB liegt das sog. **Ubiquitätsprinzip** (Einheitstheorie) zugrunde,

---

[30] 2. StrG v. 4.7. 1969; BGBl. I 1969, S. 717.
[31] *Lehle*, Der Erfolgsbegriff im Internet, 1999, S. 47.
[32] *Oehler*, Internationales Strafrecht, 1973, S. 152 ff.; *Schönke/Schröder/Eser*, StGB, 2010, § 3 Rn. 1; *Malek*, Strafsachen im Internet, 2005, S. 8 ff.
[33] *Ambos*, Internationales Strafrecht, 2008, Rn. 10; *Vogler*, Geltungsanspruch und Geltungsbereich der Strafgesetze, 1970, S. 155.
[34] Zu dem Tatbegriff im transnationalen Strafanwendungsrecht siehe: Walther, JuS 2011, S. 204 ff.
[35] Wessels/Beulke, Strafrecht AT, 2011, Rn. 62 ff.

5.3 Strafanwedungsprizipien im Überblick

wonach vom Tatort sowohl der Ort der Begehung der Tathandlung (*Handlungsort*) als auch der Ort des tatbestandsmäßigen Erfolgs (*Erfolgsort*) umfasst sind. Zunächst wird an den Tätigkeitsort angeknüpft, der als "jeder Ort, an dem der Täter gehandelt hat" bezeichnet wird (§ 9 I Alt. 1) oder „im Falle des Unterlassens hätte handeln müssen" (§ 9 I Alt. 2). In § 9 I Alt. 3 ist der dem Tatort gleichgestellte „Erfolgsort" definiert als der „Ort, an dem der zum Tatbestand gehörende Erfolg eingetreten ist *oder* nach der Vorstellung des Täters eintreten sollte".

Die Bestimmung des Tatorts war lange umstritten. Mit der Zeit hat sich allerdings, auch in der deutschen Rechtsprechung zu Internetstraftaten, die Ubiquitätstheorie durchgesetzt, u.a. bei inhaltsbezogenen Straftaten (siehe Fall *„Australier"*).[36]

In Rechtsprechung[37] und Lehre wird die Ubiquitätstheorie damit begründet, dass Handlung und Erfolgseintritt letztlich nur zwei gleichwertige Bestandteile eines Ganzen seien, die nur durch ihre Aufeinanderbezogenheit ihren strafrechtlichen Sinn verwirklichten.[38] Außerdem lässt sich für die Ubiquitätstheorie auch das inländische Schutzbedürfnis bzw. das Streben nach Rechtssicherheit ins Feld führen. Einerseits sind inländischen Straftaten durch die Bestimmung des Handlungsorts sanktioniert, andererseits erlaubt es die Berücksichtigung des Erfolgsorts, die „vom Ausland hereinbrechenden" Taten strafrechtlich zu erfassen.[39]

In der deutschen Literatur finden sich weitere Theorien. Vertreten wird dort vor allem die Handlungstheorie (Tätigkeitstheorie)[40], die Erfolgstheorie[41] sowie die Theorie von der Zwischenwirkung (Theorie der langen Hand).[42]

Die Vertreter der **Handlungstheorie** (Tätigkeitstheorie) stellen auf den Ort ab, an dem körperlich gehandelt wurde. Die **Erfolgstheorie** besagt, dass die Tat allein an dem Ort begangen wurde, an dem der strafrechtlich relevante Erfolg eintritt. Bei der **Theorie von der Zwischenwirkung** wird auf den Handlungsort abgestellt, der Begriff der Handlung aber dahingehend erweitert, dass zur Hand-

---

[36] Siehe Kapitel 2 Fälle und Entscheidungen, S. 38 und Kapitel 6 Falllösungen (*Fall „Australier"*), S. 244; BGHSt 46, 212; siehe dazu: *Götting*, Kriminalistik 2007, S. 615 ff.
[37] BGHSt 46, 212.
[38] *Lehle*, Der Erfolgsbegriff im Internet, 1999, S. 52; *Oehler*, Internationales Strafrecht, 1973, S. 210.
[39] *Lehle*, Der Erfolgsbegriff im Internet, 1999, S. 52.
[40] *Lehle*, Der Erfolgsbegriff im Internet, 1999, S. 50; *Meili*, Internationales Strafrecht, 1910, S. 120 ff.; *Gribbohm*, LK 1997, § 9, Rn. 4.
[41] *Liszt*, Lehrbuch, S. 132 ff.
[42] *Oehler*, Internationales Strafrecht, 1973, S. 151 ff.; *Krapp*, Distanzdelikt im internationalen Strafrecht, 1977, S. 15 ff.; *Kohler*, Internationales Strafrecht, 1917, S. 109 ff.

lung und damit zum Handlungsort auch die in Bewegung gesetzten und als Werkzeug benutzten Kräfte (fingierte „lange Hand") bis zur Einwirkung auf das Schutzobjekt berücksichtigt werden.[43]

b1) Handlungsort

Im Zentrum des Territorialitätsprinzips steht also der Handlungsort.
Nach dem traditionellen Strafanwendungsrecht, wie es auch § 9 I Alt. 1 vorschreibt, ist auf den Ort abzustellen, an dem der Täter körperlich gehandelt hat. Das deutsche Strafrecht gilt nach § 9 II S. 2 auch für Teilnehmer, die sich im Inland an einer Auslandstat beteiligen, auch wenn die Tat nach dem Recht des Tatortes nicht mit Strafe bedroht ist.

Allerdings ist die Situation bei den transnationalen Inhaltsverbreitungsdelikten und Computersystem- und Datenschutzdelikten anders als bei traditionellen Verbrechen. Während bei traditionellen Delikten **das körperliche Handeln** (wegen der physischen Präsenz des Täters und der normalerweise vor Ort bewirkten schädlichen Konsequenzen) automatisch als genügender Grund für die Rechtsanwendung angesehen wird, würde man solches Handeln bei entsprechenden Internetdistanzdelikten in manchen Fällen überhaupt nicht als verfolgungswürdig anerkennen. Dies gilt beispielsweise, wenn der Täter von einem in Deutschland stehenden Computer eine Tat (z.B. Verbreitung illegaler Inhalte im Internet per E-Mail) begeht, die sowohl im Ausland als auch in Deutschland grundsätzlich mit Strafe bedroht ist.

In Deutschland wird solches Verhalten jedoch kaum verfolgt, weil für die Anwendung des deutschen Strafrechts aufgrund des Territorialitätsprinzips normalerweise irgendwelche negative Auswirkungen (z.B. zumindest das Vorliegen einer abstrakt-konkreten Gefahr durch einen offenen Zugang zu den verbotenen Inhalten) auf inländische Rechtsgüter als notwendig erachtet werden. Oftmals ist bei Internetkriminalität der Auswirkungsgrundsatz – formal gesehen ein territorialer Legitimierungsgrundsatz, in der Konsequenz hier jedoch **ein extraterritorialer Anknüpfungspunkt** – einschlägig.

Der Auswirkungsgrundsatz als Legitimierungsprinzip scheint demnach bei Internetdelikten wichtiger als der Handlungsort zu sein. Hingegen würde der Tatort im traditionellen Sinne eines ‚physischen Handelns' (hier der Standort des Computers des Täters) in vielen Fällen keinen genügenden Verfolgungsgrund bieten, obwohl nach § 3 i.V.m. § 9 dies durchaus zu rechtfertigen wäre.

---

[43] *Veit Busse-Muskala*, Strafbarkeit inkriminierter Inhalte, 2006, S. 20 ff.

b2) Erfolgsort

Als zweiter Bestandteil des Territorialitätsprinzips führt auch der Erfolgsort zur territorial begründeten Legitimierung der Anwendung des deutschen Rechts. Der Erfolgsort ist gemäß § 9 I StGB hinsichtlich jenes Ortes zu bejahen, an dem der strafrechtlich relevante Erfolg eingetreten ist. Um die Frage der deutschen Strafrechtszuständigkeit bei transnationalen Inhaltsverbreitungs- und Äußerungsdelikten sowie Computersystem- und Datenschutzdelikten im Internet zu klären, ist zu untersuchen, was unter dem „zum Tatbestand gehörenden Erfolg", zu verstehen ist.

Dabei ist es wichtig, den **„zum Tatbestand gehörenden Erfolg"** i.S.d. § 9 I Alt. 3 StGB vom **„Erfolg"** im Sinne der Folgen einer Tathandlung abzugrenzen.[44] Dieses Differenzierungskonzept entspricht der vom BGH vertretenen Ansicht.[45] Die Bejahung des „zum Tatbestand gehörenden Erfolgs" führt zur Legitimierung der Anwendung des deutschen Strafrechts auf der Grundlage des Territorialitätsprinzips. Hingegen entspricht nicht jede Folge einer Tathandlung in der Außenwelt ('Erfolg' im Sinne der allgemeinen Tatbestandslehre) notwendigerweise einem tatortsbegründenden Erfolg.[46]

Im Schrifttum werden allerdings diese zwei Erfolgs-Kategorien nicht immer auseinander gehalten.[47] Jedoch ist diese Differenzierung notwendig, denn stellt man den „zum Tatbestand gehörenden Erfolg" mit dem „Erfolg" im generellen strafrechtsdogmatischen Sinne gleich, so kann dies zu einer sehr weiten unbegründeten Interpretation des Territorialitätsprinzips führen.

Der *„zum Tatbestand gehörende Erfolg"* taucht im StGB an drei Stellen auf, nämlich in § 9 I Alt. 3 StGB (Strafanwendungsrecht), in § 13 I StGB (Strafbarkeit von Unterlassungen) und in § 78 a StGB (Verjährungsbeginn). Das Merkmal „zum Tatbestand gehörender Erfolg" soll lediglich klarstellen, dass „der Eintritt des Erfolges in enger Beziehung zum Straftatbestand zu sehen ist",[48] stellt hingegen keine Begrenzung des § 9 I Alt. 3 StGB auf Erfolgsdelikte dar.[49]

Dagegen kann der *Erfolg i.S.d. allgemeinen Tatbestandslehre* in einem weiteren und in einem engeren Sinne verstanden werden.[50]

---

[44] *Endemann*, NJW 1966, S. 2382.
[45] BGHSt 46, 212.
[46] BGHSt 20, 45, 51; *Satzger*, NStZ 1998, S. 113; *Endemann*, NJW 1966, S. 2382.
[47] *Cornils*, JZ 1999, S. 396 ff.; *Klengel/Heckler*, CR 2001, S. 248.
[48] BGHSt 46, 212.
[49] *Sieber*, NJW, S. 2065, 2069; BGHSt 46, 212; siehe dazu: *Walther*, JuS, S. 205 ff.
[50] Zum dem Begriff der „Tat" im Strafanwendungsrecht siehe: *Walther*, JuS, S. 203 ff.

Einen *Erfolg i.w.S.* hat grundsätzlich jedes vollendete Delikt. Der Erfolg in diesem Sinne liegt schlicht in der Erfüllung des Tatbestandes. Die bloße Handlung des Täters ist damit dem Erfolg i.w.S. gleichzusetzen. Der *Erfolg i.e.S.* reicht über die bloße Handlung hinaus. Eine von der Handlung abgrenzbare Wirkung ist erforderlich,[51] was, wie bereits gesagt, aber noch nicht zwingend bedeutet, dass es sich dabei um einen „zum Tatbestand gehörenden Erfolg" i.S.d. § 9 I Alt. 3 StGB handelt.

c) Erfolgsort von Inhaltsverbreitungs- und Äußerungsdelikten im Internet

Besonders problematisch ist es, die Grenzen des Erfolgsorts im Kontext der transnationalen Inhaltsverbreitungs- und Äußerungsdelikten im Internet zu bestimmen, da bei diesen *Handlungs- und Erfolgsort auseinander fallen.* Wenn beispielsweise der Erfolg in Deutschland (Abrufbarkeit verbotener Inhalte) infolge des Handelns eines Täters im Ausland (das Speichern verbotener Inhalte auf einem ausländischen Server) eingetreten ist, so liegt der Handlungsort im Ausland.

Hier stellt sich die Frage der Reichweite des Territorialitätsprinzips i.V.m. dem Ubiquitätsprinzip, und zwar bei der Frage, inwieweit sich der „zum Tatbestand gehörenden Erfolg" ausdehnt. Auf die Bestimmung des Erfolgsorts soll deliktspezifisch (nach Deliktsgruppen) eingegangen werden.

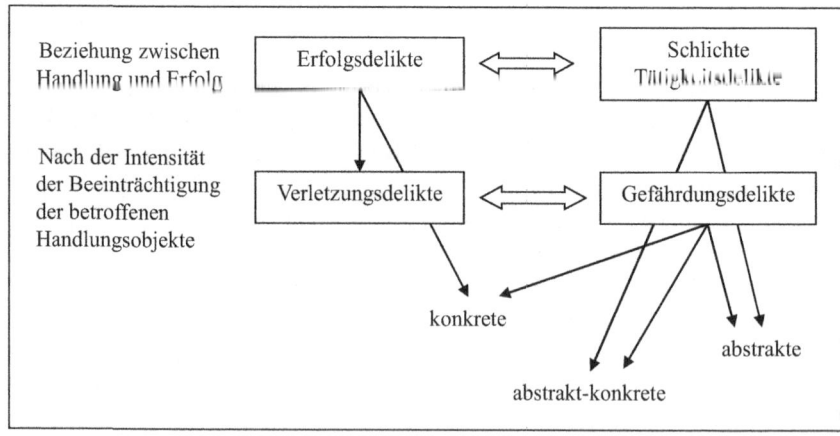

Abbildung 7: Zur Einteilung der Delikte (Erfolgs- und Tätigkeitsdelikte / Verletzungs- und Gefährdungsdelikte)

---

[51] *Lehle,* Der Erfolgsbegriff im Internet, 1999, S. 56; *Martin,* ZRP 1992, S. 21.

5.3 Strafanwedungsprizipien im Überblick 139

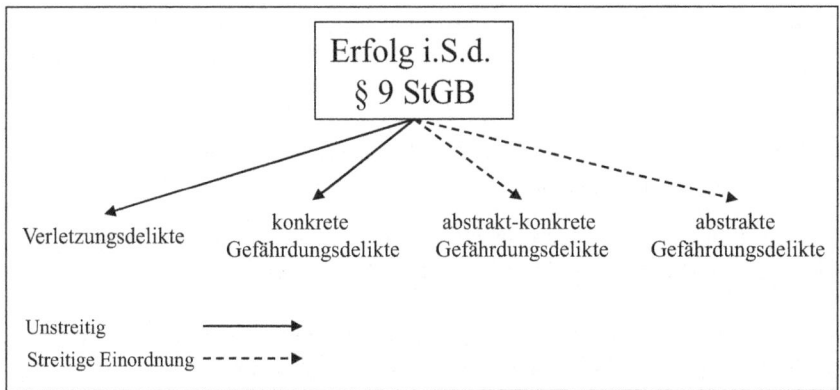

Abbildung 8: Zur Meinungsübersicht zum Vorliegen eines Erfolgs i.S.d. § 9 StGB bei Verletzungsdelikten, konkreten, abstrakt-konkreten und abstrakten Gefährdungsdelikten

c1) Erfolgs- und Tätigkeitsdelikte / Verletzungs- und Gefährdungsdelikte[52]

Nach der Beziehung zwischen Handlung und Erfolg werden **Erfolgsdelikte und Tätigkeitsdelikte** unterschieden.[53] Auf die Intensität der Beeinträchtigung des betroffenen Handlungsobjekts stellt die Einteilung in **Verletzungs- und Gefährdungsdelikte** ab.[54]

Hinsichtlich der ersten Klassifikation ist es jedoch umstritten, ob sich alle Delikte tatsächlich klar in Erfolgs- und schlichte Tätigkeitsdelikte einteilen lassen.[55]

Gefährdungsdelikte werden grundsätzlich in *konkrete* und *abstrakte* unterteilt. Hinsichtlich der abstrakten Gefährdungsdelikte wird in Teilen des Schrifttums bestritten, dass sie als abstrakt-konkrete und als rein abstrakte auftreten können.[56] Mitunter wird zwischen ihnen nicht differenziert, sondern sie werden unter eine einheitliche Kategorie „abstrakte Gefährdungsdelikte" gefasst.[57] Al-

---
[52] Siehe Anhang (*Tabelle 6*), S. 307 ff.
[53] *Wessels/Beulke*, Strafrecht AT, 2011, Rn. 22.
[54] *Wessels/Beulke*, Strafrecht AT, 2011, Rn. 26; *Hörnle*, in: Münchener Kommentar, § 184 StGB, Rn. 108.
[55] *Roxin*, AT, 2008, § 10 Rn. 104.
[56] *Satzger*, NStZ 1998, S. 116: abstrakt-konkrete Gefährdungsdelikte als „abstrakte Gefährdungsdelikte mit objektiver Strafbarkeitsbedingung" genannt; *Sieber*, NJW, S. 2071 ff.; *Lehle*, Der Erfolgsbegriff im Internet, 1999, S. 102; *Hilgendorf*, NJW 1997, S. 1873; *Schönke/Schröder/Eser*, StGB, 2010, § 9 Rn. 6; *Jescheck/Weigend*, AT, § 18.
[57] *Tiedemann/Kindhäuser*, NStZ 1988, S. 337, 346; *Cornils*, JZ 1999, S. 394 ff.; OLG München StV 1991, 504: *Fischer*, StGB, § 9 Rn. 3; *Lackner/Kühl*, § 9 Rn. 2; *Jakobs*, AT, 1991, S. 117.

lerdings hat sich die dreistufige Aufteilung in *konkrete, abstrakt-konkrete und rein abstrakte Gefährdungsdelikte* in Rechtsprechung[58] und Literatur[59] weitgehend durchgesetzt.

1) Erfolgsdelikte: Verletzungsdelikte und konkrete Gefährdungsdelikte (unumstrittene Deliktsgruppen)

Im Schrifttum und Rechtsprechung besteht hinsichtlich der *Verletzungs-* und *konkreten Gefährdungsdelikte* weitestgehend Einigkeit, dass sie einen Erfolg aufweisen.[60]

Bei diesen Delikten (auch bei bestimmten Äußerungsdelikten sowie bei Computersystem- und Datenschutzdelikten) wird also sowohl ein „zum Tatbestand gehörender Erfolg" i.S.d. § 9 I StGB als auch ein Erfolg i.S.d. allgemeiner Tatbestandslehre bejaht.

Bei dieser Gruppe der Erfolgsdelikte lässt sich der Erfolg als das gedanklich „räumlich-zeitlich" von der Handlung Abgrenzbare definieren.[61] Als tatbestandsmäßige Erfolge in der Außenwelt werden dabei der Eintritt der Rechtsgutsverletzung beziehungsweise „eine Schädigung des in Betracht kommenden Handlungsobjekts, d.h. eine reale Werteinbuße"[62] (*Verletzungsdelikte*) oder das Vorliegen einer konkreten Gefahr, bei der das Ausbleiben oder der Eintritt eines Schadens nur noch vom Zufall abhängt (*konkrete Gefährdungsdelikte*), angesehen.[63]

Auch der **BGH** nimmt einen tatbestandsmäßigen Erfolg sowohl bei Verletzungs- als auch bei konkreten Gefährdungsdelikten an.[64]

Die deutsche Strafrechtszuständigkeit wäre also etwa durch das Platzieren von nach deutschem Strafrecht illegalen Materialien auf einem ausländischen Server begründet, wenn es sich dabei entweder um Verletzungs- (z.B. Beleidigung, § 185 StGB) oder konkrete Gefährdungsdelikte (z.B. Verunglimpfung des Staates und seiner Symbole, § 90a StGB) handelt und von Deutschland einen

---

[58] BGHSt 46, 212; OLG Braunschweig NStZ-RR 01,42; BayObLG, JR 01, 475.
[59] *Collardin*, CR 1995, S. 618: zur Auschwitzlüge, wenn der Täter in Deutschland wirken will; *Kuner*, CR 1996, S. 455; *Beisel/Heinrich*, JR 1996, S. 95; *Martin*, ZRP 1992, S. 19: zu grenzüberschreitenden Umweltdelikten; *Fischer*, StGB, § 13, Rn. 13, 13a.
[60] *Fischer*, StGB, § 13, Rn. 13, 13a, § 9, Rn. 3; *Jescheck/Weigend*, AT; § 26 II 1a; *Jakobs*, AT, 1991, S. 117; *Hilgendorf* NJW 1997, S. 1873, 1875; *Cornils*, JZ 1999, S. 396; *Klengel/Heckler*, CR 2001, S. 248.
[61] *Lehle*, Der Erfolgsbegriff im Internet, 1999, S. 55.
[62] *Wessels/Beulke*, Strafrecht AT, 2011, Rn. 27.
[63] *Satzger*, NStZ 1998, S. 114; *Fischer*, StGB, § 9 Rn. 3; *Roxin*, AT, 2008, § 10 Rn. 102.
[64] BGHSt 46, 212.

Zugriff auf diese Server besteht. Als Beispiel für ein Verletzungsdelikt im Internet kann zudem die Computersabotage (§ 303b StGB) dienen. Auch der gefährliche Eingriff in den Bahn-, Schiffs- und Luftverkehr (§ 315 StGB) mittels Internet repräsentiert ein konkretes Gefährdungsdelikt.

Folglich kann festgehalten werden, dass bei den Erfolgsdelikten (Verletzungs- und konkreten Gefährdungsdelikten) der tatbestandsmäßige Erfolg auch im Falle eines ausländischen Handlungsorts grundsätzlich (auch) in Deutschland eintreten kann. Bei diesen Delikten ergibt sich die Betroffenheit eines bestimmten Staates bereits aus der klar identifizierbaren Gefahr für eigene Rechtsgüter. Die Anwendung des nationalen Rechts aufgrund des Territorialitätsprinzips ist mithin unproblematisch.

2) Tätigkeitsdelikte: abstrakt-konkrete und abstrakte Gefährdungsdelikte (umstrittene Deliktsgruppen)

Dagegen ist bei den *Tätigkeitsdelikten* im Internet (*abstrakte*[65] und *abstrakt-konkrete*[66] *Gefährdungsdelikte)* umstritten, ob sie einen „zum Tatbestand gehörenden Erfolg" i.S.d. § 9 I StGB aufweisen können, um die deutsche Zuständigkeit auf der Grundlage des Territorialitätsprinzips zu legitimieren.[67]

Im Bezug auf die Inhaltsverbreitungsdelikte kann der Erfolg potentiell hinsichtlich jedes Ortes der Welt angenommen werden, soweit Zugang zum Internet besteht und die fraglichen Inhalte von dort abrufbar sind.

Tätigkeitsdelikte werden den Erfolgsdelikten gegenübergestellt.[68] Bei ihnen hat sich der Gesetzgeber, insbesondere abhängig vom Rang des Rechtsguts und der spezifischen Gefährdungslage, für eine Vorverlagerung der Strafbarkeit entschieden.[69]

Während es bei konkreten Gefährdungsdelikten (Erfolgsdelikten) zum Vorliegen einer konkreten Gefahr kommen muss, stellt der Gesetzgeber bei abstrakten Gefährdungsdelikten (Tätigkeitsdelikten) bereits das gefährliche Verhalten als solches unter Strafe.[70] Beispiele für ***abstrakt-konkrete*** Delikte sind etwa Volksverhetzung (§ 130 StGB) und Üble Nachrede (§ 186 StGB). Im Gegensatz zu den ***rein abstrakten*** Gefährdungsdelikten (beispielsweise Trunkenheit im Ver-

---

[65] *Cornils,* JZ 1999, S. 395.
[66] *Sieber,* NJW, 2071 ff.; *Veit Busse-Muskala,* Strafbarkeit inkriminierter Inhalte, 2006, S. 23 ff.
[67] *Satzger,* NStZ 1998, S. 114; *Lehle,* Der Erfolgsbegriff im Internet, 1999, S. 102; *Hilgendorf* NJW 1997, S. 1873; *Hörnle,* in: Münchener Kommentar, § 184 StGB, Rn. 108.
[68] *Wessels/Beulke,* Strafrecht AT, 2011, Rn. 24; *Fischer,* StGB, § 13, Rn. 13.
[69] BGHSt 46, 212.
[70] *Satzger,* NStZ 1998, S. 114.

kehr, § 316 StGB oder das Ausspähen von Daten, § 202a StGB) ist die Strafbarkeit hier von der im konkreten Fall zu bejahenden objektiven Eignung des Verhaltens zur Herbeiführung eines Ereignisses abhängig.[71]

Weil schlichte Tätigkeitsdelikte ein Tun unabhängig vom Eintritt eines Erfolgs unter Strafe stellen, so dass der Tatbestand schon durch die darin beschriebene Handlung erfüllt ist (etwa § 202a), könnte man meinen, dass bei Tätigkeitsdelikten der Erfolg nicht als Anknüpfungspunkt (für das Territorialitätsprinzip) dienen kann.[72]

Die Frage ist also, ob bei abstrakten und abstrakt-konkreten Gefährdungsdelikten, vor allem bei den Inhaltsverbreitungsdelikten, die Handlung als solche wegen ihres Gefährlichkeitspotenzials überhaupt einen *tatortsbegründenden Erfolg i.S.d. § 9 I aufweisen* kann (siehe dazu die Fälle „*Australier*", „*Konzentrationslager*" und „*Berliner Unternehmen", Konstellation a*).[73]

Stellungnahmen bei den Inhaltsverbreitungs- abstrakt-konkreten und abstrakten Gefährdungsdelikten

Zur Frage des Erfolgseintritts bei **rein abstrakten**[74] und **abstrakt-konkreten**[75] **Gefährdungsdelikten** hinsichtlich der Verbreitung von Inhalten im Internet sind nach derzeitigem Diskussionsstand drei Standpunkte zu unterscheiden.

(1) Eine Ansicht geht davon aus, dass sowohl abstrakte als auch abstrakt-konkrete (soweit die Autoren überhaupt zwischen ihnen differenzieren) Gefährdungsdelikte einen **Erfolg i.S.d. § 9 StGB** aufweisen können. Auf solche Weise stellt jegliche Einspeisung von verbotenen Internetinhalten (rechtswidrige Texte, Bilder usw.), wenn diese in Deutschland abrufbar sind, eine Inlandstat dar. Denn der Erfolg solcher Delikte (nämlich die Gefahr) tritt im Inland auf, so dass auf den Territorialitätsgrundsatz (Erfolgsort) abgestellt werden kann (z.B. Volksverhetzung, Gewaltdarstellungen, Pornographie).[76]

Der *BGH* differenziert jedoch beim tatbestandsmäßigen Erfolg. Er unterscheidet insoweit zwischen konkreten, abstrakt-konkreten und abstrakten Ge-

---

[71] BGHSt 46, 212.
[72] *Hilgendorf* NJW 1997, S. 1875; *Kienle*, Internationales Strafrecht und Straftaten im Internet, 1998, S. 41.
[73] Siehe Kapitel 2 Fälle und Entscheidungen, S. 37 und 38; Kapitel 6 Falllösung (*Fälle „Australier"* und *"Konzentrationslager"*), S. 244 ff. und 252 ff. und Kapitel 6 Falllösung (*Fall „Berliner Unternehmen"*), S. 199 ff.
[74] *Cornils* JZ 1999, S. 395.
[75] *Sieber*, NJW, 2071 ff.; *Veit Busse-Muskala*, Strafbarkeit inkriminierter Inhalte, 2006, S. 23 ff.
[76] *Jofer*, Strafverfolgung im Internet, 1999, S. 104 - 109; BGH NStZ 1990, 36 (37); BGHSt 46, 212; *Hörnle*, in: Münchener Kommentar, § 184 StGB, Rn. 107 ff.

fährdungsdelikten. Nach Auffassung des BGH ist ein Erfolg im Sinne des § 9 I StGB bei konkreten und abstrakt-konkreten Gefährdungsdelikten anzuerkennen, und zwar dort, „wo die konkrete Tat ihre Gefährlichkeit im Hinblick auf das im Tatbestand umschriebene Rechtsgut entfalten kann".[77] Dies gilt insbesondere für Volksverhetzung im Internet. Der BGH lässt offen, „ob bei rein abstrakten Gefährdungsdelikten ein Erfolgsort jedenfalls dann anzunehmen wäre, wenn die Gefahr sich realisiert hat".[78]

(2) Einer entgegenstehenden Meinung zufolge ist ausschlaggebend, dass durch abstrakte und abstrakt-konkrete Gefährdungsdelikte typischerweise oder generell gefährliches *Verhalten* pönalisiert worden ist.[79] Der Eintritt einer Gefahr wird nicht als vom Tatbestand erfasst angesehen, weshalb auch **kein „zum Tatbestand gehörender Erfolg"** gegeben sein könne. Denn nicht jede Folge der Tathandlung in der Außenwelt sei auch ein tatortbegründender Erfolg i.S.d. § 9 I Alt.3.[80] Daher dürfe auch kein Erfolg zum Zwecke der Zuständigkeitsbegründung nachträglich konstruiert werden.[81]

Schließlich seien die abstrakten und abstrakt-konkreten Gefährdungsdelikte zu den schlichten Tätigkeitsdelikten zu rechnen.[82] Folglich kann nach dieser Auffassung bei solchen Delikten die Anwendung des deutschen Rechts nicht aufgrund des Territorialitätsprinzips begründet werden.

(3) Nach der vermittelnden Ansicht wird nach dem tatbestandsmäßigen **Erfolg** differenziert.[83] Danach soll der Erfolg i.S.d. § 9 I Alt.3 auch den „Tathandlungserfolg" einschließen. Dieser umfasse jede vom Täter verursachte, ihm zurechenbare und im einschlägigen Tatbestand umschriebene Folge seiner Handlung. Allerdings soll die bloße Möglichkeit, dass auf einem ausländischen Server gespeicherte illegale WWW- Angebote in Deutschland abrufbar, d.h. die Daten aus dem Ausland mittels „Pull-Technologie" zu „holen" sind, für den Tathandlungserfolg im Inland nicht ausreichen. Dazu müssten die Daten für die Bejahung des Territorialitätsgrundsatzes vielmehr durch „Push- Technologie" vom Ausland aus aktiv auf Computer Systeme in Deutschland übermittelt werden.[84]

---

[77] BGHSt 46, 212.
[78] BGHSt 46, 212.
[79] *Fischer*, StGB, § 13 Rn. 13 a.
[80] *Satzger*, NStZ 1998, S. 112.
[81] *Ringel*, CR 1997, S. 303; *Veit Busse-Muskala*, Strafbarkeit inkriminierter Inhalte, 2006, S. 20 ff.
[82] *Satzger*, NStZ 1998, S. 114, *Hilgendorf*, NJW 1997, S. 1876; *Veit Busse-Muskala*, Strafbarkeit inkriminierter Inhalte, 2006, S. 26 ff.
[83] *Sieber*, NJW 1999, S. 2065 ff.
[84] *Sieber*, NJW 1999, S. 2070 ff.

Zu den dargestellten drei Ansichten ist Folgendes zu sagen: Es geht zu weit, i.S. der ersten Ansicht, bei jeglicher Einspeisung von nach dem deutschen Strafrecht verbotenen Internetinhalten die Anwendbarkeit deutschen Rechts zu bejahen. Die Bejahung einer solchen Lösung würde nämlich das deutsche Strafrecht, zumindest im Bezug auf Inhaltsverbreitungsdelikte, letztlich zur „Weltpolizei" umfunktionieren.

Vorzugswürdig erscheint deshalb der BGH-Ansatz einer differenzierten Bewertung des Erfolgsmerkmals. Ein zur Anwendung deutschen Strafrechts führender tatbestandsmäßiger Erfolg ist, zumindest bei *abstrakt-konkreten Gefährdungsdelikten*, sehr wohl annehmbar. Er ist zu bejahen soweit eine reale Möglichkeit besteht, dass das Rechtsgut tatsächlich gefährdet wird. Dabei scheint jedoch eine besondere Beziehung zu einem Staat nötig zu sein, und zwar jenem Staat, der von der Gefährlichkeit unmittelbar betroffen ist (was etwa für die „Auschwitzlüge" im Kontext der deutschen Geschichte oder für die Verunglimpfung von Verfassungsorganen in einer das Ansehen des deutschen Staates gefährdenden Weise annehmbar ist, § 90b StGB).

Bei *rein abstrakten Gefährdungsdelikten* fehlt es hingegen an einem als Anknüpfungspunkt taugenden tatbestandlichen Erfolg auf dem deutschen Territorium. Denkbar ist allerdings, im Falle des tatsächlichen Eintritts schädlicher Konsequenzen des tatbestandlichen Verhaltens eine Zuständigkeit hinsichtlich des Orts des Schadenseintritts anzunehmen, wenn etwa einer über das Internet zugänglichen Anleitung zu einer Straftat (etwa zur Herbeiführung einer Sprengstoffexplosion) in einem bestimmten Staat tatsächlich gefolgt wird.

Hingegen unterscheidet die zweite Auffassung nicht hinreichend zwischen dem „zum Tatbestand gehörenden" Erfolg i.S.d. § 9 I StGB einerseits und dem Erfolg im Sinne der allgemeinen Tatbestandslehre (Erfolg i.e.S. als eine von der Handlung abgrenzbare Wirkung) andererseits. Es überzeugt nicht, dass allein schon das formale Kriterium, es handele sich um ein schlichtes Tätigkeitsdelikt, die deutsche Zuständigkeit ausschließen soll.

Es geht doch um den materiellen Schutz inländischer Rechtsgüter. Insoweit könnte der dritten (vermittelnden) Ansicht ein besseres Lösungskonzept entnommen werden. Der Vorteil einer Differenzierung zwischen „Pull-" und „Push-Technologien" läge darin, dass bei Inhaltsverbreitungsdelikten im Cyberspace ein objektives Kriterium technischer Natur herangezogen werden könnte. Im Ergebnis ist diese Ansicht gleichwohl zu verwerfen, weil auch bei diesem Ansatz nicht immer klare Grenzen gezogen werden können und weil ein derart technisch-formales Kriterium keine tatsächlichen inhaltlichen Auswirkungen berücksichtigt.

In einigen Fällen wird nämlich gerade mittels „Pull-Technologien" ein Tathandlungserfolg im Inland viel nachhaltiger und schneller als mittelst „Push-Technologien" erreicht werden. Beispielsweise ist denkbar, dass es besonders *effektiv sein kann, die Informationen auf einem ausländischen Server zu speichern* und sie dabei auf im Inland populären Websites zugänglich zu machen. Damit kann potentiell ein viel größerer Adressatenkreis erreicht werden, als dies im Falle einer gezielten Übermittlung möglich wäre. Denn viele Deutschen nutzen Websites mit einer nicht auf einen bestimmten Staat bezogenen TLDomains (com, edu etc.). Das gleiche gilt für international genutzte E-Mail-Accounts, die auf ausländischen Websites gehostet werden.

Es ist daher regelmäßig unmöglich, auf der Grundlage dieses technischen Kriteriums eine gezielte Übermittlung verbotener Inhalte auf Computersysteme in Deutschland zu identifizieren. Eine Ausnahme stellt beispielsweise die gezielte Übermittlung verbotener Inhalte auf E-Mail-Accounts mit deutschen TLD (etwa www.web.de) dar. Jedoch ist dann wiederum fraglich, inwieweit auch ausländische Adressaten berücksichtigt werden sollten, die ihre E-Mailaccounts auf einer Seite mit deutscher TLD haben.

Problematisch ist zudem die Anwendung eines derart formalen technischen Kriteriums im Hinblick auf US-Websites, da diese aufgrund des *Internetinfrastruktur-Monopols der USA* mehr als alle anderen weltweit benutzt werden (beispielsweise www.yahoo.com). In diesem Fall erscheint es fast ausgeschlossen, den Bereich der Push- von dem der Pull-Technologien zu scheiden.

Ein anderer Punkt, der den Unterschied zwischen „Pull-" und „Push-Technologien" nivelliert ist die *automatisierte Versendung von E-Mails*. Außerdem kann die *„Kettenbrieftechnik"*, die häufig bei der Virusverbreitung angewandt wird, auch bei Inhaltsverbreitungsdelikten eingesetzt werden. Ein durch E-Mail versandter Virus wird dabei aktiviert sobald der Empfänger den Anhang per Doppelklick öffnet. Bedient sich der Täter dabei der „Kettenbrieftechnik", verbreitet sich der Computervirus innerhalb kürzester Zeit lawinenartig über die ganze Welt. Das Virusprogramm greift hierbei nach dem Öffnen des Attachments auf das im Mailsystem des Empfängers befindliche Adressbuch zu und kopiert sich selbst an alle dort gespeicherten E-Mail-Adressen".[85] Auf solche

---

[85] *Vetter*, Gesetzeslücken bei der Internetkriminalität, 2002, S. 82: so etwa beim „I-love-you-Virus". In der Anlage einer E-Mail war ein Virus mit dem Betreff (Subject) "ILOVEYOU" und dem kurzen Text "kindly check the attached LOVELETTER coming from me" enthalten. Durch das Öffnen des Attachments kopierte sich das Virus - genauer gesagt: der E-Mail-Wurm - selbst an

Weise können auch verbotene Inhalte zusammen mit einem Virus verbreitet werden.

Verbotene Inhalte können durch E-Mails auch dadurch verbreitet werden, dass sie eine Aufforderung enthalten, den Brief zu kopieren und an weitere Empfänger zu versenden. Teilweise werden teils obskure Konsequenzen angedroht, sollte der Empfänger einem *Weiterversand* nicht zustimmen. Dadurch kann die Zahl versandter E-Mails exponentiell ansteigen.

Folglich kann man eine gezielte Beeinträchtigung eines bestimmten Staates nicht allein schon von der Nutzung einer bestimmten Technologie (Pull- oder Push-) abhängig machen. Die ursprüngliche Übermittlung auf Computer Systeme in einem bestimmten Staat kann sich vielmehr als letztlich bedeutungslos erweisen. Vielmehr ist eine Bewertung des verbreiteten Inhalts erforderlich, um eine besondere Beziehung zu einem bestimmten Staat herzustellen. Eine solche inhaltliche Beziehung ist bei den konkreten sowie den konkret-abstrakten Gefährdungsdelikten möglich – nicht hingegen bei den rein abstrakten Gefährdungsdelikten. Im Ergebnis wird hier also der Lösung des BGH gefolgt.

d) Mögliche Anknüpfungspunkte im Cyberspace

Der **Standort des Computers** kann als möglicher Anknüpfungspunkt des Territorialitätsprinzips im Internet nach dem deutschen Strafrecht entweder im Hinblick auf den Handlungsort (dem Standort des Computers, von dem aus der Täter agiert) oder den Erfolgsort (dem Standort des Computers, bei dem der Schaden eintritt) von Bedeutung sein.

Ausdrücklich ist der Standort der Computer im deutschen Recht nicht als selbständiger Anknüpfungspunkt festgelegt. Im Gegensatz dazu enthält beispielsweise in Singapur der Computer Misuse Act, 1993 (Art. 11(3)) ausdrückliche Regelungen, die die Anwendung des Strafrechts dann legitimieren, wenn sich während der Straftat "ein Rechner, ein Programm oder Daten in Singapur befanden".[86] Ähnliche Normen finden sich etwa im Recht des US-Bundesstaates Connecticut.[87]

---

alle Windows-Anwender, deren E-Mail-Adresse im Outlook-Adressbuch des Empfängers aufgeführt waren. Zur „*Kettenbrieftechnik*" siehe *Brunnstein,* Computerviren, CR 1993, S. 459.

[86] *Singapure Computer Misuse Act*, 1993 (Art. 11(3): "if, for the offence in question...the computer, program or data was in Singapore at the material time."

[87] *Conn. Gen. Stat.* Ann. § 53a-261, 2004: if „any act performed in furtherance of the offenses" defined by the code "occurs in this state or if any computer system or part thereof accessed in violation of" the computer crimes code "is located in this state, the offense shall be deemed to have occurred in this state."

Der Territorialitätsgrundsatz könnte möglicherweise auch durch den **Standort des Servers** begründet werden. Wie oben schon erläutert wurde, bezeichnet man als Webserver den Computer mit Server-Software oder nur die Webserver-Software selbst. Auf einem Webserver werden üblicherweise alle Anfragen in einer Logdatei protokolliert, aus der mittels Logdateianalyse Statistiken über Anzahl der Zugriffe pro Seite und die Herkunft der Anfragen generiert werden können.[88] Der Standort des Servers entspricht dem Leitungszentrum und ist deshalb ein klassischer Handlungsort i.S.v. § 9 I StGB.

Niemand könnte behaupten, Staatsanwaltschaften oder Gerichte die den Standort des Servers oder Computers als Anknüpfungspunkt für ihre Zuständigkeit heranziehen, würden prozesswidrig handeln. Gleichwohl wird hier ein anderes Vorgehen für vorzugswürdig erachtet. Denn trotz der Relevanz der physikalisch-formalen Anknüpfungspunkte sollte doch einem inhaltlichen Kriterium Vorrang gegeben werden. Ausschlaggebend für die Beantwortung der Strafanwendungsfrage sollte sein, wo die einschneidensten Auswirkungen zu verzeichnen sind.[89]

Dieser Gedanke, nicht auf den Standpunkt des Servers oder Computers abzustellen sondern vorrangig den **Auswirkungsgrundsatz** (also das Eintreten eines tatbestandsmäßigen Erfolgs im Inland) als entscheidend anzusehen, lässt sich auch der Rechtsprechung entnehmen.

Dies zeigt sich beispielsweise in der Entscheidung des BGH von 12.12.2000 (*„Ausschwitzlüge"*)[90], in der ein australischer Bürger in Deutschland wegen des Verbreitens und Zugänglichmachens volksverhetzender Materialien verurteilt wurde, weil diese auch in Deutschland über einen in Australien befindlichen Server zugänglich waren (vgl. den Fall *„Australier"*[91]). Letztlich waren also in Deutschland eingetretene Auswirkungen ausschlaggebend. Ein weiteres Beispiel

---

[88] Beispiel: Sie sind mit dem Internet verbunden und geben in die Adresszeile Ihres Webbrowsers (Internet Explorer, Mozilla etc.) eine Webadresse ein, z. B. de. Dem Webbrowser wird der enthaltene Domain-Bestandteil de.wikipedia.org vom Betriebssystem mittels Abfrage eines DNS-Servers in eine IP-Adresse umgesetzt, z. B. 145.168.145.25. Der Webbrowser sendet dann die vollständige Adresse (URL) an diese IP-Adresse auf Port 80. Von dort antwortet der Webserver und sendet die entsprechende Ergebnisseite der Homepage an den Webbrowser. Auf einem Webserver werden alle Anfragen in einer Logdatei protokolliert.
[89] Siehe Kapitel 2 Fälle und Entscheidungen, S. 37 und Kapitel 6 Falllösung (*Fall „Loveletter"*), S. 224 und Kapitel 7 Schlussbetrachtung (*Schlusswort*), S. 265.
[90] BGHSt 46, 212; siehe dazu: *Götting*, Kriminalistik 2007, S. 615 ff.
[91] Siehe Kapitel 2 Fälle und Entscheidungen, S. 37 und 38; Kapitel 6 Falllösung (*Fälle „Australier"* und *"Konzentrationslager"*), S. 244 ff. und 252 ff.

für diese Sichtweise stellt auch die *Entscheidung des Münchener Amtsgerichts vom 28. Mai 1998 (CompuServe)* dar.[92]

e) Zwischenergebnis

Folglich ist nach dem deutschen Strafanwendungsrecht neben dem *Handlungsgrundsatz* (Ort, an dem gehandelt wurde) auch der *Auswirkungsgrundsatz* (Eintreten des tatbestandsmäßigen Erfolgs) durch die systematische Verbindung der §§ 3 und 9 ein gesetzlicher Teil des Territorialitätsprinzips.[93]

Diese weit ausgedehnte Interpretation des Territorialitätsprinzips, wonach es primär auf die Auswirkungen der Tat ankommt, erlaubt eine flexiblere Anwendung des eigenen Strafrechts.

Bei einem derart weiten Verständnis des Territorialitätsprinzips kommt es bei Äußerungs- und Inhaltsverbreitungsdelikten im Internet im Rahmen der Interpretation des Erfolgsorts zu vielen Fragen. Dabei vermag jene in der Rechtsprechung und im Schrifttum vertretene Meinung bezüglich der Inhaltsverbreitungsdelikte zu überzeugen, nach der der tatbestandsmäßige Erfolg sowohl bei den Verletzungs- und konkreten Gefährdungsdelikten (Erfolgsdelikten) als auch bei den abstrakt-konkreten Gefährdungsdelikten (Tätigkeitsdelikten) anerkannt ist. Bei den rein abstrakten Gefährdungsdelikten hingegen würde die Legitimierung deutschen Strafrechts auf Auslandstaten über das Territorialitätsprinzip zu weit gehen.

Generell scheint es notwendig, bei den Internetdistanzdelikten eine besondere inhaltliche Beziehung zu einem Staat und nicht nur einen technischen Anknüpfungspunkt (z.B. Standort des Servers oder Verwendung von „Push"- oder „Pull-Technologien") zu fordern.

5.3.1.3.2 Russland

a) Allgemeines

Das Territorialitätsprinzip des russischen Strafrechts beruht auf dem Verfassungsgrundsatz: „Die Souveränität Russischer Föderation gilt auf ihrem gesamten Hoheitsgebiet" (Art. 4 Abs. 1 der Verfassung).[94]

---

[92] Siehe Kapitel 2 Fälle und Entscheidungen, S. 38 und Kapitel 6 Falllösungen (*Fall „CompuServe"*), S. 257; AG München NJW 1998, 2836.
[93] *Ambos*, Internationales Strafrecht, 2008, Rn. 11.; *Malek*, Strafsachen im Internet, 2005, S. 18.
[94] *Paramonova*, Extraterritorial jurisdiction in Russia, 2011 S. 297 – 315.

5.3 Strafanwedungsprizipien im Überblick 149

Im Strafrecht ist dieser Grundsatz im **Art. 11 Abs. 1 UKRF** wie folgt formuliert: „eine Person, die eine Straftat auf dem Hoheitsgebiet der Russischen Föderation begangen hat, unterliegt der strafrechtlichen Verantwortlichkeit nach dem UKRF", unabhängig von der Staatsangehörigkeit.

Die Fragen der territorialen Staatsgrenzen der Russischer Föderation im klassischen Sinne (Land-, Meeresgebiet, Luftraum) sind sowohl in Art. 11 Abs. 2-4 UKRF als auch in der Verfassung und in weiteren Bundesgesetzen geregelt.[95]

Somit stellt sich für die vorliegende Untersuchung die Frage, wie man aus russischer Sicht auf der Grundlage der geltenden traditionellen Territorialitätsvorschriften „auf dem Hoheitsgebiet begangene Straftaten" im Bezug auf die im Cyberraum begangenen Taten interpretieren soll.

b) Handlungsort / Erfolgsort

Die entscheidende Frage bei der Anwendung des Territorialgrundsatzes ist die Bestimmung des **Begehungsorts** (Tatorts). Der „Begehungsort" ist im russischen Strafrecht – im Gegensatz zum deutschen Strafrecht (§ 9 StGB) – nicht durch strafrechtliche Normen definiert. Angesichts dieser Offenheit ist es nicht verwunderlich, dass bezüglich des Begehungsortes in Literatur und Rechtsprechung unterschiedliche Standpunkte vertreten worden sind.

(1) Eine Gruppe von Autoren vertritt eine der in Deutschland gesetzlich verankerten **Ubiquitätstheorie** entsprechenden Meinung, wonach schon die Begehung irgendeines Teils der Straftat (Beginn, Fortsetzung, Vollendung oder Eintritt des Erfolges) für die Annahme einer „auf dem Hoheitsgebiet begangenen Straftat" ausreicht.[96] Demnach sind sowohl der Handlungsort als auch der Erfolgsort (der Ort, an dem die vom Strafgesetz beschriebenen gesellschaftsgefährlichen Konsequenzen eingetreten sind) gleichwertige Bestandteile des Territorialitätsprinzips.

Nach dieser Ansicht wird eine Tat als „im Hoheitsgebiet begangene Straftat" betrachtet, wenn auf dem Territorium Russlands eine Handlung vorgenommen (beziehungsweise im Fall eines strafbaren Unterlassens eine solche unterlassen) wurde und der zum Tatbestand gehörenden Erfolg auch dort eingetreten ist, oder wenn der Täter nur auf russischem Territorium gehandelt hat und der Erfolg außerhalb des Hoheitsgebiets eingetreten ist, oder wenn der Täter im

---

[95] Art. 4 Abs. 1 und Art. 67 der *Verfassung RF* 1993; FZ RF „*Über Staatsgrenze Russischer Föderation"*, 1993; Art. 14, 18 des *Wassergesetzbuches* RF, 2006; Art. 1 Abs. 2 des *Luftgesetzbuches RF*, 1997; FZ RF „*Über Untergrund"*, 1995; FZ RF „*Über den Festlandsockel Russischer Föderation"*, 1995.
[96] *Razumov*, Kommentarii k UKRF.

Ausland gehandelt hat und dadurch den Erfolg auf russischem Territorium herbeiführt.[97]

Im Hinblick auf die hier behandelten Äußerungsdelikte im Internet und auf Computersysteme- und Datenschutzdelikte (etwa Virenverbreitung) ist zu beachten, dass gemäß dieser Theorie nicht nur Handlungsortsbestandteile (wie etwa der Standort des Rechners, von dem die schädliche Programme/Informationen eingespeist worden sind oder der Standort des Servers), sondern auch die eingetretenen Konsequenzen eine ausreichenden Anknüpfungspunkt für die Legitimierung des russischen Strafrechts auf der Grundlage des Territorialitätsprinzips bilden können.

Dieser Ansicht wird zu Recht entgegen gehalten, dass sie auf keinerlei ausdrückliche Bestätigung im Strafgesetz findet.

(2) Der Bundesgerichtshof der Russischen Föderation vertritt eine andere Lösung.[98] Sie kann als Äquivalent zur deutschen **Handlungstheorie (Tätigkeitstheorie)** eingestuft werden.

Diese Ansicht stellt im Rahmen des Territorialitätsprinzips zur Bestimmung des Begehungsorts lediglich auf den Handlungsort ab – also den Ort, an dem der Täter körperlich gehandelt hat oder bei Unterlassen hätte handeln müssen (vgl. Art. 14 UKRF: Handeln oder Unterlassen als Erscheinungsformen der Straftat). Der Ort des Eintritts des tatbestandsmäßigen Erfolgs bleibt (zumindest innerhalb des Territorialgrundsatzes) unbeachtlich.[99]

Im Bezug auf Internetäußerungsdelikte oder Computersysteme- und Datenschutzdelikte bedeutet dies, dass der Standort des Rechners, von dem durch den Täter Informationen eingespeist wurden, oder der Standort des Servers im Inland für die Anwendung russischen Strafrechts auf der Grundlage des Territorialitätsprinzips entscheidend ist. Der im Ausland eingetretene Erfolg bleibt demnach außer Betracht.

Zur Begründung werden von Vertretern dieser Theorie verschiedene Argumente vorgebracht. Einerseits beruhe der Ort des Erfolgseintritts oft auf reinem Zufall und sei häufig ungewiss, wohingegen die Handlung als nach außen deutlich gemachter Wille erkennbar sei und sich leichter bestimmen ließe. Auch die

---

[97] *Kelina*, Kommentarii k UKRF; *Naumov*, Rossijskoe Ugolovnoe Pravo, 2007, S. 235.
[98] *BundesGerichtsHof RF*, Berufungsentscheidung, 05.02.2009, N 25-009-4.
[99] *Bogusch*, Ugolovnij Zakon, 2011, S. 81 ff.; *Paramonova*, ZARR 2009, S. 77 ff.; *Tarbagaev*, Tatort, 2009, S. 1 ff.; *Knjasew*, Geltung des Strafgesetzes in Zeit und Raum, 2006, S. 64.

Anhänger der Handlungstheorie in Deutschland bedienen sich dieses Arguments.[100] Andererseits wird auf die Unterteilung in **materielle und formelle Delikte** verwiesen,[101] sowie auf den Aspekt der **temporalen Geltung der Strafgesetze**. Formelle Delikte (die den Tätigkeitsdelikten im deutschen Recht entsprechen) erfordern im Gegensatz zu den materiellen Delikten (die den deutschen Erfolgsdelikten entsprechen) keinen Erfolg im Sinne einer von der Handlung abgrenzbaren Wirkung in der Außenwelt. Eine Straftat ohne Handlung (bzw. Unterlassen) sei (im Gegensatz zum Vorliegen eines Erfolgs) nicht denkbar, weshalb ein Anknüpfen an den Handlungsort universal sei.[102]

Zudem wird unter Verweis auf die temporale Geltung der Strafgesetze in der Literatur vorgeschlagen, die bei der Bestimmung der **Tatzeit** geltenden Regeln auch bei der Bestimmung des Begehungsorts anzuwenden. „Die Tatbestandsmäßigkeit und Strafbarkeit einer Tat wird durch das Strafgesetz bestimmt, welches zum Zeitpunkt der Begehung dieser Tat gegolten hat." Als Zeitpunkt der Begehung einer Straftat ist gemäß Art. 9 UKRF der Zeitpunkt der Vornahme der gesellschaftsgefährlichen Handlung (bzw. Unterlassung), *unabhängig von der Zeit des Erfolgseintritts* anzunehmen. An diesen Gesetzeswortlaut wird als Beweis für die Handlungstheorie angeknüpft.[103]

Tatsächlich lassen sich daraus Argumente für die Handlungstheorie ableiten. In der Verfassung der Russischen Föderation ist das strafgesetzliche Rückwirkungsverbot (Art. 54 Verfassung RF) verankert. Detaillierte Ausführungen finden sich diesbezüglich zudem in Art. 10 UKRF: „Ein Strafgesetz, dass eine Strafe verschärft oder auf sonstiger Weise die Lage einer Person verschlechtert, hat keine rückwirkende Kraft". Die Frage, welche strafrechtliche Norm zur Anwendung kommt, ist dann unproblematisch zu beantworten, wenn Handlung und Erfolg zusammenfallen, kann jedoch Schwierigkeiten bereiten, wenn Handlung und Erfolg zeitlich auseinanderfallen.

Dies ist etwa der Fall, wenn die Handlung (bspw. die Verbreitung von Computerviren oder illegaler Informationen) noch vor der Neukriminalisierung vorgenommen wurde, die schädlichen Konsequenzen (etwa die Störung eines

---

[100] *Lehle*, Der Erfolgsbegriff im Internet, 1999, S. 50; *Meili*, Internationales Strafrecht, 1910, S. 120 ff.; *Gribbohm*, LK 1997, § 9, Rn. 4.
[101] Die Klassifikation entspricht grundsätzlich der deutschen: Erfolgs- und Tätigkeitsdelikte.
[102] *Naumov*, Rossijskoe Ugolovnoe Pravo, 2007, S. 319 ff.
[103] *Kusnezova*, Obschee uchenie o sostave prestuplenija, 1957, S. 102.

Computersystems oder das Eintreten einer Gefahr) aber erst nach dem Inkrafttreten des neuen Gesetzes eintreten.[104]

Bei Computerdelikten kann etwa der Zeitpunkt des eigentlichen Schadenseintritts vorprogrammiert werden. Die Aktivierung der Funktionskomponente von Computerviren kann mit dem Eintritt einer bestimmten Auslösebedingung (engl.: Trigger) verknüpft werden. Programmtechnisch wird dabei der Auslöser mit einer „Wenn-Dann-Bedingung" verbunden. Wenn die Bedingung – beispielsweise die Uhrzeit, ein Datum oder die Eingabe eines Passwortes – erfüllt ist, dann wird die Funktion ausgeführt. Solange das festgelegte Ereignis nicht eintritt, „schläft" der Virus und wartet auf dessen Eintritt. Beispielsweise überschrieb der „Michelangelo-Virus" am 06. März jeden Jahres (dem Geburtstag des italienischen Bildhauers und Malers Michelangelo Buonarotti) die Festplatte mit zufällig ausgewählten Zeichen und löschte den vorhandenen Datenbestand.[105]

Eine Anwendung des neuen Gesetzes auf die frühere Installation der Viren könnte zu einer dem Rückwirkungsverbot widersprechenden Verschlechterung der strafrechtlichen Lage einer Person führen. Dies gilt auch für die Virenverbreitung mittels „Kettenbrieftechnik", bei der Handlung und Erfolg oft weit auseinander fallen. Würde der Zeitpunkt der Begehung der Tat mittels des Erfolgseintritts über den Handlungsbegehungszeitpunkt hinaus ausgeweitet, dann könnte man einen beliebigen Zeitpunkt zwischen der Handlung und dem Erfolg als Begehungszeitpunkt der Straftat ansehen. Jede erst innerhalb des „Begehungszeitraums" (zwischen Handlung und Erfolgseintritt) in Kraft tretende Norm könnte dann angewandt werden, selbst wenn die Tat zum Handlungszeitpunkt noch gar nicht strafbar war. Dies würde in der Tat sowohl dem Rückwirkungsverbot als auch dem Bestimmtheitsgrundsatz widersprechen.[106]

Es hat sich also gezeigt, dass in temporaler Hinsicht nur an die „eigentliche" i.S.v. „Erst"-Handlung (z.B. die Installation der Viren) angeknüpft werden kann. Entsprechendes gilt für den Ort der Handlung. Auch er muss danach bestimmt werden, wo der Täter im Zeitpunkt der Handlung tätig geworden ist (durch Tun oder Unterlassen). Nur so lässt es sich vermeiden, dass es zum Widerspruch zwischen den für die Tatzeitbestimmung geltenden Normen einerseits und den für die Bestimmung des Tatorts geltenden Vorschriften andererseits kommen kann. Im russischen Strafrecht gilt also die Handlungstheorie.

---

[104] *Paramonova*, ZARR 2009, S. 77 ff.
[105] *Vetter*, Gesetzeslücken bei der Internetkriminalität, 2002, S. 79.
[106] *Paramonova*, ZARR 2009, S. 77 ff.

Hinzuweisen ist aber darauf, dass diese Problematik im russischen Strafrecht kaum im Rahmen des Territorialitätsgrundsatzes diskutiert wird, denn der Auswirkungsgrundsatz wird hier als Ausdruck des **Schutzprinzips** betrachtet (Art. 12 UKRF).[107] Die Anwendung russischen Rechts auf Fälle transnationaler Internetkriminalität wird dann nicht durch den Territorialgrundsatz legitimiert, sondern im Falle eines Erfolgseintritts im Ausland durch das gesetzlich weitgefasste Schutzprinzip (siehe Fall „Kasache").[108]

c) Zwischenergebnis

Während der Auswirkungsgrundsatz im deutschen Recht ein gesetzlicher Bestandteil des Territorialitätsprinzips ist, wird er in Russland im Rahmen des Schutzprinzips berücksichtigt (Art. 12 UKRF). Dafür kommt dem Territorialprinzip im russischen Strafrecht (auch im Bezug auf Cybercrime) ein engerer Anwendungsbereich zu.

Es wird durch die Anwendung der Handlungstheorie (im Gegensatz zur Ubiquitätstheorie im deutschen Recht) begrenzt. Trotzdem stellt sich die Problematik einer unter Umständen extensiven Annahme der nationalen Zuständigkeit, allerdings nicht im Rahmen des Territorialitätsprinzips, sondern bei anderen Legitimierungsgrundsätzen, etwa dem Schutz- oder dem Personalitätsprinzip.[109]

5.3.1.3.3 USA

a) Allgemeines

In den USA finden sich für die Computerkriminalität spezielle gesetzliche Vorschriften sowohl auf Bundes- als auch auf Staatenebene. Vorliegend soll die einschlägige föderale Gesetzgebung analysiert werden. Die territorialitätsbegründenden Strafanwendungsregelungen sind hier deliktspezifisch im Computer Fraud and Abuse Act, 18 U.S.C. § 1030, festgelegt.[110]

---

[107] *BundesGerichtsHof RF*, Berufungsentscheidung, 05.02.2009, N 25-009-4; *Kusnezova/Tyazhkova*, Kurs Ugolownogo prava, 2002, S. 102 ff.
[108] Siehe Kapitel 2 Fälle und Entscheidungen, S. 37 und Kapitel 6 Fallösung (*Fall „Kasache"*), S. 242.
[109] Siehe Kapitel 5 Einzelne Strafanwendungsprinzipien (*Schutzgrundsatz* und *Personalitätsprinzip*), S. 159 ff., 164 ff.
[110] *CFAA* 1984, 18 U.S.C. § 1030.

a1) Historische Aspekte

Mit dem *Computer Fraud and Abuse Act 1986* (CFAA) versuchte das US-amerikanische Parlament, eine angemessene Balance zwischen dem föderalen Interesse an der Bekämpfung von Computerkriminalität einerseits und den diesbezüglichen Interessen und Strafverfolgungskapazitäten der Bundesstaaten andererseits zu finden.[111]. Deshalb sollte sich ursprünglich die Zuständigkeit des Bundes nach dem CFAA auf solche Fälle beschränken, die Computer der US-Regierung oder von US-Finanzinstitutionen betrafen, oder wenn eine Straftat von zwischenstaatlicher oder internationaler Natur war.[112] Später wurde das Gesetz jedoch mehrfach geändert, wobei die Zuständigkeit des Bundes im Cybercrime-Bereich vor allem durch territoriale Anknüpfungspunkte erweitert wurde.[113]

Ausdruck des Territorialitätsgrundsatzes im Cyberraum sind 18 U.S.C. § 1030 (e) (2) und auch die §§ 2510ff. Bei der Bestimmung des Territoriums im Cyberraum wird auf die Kategorie **„geschützter Computer"** (*„protected computer"*) abgestellt. Dieses Merkmal dient sowohl als Schlüsselbegriff für die Strafanwendungsregeln, und zudem vielfach auch als qualifizierendes Tatbestandsmerkmal.

Bis 1996 wurden geschützte Computer durch den CFAA definiert als „Computer, die im *zwischenstaatlichen Handel oder derartiger Kommunikation benutzt werden*", womit vor allem der Schutz föderaler Interessen bezweckt wurde.[114] Problematisch war allerdings, dass damit einigen der US-Regierung oder zu Finanzinstitutionen gehörigen Computern ein für notwendig gehaltener gesetzlicher Schutz versagt blieb, weil sie nicht im zwischenstaatlichen Handel oder derartiger Kommunikation genutzt wurden.[115]

Mit der Änderung von 1996 schloss der Begriff „geschützter Computer" sowohl „solche von der *US -Regierung oder von Finanzinstitutionen genutzte* Computer als auch Computer ein, die im *zwischenstaatlichen oder internationalen Handel genutzt werden*".[116] Jedoch umfasste die neue Definition solche Situationen nicht, in denen der sich innerhalb der Vereinigten Staaten aufhaltende Täter ein im Ausland befindliches Computersystem angreift. Außerdem war

---

[111] Siehe: S. Rep. Nr. 99-432, 4 (1986), reprinted in 1986 U.S.C.C.A.N. 2479, 2482.
[112] Kommentare zum *CFAA* 1984 vom US Bundesjustizministerium.
[113] Änderungen von 1988, 1989, 1990, 1994, 1996, 2001, 2002: Kommentare zum *CFAA* 1984 vom US Bundesjustizministerium.
[114] Siehe: Rep. Nr. 104-357, 10 (1996), vorhanden bei 1996 WL 492169 (Änderung 1994); Kommentare zum *CFAA* 1984 vom US Bundesjustizministerium.
[115] *United States v. Middleton*, 231 F.3d 1207, 1212 n.2 (9. Cir. 2000).
[116] *CFAA* 1984, 18 U.S.C. § 1030 (e) (2) (B), 1996.

diese Definition nicht auf Konstellationen anwendbar, in denen die im Ausland agierenden Täter Computersysteme in einem dritten Staat angreifen, wenn dazu Kommunikationsprozesse über in den USA befindliche Computer-Infrastruktur geleitet werden. Das führte zu einer weiteren Modifikation des Begriffes, mit der zusätzlich insbesondere sich im Ausland befindliche Computer erfasst werden sollten.

Im Jahre 2001 wurde mit der Verabschiedung des US Patriot Act[117] die in § 1030 (e) (2) enthaltene Definition "geschützter Computer" weiter ausgeweitet. Nunmehr umfasste der Begriff auch *solche sich außerhalb der USA befindliche Computer*, wenn diese „zwischenstaatlichen oder internationalen Handel oder derartige Kommunikation der Vereinigten Staaten"[118] beeinflussen.

a2) Gegenwärtige Regulierung

Nach der heutigen Fassung des Computer Fraud and Abuse Act, 18 U.S.C. § 1030 (e) (2) wird die Kategorie **"geschützter Computer"** definiert als *„ein Computer, der ausschließlich zur Nutzung durch eine Finanzinstitution oder durch die US Regierung bestimmt ist, oder, falls ein Computer nicht ausschließlich für eine solche Nutzung bestimmt ist, durch oder für eine Finanzinstitution oder die US-Regierung verwendet wird und das tatbestandsmäßige Verhalten Auswirkungen auf diese Nutzung durch oder für eine Finanzinstitution oder die US-Regierung hat"* (§ 1030 (e) (2) (A)). Außerdem schließt der Begriff „geschützter Computer" einen Computer ein, *„der für zwischenstaatlichen oder internationalen Handel oder derartige Kommunikation genutzt wird, einschließlich eines außerhalb der Vereinigten Staaten befindlichen Computers, der in solcher Weise genutzt wird, dass dabei zwischenstaatlicher oder internationaler Handel oder derartige Kommunikation der Vereinigten Staaten beeinflusst werden."* (§ 1030 (e) (2) (B)).

Die Normen des 18 U.S.C. § 1030 beziehen sich ausschließlich auf neun Straftatbestände und bestimmen für sie die Zuständigkeitsregeln. Darunter fallen auch Tatbestände gegen die Vertraulichkeit, Unversehrtheit und Verfügbarkeit von Computerdaten und Computersystemen.[119]

---

[117] *USA Patriot Act*, 2001.
[118] *CFAA* 1984, 18 U.S.C. § 1030 (e) (2) (B), 2001.
[119] Siehe Kapitel 4 Die Systematik der Delikte im Überblick, S. 77 ff.

b) Handlungsort / Erfolgsort (effects nexus)

In den USA wird der Territorialitätsgrundsatz generell und insbesondere im Bezug auf Cybercrime breit ausgelegt.[120] Sowohl in der Literatur als auch in der Rechtsprechung wird der *Auswirkungsgrundsatz überwiegend als ein Teil des Territorialprinzips* neben dem Handlungsort angesehen (weite Interpretation).[121] Dies ähnelt der diesbezüglichen deutschen Auffassung. Jedoch wird auch eine Ansicht vertreten, wonach der Erfolgsort (effects nexus) einen *selbstständigen Legitimierungsgrundsatz* darstellen soll, also nicht lediglich ein Aspekt des Territorialitätsgrundsatzes einzustufen sei.[122]

Jedenfalls soll der Auswirkungsgrundsatz nach h.M. in begrenzter Form auch bei Cybercrime Anwendung finden, nämlich soweit sich die Auswirkungen im Inland gegen Interessen des Staates richten (also im Sinne des Schutzprinzips nach deutschem Verständnis).[123]

Für eine mit dem Territorialitätsprinzip begründete Anwendung der Straftatbestände von 18 U.S.C. § 1030 ist somit zunächst zu prüfen, ob es sich bei dem angegriffenen, in den USA befindlichen Computer um einen „geschützten Computer" handelt.

Die Kategorie „geschützter Computer" dient in den meisten Tatbeständen von 18 U.S.C. § 1030 als Schlüsselbegriff. Dabei kann unter „geschützter Computer" fast jeder Rechner also, auch ein im Ausland befindlicher, subsumiert werden (18 U.S.C. § 1030 (e) (2).

Beispielsweise ist nach 18 U.S.C. § 1030 (a) (5) (A) (i) strafbar, dass eine wissentliche Übermittlung eines Programms, einer Information, eines Codes oder eines Befehls vorsätzlich einen Schaden bei einem geschützten Computer verursacht. Amerikanisches Bundesrecht ist dann anwendbar, wenn ein Computervirus von einem im Ausland lokalisierten Rechner zu einem in einem dritten Staat befindlichen Rechner verschickt wurde, wenn letzterer ein geschützter

---

[120] 18 U.S.C. § 1084 (*Federal Wire Wager Act*); 18 U.S.C. § 2510 (*Wire and Electronic Communications Interception and Interception of Oral Communications*).
[121] *People v. World Interactive Gaming Corp.* 1999; *United States v. Galaxy Sports*, 2001; *Ray August*, International Cyber-Jurisdiction, ABLJ 2002, S. 540 ff.
[122] *Brenner/Koops*, Approaches to Cybercrime Jurisdiction, 2004, S. 20.
[123] Siehe Kapitel 5 Einzelne Strafanwendungsprinzipien (*Schutzprinzip, Deutschland*), S. 159 ff. *Ray August*, International Cyber-Jurisdiction, ABLJ 2002, S. 540 ff.; *Brownlie*, Principles of Public International Law, 2008, S. 289 ff.; *Foreign Relations Law of the US, 3rd Restatement of the Law*, 1987, § 402 Abs. 3: "...against security, territorial integrity or political independence"; *United States v. Rodriguez*, 1960.

Computer, d.h. geeignet ist, Interessen der Vereinigten Staaten zu beeinträchtigen.

Als Legitimierungsgrundsatz dient der Auswirkungsgrundsatz, den man als Erfolgsort unter das Territorialitätsprinzip oder als eigenständigen Anknüpfungspunkt betrachten kann (siehe Fall „Loveletter") [124].

Die Bedeutung des Auswirkungsgrundsatzes zur Begründung von Territorialität sollte also nicht unterschätzt werden (siehe Fall „People v. World Interactive Gaming Corp.") [125].

Erfasst wird nach US-amerikanischem Recht also grundsätzlich sowohl der **Handlungsort** als auch der **Erfolgsort**.

c) Erfolgs- und Tätigkeitsdelikte (conduct and result offenses)

In der amerikanischen Strafrechtslehre wird zwischen Erfolgsdelikten (result crimes) und Tätigkeitsdelikten (conduct crimes) unterschieden.

Tätigkeitsdelikte (**conduct offenses**) erfordern keine Herbeiführung schädlicher Konsequenzen. Das Verhalten als solches ist strafbar, da es schon auf der Stufe des Handelns wichtige soziale Interessen beeinträchtigt.[126] Als Beispiel kann das Zugangsdelikt nach 18 U.S.C. § 1030 (a) (3) (vorsätzlicher unbefugter Zugang zu nichtöffentlichen Computer einer US-Behörde) dienen. Der Zugang als solcher ist ohne jegliche Konsequenzen strafbar.[127]

Erfolgsdelikte (**result offenses**) erfordern die Verursachung eines bestimmten schädlichen Erfolgs. So sind beispielsweise die meisten Tatbestände des 18 U.S.C. § 1030 als Erfolgsdelikte ausgestaltet.[128]

Allerdings nähern sich einige formell als Erfolgsdelikte konstruierte Delikte im Grunde den Tätigkeitsdelikten an.

Ein Beispiel dafür ist § 1030(a)(5)(A)(i) 18 U.S.C. (wissentliche Übermittlung eines Programms, einer Information, eines Codes oder eines Befehls zur vorsätzlichen Schädigung eines Computers). Darunter fällt jede Tat, die *irgendeinen* Schaden verursacht, egal welchen Umfangs.[129]

---

[124] Siehe Kapitel 2 Fälle und Entscheidungen, S. 37 und Kapitel 6 Falllösung (*Fall „Loveletter"*), S. 224 ff.
[125] Siehe Kapitel 2 Fälle und Entschiedungen, S. 39 und Kapitel 6 Falllösung (*Fall People v. World Interactive Gaming Corp.*), S. 261 ff.
[126] *Dressler*, Understanding Criminal Law, 2009, S. 123; *Dubber/Kelman*, American Criminal Law, 2005, S. 199 ff.
[127] Siehe Kapitel 4 Die Systematik der Delikte im Überblick, S. 77 ff.
[128] Siehe Kapitel 4 Die Systematik der Delikte im Überblick, S. 77 ff.
[129] *USA Patriot Act*, 2001: Kommentare zum *CFAA* 1984 vom US Bundesjustizministerium.

d) Zwischenergebnis

Der Territorialitätsgrundsatz wird auf der föderalen Ebene sowie nach der Gesetzgebung einiger US-Bundesstaaten weit ausgelegt. Der Auswirkungsgrundsatz wird grundsätzlich als ein zur Legitimierung der Strafanwendung genügender Anknüpfungspunkt des Territorialprinzips angesehen. In den föderalen Normen wird zur Zuständigkeitsbegründung insbesondere auf den Begriff „geschützter Computer" i.S.d. 18 U.S.C. § 1030 abgestellt.

5.3.1.4 Zwischenergebnis (Territorialitätsprinzip)

Die Bedeutung des Territorialprinzips bei Internetstraftaten unterscheidet sich in den vorliegend untersuchten Rechtsordnungen teilweise grundlegend. Hinsichtlich der *gesetzlichen* Ausgestaltung ist vor allem von Bedeutung, ob für den Bereich der Computerkriminalität spezielle gesetzliche Regelungen bestehen (USA) oder die allgemeinen Zuständigkeitsregeln (Deutschland und Russland) zur Anwendung kommen. Das in der *Praxis* oder *im Schrifttum* je nach Rechtsordnung durchsetzbare Konzept wird von verschiedenen Faktoren beeinflusst. Allerdings finden sich in den Rechtsordnungen vielfach ähnliche Lösungsansätze (*siehe Tabelle 4*). Hervorzuheben ist die Bedeutung des Auswirkungsgrundsatzes als tatsächlicher Anknüpfungspunkt bei internationalen Internetdelikten.

Außerdem ist ein Vergleich der jeweiligen Interpretation des Territorialitätsgrundsatzes in den unterschiedlichen Rechtsordnungen nur unter Berücksichtigung der durch sie daneben anerkannten weiteren Strafanwendungsprinzipien möglich.

Die Auslegung des Territorialitätsprinzips ist vor allem eng mit dem Umfang eines anderen wichtigen Legitimierungsgrundsatzes – dem Schutzprinzip – verbunden.

Durch den Auswirkungsgrundsatz als ein Teil des Territorialitätsgrundsatzes wird das Territorialitätsprinzip im Bereich des Cybercrime sowohl in den *deutschen* (durch eine erweiterte Definition des Tatorts, § 3 i.V.m. § 9 StGB) als auch in den amerikanischen Zuständigkeitsregelungen weit ausgedehnt.

Dabei geht die *US-amerikanische* Gesetzgebung wegen ihres Abstellens auf die Zuständigkeit begründenden Begriff „geschützter Computer" allerdings weiter. Da dadurch auch außerhalb der Vereinigten Staaten befindliche Computer eingeschlossen sind, soweit sie auf solche Weise benutzt werden, dass sie den zwischenstaatlichen oder internationalen Handel oder derartige Kommunikation der Vereinigten Staaten beeinflussen können (§ 1030 (e) (2) (B)), sind unter diesem flexiblen Kriterium vielfältige Zuständigkeits-Konstellationen subsumierbar.

Seine unter den drei untersuchten Rechtsordnungen engste Interpretation findet das Territorialitätsprinzip im *russischen* Strafrecht, da dort der Auswirkungsgrundsatz einem weit verstandenen Schutzprinzip zugerechnet wird.[130]

5.3.2 Schutzgrundsatz (Realprinzip)

5.3.2.1 Allgemeines

Der Schutzgrundsatz erlaubt einem Staat, dessen Inlandsgüter betroffen sind, sein Strafrecht unabhängig vom Begehungsort und von der Nationalität des Täters anzuwenden.[131] Im Bezug auf Cybercrime gewinnt der Schutzgrundsatz wegen der Besonderheiten der Territorialität im Cyberraum an Bedeutung. Allerdings unterscheidet sich der Umfang dieses Grundsatzes nach der jeweiligen Rechtsordnung.

5.3.2.2 Die deutsche, russische und amerikanische Zuständigkeitsregulierung im Cyberraum nach dem Schutzgrundsatz

Nach dem Schutzgrundsatz ist das **deutsche Strafrecht** auch im Bezug auf den Cyberraum anzuwenden, wenn durch eine außerhalb Deutschlands begangene Tat inländische Rechtsgüter betroffen sind. § 5 StGB enthält eine abschließende Liste solcher Rechtsgüter.

Das *Schutzprinzip* ist insbesondere dann anwendbar, wenn die Tat sich gegen den Bestand oder die Integrität des Staates richtet.[132] Dazu gehören nach § 5 StGB beispielsweise die Gefährdung der äußeren Sicherheit i.S.d. §§ 94-100a StGB (§ 5 Abs. 4 StGB). Im Bezug auf diese Gruppe der Auslandsdelikte ist deutsches Strafrecht unabhängig vom Recht des Tatorts anwendbar.

Das passive Personalitätsprinzip (der *Individualschutzgrundsatz*) erlaubt die Anwendung innerstaatlichen Strafrechts auf gegen einen Inländer gerichtete Auslandstaten hingegen nur dann, wenn die Tat auch nach dem Recht des Tatorts mit Strafe bedroht ist oder der Tatort keiner Strafgewalt unterliegt (§ 7 Abs. 1 StGB).[133]

---

[130] Siehe Kapitel 5 Einzelne Strafanwendungsprinzipien (*Schutzgrundsatz*), S. 159 ff.
[131] *Schönke/Schröder/Eser*, StGB, 2010, §§ 3-7, Rn. 7.
[132] *Werle*, JuS 2001, S. 37; *Oehler*, Internationales Strafrecht, 1973, S. 137.
[133] *Werle*, JuS 2001, S. 38.

Das passive Personalitätsprinzip kann grundsätzlich als Teil des Schutzprinzips verstanden werden, denn es entspricht dem Gedanken, individuelle Rechtsgüter (auch) als Interessen des Staates anzusehen und deshalb zu schützen. Allerdings bezieht sich streng genommen das Schutzprinzip im deutschen Strafrecht ausschließlich auf gegen den Bestand oder die Integrität des Staates gerichtete Taten.

Im russischen Strafrecht ist das Schutzprinzip in Art. 12 Abs. 3 UKRF verankert.[134]

Art. 12 UKRF
(1)-(2)...

(3) Ausländische Staatsbürger und Staatenlosen ohne permanenten Wohnsitz in der Russischen Föderation, die eine Straftat außerhalb des Territoriums der Russischen Föderation begangen haben, unterliegen der strafrechtlichen Verantwortlichkeit nach dem vorliegenden Gesetzbuch, wenn die Straftat gegen die Interessen der Russischen Föderation, eines Staatsbürgers der Russischen Föderation oder eines Staatenlosen mit permanenten Wohnsitz in der Russischen Föderation gerichtet war, (...) sofern ausländische Staatsbürger und Staatenlosen ohne permanenten Wohnsitz in der Russischen Föderation nicht in einem ausländischen Staat verurteilt wurden und auf dem Territorium der Russischen Föderation zur strafrechtlichen Verantwortlichkeit herangezogen werden.

Im russischen Strafrecht untergliedert sich das Schutzprinzip in zwei Kategorien. Einerseits wird der Fall erfasst, dass außerhalb des Territoriums der Russischen Föderation von Ausländern oder Staatenlosen (ohne Wohnsitz in Russland) Straftaten begangen werden, die *gegen die Interessen der Russischen Föderation gerichtet sind* (Art. 12 Abs. 3 Alt. 1 UKRF). Andererseits handelt es sich um jene Konstellationen, in denen sich die Tat *gegen die Interessen eines russischen Staatsangehörigen oder eines Staatenlosen mit Wohnsitz in Russland* richtet (Art. 12 Abs. 3 Alt. 2 UKRF). Daher umfasst das russische Schutzprinzip nach deutschem Verständnis grundsätzlich sowohl den Schutzgrundsatz als auch das passive Personalitätsprinzip.

Das deutsche und das russische Strafrecht unterscheiden sich bei der konkreten Umsetzung des Schutzprinzips wesentlich.

Nach dem deutschen Strafanwendungsrecht ist die Geltung des nationalen Rechts für *besonders bedeutsame Rechtsgüter* (§ 5 StGB: Anknüpfung an Aspekte des Schutz – und des Universalitätsprinzips unter Heranziehung des Perso-

---

[134] *Paramonova*, Extraterritorial jurisdiction in Russia, 2011 S. 297 – 315.

nalitätsgrundsatzes, unabhängig von einer Strafbarkeit am Tatort – *uneingeschränktes passives Personalitätsprinzip*) und darüber hinaus auf *weitere* am Tatort mit Strafe bedrohte Auslandstaten anzunehmen (§ 7 StGB: *eingeschränktes passives Personalitätsprinzip*). Dagegen wird nach dem russischen Recht keine solche Differenzierung vorgenommen, denn alle strafrechtlichen Rechtsgüter werden dem Schutzprinzip unterworfen (was nach deutschem Verständnis einem uneingeschränkten passiven Personalitätsprinzip entsprechen würde).[135]

Insgesamt erlaubt eine derart weite Interpretation des Schutzprinzips nach dem russischen Recht eine extensive Anwendung des russischen Strafrechts insbesondere bei Internetdelikten. Zu der Problematik siehe Fall *„Kasache"*.[136]

Das **US-amerikanische Recht** wird in Übereinstimmung mit der Tradition des *Common Law* ganz überwiegend durch das Territorialitätsprinzip geprägt, wobei dieses sich nicht zuletzt auch als Ausprägung des *due process*-Gedankens darstellt, da die strafrechtliche Verantwortung eines Beschuldigten grundsätzlich am Ort der ihm vorgeworfenen Tat geklärt werden soll (vgl. den 6. Zusatzartikel zur US-Verfassung).[137] Zwar zeigen (Bundes- und Bundesstaaten-) Gesetzgeber sowie die Rechtsprechung gegenüber einer extraterritorialen Zuständigkeit in Strafsachen weiterhin Zurückhaltung.[138] Trotzdem lassen sich Tendenzen erkennen, die als Ausprägung des Schutzprinzips (*„protective nexus"*) verstanden werden können.

So wird strafrechtliche Zuständigkeit für solche im Ausland begangenen Taten angenommen, die sich *gegen die Sicherheit des Staates* oder *anderweitige Interessen des Staates* richten. Hier ist die strafrechtliche Zuständigkeit aufgrund des Schutzprinzips (*„protective nexus"*) zu legitimieren, was auch im Schrifttum auf Zustimmung gestoßen ist.[139]

Darüber hinaus sollen außerhalb des Territoriums begangene Taten zumindest dann nach inländischem Recht bestraft werden können, wenn die Tat „wesentliche Auswirkung innerhalb des Territoriums entfaltet oder dies beabsichtigt

---

[135] *Korobeev*, Polnij Kurs Ugolovnogo Prava, 2008, S. 767, *Naumov*, Rossijskoe Ugolovnoe Pravo, 2007, S. 238; *Lebedev*, Kommentarii k UKRF, 2012, S. 23; *Kruglikov*, Kommentarii k UKRF, 2005, S. 31 ff.; *Paramonova*, ZARR 2009, S. 80 ff.
[136] Kapitel 2 Fälle und Entscheidungen, S. 37 und Kapitel 6 Falllösung (*Fall „Kasache"*), S. 242 ff.
[137] *Dubber/Kelman,* American Criminal Law, 2005, S. 158.
[138] *People v. Blume*, 443 Mich 476 (505); *Dubber/Kelman,* American Criminal Law, 2005, S. 167.
[139] *Foreign Relations Law of the US, 3rd Restatement of the Law,* 1987, § 402 Abs. 3: "...against security, territorial integrity or political independence"; *United States v. Rodriguez,* 182 F.Supp. 479, 1960; *Brownlie*, Principles of Public International Law, 2008; *Ray August*, International Cyber-Jurisdiction, ABLJ 2002, S. 540 ff.

ist".[140] Dass amerikanische Gerichte bei diesem „effects nexus" *grundsätzlich* an das Territorialitätsprinzip anknüpfen, kann man mit der im Common Law ursprünglich angenommenen Ausschließlichkeit des Territorialitätsprinzips erklären, welche sich auch in der amerikanischen Verfassung widerspiegelt.[141] Jedoch ist der Gesetzgeber unter der US-Verfassung nicht gehindert, die Anwendbarkeit von Strafgesetzen auf Taten mit Auslandsbezug ausdrücklich vorzusehen.[142]

Es vermag deshalb nicht zu überraschen, dass auch im Bezug auf Cybercrime im amerikanischen Recht und in der Doktrin das Territorialitätsprinzip (insbesondere der Auswirkungsgrundsatz als dessen Bestandteil[143]) die Rolle einer Schlüssellegitimierung übernimmt und dann auch für Internetkriminalität spezielle gesetzliche Regelungen geschaffen worden sind, die eine extraterritoriale Anwendbarkeit des Strafrechts in diesem Bereich festschreiben.[144]

Auf föderaler Ebene wurden Strafanwendungsnormen für Computerkriminalität, außer in weiteren föderalen Gesetzen, wie etwa dem Wire Wager Act[145], vor allem durch den **Computer Fraud and Abuse Act 1984 (CFAA)** geschaffen.[146] Die strafanwendungsrechtlichen Regelungen sind im Bezug auf den Cyberspace darin deliktspezifisch festgelegt.

So dehnt etwa 18 U.S.C. § 1030 (a)(1) seine Anwendbarkeit auf „jeden" Täter aus, der durch den unbefugten Zugang zu einem Computer „Informationen erlangt, die durch die Regierung der Vereinigten Staaten (…) als im Interesse der *nationalen Sicherheit* eingestuft wurden". Dadurch ist das Schutzprinzip *im engeren Sinne* auf der Ebene spezifischer Delikte festgeschrieben.

Hierbei ist einer in der Literatur vertretenen Ansicht zuzustimmen, wonach in den "federal computer-related offenses" des CFAA durch das Tatbestandsmerkmal „protected computer" (18 U.S.C. § 1030 (e)) dem Schutzgrundsatz eine über dessen engeren Sinn hinausgehende Bedeutung zugemessen wird.[147] Der in fast allen Delikten des CFAA erscheinende Begriff „**protected compu-**

---

[140] *Foreign Relations Law of the US, 3rd Restatement of the Law*, 1987, § 402 Abs. 1(c); *Strassheim v. Daily*, 221 U.S. 280; *People v. Blume*, 443 Mich. 476.
[141] *People v. Stokes*, 88 N.Y.2d 618 (1996); *Dubber/Kelman*, American Criminal Law, 2005, S. 157.
[142] *United States v. King*. 552 F.2d 833 (1976).
[143] *US v. Aluminium Co. of America*, 148 F. 2d 416 (2d Cir. 1945), *Timberland Lumber Co. v. Bank of Amrica*, 549 F.2d (9th Cir. 1976); *Ray August*, International Cyber-Jurisdiction, ABLJ 2002, S. 540 ff.
[144] *CFAA* 1984, 18 U.S.C. § 1030. (e) (2) (B), 2004; 18 U.S. Code § 1084 (a), 1994 (*Federal Wire Wager Act*); *United States v. Galaxy Sports*, 260 F. 3d 68 (2g Cir. 2001); *United States v. King*. 552 F.2d 833 (1976).
[145] *CFAA* 1984, 18 U.S.C. § 1030. § 1084, 1994.
[146] *CFAA* 1984 18 U.S.C. § 1030 (e).
[147] *Brenner/Koops*, Approaches to Cybercrime Jurisdiction, 2004, S. 26.

ter" (geschützter Computer) ist in Strafanwendungsfragen von zentraler Bedeutung. Nach 18 U.S.C. § 1030 (e) (2) ist darunter jeder Rechner, einschließlich eines außerhalb der Vereinigten Staaten befindlichen Computers zu subsumieren, der die zwischenstaatliche oder internationale Kommunikation der USA beeinflussen kann. Hier erfolgt die Legitimierung also gerade durch die weite Ausdehnung des „protective nexus" (Schutzprinzip *im weiteren Sinne*).

Allerdings ist nach Ansicht von Literatur und Rechtsprechung die Ausweitung der Strafrechtsanwendung durch den Begriff „protected computer" Ausdruck des Territorialitätsprinzips (nämlich der „effects nexus" als dessen Bestandteil)[148] Dies überzeugt zwar nicht, da es hier im Grunde um eine extraterritoriale Zuständigkeit geht. Doch sollen – in Übereinstimmung mit Rechtsprechung und herrschenden Meinung in der Doktrin – die diesbezüglichen Konstellationen im Rahmen des Territorialitätsgrundsatzes behandelt werden.[149]

Folglich verbleibt dem Schutzgrundsatz hier sowohl im Hinblick auf traditionelle Delikte als auch hinsichtlich der hier behandelten Computerstraftaten ein beschränkter Anwendungsbereich, der sich nur auf die „Interessen des Staates" im engeren Sinne bezieht.[150]

Der *Individualschutzgrundsatz* (also gegen Inländer gerichtete Auslandstaten) ist hier nicht der entscheidende Ansatzpunkt. Dies entspricht im Grunde dem deutschen Verständnis des Schutzprinzips.

5.3.2.3 Zwischenergebnis

Der Umfang des Schutzprinzips nach deutschem sowie nach amerikanischem Verständnis ist im Bezug auf Cybercrime relativ eng und auf ausschließlich gegen den Staat gerichtete-Auslandsstraftaten beschränkt. Hingegen sind in Russland durch das Zwei-Komponenten-Schutzprinzip (das sowohl die „Interessen des Staates"-Komponente als auch den Individualschutzgrundsatz umfasst), alle vom russischen Strafrecht vorgesehenen Rechtsgüter auch gegen Auslandstaten geschützt.

Folglich ist das Schutzprinzip nach russischem Verständnis unter den drei verglichenen Rechtsordnungen am weitesten zu verstehen. Grundsätzlich entspricht es einerseits dem deutschen Schutzprinzip, dem passiven Personalitätsprinzip und dem durch den Erfolgsort bestimmten Territorialitätsprinzip (§ 3

---

[148] *Ray August*, International Cyber-Jurisdiction, ABLJ 2002, S. 537, 540 ff; *Harvard Research. Jurisdiction with Respect to Crime*, 1935), S. 519 ff.; *US v. Aluminium Co. of America*, 1945; *Timberland Lumber Co. v. Bank of America*, 1976.

[149] Siehe Kapitel 5 Einzelne Strafanwendungsprinzipien (*Territorialitätsprinzip, USA*), S. 153 ff.

[150] *Brownlie*, Principles of Public International Law, 2008.

i.V.m. § 9 StGB). Andererseits entspricht es dem eng gefassten amerikanischen Schutzprinzip und dem durch den „effects nexus" legitimierten US-Territorialitätsprinzip.

Die jeweilige Auslegung des Schutzprinzips ist daher vor allem unmittelbar mit dem jeweiligen Umfang eines anderen wichtigen Legitimierungsgrundsatzes – dem Territorialitätsgrundsatz – eng verbunden.[151] (Zu der Problematik vergleiche den Fall „*Georgier*"[152]).

5.3.3 Personalitätsprinzip

5.3.3.1 Allgemeines

Das Personalitätsprinzip basiert auf dem Gedanken, dass aufgrund der besonderen Bindung eines Staates zu seinen Staatsangehörigen der Staat ein Mindestmaß an Kontrolle über seine Bürger unabhängig vom Tatort hat.[153]

5.3.3.2 Die deutsche, russische und amerikanische Zuständigkeitsregulierung im Cyberraum nach dem Personalitätsprinzip

In **Deutschland** ist zwischen dem aktiven und dem passiven Personalitätsprinzip zu unterscheiden. Entscheidend beim *aktiven Personalitätsprinzip*[154] ist die Staatsangehörigkeit des Täters. Demgemäß ist ein deutscher Staatsbürger dem deutschen Strafrecht unterworfen, selbst wenn er eine Straftat im Ausland begeht.[155] Beim *passiven Personalitätsprinzip*[156] ist die Staatsangehörigkeit des Opfers ausschlaggebend.

Die beiden Prinzipien können entweder *uneingeschränkt* oder *eingeschränkt* gelten.

In § 7 StGB findet sich sowohl ein eingeschränktes passives (§ 7 Abs. 1) als auch ein eingeschränktes aktives Personalitätsprinzip (§ 7 Abs. 2), d.h. die Auslandstat muss auch am Tatort mit Strafe bedroht sein.

---

[151] Siehe Kapitel 5 Einzelne Strafanwendungsprinzipien (*Vergleichungstabelle*) S. 133 und Kapitel 5 Einzelne Strafanwendungsprinzipien (*Territorialitätsprinzip, USA*), S. 153 ff.
[152] Siehe Kapitel 2 Fälle und Entscheidungen, S. 35 und Kapitel 6 Falllösung (*Fall „Georgier"*) S. 179.
[153] *Oehler*, Internationales Strafrecht, 1973, S. 137 ff., 407 ff.; *Werle*, JuS 2001, S. 37; *Korobeev*, Polnij Kurs Ugolovnogo Prava, 2008, S. 763 ff.
[154] *Oehler*, Internationales Strafrecht, 1973, S. 143 ff.
[155] *Wessels/Beulke*, Strafrecht AT, 2011, Rn. 68.
[156] *Oehler*, Internationales Strafrecht, 1973, S. 137 ff.

In uneingeschränkter Form finden sich sowohl das aktive als auch das passive Personalitätsprinzipien in einigen Fällen des § 5 StGB, da dort das deutsche Strafrecht unabhängig vom Recht des Tatorts gilt. Durch die in § 5 StGB aufgelisteten Tatbestände, von denen einige auch durch das Internet begehbar sind, werden solche Rechtsgüter geschützt, die ein deutscher Bürger nach Ansicht des Gesetzgebers auch im Ausland beachten soll. Dies gilt beispielsweise für den sexuellen Missbrauch von Kindern gem. § 176 StGB (uneingeschränktes aktives Personalitätsprinzip), nicht jedoch etwa für die Verbreitung, den Erwerb und den Besitz kinderpornographischer Schriften (§ 184b StGB), der z.B. im Fall „*Herr Lust*"[157] eingreift.

Das **amerikanische Recht** zeigt sich zwar gegenüber der Ausübung extraterritorialer strafrechtlicher Zuständigkeit zurückhaltend. Denn im Ausland begangene Taten sind grundsätzlich nicht geeignet, Frieden und Ordnung im Inland zu stören.[158] Allerdings enthält die US-Verfassung eine Grundlage für die Anerkennung des aktiven und passiven Personalitätsprinzips (nationality nexus) als einen selbstständigen Anknüpfungspunkt. Denn in ihrem Art. 3 § 2(3) geht sie ausdrücklich von der Möglichkeit extraterritorialer Zuständigkeit aus.[159]

In der amerikanischen Strafrechtswissenschaft ist das Personalitätsprinzip (nationality nexus) bezüglich der traditionellen Straftaten anerkannt. Insbesondere können (Bundes- und Bundesstaaten-) Gesetzgeber auch Verhalten amerikanischer Staatsangehöriger im Ausland kriminalisieren (aktives Personalitätsprinzip).[160]

Im Bezug auf Cyberraum wurde das aktive Personalitätsprinzip durch die amerikanische Rechtsprechung zwar bisher nicht ausdrücklich als (alleiniger) zuständigkeitsbegründender Anknüpfungspunkt herangezogen.[161] Die amerikanische Staatsangehörigkeit des Täters bildet jedoch für die Rechtsprechung einen wesentlichen Faktor, um im Rahmen einer Gesamtschau mehrerer Anknüpfungspunkte mit Inlandsbezug zu einer Bejahung der eigenen Zuständigkeit zu

---

[157] Siehe Kapitel 2 Fälle und Entschiedungen, S. 36 und Kapitel 6 Falllösung (*Fall „Herr Lust"*), S. 193.
[158] *U.S. v. Bowman* 260 U.S. 94, 98 (1922): „affect the peace and good order of the community".
[159] *US-Verfassung*: http://law.onecle.com/constitution/
[160] *United States v. King*, 1976; *Restatement (Third) of Foreign Relations Law of the US, § 402 (2)*; *Dubber/Kelman*, American Criminal Law, 2005, S. 158 ff.; *Brenner/Koops*, Approaches to Cybercrime Jurisdiction, 2004, S. 8; *Oehler*, Internationales Strafrecht, 1973, S. 168 ff.
[161] *Ray August*, International Cyber-Jurisdiction, ABLJ 2002, S. 539 - 540; *Harvard Research. Jurisdiction with Respect to Crime*, 1935), S. 519 ff.

gelangen. So wurde etwa im Fall „*People v. World Interactive Gaming Corp.*"[162] die Zuständigkeit eines New Yorker Gerichts hinsichtlich des Handelns eines ausländischen Unternehmens unter anderem auch mit der amerikanischen Nationalität des Mutterunternehmens begründet.

18 U.S.C. § 1030 ermöglicht im Bezug auf Cybercrime eine extraterritoriale Anwendbarkeit amerikanischen Bundesrechts in sehr weitem Umfang und stellt dabei nicht auf die Nationalität des Täters ab („whoever"). Jedoch dürfte – nicht zuletzt wegen der Zurückhaltung der Gerichte hinsichtlich einer extraterritorialen Legitimierung der Anwendung von Strafrecht – damit zu rechnen sein, dass die Anwendung von 18 U.S.C. § 1030 erstrangig doch vom Vorliegen der amerikanischen Nationalität des Täters abhängen wird.

Der im **russischen Strafrecht** verankerte Personalitätsgrundsatz (Staatsangehörigkeitsprinzip) entspricht grundsätzlich *dem deutschen aktiven Personalitätsprinzip.*[163]

Art. 12 Abs. 1 UKRF
(1) Staatsangehöriger der Russischen Föderation oder Staatenlosen mit permanenten Wohnsitz in Russland, die außerhalb des Territoriums Russlands eine Straftat gegen die von diesem Gesetzbuch geschützten Interessen begangen haben, sind der strafrechtlichen Verantwortlichkeit nach diesem Strafgesetzbuch zu unterwerfen, wenn in Bezug auf diese Personen im Hinblick auf die fragliche Straftat keine gerichtliche Entscheidung eines ausländischen Staates vorliegt.
(2)-(3)...

Die Anwendung des russischen Strafrechts ist also nach Art. 12 Abs. 1 UKRF unter folgenden Voraussetzungen zu rechtfertigen:

Die Straftat muss *erstens* von einem Staatsangehörigen der Russischen Föderation oder von einem Staatenlosen mit permanenten Wohnsitz in Russland und *zweitens* außerhalb des Territoriums Russlands begangen worden sein, und sie muss sich *drittens* gegen die vom UKRF geschützten Rechtsgüter richten und schließlich darf *viertens* hinsichtlich dieser Personen und im Bezug auf die fragliche Tat nicht bereits eine gerichtliche Entscheidung eines anderen Staates vorliegen.

Das passive Personalitätsprinzips im deutschen Sinne (wenn also eine im Ausland begangene Tat gegen Inländer gerichtet war) wird nach dem russischen

---

[162] *Peoople v. World Interactive Gaming Corp.*, 1999; siehe Kapitel 2 Fälle und Entscheidungen, S. 39 und Kapitel 6 Falllösung (*Fall „People v. World Interactive Gaming Corp."*), S. 261.
[163] *Paramonova*, Extraterritorial jurisdiction in Russia, 2011 S. 297 – 315.

Strafrecht auf der Grundlage des Schutzprinzips in seiner Ausprägung des *Individualrechtsgüterschutzes* legitimiert. Daher hat der Personalitätsgrundsatz in seiner russischen Fassung einen engeren Umfang.

Allerdings sind die personalitätsgrundsatzbezogenen Anknüpfungspunkte nach dem russischen Strafrecht im Vergleich mit Regeln fremder Rechtsordnungen (beispielsweise der deutschen) *teilweise weiter definiert*. So gilt etwa *das uneingeschränkte Personalitätsprinzip* deutscher Fassung in Russland im Bezug auf alle strafrechtlichen Delikte, eine Strafbarkeit der Tat am Tatort ist mithin nicht erforderlich. Dagegen kommt es in Deutschland ausschließlich bezüglich der in § 5 StGB genannten Delikte zur Anwendung.

Trotzdem gilt der russische Personalitätsgrundsatz nicht völlig uneingeschränkt. Der Umstand, dass die russische Justiz ausländische Gerichtsentscheidungen bei der Anwendung des Personalitätsprinzips zu beachten hat (Art. 12 Abs. 1 UKRF), macht aus ihm einen *Grenzfall zwischen eingeschränktem und uneingeschränktem aktiven Personalitätsgrundsatz* im deutschen Sinne. Außerdem grenzt die Formulierung des Art. 12 Abs. 1 UKRF „wenn in Bezug auf diese Personen im Hinblick auf die fragliche Straftat keine gerichtliche Entscheidung eines ausländischen Staates vorliegt" die Anwendung des Personalitätsgrundsatzes auch deshalb weiter ein, weil sie nicht ausschließt, dass von der russischen Justiz auch nicht-strafrechtliche Entscheidungen fremder Staaten zu beachten sind.

Die Rechtsprechung hat zwar diesbezüglich noch nicht Stellung bezogen, dass die Vorschrift jedoch auch andere als strafgerichtliche Entscheidungen genügen lässt, ergibt sich schon daraus, dass das Gesetz in Art. 12 Abs. 3 nicht ausdrücklich zwischen strafgerichtlichen und nicht-strafgerichtlichen Entscheidungen differenziert.[164] In der Literatur wird die Vorschrift allerdings so interpretiert, dass sie sich eindeutig nur auf strafrechtliche Entscheidungen bezieht.[165]

Letztlich ist festzustellen, dass trotz der fragmentarischen Beachtung der gerichtlichen Entscheidungen anderer Staaten das russische Recht einem im Vergleich zum deutschen Strafrecht (nach dem bereits das materielle Recht des Tatorts zu berücksichtigen ist) weiten Verständnis des (aktiven) Personalitätsprinzips folgt.

Bis 2006[166] galt im russischen Strafrecht hinsichtlich aller Delikte das *eingeschränkte Personalitätsprinzip*. Art. 12 Abs. 1 UKRF verlangte, dass die Aus-

---

[164] *Paramonova*, ZARR 2009, S. 77 ff.
[165] *Bogusch*, Ugolovnij Zakon, 2011, S. 80 ff.
[166] *StÄndG RF*, 2006.

landstat am Tatort strafbar sein musste. Außerdem sah Art. 12 Abs. 1 UKRF eine zusätzliche Begrenzung vor, wonach die vom russischen Strafgericht verhängte Strafe nicht die nach dem Recht des Tatortsstaates angedrohte Höchststrafe überschreiten durfte. Diese Form des Personalitätsgrundsatzes bereitete jedoch einige Probleme.

Erstens führten solche Regelungen zum absichtlichen Umgehen der nationalen Zuständigkeit, da die Anwendung russischen Strafrechts entfiel, wenn die Tat am Tatort nicht strafbar war. Dies galt auch für solche Delikte, die in Russland als „schwer" eingestuft wurden. Anders als im deutschen (§ 5 StGB) gab es im russischen Recht keine Straftaten, die auf der Grundlage des Personalitätsgrundsatzes unabhängig vom Recht des Tatorts im Inland mit Strafe bedroht wurden.

Zweitens bot die Begrenzung der Strafandrohung durch die jeweilige Sanktionsobergrenze des ausländischen Strafrechts die Möglichkeit einer absichtlichen Teilvermeidung des russischen Strafrechts, da russische Gerichte gezwungen waren, nach den Maßstäben des inländischen Strafrechts inadäquat milde Sanktionen zu verhängen.[167]

Das Strafgesetzbuch wurde zwar im Jahre 2006 geändert, *das Problem blieb allerdings in einer anderen Gestalt auch im neuen Gesetz erhalten.*

Eine der Voraussetzungen der Anwendung des Personalitätsgrundsatzes ist – wie bereits dargelegt –, dass bezüglich der fraglichen Person und Tat „keine Gerichtsentscheidung eines anderen Staates" vorliegen soll. Jedoch wird, wie ebenfalls bereits angesprochen, nicht verlangt, dass es sich um eine Entscheidung eines Strafgerichts handeln muss, so dass auch eine Entscheidung im Rahmen eines zivil- oder verwaltungsrechtlichen Verfahrens genügen kann.

Es bleibt daher das Problem „symbolischer" Sanktionen nach ausländischem Recht, die mit den innerstaatlichen Sanktionsmaßstäben nicht in Einklang zu bringen sind.[168] Zu der Problematik siehe Fall „*Herr Pornikov*".[169]

Die Frage „symbolischer" Sanktionen wird vor allem im Bereich des Schutzes von Jugendlichen und Kindern aktuell, denn manche Länder werden ganz bewusst zu Strafbarkeitsoasen auf dem Gebiet der Internet-Inhalte ausgebaut, sei es durch großzügige Strafvorschriften oder durch eine lasche Strafverfolgung.[170] In manchen Ländern sind Kinderprostitution und die Verbreitung von Kinderpornographie zu einer Industrie geworden (vor allem in Südostasien und Afrika).

---

[167] *Paramonova*, ZARR 2009, S. 79 ff.
[168] *Paramonova*, Transnazional'nie Internet-prestuplenija, 2009, S. 12 ff.
[169] Siehe Kapitel 2 Fälle und Entscheidungen, S. 35 und Kapitel 6 Falllösung (*Fall „Herr Pornikov"*), S. 186 ff.
[170] *Bremer*, Strafbare Internet-Inhalte, 2001, S. 212.

Außerdem ist ein solches Verhalten im Hinblick auf Cyber-Casinos zu beobachten, die für viele karibische Staaten eine wichtige Einnahmequelle darstellen.[171] Als Beispiel kann hierbei auf die US-amerikanische Entscheidung *People v. World Interactive Gaming Corp* verwiesen werden.[172] Die rechtliche Lage in einem Staat kann also mithin unter Umständen eine direkte Wirkung auf die Strafverfolgung in einer anderen Rechtsordnung haben. Auf solche Weise wird das russische Personalitätsprinzip teilweise wieder ausgehebelt.

5.3.3.3 Zwischenergebnis

Die vorstehende Analyse hat gezeigt, dass das Personalitätsprinzip hinsichtlich seiner Anwendung auf den Cyberspace in den drei untersuchten Rechtsordnungen einen unterschiedlichen Umfang hat.

Das *deutsche* Strafrecht zählt sowohl den aktiven als auch den passiven Personalitätsgrundsatz zum Personalitätsprinzip. Hingegen umfasst das im *russischen* Strafrecht verankerte Personalitätsprinzip (Staatsangehörigkeitsprinzip) grundsätzlich nur den aktiven Personalitätsgrundsatz. Nach russischem Verständnis gehört das passive Personalitätsprinzip, welches die Grundidee des Schutzprinzips (Individualrechtsgüterschutz) deutlich widerspiegelt, zum Legitimierungsbereich des Schutzprinzips.

Nach *amerikanischer* Auffassung ist das Personalitätsprinzip (*nationality nexus*), wie im russischen Strafrecht, bezüglich der traditionellen Straftaten vor allem als aktives Personalitätsprinzip anerkannt. Zwar bildet die amerikanische Staatsangehörigkeit des Täters auch bei Computerkriminalität ein wesentliches Kriterium für die Bejahung der inländischen Zuständigkeit; allerdings wird die Nationalität nicht als selbständige Legitimierungsgrundlage herangezogen.[173]

Das Personalitätsprinzip stellt also einen extraterritorialen Strafanwendungsgrundsatz dar. Deutlich wird dabei, dass die Rechtslage in einem Staat unter Umständen unmittelbare Auswirkungen auf die Strafverfolgung in einer anderen Rechtsordnung haben kann. Zu der Problematik siehe Fälle: „*Herr Pornikov*" und „*Herr Lust*".[174]

---

[171] *Bremer*, Strafbare Internet-Inhalte, 2001, S. 214.
[172] Siehe Kapitel 5 Einzelne Strafanwendungsprinzipien (*Territorialitätsprinzip, USA*), S. 153 ff.; People v. World Interactive Gaming Corp., 1999.
[173] *United States v. King*, 1976; *Restatement (Third) of Foreign Relations Law of the US, § 402 (2); Dubber/Kelman*, American Criminal Law, 2005, S. 158 ff.; *Brenner/Koops*, Approaches to Cybercrime Jurisdiction, 2004, S. 8; *Oehler*, Internationales Strafrecht, 1973, S. 168 ff.
[174] Kapitel 6 Falllösung (*Fälle: „Herr Pornikov" und „Herr Lust"*) S. 186 ff. und 193 ff.

5.3.4 Universalitätsprinzip (Weltrechtspflegeprinzip) / Kompetenzenverteilungsprinzip / Prinzip der stellvertretenden Strafrechtspflege

5.3.4.1 Allgemeines

Das *Universalitätsprinzip* unterliegt völkerrechtlichen Grenzen und ist demnach grundsätzlich nicht auf reine Individualinteressen anzuwenden. In der Regel ist es auf solche Rechtsgüter anwendbar, an deren Schutz ein gemeinsames Interesse aller Staaten besteht.[175] Aus diesem Grund ist jeder Staat berechtigt, entsprechende Straftaten unabhängig vom Recht des Tatorts und unabhängig von der Nationalität des Täters seiner Zuständigkeit zu unterwerfen.

Allerdings sind die durch das Völkerrecht als universell strafbar anerkannten Taten nur in dem Maße anwendbar, in dem der jeweilige Staat sie auf nationaler Ebene akzeptiert hat. Denn die strafrechtliche Verantwortung behält im Grunde seine nationale Natur.[176]

Auf solche Weise wird die Liste der als am schwerwiegendsten betrachteten Straftaten von Staat zu Staat variieren. Das ist *erstens* davon abhängig, an welchen internationalen Abkommen der jeweilige Staat beteiligt ist und *zweitens* von den für deren Implementierung in das nationale Recht anzuwendenden Mechanismen (monistisches oder dualistisches Konzept). Allerdings kommt dem Universalitätsprinzip in den einzelnen Rechtsordnungen ein unterschiedlicher Anwendungsumfang zu.

Das *Kompetenzenverteilungsprinzip* sowie das *Prinzip der stellvertretenden Strafrechtspflege* als weitere - auf der Solidarität der Staaten beruhende Grundsätze - sind im Hinblick auf die drei hier analysierten Rechtsordnungen nur nach dem deutschen Strafrecht anerkannt.

5.3.4.2 Die deutsche, russische und amerikanische Zuständigkeitsregulierung im Cyberraum nach dem Universalitätsprinzip

Im **deutschen Strafanwendungsrecht** ist das Universalitätsprinzip in § 6 StGB geregelt. Danach ist eine universelle Strafbarkeit für (im Einzelnen aufgelistete) Straftaten bestimmt, die „international geschützte Rechtsgüter" betreffen.[177] Da-

---

[175] *Korobeev*, Polnij Kurs Ugolovnogo Prava, 2008, S. 772; *Kruglikov*, Kommentarii k UKRF, 2005, S. 30 ff.
[176] Z.B. als Ausnahme dient Internationaler Strafgerichtshof: siehe Kapitel 3 Strafanwendungsrecht *(Transnationale Kriminalität)*, S. 59 ff.
[177] *Werle*, JuS 2001, S. 37; *Lackner/Kühl* §§ 3-7, Rn. 2.*Hörnle*, in: Münchener Kommentar, § 184 StGB, Rn. 108.

zu gehören auch Taten, die aufgrund solcher für Deutschland verbindlichen zwischenstaatlichen Abkommen strafrechtlich zu verfolgen sind (§ 6 Nr. 9 StGB). Für den Bereich des Cybercrime ist insbesondere von Interesse, dass das Gesetz beispielsweise die Verbreitung pornographischer Schriften (§ 184 a StGB etc.) dem Universalitätsprinzip zuordnet.[178] Einerseits fällt diese Tat unter „international geschützte Rechtsgüter" gemäß § 6 Nr. 6 StGB, andererseits ergibt sich eine diesbezügliche Anwendbarkeit des Universalitätsprinzips auch aus einem bindenden internationalen Abkommen i.S.d. § 6 Nr. 9 StGB.

Soweit das Weltrechtspflegeprinzip nach deutschem Recht auf Straftaten des nationalen Rechts auch ohne deren Verankerung in einem internationalen Abkommen Anwendung findet, wird dies in der Doktrin als völkerrechtlich problematisch betrachtet. Denn dieses weitreichende Prinzip sollte jenen Delikten vorbehalten bleiben, für die es durch Völkergewohnheitsrecht oder Verträge zugelassen ist.[179]

In der **russischen** Doktrin und Gesetzgebung ist das Universalitätsprinzip der einzige überwiegend auf der Solidarität der Staaten beruhende Strafanwendungsgrundsatz. Die anderen anerkannten Grundsätze, das Territorialitäts-, das Schutz- und das Personalitätsprinzip, gründen sich auf dem Gedanken des Selbstschutzes des Staates [180]

Im russischen Strafrecht ist das Universalitätsprinzip in Art. 12 Abs. 3 UKRF verankert.

Art. 12 UKRF
(1)-(2)...
(3) Ausländische Staatsbürger und Staatenlosen ohne permanenten Wohnsitz in der Russischen Föderation, die eine Straftat außerhalb des Territoriums der Russischen Föderation begangen haben, unterliegen der strafrechtlichen Verantwortlichkeit nach dem vorliegenden Gesetzbuch, (...) wenn es durch ein internationales Abkommen der Russischen Föderation vorgesehen ist, sofern ausländische Staatsbürger und Staatenlosen ohne permanenten Wohnsitz in der Russischen Föderation nicht in einem ausländischen Staat verurteilt wurden und auf dem Territorium der Russischen Föderation zur strafrechtlichen Verantwortlichkeit herangezogen werden.

---

[178] Siehe dazu: *Hörnle*, in: Münchener Kommentar, § 184a StGB, Rn. 1 ff.
[179] *Oehler*, Internationales Strafrecht, 1973, S. 147.
[180] *Paramonova*, Extraterritorial jurisdiction in Russia, 2011 S. 297 – 315.

Der Universalitätsgrundsatz wird nach dem russischen Strafrecht enger als nach dem deutschen interpretiert. Demgemäß unterliegen gemäß Art. 12 Abs. 3 UKRF Ausländer sowie Staatenlose ohne russischen Wohnsitz der strafrechtlichen Verantwortung für eine außerhalb des Territoriums der Russischen Föderation begangen Tat nur dann, *wenn die Straftat durch ein internationales Abkommen vorgesehen ist*.[181] Für eigene Staatsangehörige ist die Anwendung des Universalitätsprinzips hingegen nicht ausdrücklich vorgesehen.

Diese Form des Universalitätsprinzips mit beschränktem Subjektkreis wird aber sowohl in der russischen Doktrin als auch in der russischen Rechtsprechung anerkannt.[182]

Es ist allerdings festzustellen, dass der *Umfang einer möglichen Strafbarkeit letztlich bezüglich beider Gruppen – Staatsangehörige und Staatenlose mit russischem Wohnsitz einerseits und Ausländer und Staatenlose ohne russischen Wohnsitz andererseits – grundsätzlich gleich ist.*

Auf Staatsangehörige und ihnen gleichgestellte Staatenlose findet aufgrund des Schutzprinzips im Falle der Begehung einer „gegen die vom UKRF geschützten Rechtsgüter" gerichteten Auslandstat russisches Strafrecht gemäß Art. 12 Abs. 1 UKRF in selben Umfang Anwendung, wie bei Ausländern nach dem Universalitätsprinzip (Art. 12 Abs. 3 UKRF). Dies gilt trotz des Umstands, dass nur bei Ausländern eine Strafbarkeit damit begründet werden kann, dass die Tat „in internationalen Abkommen vorgesehen ist" (Art. 12 Abs. 3 UKRF).

Dies liegt daran, dass sich in Russland in Bezug auf internationales Recht ein *dualistisches Konzept*[183] durchgesetzt hat.[184]

Als Grundregel ist zwar anerkannt, dass solchen offiziell veröffentlichten internationalen Abkommen, welche keine Umsetzung durch nationale Vorschriften erfordern, in Russland unmittelbar Geltung zukommt (Abs. 3 Art. 5 des Bundesgesetzes „Über Internationale Abkommen"). Andererseits ist aber doch bei allen Verträgen eine Ratifizierung erforderlich. Gemäß Abs. 2 Art. 15 desselben Bundesgesetzes unterliegen nämlich insbesondere all jene internationalen Verträge der Ratifizierung in der Form eines Bundesgesetzes, welche eine Änderung

---

[181] *Korobeev*, Polnij Kurs Ugolovnogo Prava, 2008, S. 772; *Naumov*, Rossijskoe Ugolovnoe Pravo, 2007, S. 238 ff.; *Kruglikov*, Kommentarii k UKRF, 2005, S. 31 ff.

[182] *Lebedev*, Kommentarii k UKRF, 2012, S. 23 ff.; *Korobeev*, Polnij Kurs Ugolovnogo Prava, 2008, S. 772.

[183] Siehe Kapitel 3 Strafanwendungsrecht (*Extraterritoriale Anwendung nationalen Strafrechts*), S. 51 ff.

[184] *Naumov*, Rossijskoe Ugolovnoe Pravo, 2007, S. 238 ff.; *Lebedev*, Kommentarii k UKRF, 2012, S. 23; *Korobeev*, Polnij Kurs Ugolovnogo Prava, 2008, S. 772; *Paramonova*, The Principle of Universality, 2010, S. 220.

nationaler Vorschriften notwendig machen oder deren Gegenstand die Menschenrechte betrifft. Darunter fallen zweifelsohne auch solche Abkommen, die Strafbarkeit von Verhalten betreffen. Sie müssen immer ratifiziert und ins innerstaatliche Recht inkorporiert werden.[185]

Der Oberste Gerichtshof Russlands hat ausführlich zu dieser Frage Stellung genommen. Auch er geht davon aus, dass internationale Abkommen, welche die Ausgestaltung von Tatbeständen betreffen, nicht unmittelbar von den nationalen Gerichten angewandt werden dürfen, sondern erst nach ihrer Umsetzung ins nationale Recht. Gemäß Art. 54 und Nr. „o" Art. 71 der Russischen Verfassung und Art. 8 UKRF ist die Grundlage strafrechtlicher Verantwortung die Begehung einer Tat, die alle Merkmale des Tatbestandes einer im UKRF vorgesehenen Straftat verwirklicht.[186]

Daher ist aus dem Blickwinkel des russischen Strafrechts das dualistische Konzept aufgrund des Gesetzlichkeitsprinzips (Art. 1 und 3 UKRF) sogar noch enger zu interpretieren weil – wie bereits hervorgehoben – nur die im UKRF enthaltenen Strafbarkeitsregeln zur Anwendung kommen. Andere Gesetze können hingegen keine Strafbarkeit begründen.[187]

Die Gerichte können allerdings (in Übereinstimmung mit der Rechtsprechung des Obersten Gerichtshofs Russlands) den Inhalt internationaler Abkommen auch dann unmittelbar anwenden, wenn eine Norm des UKRF ausdrücklich die Anwendbarkeit des Abkommens zulässt. Beispielhaft genannt sei dafür Art. 356 UKRF (Anwendung verbotener Mittel und Methoden der Kriegsführung), wonach einschlägige durch Russland ratifizierte internationale Verträge zur Qualifizierung von Tatbestandsmerkmalen heranzuziehen sind.[188]

Folglich findet das Universalitätsprinzip russischer Prägung im Hinblick auf durch Russland ratifizierte internationale Abkommen nur dann Anwendung, wenn darin enthaltene Straftaten oder strafbarkeitsbegründende Merkmale (unmittelbar oder im Wege von Referenz-Normen) Teil des nationalen Rechts geworden sind.[189]

Daher können in internationalen Abkommen enthaltene Normen im Bezug auf Ausländer nur dann nach Art. 12 Abs. 3 UKRF (Universalitätsprinzip) ange-

---

[185] FZ RF „Über Internationale Abkommen", 1995; Plenum Verhovnogo Suda RF 10.10.2003, N 5,6.
[186] Plenum Verhovnogo Suda RF 10.10.2003, N 5,6.
[187] Siehe dazu Kapitel 3 Strafanwendungsrecht (*Extraterritoriale Anwendung des nationalen Strafrechts*), S. 51 ff.
[188] Plenum Verhovnogo Suda RF 10.10.2003, N 5,6.
[189] Paramonova, The Principle of Universality, 2010, S. 220.

wendet werden, wenn sie bereits ins innerstaatliche russische Strafrecht implementiert worden sind, und zwar ins Strafgesetzbuch (Art. 1 und 3 UKRF).[190] Dies bedeutet aber, dass Ausländer letztlich in gleichem Umfang einer Strafbarkeit für Auslandstaten unterliegen wie russische Staatsangehörige, da letztere gemäß Art. 12 Abs. 1 UKRF (Schutzprinzip) dann dem russischen Strafrecht unterworfen werden, wenn sie eine Auslandsstraftat begehen, welche „gegen die vom UKRF geschützten Rechtsgüter" gerichtet ist.

In diesem Sinne sind auch die eigenen Staatsangehörigen dem Universalitätsprinzip unterworfen, denn die in internationalen Abkommen enthaltenen Regelungen finden wegen der notwendigen Implementierung ins nationale Strafrecht auch auf sie Anwendung.[191]

Für die Legitimierung der Rechtsanwendung im Bereich der Cyberspacekriminalität wurde das Universalitätsprinzip in der Rechtsprechung bisher noch nicht angewandt.

Auch im **amerikanischen Recht** wird hinsichtlich einiger besonders schwerer Straftaten die Anwendbarkeit nationalen Rechts auf Grundlage des Universalitätsprinzips angenommen, soweit an ihrer Verfolgung ein von der Völkergemeinschaft geteiltes Interesse besteht, etwa im Hinblick auf Menschenhandel oder Angriffe auf den Luftverkehr.[192]

Das Universalitätsprinzip wurde zwar bisher im Bezug auf Cybercrime nicht angewandt, auf Grund des Cyberterrorismus hat dieses Thema jedoch an Bedeutung zugenommen.[193] Insbesondere durch den Patriot Act 2001 wurde infolge der Anschläge des 11. September die extraterritoriale Anwendbarkeit US-amerikanischen Strafrechts zum Zweck der Bekämpfung des internationalen Terrorismus erheblich ausgedehnt. 18 U.S.C. § 1030 (e) erlaubt es über eine weite Fassung des Tatobjekts („protected computer") nunmehr, amerikanisches Strafrecht weltweit auf fast jeden Rechner anzuwenden.[194]

---

[190] Art. 1 UKR: „Die Strafgesetzgebung der Russischen Föderation besteht aus dem vorliegenden Strafgesetzbuch. Neue Gesetze, die eine strafrechtliche Verantwortlichkeit vorsehen, unterliegen der Einführung in das vorliegenden Gesetzbuch".
[191] *Paramonova*, The Principle of Universality, 2010, S. 221.
[192] *Foreign Relations Law of the US, 3rd Restatement of the Law,* 1987, § 404: "offenses recognized by the community of nations as of universal concern".
[193] Press Release, White House, Global War on Terrorism: The First 100 Days (Dec. 20, 2001): http://www.whitehouse.gov/news/releases; *Ray August*, International Cyber-Jurisdiction, ABLJ 2002, S. 543.
[194] *CFAA* 1984, 18 U.S.C. § 1030(e).

5.3.4.3 Die deutsche, russische und amerikanische Zuständigkeitsregulierung im Cyberraum nach dem Kompetenzenverteilungsprinzip / Prinzip der stellvertretenden Strafrechtspflege

Im deutschen Recht werden zudem als Ausdruck internationaler Solidarität, das *Kompetenzenverteilungsprinzip* (welches die Lösung von Zuständigkeitskonflikten durch zwischenstaatliche Vereinbarungen betrifft) sowie der *Grundsatz der stellvertretenden Strafrechtspflege* (gemäß § 7 Abs. 2 StGB Anwendungslegitimierung für Auslandstaten, wenn diese durch im Inland befindliche Täter begangen wurden und es an den Voraussetzung einer Auslieferung fehlt) als Strafanwendungsprinzipien anerkannt.

Das **Kompetenzenverteilungsprinzip** wird in der deutschen Doktrin als jener Strafanwendungsgrundsatz betrachtet, der den grundlegenden Gedanken der Strafanwendungsprinzipien des internationalen Strafrechts am klarsten verdeutlicht. Diesem Prinzip liegen zwischenstaatliche Vereinbarungen zu Grunde, welche die Zuständigkeit zur Aburteilung von Straftaten festlegen.[195]

Ziel ist es, Zuständigkeitskonflikte zwischen den Staaten zu lösen und Doppelbestrafung zu vermeiden.[196] Dabei ist häufig der Wohnsitz des Täters der Anknüpfungspunkt und nicht der Tatort oder die Staatsangehörigkeit.[197]

Außerdem ist in Deutschland der **Grundsatz der stellvertretenden Strafrechtspflege,** als gesondertes Strafanwendungsprinzip anerkannt, der die Solidarität der Staaten bei der Ahndung von Straftaten verkörpert. Ausdruck dieses Prinzips sind im deutschen Recht die Regelungen des § 7 Abs. 2 StGB, der dann eingreift, wenn die Anwendung einer ausländischen Strafgewalt in Bezug auf eine Auslandstat gehindert ist.[198] Dies ist beispielsweise der Fall, wenn einer Auslieferung durch Deutschland Hindernisse entgegenstehen (weil eine solche durch den Tatortstaat nicht verlangt oder von Deutschland abgelehnt wurde). Dann darf der Aufenthaltsstaat (Deutschland) den Täter bestrafen (§ 7 Abs. 2 Nr. 2 StGB).[199] Das Prinzip der stellvertretenden Strafrechtspflege kann als subsidiäres Strafanwendungsprinzip eine Ahndung der Tat erlauben.[200]

---

[195] *Oehler*, Internationales Strafrecht, 1973, S. 423 ff; *Werle*, JuS 2001, S. 37.
[196] *Lackner/Kühl*, §§ 3-7, Rn. 2.
[197] *Werle*, JuS 2001, S. 37.
[198] *Lackner/Kühl*, §§ 3-7, Rn. 2.
[199] *Werle*, JuS 2001, S. 37.
[200] *Oehler*, Internationales Strafrecht, 1973, S. 147.

5.3.4.4 Zwischenergebnis

Im Grunde verankern alle drei untersuchten Rechtsordnungen, wenn auch in unterschiedlichen Maße, das Universalitätsprinzip, welches auf der Solidarität der Staaten beruht und grundsätzlich auch im Bezug auf Cyberspace legitimierende Kraft entfaltet.

Das Kompetenzenverteilungsprinzip sowie das Prinzip der stellvertretenden Strafrechtspflege sind nach dem russischen und amerikanischen föderalen Strafrecht nicht als selbständige Anknüpfungspunkte anerkannt und können daher nicht wie in Deutschland als legitimierende Grundsätze dienen. Allerdings entspricht das russische Verständnis des Universalitätsprinzips in gewisser Weise dem deutschen Kompetenzenverteilungsprinzip, denn der Weltrechtsgrundsatz russischer Fassung basiert auf dem Gedanke der Respektierung zwischenstaatlicher Vereinbarungen. Das US-amerikanische Recht berücksichtigt bei der Frage nationaler Zuständigkeit eine Reihe von Anknüpfungspunkten, z.B. „die Interessen eines anderen Staates".[201] Allerdings finden sich in den USA weder das Kompetenzenverteilungsprinzip noch der Grundsatz der stellvertretenden Strafrechtspflege als eigenständige Prinzipien.

5.4 Ergebnis

Die Analyse des Strafanwendungsrechts im Cyberspace hat einerseits den unterschiedlichen Umfang der einzelnen Strafanwendungsprinzipien je nach untersuchter Rechtsordnung sowie die jeweiligen Korrelationen zwischen den einzelnen Prinzipien verdeutlicht.

Ein grundlegender Unterschied der vorliegenden Rechtsordnungen ist darin zu sehen, dass das deutsche und das russische Recht aufgrund der Anwendung der traditionellen Regelungen des Strafanwendungsrechts lediglich die Person, ihre Handlung und den Erfolg berücksichtigen. Nach den amerikanischen Cybercrime-Zuständigkeitsregelungen ist darüber hinaus zusätzlich auf bestimmte Eigenschaften des angegriffenen Computers abzustellen:

---

[201] *Foreign Relations Law of the US, 3rd Restatement of the Law,* 1987, § 402 Abs. 2(g).

5.4 Ergebnis

Tabelle 5: Umfang des Territorialitätsgrundsatzes im Vergleich zum Schutzprinzip im Bezug auf Cybercrime

Deutschland	Russland	USA
Territorialprinzip	**Territorialprinzip**	**Territorialprinzip**
Handlungsort	Handlungsort	Handlungsort
Auswirkungsgrundsatz	**Schutzprinzip**	Auswirkungsgrundsatz
Schutzprinzip		„Geschützter Computer"
		Schutzprinzip

Auf dem ersten Blick gleichartig[202] anmutende Strafanwendungsgrundsätze erweisen sich je nach Rechtsordnung als hinsichtlich ihres Legitimierungsbereichs teilweise sehr verschieden, was insbesondere beim Territorialitätsprinzip und Schutzprinzip deutlich wird.

Es ist zu beobachten, dass in den untersuchten Rechtsordnungen dem Territorialitätsgedanken als Zuständigkeitsbegründung eine erhebliche Rolle zukommt, auch wenn Sinn und Zweck der Legitimierung dabei letztlich eine extraterritoriale Anwendung des Strafrechts ist.

---

[202] Siehe auch dazu Kapitel 5 Einzelne Strafanwendungsprinzipien (*Vergleichungstabelle*), S. 133.

6 Falllösung

6.1 Fall: „Georgier" Fall: „Georgier"

Der georgische Staatsangehöriger G, der seinen Wohnsitz in Deutschland hat, platzierte auf seinen Skype-Avatar[1] nach dem bewaffneten Konflikt zwischen Russland und Georgien im August, 2008 folgende Aussage: „Russia is a devil State". Strafrechtliche Zuständigkeit.

Am Beispiel des Falls „Georgier" wird das Problem eines quantitativen Zuständigkeitskonflikts deutlich.[2] Hier sollen die möglicherweise in Frage kommenden Zuständigkeiten von Russland, Georgien, Deutschland und den USA betrachtet werden.

6.1.1 Strafanwendungsrecht

6.1.1.1 Georgien

Georgien könnte die Anwendung seines Strafrechts auf der Grundlage des *Personalitätsprinzips* legitimieren. Gemäß Art. 5 Abs. 1 des georgischen Strafgesetzbuches[3] ist georgisches Strafrecht anwendbar, wenn georgische Staatsbürger oder Staatlose mit Wohnsitz in Georgien im Ausland eine nach dem georgischen StGB strafbare Tat begehen, wenn die Tat auch am Tatort mit Strafe bedroht ist.

Im vorliegenden Fall sind alle Voraussetzungen zu bejahen. Die Tat ist am Tatort mit Strafe bedroht, da die Tat von G nach deutschem Strafrecht als Volksverhetzung unter Verwendung eines Teledienstes, hier des Internets, (§ 130 Abs. 2 StGB) qualifiziert werden kann. Ob die Tat nach dem georgischen StGB unter Strafe steht, ist auf der Ebene des materiellen Rechts zu prüfen: In dem Fall ist jedoch kein Straftatbestand nach dem georgischen Recht verwirklicht, der ein

---

[1] *Avatar* – Hauptbild von Nutzern der VoIP-Dienste (z.B. Skype), soziale Netzwerken (z.B. Facebook, StudiVZ) usw. mit möglichen kurzen Privatinformationen, Nachrichten, Slogans usw. Die Informationen und das Bild sind normalerweise allen Internetnutzern zugänglich, es sei denn, der Nutzer es anderes einstellt: http://de.wikipedia.org/wiki/Avatar_(Internet).
[2] Siehe Kapitel 3 Strafanwendungsrecht (*Lösungsschema*), S. 64 ff.
[3] *Strafgesetzbuch Georgiens* vom 22. Juli 1999.

entsprechendes ausländisches Rechtsgut schützt. Daher ist hier das Personalitätsprinzip als legitimierende Grundlage abzulehnen.

Die Legitimierung durch das *Territorialitätsprinzip* ist ebenso auszuschließen: denn Georgien folgt dem Handlungsortsprinzips bei der Bestimmung der Begehungszeit bzw. –Orts (Art. 2 und 4 StGB Georgiens). Hier hat G auf dem deutschen Territorium gehandelt.

Das *Schutzprinzip* ist auch abzulehnen. Denn das Prinzip ist dann anwendbar, wenn die schwere oder besonderes schwere Tat sich gegen die Interessen von Georgien richtet (Art. 5 Abs. 2 Alt. 1 StGB Georgiens). Hier kommt aufgrund der fehlenden Strafbarkeit der von G begangenen Tat im georgischen Recht das Schutzprinzip nicht in Frage.

Um das *Universalitätsprinzip* (Art. 5 Abs. 2 Alt. 2 StGB Georgiens) nach dem georgischen Recht zu bejahen muss die Bestrafung der entsprechenden Taten (das sind vor allem schwere völkerrechtliche Verbrechen) durch ein internationales Abkommen Georgiens vorgesehen werden. In diesem Fall ist diese Voraussetzung nicht erfüllt. An der Stelle ist zu erwähnen, dass dem Universalitätsgrundsatz (der weiter als im russischen Strafrecht interpretiert ist)[4] nicht nur Staatsangehörige oder Staatenlose mit permanenten Wohnsitz in Georgien (Art. 5 Abs. 2 StGB Georgiens), sondern auch Ausländer und Staatenlose unterliegen (Art. 5 Abs. 3 StGB Georgiens).

Weitere Strafanwendungsprinzipien, wie etwa das Kompetenzverteilungsprinzip oder das Prinzip der stellvertretenden Strafrechtspflege, die eventuell als Legitimierungsgrundlagen dienen könnten, sind nach dem georgischen Strafrecht nicht anerkannt.

Die Anwendung des georgischen Strafrechts ist folglich **abzulehnen**.

6.1.1.2 USA

Möglicherweise kommt die deliktspezifisch festlegbare Zuständigkeit der USA aufgrund des *Territorialitätsgrundsatzes* in Frage. Denn die Ausgabeorganisation für Top-Level-Domain (COM, ORG, GOV, EDU and NET) InterNIC (International Network Information Center) hat dort ihren Hauptsitz.[5] Die offizielle

---

[4] Siehe Kapitel 5 Einzelne Strafanwendungsprinzipien (*Universalitätsprinzip*), S. 170 ff.
[5] *InterNIC* (International Network Information Center) mit dem Sitz in den USA ist durch IANA-Beauftragung für die Vergabe von edu-, gov-, com-, org-, net- und root-Domains zuständig; siehe Kapitel 1 Einleitung und methodologische Ansätze (*Begriffliches*), S. 25 ff.

Website von Skype–Software[6], die jeder Internetnutzer herunterladen kann – ist www.skype.com, die entsprechende Top-Level-Domain mithin „COM".

Allerdings ist eine sich daraus herleitende Zuständigkeit als unangemessen abzulehnen. Denn die Tat wurde weder in den USA begangen (Handlungsort), noch entfaltet sie dort nachteilige Wirkungen. Auch sind keine durch sie berührten Interessen der USA ersichtlich (Erfolgsort). Der Sitz der Organisation stellt letztlich den einzigen (formellen) Anknüpfungspunkt dar. Derartige formale Bezüge sind unzureichend, eine weltweite Zuständigkeit für Straftaten in Zusammenhang mit weltweit ausgegebenen TLD (COM, ORG, GOV, EDU und NET) zu begründen. Außerdem fehlt es an einem entsprechenden Tatbestand, um das Territorialitätsprinzip zu bejahen.

In Frage kommt das ebenso deliktspezifisch festlegbare *Schutzprinzip*.[7] Wenn die Tat nach dem US-amerikanischen Recht strafbar wäre, dann müsste sie sich jedoch unmittelbar gegen die Interessen, etwa gegen die nationale Sicherheit der Vereinigten Staaten richten. In diesem Fall scheitert die Anwendung des Schutzprinzips: die Tat von G bedroht auf keine direkte Weise die Integrität bzw. die nationale Sicherheit der USA.

Das *Universalitätsprinzip*, das genauso deliktspezifisch festzulegen ist, kommt hier wegen des Fehlens eines einschlägigen Straftatbestands, der ein entsprechendes Rechtsgut mit Rücksicht auf die gemeinsamen Interessen der Staaten schützt, nicht in Frage.[8]

Daher ist die Anwendung des föderalen US-amerikanischen Strafrechts **abzulehnen**.

6.1.1.3 Deutschland

Die strafrechtliche Zuständigkeit Deutschlands könnte sich aus dem *Territorialitätsprinzip* ergeben.

Tatort ist gemäß § 3 i.V.m. § 9 Abs. 1, Alt. 1 StGB der Ort, an dem der Täter gehandelt hat. In unserem Fall befand sich G bei der Tatbegehung auf deutschem Territorium. Daher ist die Zuständigkeit Deutschlands aufgrund des Territorialitätsprinzips zu bejahen, wenn die Tat von G nach deutschem Recht strafbar ist: Das ist hier der Fall (Volksverhetzung, § 130 Abs. 2 StGB).

---

[6] *Skype* ist eine unentgeltlich erhältliche Voice Over Internet Protocol (VoIP)-Software mit Instant-Messaging-Funktion, Dateiübertragung und Videotelefonie: http://www.skype.com/intl/de/.
[7] Siehe dazu Kapitel 5 Einzelne Strafanwendungsprinzipien (*Vergleichungstabelle*), S. 133 ff.
[8] Siehe dazu Kapitel 5 Einzelne Strafanwendungsprinzipien (*Vergleichungstabelle*), S. 133 ff.

Weitere Strafanwendungsprinzipien sind auszuschließen: Das *Schutz-* sowie das *passive Personalitätsprinzip* kommen nicht zur Anwendung, denn die Tat von G ist weder gegen Bestand und Integrität des deutschen Staates noch gegen einen deutschen Staatsangehörigen gerichtet. Das *aktive Personalitätsprinzip* ist nicht einschlägig, weil der Täter kein Deutscher ist. Auch die unbeschränkte Strafbarkeit bezüglich der in § 6 StGB gelisteten besonderes schweren Straftaten aufgrund des *Universalitätsgrundsatzes* ist hier auszuschließen: die von G begangene Tat steht nicht auf der entsprechenden Liste.[9]

Daher ergibt sich die Zuständigkeit Deutschlands aus dem **Territorialitätsprinzip**.

6.1.1.4 Russland

Die Anwendung russischen Strafrechts kann durch das *Schutzprinzip* gerechtfertigt sein, wenn eine Straftat gegen die Interessen der Russischen Föderation gerichtet ist (Art. 12 Abs. 3 Alt. 1 UKRF).[10]

Dazu ist erstens erforderlich, dass der Täter ein Ausländer oder Staatenloser (ohne Wohnsitz in Russland) ist. G ist ein Ausländer.

Zweitens muss die Tat außerhalb des Territoriums der Russischen Föderation begangen worden sein. Auch diese Voraussetzung ist hier zu bejahen, da nach dem russischen Strafrecht die Tat auf dem Territorium eines ausländischen Staates (hier: Deutschlands) begangen wurde (Art. 11 Abs. 2, 3 UKRF, Art. 5 Bundesgesetz „Über Staatsgrenze"[11]). Das russische Strafrecht folgt beim Territorialitätsprinzip dem Grundsatz des Handlungsorts [12] Dieser wird nicht (wie etwa in Deutschland) unter Hinzuziehung des Erfolgsorts erweitert. Das Handlungsortsprinzip beim Territorialitätsgrundsatz schließt in diesem Fall die Anwendung des russischen Strafrechts aufgrund des *Territorialitätsprinzips* aus (hier: Tatbegehung von G in Deutschland).

Drittens ist erforderlich, dass die Tat sich gegen die Interessen der Russischen Föderation richtet. Die Äußerung „Russia is a devil State" enthält einen verunglimpfenden Sinn und ist offensichtlich gegen die Interessen und das Image Russlands gerichtet. Die Tat muss nach dem russischen Recht strafbar sein. Das ist hier nach Art. 282 Abs. 1 UKRF der Fall. Daher ist die Anwendung russischen Strafrechts durch das Schutzprinzip gerechtfertigt.

---

[9] Siehe dazu Kapitel 5 Einzelne Strafanwendungsprinzipien (*Vergleichungstabelle*), S. 133 ff.
[10] *Paramonova*, Extraterritorial jurisdiction in Russia, 2011 S. 297 – 315.
[11] FZ RF „*Über Staatsgrenze Russischer Föderation*", 1993.
[12] *Bogusch*, Ugolovnij Zakon, 2011, S. 78 ff.; *Tarbagaev*, Tatort, 2009, S. 1 ff.; *Knjasew*, Geltung des Strafgesetzes in Zeit und Raum, 2006, S. 64 ff.

Die zwei weiteren im russischen Strafrecht anerkannten Strafanwendungsprinzipien und zwar *Staatsangehörigkeits-* und *Universalitätsprinzip* sind hier abzulehnen. Das erste ist nicht anzuwenden, weil G ein Ausländer ist. Der zweite Grundsatz kann nur dann in Frage kommen, wenn die Bestrafung einer entsprechenden Tat durch internationale Abkommen vorgesehen ist, was hier nicht der Fall ist.

Folglich ist das russische Strafrecht aufgrund des **Schutzgrundsatzes** anzuwenden.

6.1.1.5 Kompetenzkonflikt

Der vorliegende positive Zuständigkeitskonflikt zwischen dem *deutschen* und dem *russischen* Strafrecht bleibt nach den *geltenden* Regelungen ungelöst.

Die Lösung, die hier *vorgeschlagen* wird, beruht auf einer Abwägung der jeweils durch die Tat betroffenen und durch den Staat geschützten Rechtsgüter.[13]

Die Anwendung des deutschen Rechts ergibt sich eher aus „*formalen*" Gründen (*Territorialitätsprinzip*), nämlich dem Standort des Computers im Zeitpunkt der Begehung der Tat durch den in Deutschland lebenden Georgier. Dagegen basiert die Anwendbarkeit russischen Strafrechts auf der direkten Verletzung staatlicher Interessen, Schutzgrundsatz *(faktischer Sonderbezugspunkt)*.[14]

Im deutschen und amerikanischen Recht wird auch extraterritoriale Zuständigkeit durch das Territorialitätsprinzip (durch Erfolgsort) legitimiert.[15] Jedoch ergeben sich bei Straftaten im Cyberspace gerade aufgrund des Territorialitätsprinzips zahlreiche formale Anknüpfungen (etwa der Standort des Computers im gerade erörterten Fall „*Georgier*"). Daher scheint es notwendig den Schutzgrundsatz vor dem Territorialitätsprinzip in der Hierarchie der Strafanwendungsprinzipien zu platzieren.

Denn der Schutzgrundsatz stellt – im Gegensatz zum auf den formalen Anknüpfungspunkten ruhenden Territorialitätsprinzip – auf die inhaltliche Bedeutung der Tat (betroffene staatliche und (oder) persönliche Interessen) im Vordergrund.

Daher ist bei der Lösung dieses Kompetenzkonflikts wegen der Betroffenheit der konkreten staatlichen Interessen Russlands für die vorrangige **russische** Zuständigkeit (aufgrund des Schutzgrundsatzes) zu plädieren.

---

[13] Siehe Kapitel 3 Strafanwendungsrecht (*Lösungsschema*), S. 64 ff.
[14] Siehe dazu Kapitel 3 Strafanwendungsrecht (*Sonderbezugspunkte*), S. 74.
[15] Siehe Kapitel 5 Einzelne Strafanwendungsprinzipien (*Territorialitätsprinzip*), S. 130 ff.

Solche Lösung ist allerdings im internationalen Strafrecht bisher noch nicht anerkannt, vielmehr ist sie eine Forderung an zukünftige internationale Vereinbarungen. Nach geltendem deutschem und russischem Recht hätte der Georgier, wenn es in Deutschland oder Russland zu einem Strafverfahren käme, mit einer Strafverfolgung in beiden Ländern zu rechnen. Die Bewertung der in Frage kommenden unterschiedlichen Anknüpfungspunkte zur Lösung von Zuständigkeitskonflikten kann aber letztlich nur im Rahmen eines *internationalen Verfahrens* befriedigend bewältigt werden.[16] Zur autoritativen Lösung positiver Jurisdiktionskonflikte wird zukünftig die Schaffung entsprechender internationaler Institutionen unabdingbar sein, etwa eines *Internationalen Cybercrime Gerichtshofes.*[17]

6.1.2 Materielles Recht

6.1.2.1 Georgien

Im vorliegenden Fall könnte sich G nach dem georgischen Recht strafbar machen. Nach dem georgischen Recht ist jedoch kein Straftatbestand verwirklicht, der ein entsprechendes ausländisches Rechtsgut schützt.[18]

Folglich hat sich G nach dem georgischen Recht nicht strafbar gemacht. Dem Grundsatz der stellvertretenden Strafrechtspflege wird insoweit also nicht gefolgt.

6.1.2.2 USA

In den US-amerikanischen Bundesgesetzen gibt es kein Straftatbestand, unter den das dem Georgier vorgeworfene Verhalten zu subsumieren wäre.

6.1.2.3 Deutschland

In diesem Fall macht sich G wegen der getätigten nationalistischen und verunglimpfenden Behauptungen über Russland nach dem deutschen Strafrecht strafbar.

---

[16] Siehe dazu: *Ambos*, in: Münchener Kommentar, §§ 3–7 StGB, Rn. 55; Kapitel 6 Falllösung (*Kompetenzkonflikte bei den Beispielsfällen*), S. 262.

[17] Siehe Kapitel 3 Strafanwendungsrecht (*Internationaler Cybercrime Gerichtshof*), S. 61 ff.; *Ahlbrecht/Böhm/Esser/Hugger/Kirsch/Rosenthal*, Internationales Strafrecht in der Praxis, 2008, S. 99 ff, 423 ff.; *Beulke*, Strafprozessrecht, 2010, S. 5 ff.

[18] *Strafgesetzbuch Georgiens* vom 22. Juli 1999, Sakartvelos sakanonmdeblo mazne, 1999, N 41(48). Art. 209.

Das Verhalten von G ist nach deutschem Recht als Volksverhetzung, § 130 Abs. 2 StGB, zu qualifizieren.

6.1.2.4 Russland

Im vorliegenden Fall macht sich G nach dem russischen Strafrecht strafbar. Die Tat ist als Erregung von Hass oder Feindschaft sowie Herabsetzung der Menschenwürde, und zwar aufgrund der Nationalität und unter Benutzung von Massenmedien,[19] zu qualifizieren (Art. 282 Abs. 1 UKRF). Zwar kennt das russische Strafrecht keinen Straftatbestand, der die Verunglimpfung des Staates als solchen (wie z.B. in Deutschland § 90a StGB) für strafbar erklärt. Jedoch sind im UKRF einzelne staatliche Rechtsgüter durch besondere Straftatbestände geschützt, etwa Verunglimpfung der Symbole des Staates (Art. 329 UKRF) oder Beleidigung eines Vertreters der Staatsgewalt (Art. 319 UKRF).

6.1.3 Ergebnis nach dem geltenden Recht

Im vorliegenden Fall scheidet die Anwendung georgischen und föderalen US-amerikanischen Strafrechts aus. Die Anwendbarkeit sowohl des **deutschen** als auch des **russischen** Strafrechts ist nach dem Territorialitäts- beziehungsweise dem Schutzgrundsatz legitimiert.

Daher kann es im vorliegenden Fall zu einer Strafverfolgung sowie in Deutschland als in Russland führen. Daraus entsteht ein positiver Jurisdiktionskonflikt, der nach den geltenden Regelungen ungelöst bleibt.

6.1.4 Ergebnis nach der vorgeschlagenen Methode der Kompetenzkonfliktlösung

Insgesamt ist bei der Lösung dieses Falls wegen der direkten Verletzung staatlicher Interessen (aufgrund des Schutzgrundsatzes) für die vorrangige Zuständigkeit **Russlands**, sowie für die Strafverfolgung in Russland zu plädieren.

Die Anwendbarkeit deutschen Rechts, die sich eher aus „formalen" Gründen (hier: aus dem Territorialitätsprinzip) ergibt, und daher auch die Strafverfolgung in Deutschland ist abzulehnen.

Eine Abwägung der in Frage kommenden nationalen Zuständigkeiten sowie Interessen und letztlich die Lösung positiver Kompetenzkonflikte ist nur im

---

[19] Internet gehört zu den *Massenmedien* nach dem FZ RF „*Über Massenmedien*", 1991.

Rahmen eines *internationalen Verfahrens* möglich. Das ist die einzige Möglichkeit von der nationalen Perspektive bezüglich der Zuständigkeit wegzukommen.

6.2 Fall: „Herr Pornikov"

Der russische Staatsangehöriger Herr Pornikov, der sich auf dem Territorium des Staates A befand, speicherte jedermann zugängliche Websites (nach russischem Recht strafbaren) kinderpornographischen Inhalts auf einem Server des Staates A. Außerdem verbreitete er entsprechende Inhalte mittels E-Mail. Nach dem Recht des Staates A ist das Zugänglichmachen und die Verbreitung der kinderpornographischen Materialien (z.b. wegen höherer Altersgrenzen) rechtswidrig, allerdings nicht strafbar. P wurde aufgrund der Rechtswidrigkeit seines Handelns zur Verantwortung gezogen und zu einer Geldbuße verurteilt. Strafrechtliche Zuständigkeit?

Die Tendenz, dass die Rechtslage in einem Staat direkte Auswirkungen auf die rechtliche Beurteilung in einer anderen Rechtsordnung haben kann, wird im Fall *„Herr Pornikov"* besonders deutlich.

6.2.1 Strafanwendungsrecht

6.2.1.1 Deutschland

Hier könnte nach dem deutschen Recht das *Universalitätsprinzip* zur Anwendung kommen, so dass es auf das Recht des Tatorts oder die Staatsangehörigkeit des Täters nicht ankommt.

Einerseits findet das Universalitätsprinzip auf Taten Anwendung, die nach für Deutschland verbindlichen internationalen Abkommen (§ 6 Nr. 9 StGB) unter Strafe gestellt sind, andererseits auf jene durch das deutsche Strafrecht kriminalisierte Taten, die im Katalog des 6 (Nr. 1-8) StGB) aufgezählt sind. Dazu gehört u.a. die Verbreitung pornographischer Schriften, § 184b StGB, (§ 6 Nr. 6 StGB), welche sich auch in der von Deutschland ratifizierten Cybercrime-Konvention des Europarats wiederfindet.

Eine andere hier nicht weiter zu untersuchende Frage ist, ob die Anwendung des nationalen Rechts aufgrund des Universalitätsprinzips völkerrechtlich gerechtfertigt ist, wenn die Taten bloß auf der nationalen Ebene festgelegt sind, ohne in einem internationalen Abkommen verankert zu sein.

Die anderen vom deutschen Recht anerkannten Strafanwendungsgrundsätze (etwa das durch den Erfolgsort erweiterte Territorialitätsprinzip) sind in diesem Fall als *lex generalis* im Verhältnis zum Universalitätsprinzip – *lex specialis* – zu betrachten. Daher kommen sie in dem Fall nicht zur Anwendung.

Folglich ist nach dem deutschen Strafanwendungsrecht über das **Universalitätsprinzip** die Tat des russischen Staatsangehörigen, Herrn Pornikov, in Deutschland nach den Regeln des StGB strafbar.

6.2.1.2 Russland

Um zu bestimmen, ob in diesem Fall das russische Strafrecht aufgrund des *Personalitätsprinzips*[20] anwendbar ist, sind die folgenden Voraussetzungen des Art. 12 Abs. 1 UKRF zu beachten.

1) Die Tat muss *außerhalb des russischen Territoriums* begangen worden sein. Hier wurde die Tat weder auf dem Staatsterritorium[21] als solchem noch auf dem Zuständigkeitsterritorium (auf einem Schiff oder in einem Luftfahrzeug, Art. 11 UKRF) der Russischen Föderation begangen. Besondere Vorschriften, die das russische Territorium im Cyberspace in einem anderen Umfang definieren würden fehlen. Außerdem hat sich im russischen Recht hinsichtlich des Territorialitätsprinzips die Handlungstheorie durchgesetzt.[22] Ein inländischer Tatort kann mithin nicht schon unter Verweis auf den Erfolgsort angenommen werden. P befand sich (ebenso wie der Server, auf dem die Websites gespeichert wurden) beim Verbreiten der kinderpornographischen Schriften auf dem Territorium des Staates A. Die Tat wurde also außerhalb des russischen Territoriums begangen. Damit ist an der Stelle die Anwendung des russischen Strafrechts aufgrund des *Territorialitätsprinzips* im vorliegenden Fall auszuschließen.

2) Es ist erforderlich, dass P *ein russischer Staatsangehöriger* oder ein Staatenloser mit permanentem Wohnsitz in Russland ist. P ist russischer Staatsangehöriger.

3) Die Tat muss *„gegen die vom UKRF geschützten Rechtsgüter"* gerichtet gewesen sein. Die Verbreitung kinderpornographischer Schriften wird nach dem russischen Strafrecht durch Art. 242 (1) UKRF für strafbar erklärt.

---

[20] *Paramonova*, Extraterritorial jurisdiction in Russia, 2011 S. 297 – 315.
[21] FZ RF *„Über Staatsgrenze Russischer Föderation"*, 1993.
[22] Siehe Kapitel 5 Einzelne Strafanwendungsprinzipien (*Territorialitätsprinzip, Russland*), S. 148 ff.

4) Die letzte Voraussetzung des Art. 12 Abs. 1 UKRF für die Legitimierung der Anwendung des russischen Strafrechts besteht darin, dass im Bezug auf die fragliche Person und Tat *keine Gerichtsentscheidung eines anderen Staates* vorliegt.

Im Bezug auf die letzte Voraussetzung spielt es keine Rolle, ob etwa im Ausland lediglich eine verwaltungsgerichtliche Verurteilung erfolgte oder die Person zu einer Kriminalstrafe verurteilt wurde. Beide Konstellationen würden ausreichen, um eine Nichtanwendung des russischen Strafrechts zu begründen.

Daraus ergibt sich unter Umständen das Problem einer bloß „symbolischen" Sanktion nach ausländischem Recht, die einer angemessenen Ahndung der Tat (hier: Verbreitung von Kinderpornographie, Art. 242.1 UKRF) entgegensteht, obwohl nach russischem Recht für solche Delikte eine strenge strafrechtliche Sanktion (bis zu acht Jahre Freiheitsstrafe, Art. 242.1 UKRF) vorgesehen ist.[23]

In unserem Fall wurde P aufgrund der Rechtswidrigkeit seines Handelns zur Verantwortung gezogen und zu einer Geldbuße verurteilt. Daher ist zu bejahen, dass gegenüber P hinsichtlich der fraglichen Tat (Verbreitung von Kinderpornographie) eine gerichtliche Entscheidung eines anderen Staates vorliegt (nämlich des Staates A.). Demnach sind nicht alle Voraussetzungen von Art. 12 Abs. 1 UKRF erfüllt. Die Anwendung des russischen Strafrechts auf der Grundlage des *Personalitätsgrundsatzes* ist mithin abzulehnen.

Obwohl die Tat im Ausland begangen wurde, ist das *Schutzprinzip* zu verneinen. Denn dieses bezieht sich auf einen anderen Täterkreis, nämlich Ausländer und über keinen Wohnsitz in Russland verfügende Staatenlosen (Art. 12 Abs. 3 UKRF). Ebenso ist das *Universalitätsprinzip* zu verneinen welches nach dem russischen Strafrecht enger als nach dem deutschen interpretiert wird. Nach dem Universalitätsgrundsatz wird im russischen Strafanwendungsrecht ausschließlich die strafrechtliche Verantwortung von Ausländern und von Staatenlosen ohne Wohnsitz in Russland begründet. Dabei muss die Straftat außerhalb des Territoriums der Russischen Föderation begangen worden und zudem hinsichtlich dieser Straftat universelle Zuständigkeit durch ein (von Russland ratifiziertes) internationales Abkommen vorgesehen sein (Art. 12 Abs. 3 UKRF).[24]

Folglich ist im hier untersuchten Fall die Anwendung des russischen Strafrechts auf russische Staatsbürger nach **keinem** der im russischen Recht aner-

---

[23] *Paramonova*, Transnacional'nie Internet-prestuplenija, 2009, S. 14; siehe Kapitel 5 Einzelne Strafanwendungsprinzipien (*Personalitätsprinzip*), S. 164 ff.
[24] *Korobeev*, Polnij Kurs Ugolovnogo Prava, 2008, S. 772; *Naumov*, Rossijskoe Ugolovnoe Pravo, 2007, S. 238 ff.

kannten Strafanwendungsprinzipien legitimierbar; obwohl die Verbreitung kinderpornographischer Schriften auch nach russischem Recht strafbar ist.[25]

6.2.1.3 USA

Die Anwendung des Strafrechts der USA ist durch *de facto* universale Zuständigkeit zu legitimieren, die im Bezug auf die einschlägige Straftat deliktspezifisch festgelegt ist (*s. Tabelle 3*). Nach 18 U.S.C. § 2252 A (a)(1)[26] macht sich „jedermann" weltweit strafbar, der wissentlich auf irgendeine Weise, auch durch das Benutzen eines Computers, Kinderpornographie verbreitet.

Das *Territorialitätsprinzip* ist insoweit auszuschließen, auch wenn der Auswirkungsgrundsatz („effects nexus") als Bestandteil des Territorialitätsprinzips anerkannt wird. Denn der Straftatbestand enthält keine Merkmale der territorialen Eingrenzungen, wie etwa Einfluss auf „protected computer" der USA (vgl. 18 U.S.C. § 1030), *s. Tabelle 3*).

Die Legitimierung durch das *Personalitäts-* bzw. durch das *Schutzprinzip* ist im vorliegenden Fall abzulehnen: weder die Nationalität des Täters noch die Verletzung der nationalen Sicherheit und Integrität (Interessen des Staates im engeren Sinne) ist hier das Kriterium der Eingrenzung der nationalen Zuständigkeit.[27]

Daher ist die Anwendung des föderalen US-amerikanischen Strafrechts durch die ***de facto* universale Zuständigkeit** zu legitimieren.

6.2.1.4 Kompetenzkonflikt

Das russische Strafrecht ist in diesem Fall nicht anzuwenden. Der Kompetenzkonflikt entsteht hier zwischen dem *deutschen* und *US-amerikanischen* Strafrecht.

Nach den *geltenden* Regeln ist es durch den Einsatz des in der Cybercrime-Konvention (Art. 22 Abs. 5) verankerten Konsultationsverfahrens zwischen den Vertragsparteien (US und Deutschland) möglich. Letzteres kommt in den Fällen in Frage, in denen mehr als ein Staat seine Zuständigkeit beansprucht, um die „geeignetste" Zuständigkeit zu bestimmen. Jedoch enthält dieses Verfahren kein Kriterium für die Bestimmung der „geeignetsten" Zuständigkeit. Daher bleibt das Problem der ungelösten Kompetenzkonflikte nach den heute vorhandenen Regeln *ungelöst*. Es ist zwar richtig, dass die Bewertung der in Frage kommen-

---

[25] Siehe Kapitel 6 Falllösung (*Fall „Herr Pornikov", Materielles Recht, Russland*), S. 192.
[26] 18 U.S.C. § 2252 A (a)(1).
[27] Siehe Kapitel 5 Einzelne Strafanwendungsprinzipien (*Schutzgrundsatz, USA*), S. 159 ff.

den Anknüpfungspunkte zur Zuständigkeitskonfliktlösung letztlich nur im Rahmen eines internationalen Verfahrens befriedigend bewältigt werden kann. Jedoch fehlt bisher an dem passenden Entscheidungskriterium.

Nach dem in dieser Arbeit *vorgeschlagenen* Konzept (das nur im Rahmen eines internationalen Verfahrens realisiert werden kann) ist bei der Lösung eines positiven Jurisdiktionskonflikts zu prüfen, ob *faktische* oder *juristische Sonderbezugspunkte*[28] zu einer der in Frage kommenden Rechtsordnungen bestehen. Wenn dies jedoch nicht der Fall ist, dann müssen mindestens weitere *objektive Bezugspunkte* zu einem zuständigen Land vorliegen.

In diesem Fall fehlen faktische und juristische Sonderbezugspunkte zu allen drei Staaten, also die Punkte, welche einen besonders engen Bezug (durch Tatsachen bzw. durch strafrechtliche Normen) zwischen Tat und Rechtsordnung begründen. Denn jeder von den vorliegenden Staaten stellt die Verbreitung der Kinderpornographie im vergleichbaren Maße im Internet unter Strafe, so, dass in keinem in Frage kommenden Staat das betroffene Rechtsgut besonderes geschützt wäre.

Im vorliegenden Fall kann man vorschlagen, dass der tatsächlich verursachte Schaden (z.B. die Zahl der von P gesendeten Porno-E-Mails auf jeweilige Server) ein entscheidender *objektiver Bezugspunkt* ist – der eine stärkere Verbindung zwischen Tat von P und jeweiliger (deutscher oder US-amerikanischer) Rechtsordnung darstellt. Folglich muss die legitimierte Zuständigkeit von Deutschland oder den USA und daher die Strafverfolgung im jeweiligen Land vom *Ausmaß des bewirkten Schadens* abhängig sein.

Diese Lösung entspricht dem in der Arbeit vertretenen Konzept den *Schutzgrundsatz* (nach dem stehen tatsächlich betroffene staatliche und (oder) persönliche Interessen im Vordergrund) vor dem auf den formalen Anknüpfungspunkten ruhenden (jedenfalls im Cyberspace) Territorialitätsprinzip in der Hierarchie der Strafanwendungsprinzipien zu platzieren

Im vorliegenden Fall fehlen jedoch die nötigen Informationen über das Ausmaß des Schadens um konkrete Aussage bezüglich der deutschen oder US-amerikanischen Zuständigkeit zu machen. Beispielsweise, wenn das Ausmaß des feststellbaren Schadens in Deutschland größer ist als in den USA, dann ist es für die *deutsche* Zuständigkeit und die Strafverfolgung in Deutschland zu plädieren.

Nach der *vorgeschlagenen* Methode könnte jedoch in dem Fall *russische* Zuständigkeit aufgrund des Personalitätsprinzips (die jedoch hier nach den un-

---

[28] Siehe Kapitel 3 Strafanwendungsrecht (*Möglichkeiten der Begrenzung der strafrechtlichen Zuständigkeiten. Sonderbezugspunkte*), S. 70 ff.

vollständigen nationalen Strafanwendungsnormen abgelehnt wurde) in Frage kommen.

Im vorliegenden Fall stellt der tatsächlich verursachte Schaden (als *objektiver Bezugspunkt*) eine entscheidende Verbindung zwischen Tat von P und jeweiliger Rechtsordnung dar. Hier bildet jedoch die russische Staatsangehörigkeit von P den *zusätzlichen objektiven Bezug* zu Russland, der bei den deutschen und US-amerikanischen Rechtsordnungen fehlt. Dieser könnte ein zusätzliches Argument für die Zuständigkeit Russlands sein. Jedoch unter der Voraussetzung, dass das Maß des in Russland verursachten Schadens vergleichbar mit den anderen in Frage kommenden Ländern ist. Das heißt, dass das Ausmaß des bewirkten Schadens als objektiver Bezugspunkt letztlich entscheidend in Frage der Zuständigkeit bleibt.

Daher könnte in diesem Fall das russische Recht in Frage kommen, wenn das unter nationalen Strafanwendungsnormen zu bejahen *wäre*. Für die Bejahung der russischen Zuständigkeit sind allerdings entsprechende Änderungen des UKRF unabdingbar, die als notwendig erscheinen.

Die Anwendbarkeit russischen Strafrechts scheitert hier an die unvollständigen nationalen Gesetzesformulierungen von Art. 12 Abs. 1 UKRF und zwar, an die, die bestimmen, welche Gerichtsentscheidung bei der Bejahung des Personalitätsprinzips vorliegen muss: verwaltungsgerichtliche Verurteilung oder eine Verurteilung zur Kriminalstrafe. Daher müssen im russischen Strafanwendungsrecht entsprechende Gesetzesänderungen vorgenommen werden, die eine ‚Verurteilung zur Kriminalstrafe' eines ausländischen Gerichts beim Personalitätsprinzip (Art. 12 Abs. 1 UKRF) voraussetzen, damit die Strafverfolgung, die aus der Verletzung der durch das nationale Strafgesetz geschützten Rechtsgüter entsteht, nicht an formelle Gründe scheitert.

Im vorliegenden Fall ist die russische Zuständigkeit letztlich abzulehnen. Der Kompetenzkonflikt zwischen dem deutschen und dem US-amerikanischen Recht zugunsten des Landes zu lösen, wo das ***Ausmaß des Schadens*** (z.B. die Zahl der Porno-E-Mails auf jeweiligen Server) am größten war, beispielsweise des *deutschen* Rechts.

6.2.2 Materielles Recht

6.2.2.1 Deutschland

In diesem Fall macht sich P dadurch, dass er jedermann zugängliche Websites kinderpornographischen Inhalts auf einem Server des Staates A. speichert, wegen der Verbreitung, des Erwerbes und des Besitzes kinderpornographischer Schriften gemäß § 184b StGB, strafbar.

6.2.2.2 Russland

P macht sich wegen der Verbreitung kinderpornographischer Schriften (Art. 242 (1) UKRF) nach dem russischen Strafrecht strafbar. Jedoch ist die russische Zuständigkeit wegen der fehlenden Strafanwendungsrechtsgrundlage zu verneinen.

6.2.2.3 USA

P macht sich wegen der Verbreitung der Kinderpornographie im Internet durch das Speichern der Websites kinderpornographischen Inhalts auf einem Server des Staates A. nach 18 U.S.C. § 2252 A (a)(1)[29] strafbar.

6.2.3 Ergebnis nach dem geltenden Recht

Folglich ist im diesem Fall sowohl **deutsches** als auch **US-amerikanisches** Strafrecht anwendbar und zwar auf der gleichen Ebene: universale Zuständigkeit. Daher ist auch die Strafverfolgung unter Umständen des vorliegenden Falles in beiden Ländern möglich. Das Konsultationsverfahren von der Cybercrime-Konvention (Art. 22 Abs. 5) bietet *kein* Entscheidungskriterium für die Lösung dieses Kompetenzkonflikts an. Weitere für die Konfliktlösung geeignete Regelungen *fehlen*.

Russische Zuständigkeit scheidet hingegen aus. Im Bezug auf *russisches Strafrecht* ist die Nichtanwendung des russischen Strafrechts auf der Grundlage des Personalitätsgrundsatzes im vorliegenden Fall trotz der russischen Staatsangehörigkeit des Täters (zusätzlicher *objektiver Bezugspunkt*) deshalb besonders problematisch, weil die Anwendung russischen Strafrechts hier auch nicht durch andere Strafanwendungsprinzipien zu rechtfertigen ist, weder mit dem Schutzgrundsatz, noch mit dem Universalitätsprinzip; obwohl die Verbreitung kinderpornographischer Schriften auch nach russischem Recht strafbar ist, wodurch entsprechende Rechtsgüter durch den Staat geschützt sind. Daher sind die entsprechenden schon oben erläuterten Änderungen der russischen Strafanwendungsrechtsvorschriften notwendig.

---

[29] 18 U.S.C. § 2252 A (a)(1).

6.2.4 Ergebnis nach der vorgeschlagenen Methode der Kompetenzkonfliktlösung

Der in diesem Fall entstehende Kompetenzkonflikt zwischen dem deutschen und US-amerikanischen Recht ist durch den Einsatz des *objektiven Bezugspunkts* in den zukünftigen (vorhandenen) internationalen Abkommen oder Verfahren zu lösen.

Im vorliegenden Fall dient **das Ausmaß des verursachten Schadens** (z.B. die Zahl der von P gesendeten Porno-E-Mails auf jeweilige Server) als Bewertungskriterium. Beispielsweise, könnte die *deutsche* Zuständigkeit einschlägig sein. Die Staatsangehörigkeit des Täters kann als zusätzlicher objektiver Bezugspunkt bei der Entscheidung der Frage der Zuständigkeit sein.

6.3 Fall: „Herr Lust"

Der deutsche Staatsangehöriger Herr Lust, der sich auf dem Territorium des Staates A befand, speicherte jedermann zugängliche Websites (nach deutschem Recht strafbaren) kinderpornographischen Inhalts auf einem Server des Staates A. Außerdem verbreitete er entsprechende Inhalte mittels E-Mail. Nach dem Recht des Staates A. ist das Zugänglichmachen und die Verbreitung der kinderpornographischen Materialien rechtswidrig, allerdings nicht strafbar. L wurde aufgrund der Rechtswidrigkeit seines Handelns zur Verantwortung gezogen und zu einer Geldbuße verurteilt. Strafrechtliche Zuständigkeit?

6.3.1 Strafanwendungsrecht

6.3.1.1 Deutschland

Die Anwendung des deutschen Strafrechts in dem zum Fall „*Herr Pornikov*" parallel gelegten Fall „*Herr Lust*" wäre aufgrund des Universalitätsprinzips, § 6 Nr. 6 StGB, möglich.

Das *Universalitätsprinzip* findet – wie oben schon erläutert wurde – vor allem auf jene durch das deutsche Strafrecht kriminalisierte Taten, die im Katalog des § 6 (Nr. 1-8) StGB aufgezählt sind, Anwendung. Dazu gehört auch die Verbreitung pornographischer Schriften, § 184b StGB, (§ 6 Nr. 6 StGB). Auf das Recht des Tatorts oder die Staatsangehörigkeit des Täters kommt es hier nicht an.

Die Anwendung des *Personalitätsprinzips* ist nach deutschem Recht aufgrund des Fehlens des entsprechenden Tatbestands in der Liste des § 5 StGB (Verbreitung, Erwerb und Besitz kinderpornographischer Schriften, § 184b StGB) abzulehnen.

In Frage könnte das *Territorialitätsprinzip* kommen. Nach der in Deutschland geltenden Fassung des Territorialitätsprinzips umfasst der Begehungsort neben dem Handlungsort auch der Erfolgsort, d.h. die Auswirkungen im Ausland (z.B. hier im Staat A.). Das Territorialitätsprinzip sowie die weiteren vom deutschen Recht anerkannten Strafanwendungsgrundsätze sind jedoch in vorliegenden Fall als lex generalis im Verhältnis zum Universalitätsprinzip – *lex specialis* – zu betrachten. Folglich kommen sie nicht zur Anwendung.

Daher ist nach dem deutschen Strafanwendungsrecht über das **Universalitätsprinzip** die Tat des deutschen Staatsangehörigen, Herrn Lust, in Deutschland nach den Regeln des StGB strafbar.

6.3.1.2 Russland

Die strafrechtliche Zuständigkeit von Russland könnte sich aus dem *Schutzprinzip* ergeben (Art. 12 Abs. 3 Alt. 2 UKRF).[30]

Erstens ist dazu erforderlich, dass der Täter ein Ausländer oder Staatenloser (ohne Wohnsitz in Russland) ist. L ist ein Ausländer. Zweitens muss die Tat außerhalb des Territoriums der Russischen Föderation begangen worden sein. Hier ist diese Voraussetzung zu bejahen, da nach dem russischen Strafrecht die Tat auf dem Territorium eines ausländischen Staates (hier Staat A.) begangen wurde (Art 11 Abs 2, 3 UKRF, Art. 5 Bundesgesetz „Über Staatsgrenze"[31]). Das russische Strafrecht folgt beim Territorialitätsprinzip dem Grundsatz des Handlungsorts.[32] Daher kann hier das *Territorialitätsprinzip* nicht als Grundlage dienen. Drittens ist erforderlich, dass die Tat sich gegen die Interessen eines russischen Staatsangehörigen oder eines Staatenlosen mit Wohnsitz in Russland richtet (Art. 12 Abs. 3 Alt. 2 UKRF). Dadurch, dass die Verbreitung pornographischer Schriften nach dem russischen Recht als Beeinträchtigung eines vom Strafrecht geschützten Rechtsgutes eingestuft ist, ist diese Voraussetzung auch zu bejahen.[33]

---

[30] *Paramonova*, Extraterritorial jurisdiction in Russia, 2011 S. 297 – 315.
[31] FZ RF „*Über Staatsgrenze Russischer Föderation*", 1993.
[32] *Bogusch*, Ugolovnij Zakon, 2011, S. 78 ff.; *Tarbagaev*, Tatort, 2009, S. 1 ff.; *Knjasew*, Geltung des Strafgesetzes in Zeit und Raum, 2006, S. 64 ff.
[33] S.u. Kapitel 6 Falllösung (*Fall „Herr Lust", Materielles Recht, Russland*), S. 197.

6.3 Fall: „Herr Lust" 195

Das *Personalitätsprinzip* ist hier nicht anwendbar, denn dieses bezieht sich auf einen anderen Täterkreis, nämlich auf russische Staatsangehörige und Staatenlose mit permanentem Wohnsitz in Russland (Art. 12 Abs. 1 UKRF). L ist ein Deutscher.

Ebenso ist hier *das Universalitätsprinzip* nicht einschlägig. Nach diesem Prinzip muss die Straftat außerhalb des Territoriums der Russischen Föderation begangen worden und zudem hinsichtlich dieser Straftat universelle Zuständigkeit durch ein (von Russland ratifiziertes) internationales Abkommen vorgesehen sein (Art. 12 Abs. 3 UKRF).[34] Die nach russischem Recht unter Strafe stehende Verbreitung kinderpornographischer Schriften (Art. 242 (1) UKRF) ergibt sich aber nicht aus internationalen Abkommen. Eine entsprechende Grundlage könnte zwar Art. 9 der Cybercrime-Konvention des Europarats bilden (Straftaten mit Bezug zu Kinderpornographie), Russland hat jedoch diese Konvention nicht ratifiziert.

Daher ergibt sich die Anwendbarkeit des russischen Strafrechts für ein Strafverfahren in Russland auf den deutschen Staatsangehörigen, Herrn Lust, aus dem **Schutzprinzip**.

Paradoxerweise jedoch lässt sich die Anwendung russischen Strafrechts im für Russland spiegelbildlichen Fall *„Herr Pornikov"* auf den eigenen (russischen) Staatsangehörigen P, der die gleiche Tat begangen hat, nicht rechtfertigen.[35]

6.3.1.3 USA

Der Umstand, dass die Tat in diesem Fall von einem Deutschen und nicht von einem Russen (vgl. Fall *„Herr Pornikov"*) begangen wurde, ändert nichts an der Begründung der Legitimierung des US-amerikanischen Rechts. Aus der amerikanischen Perspektive handelt es sich in beiden Fällen um einen Ausländer. Daher ist die Anwendung des US-amerikanischen Rechts – wie im Fall *„Herr Pornikov"*[36] – aus der **de facto universalen** Zuständigkeit (*s. Tabelle 3*) abzuleiten, die im Bezug auf die Verbreitung pornographischer Schriften deliktspezifisch (18 U.S.C. § 2252 A (a)(1)[37]) festgelegt ist.

---

[34] *Korobeev*, Polnij Kurs Ugolovnogo Prava, 2008, S. 772; *Naumov*, Rossijskoe Ugolovnoe Pravo, 2007, S. 238 ff.
[35] Siehe Kapitel 6 Falllösung (*Fall „Herr Pornikov", Strafanwendungsrecht, Russland*), S. 187 ff.
[36] Siehe Kapitel 6 Falllösung (*Fall „Herr Pornikov", Strafanwendungsrecht, USA*), S. 189.
[37] 18 U.S.C. § 2252 A (a)(1).

6.3.1.4 Kompetenzkonflikt

Die Lösung des vorliegenden positiven Zuständigkeitskonflikts zwischen den drei Rechtsordnungen (*deutscher, US-amerikanischer und russischer*) könnte man mit Hilfe der *Hierarchisierung der Strafanwendungsprinzipien* lösen.[38] Dabei hat das Schutzprinzip Priorität, denn es geht um – im Gegensatz zu Universalitätsprinzip –,eigene' Interessen des Staates.[39] Solch eine Lösung würde allerdings eher eine formelle Falllösung darstellen, die keine objektiven Bezugspunkte einer im Ausland begangenen Straftat zum Inland berücksichtigt. Außerdem gibt es keine festen anerkannten Regeln bezüglich der Hierarchisierung der Strafanwendungsprinzipien.[40] Nicht zuletzt ist es der Fall, weil der inhaltliche Umfang jeweiligen Strafanwendungsprinzips unterschiedlich auf jeweiliger nationaler Ebene reguliert wird.

Folglich ist diese Lösung nicht hinreichend begründet und im Endergebnis abzulehnen. Mittlerweile ist es jedoch die einzige Lösungsmethode, die nach den heute **geltenden** (auch internationalen) Regelungen hier zur Anwendung kommen könnte.[41]

Die Lösung dieses positiven Zuständigkeitskonflikts – die hier **vorgeschlagen** werden kann – ruht auf dem Wege einer *Abwägung* der jeweils durch die Tat betroffenen und *durch den Staat geschützten Rechtsgüter im Rahmen des internationalen Verfahrens*. Insoweit ist es erforderlich zu prüfen, ob faktische oder juristische Sonderbezugspunkte[42] zu einem der in Frage kommenden Staaten vorliegen. Wenn dies nicht der Fall ist, dann müssen als nächstes die objektiven Bezugspunkte zu einem Land geprüft werden.

Im vorliegenden Fall fehlen sowohl *faktische* (für den Sachverhalt relevante, beispielsweise historische, Tatsachen, welche einen besonders engen Bezug zwischen Tat und Rechtsordnung begründen) als auch *juristische Sonderbezugspunkte* (strafanwendungsrechtliche oder materiell-rechtliche Normen einer Rechtsordnung, die den besonderen Bezug zum jeweiligen Staat explizit, insbe-

---

[38] Siehe dazu: *Ambos*, in: Münchener Kommentar, §§ 3–7 StGB, Rn. 54 - 55.
[39] Siehe Kapitel 3 Strafanwendungsrecht (*Hierarchisierung der Anknüpfungspunkte*), S. 69 ff.
[40] In der Literatur wird auch die Meinung vertreten, dass das Universalitätsprinzip den Vorrang gegenüber allen anderen Strafanwendungsprinzipien hat; *Ambos*, Internationales Strafrecht, 2008, S. 74; *Herdegen*, ZaöRV 1987, S. 235 ff.; *Oehler*, Geburtstagsgabe für *Grützner*, 1970, S. 115 ff.; auf europäischee Ebene hat die „*Draft European Convention on Conflicts of Jurisdiction in Criminal Matters*" 1965 versucht, eine Rangfolge aufzustellen.
[41] *Draft European Convention on Conflicts of Jurisdiction in Criminal Matters*" 1965 versucht, eine Rangfolge aufzustellen.
[42] Siehe Kapitel 3 Strafanwendungsrecht (*Möglichkeiten der Begrenzung der strafrechtlichen Zuständigkeiten. Sonderbezugspunkte*), S. 70 ff.

sondere durch die Schaffung eines besonderen Rechtsguts, ausweisen) zu mindestens einem von den in Frage kommenden Ländern. Also fehlt es an der besonderen faktischen (etwa historischen) Verbindung des Sachverhalts mit irgendeinem Land. Die Verbreitung der Kinderpornographie im Internet ist von jedem der hier in Frage kommenden Staaten im vergleichbaren Maße kriminalisiert, so, dass in keinem von den vorliegenden Staaten das betroffene Rechtsgut besonderes geschützt wäre. Daher fehlt es an den juristischen Sonderbezugspunkten.

Daher kann hier **das Ausmaß des tatsächlich verursachten Schadens** (z.B. die Zahl der von L versendeten Porno-E-Mails auf jeweilige Server) als *objektiver Bezugspunkt* zur jeweiligen Rechtsordnung dienen. Beispielsweise, könnte die *deutsche* Zuständigkeit einschlägig sein, wenn die Zahl der gesendeten E-Mails auf die deutschen Server die größte ist. Außerdem ist hier die deutsche Staatsangehörigkeit von L – als einen *zusätzlichen objektiven Bezug* zu Deutschland, der bei den russischen und US-amerikanischen Rechtsordnungen fehlt – in Betracht bei der Entscheidung der Frage der Zuständigkeit zu ziehen.

Jedoch muss das Ausmaß der bewirkten Schädigung entscheidend bleiben: Die deutsche Zuständigkeit mit der Heranziehung des zusätzlichen objektiven Bezugspunkts – Staatsangehörigkeit – nur dann zu bejahen, wenn der verursachte Schaden mindestens mit dem in den anderen in Frage kommenden Ländern (hier Russland und die USA) bewirkten Schaden vergleichbar ist.

6.3.2 Materielles Recht

6.3.2.1 Deutschland

In diesem Fall – wie im Fall *„Herr Pornikov"* [43] – macht sich L wegen der Verbreitung, des Erwerbes und des Besitzes kinderpornographischer Schriften, § 184b StGB, strafbar.

6.3.2.2 Russland

L macht sich wegen der Verbreitung kinderpornographischer Schriften (Art. 242 (1) UKRF) nach dem russischen Strafrecht strafbar (wie im Fall *„Herr Pornikov"* [44]).

---

[43] Siehe Kapitel 6 Falllösung (*Fall „Herr Pornikov", Materielles Recht, Deutschland*), S. 191.
[44] Siehe Kapitel 6 Falllösung (*Fall „Herr Pornikov", Materielles Recht, Russland*), S. 192.

6.3.2.3 USA

L macht sich wegen der Verbreitung der Kinderpornographie im Internet durch das Speichern der Websites kinderpornographischen Inhalts auf einem Server des Staates A. nach 18 U.S.C. § 2252 A (a)(1) strafbar.[45]

6.3.3 Ergebnis nach dem geltenden Recht

Folglich basiert die Anwendung vom **deutschen** und **US-amerikanischen** Strafrecht auf der gleichen Anspruchsebene: universale Zuständigkeit. Dagegen ist die *russische* Zuständigkeit aufgrund des Schutzprinzips gegeben.

Die geltenden Regeln, die jedoch keine fest anerkannten (beispielsweise in den internationalen Abkommen) Regeln sind, bieten eine Lösungsmethode mit Hilfe der Hierarchisierung der Strafanwendungsprinzipien. Die führt jedoch zu einem unbefriedigenden Ergebnis.

Weitere weder nationale noch internationale Normen bieten *keine* anderen Konfliktlösungsmethode. Nach den geltenden Regelungen ist es mit einer Strafverfolgung in allen drei Ländern zu rechnen.

6.3.4 Ergebnis nach der vorgeschlagenen Methode der Kompetenzkonfliktlösung

Die vorgeschlagene Lösung dieses positiven Zuständigkeitskonflikts, die nur im Rahmen des internationalen Verfahrens möglich ist, ruht auf der *Abwägung* der jeweils durch die Tat betroffenen und *durch den Staat geschützten Rechtsgüter*. Folglich dient das **Ausmaß des tatsächlich verursachten Schadens** als Bewertungskriterium bei der Frage der Zuständigkeit. Beispielsweise, könnte das *deutsche* Recht einschlägig sein. Die deutsche Staatsangehörigkeit des Täters (L) ist ein zusätzlicher objektiver Bezugspunkt bei der Lösung des Kompetenzkonflikts.

---

[45] Siehe Kapitel 6 Falllösung (*Fall „Herr Pornikov", Materielles Recht, USA*), S. 192.

6.4 Fall: „Berliner Unternehmen"

Der Zentralrechner des Unternehmens D in Berlin wurde über das Internet von einem russischen Hacker von einem sich in Moskau befindlichen Rechner angegriffen.

a) *Der Hacker verschaffte sich Zugang zu Informationen des Unternehmens (allerdings nicht zu den Betriebs- oder Geschäftsgeheimnissen von D). Dabei wurden keine Informationen geändert und die Website des Unternehmens auch nicht beschädigt. Für das Unternehmen entstand daher kein Schaden und keine Beeinträchtigung seines Computernetzwerks.*[46]

b) *Durch den Eingriff wurden Informationen auf der Website (mit TLD „com") vom Hacker erheblich verändert, allerdings keine solchen, die zu den Betriebs- oder Geschäftsgeheimnissen des Unternehmens D gehören.*

c) *Durch den Eingriff wurden solche Informationen auf dem Server des Unternehmens vom Hacker erheblich verändert, die zu dessen Geschäftsgeheimnissen gehören.*

6.4.1 Strafanwendungsrecht (Konstellation a)

6.4.1.1 Deutschland

Die Anwendung des deutschen Strafrechts könnte aufgrund des *Territorialitätsprinzips* (mit der Bejahung des Erfolgsorts) begründbar sein.

Nach den Strafanwendungsregeln des deutschen Rechts gilt durch die systematische Verbindung der §§ 3 und 9 StGB in Bezug auf den Territorialitätsgrundsatz die *Ubiquitätstheorie*: sowohl der Handlungsort (subjektive Territorialität) als auch der Erfolgsort (objektive Territorialität) sind gleichwertige Anknüpfungspunkte zur Begründung dieses Grundsatzes.[47]

Hier wurde der in Berlin befindliche Rechner des deutschen Unternehmens D über das Internet durch einen Hacker von einem sich in Moskau befindlichen

---

[46] Nach Angaben der Antivirus-Unternehmen wird oft von „Forschern der Computerfauna" in die gesicherten Systeme eingedrängt oder neue Viren entwickelt um bloß ihre „Kräfte zu messen". Interessant, dass einige fertig geschriebene Viren und Hacking-Algorithmen ohne weiteres Nutzen den Antivirus-Unternehmen von Hackern selbst geschickt wurden, damit sie nicht weiter für schädlichen Zwecken verbreitet werden konnten: *Kaspersky*, Kompýuternoe zlovredstvo, 2009, S. 15 ff.; Siehe etwa: *Bureau of Justice Statistics U.S. Department of Justice's (BJS)*. Cybercrime against Businesses: http://www.bjs.gov/index.cfm?ty=pbdetail&iid=371.

[47] *Ambos*, Internationales Strafrecht, 2008, S. 27.

Rechner aus angegriffen, wobei aber das Computernetzwerk des Unternehmens nicht beschädigt wurde.

Der *Handlungsort*– der Ort, an dem der Täter gehandelt hat (§ 9 Alt. 1 StGB) – liegt in Russland, denn der Hacker wurde auf dem Territorium Russlands mit Hilfe eines sich in Russland befindlichen Rechners tätig. Daher lässt sich die Anwendung des deutschen Strafrechts nicht nach dem Handlungsort legitimieren.

Es ist nun zu prüfen, ob eventuell der *Erfolgsort* ein möglicher Anknüpfungspunkt für die Anwendung des Territorialitätsprinzips in Deutschland ist. Hierbei ist zu beachten, dass die strafbare Handlung im vorliegenden Fall nach deutschem Recht als „Ausspähen von Daten" gemäß § 202 a StGB zu qualifizieren ist. Dieser Straftatbestand wird als Tätigkeitsdelikt eingestuft. Wie ausführlich erläutert wurde, wird im Bezug auf Tätigkeitsdelikte die Frage des „zum Tatbestand gehörenden Erfolgs" i.S.d. § 9 StGB nicht eindeutig beantwortet.

Zu prüfen ist hier, ob „der Zugang zu Computerdaten" einen Erfolg i.S.d. § 9 StGB darstellt.

Nach einer Ansicht, nach welcher der „zum Tatbestand gehörende Erfolg" *i.S.d. allgemeinen Tatbestandslehre* verstanden wird, sollen Tätigkeitsdelikte im Gegensatz zu Erfolgsdelikten keinen Erfolg i.S.d. § 9 StGB darstellen, da es bei ihnen an einer realen Beeinträchtigung fehlt. Demnach könnte vorliegend eine Anwendung des deutschen Strafrechts mit dem Territorialitätsprinzip (§ 3 i.V.m. § 9 StGB) begründet werden, weil zwar nicht der Handlungs-, wohl aber der Erfolgsort in Deutschland liegt. Denn durch die Überwindung der Zugangssicherung hat der Hacker auf deutschem Territorium eine Beeinträchtigung verursacht.

Der BGH folgt, wie gesehen, allerdings einem differenzierten Erfolgsbegriff, indem er zur Frage des tatortbegründenden Erfolges abstrakt-konkreter Gefährdungsdelikte zwischen dem *„zum Tatbestand gehörenden Erfolg"* (§ 9 StGB) und dem Erfolg i.S.d. der Tatbestandslehre unterscheidet.[48] Dies entspricht auch der hier vertretenen Lösung.

Fraglich ist, inwieweit die dabei angestellten Überlegungen für § 202a StGB von Bedeutung sind. Ein Erfolg i.S.d § 9 StGB soll bei abstrakt-konkreten Gefährdungsdelikten nach Ansicht des BGH dort eingetreten sein, „wo die kon-

---

[48] Siehe Kapitel 5 Einzelne Strafanwendungsprinzipien (*Territorialitätsprinzip, Deutschland, Erfolgsort*), S. 137 ff.

krete Tat ihre Gefährlichkeit im Hinblick auf das im Tatbestand umschriebene Rechtsgut entfalten kann".[49] Das Ausspähen von Daten erfordert zwar keine Beeinträchtigung der durch die Zugangssicherung geschützten Daten. Der unberechtigte Zugang zu Daten stellt aber einen „zum Tatbestand gehörenden Erfolg" (§ 9 StGB) dar, weil es sich dabei um eine abstrakte Gefahr handelt, die hinsichtlich der betroffenen Daten konkretisiert ist, die Daten könnten beispielsweise entgegen dem Willen des Berechtigten ausgelesen oder manipuliert werden, und zwar vorliegend in Deutschland. Auch unter Zugrundelegung des seitens der Rechtsprechung vertretenen Erfolgsbegriffs ist deshalb ein inländischer Erfolgsort zu bejahen. Für die Zugangsverschaffung ist es danach gleichgültig, ob die Tat von im Ausland (Russland) oder von im Inland (Deutschland) befindlichen Computern begangen wurde. Gerade die Grenzenlosigkeit von Internettechnologien macht dies möglich und nivelliert den Unterschied zwischen dem physischen (Standort der benutzten Rechner) und tatsächlichen (Zielort des Handelns der Täter) Handeln.

Die weiteren vom deutschen Recht anerkannten Strafanwendungsprinzipien sind im vorliegenden Fall abzulehnen: Das *Schutzprinzip* kommt nicht in Frage, denn die Tat des russischen Hackers war nicht gegen Bestand und Integrität des deutschen Staates gerichtet (§ 5 StGB). Das *aktive Personalitätsprinzip* ist auszuschließen, weil der Täter kein Deutscher ist. Die Anwendung des *passiven Personalitätsprinzips* (nach dem die Tat im Ausland gegen einen Deutschen begangen worden sein muss) ist mit der Anerkennung der Anwendung des Territorialitätsprinzips – also der Begehung der Tat im Inland – automatisch zu verneinen (§ 7 Abs. 1 und § 5 StGB). Die vom russischen Hacker begangene Tat steht auch nicht auf der Liste von § 6 StGB, daher ist die Legitimierung der Anwendung deutschen Strafrechts aufgrund des *Universalitätsgrundsatzes* hier ebenso nicht möglich.[50]

Folglich ist im vorliegenden Fall die Anwendung des deutschen Strafrechts mit dem **Territorialitätsprinzip** zu begründen.

6.4.1.2 Russland

Die Anwendung russischen Strafrechts könnte vorliegend auf dem *Territorialitätsprinzip* gemäß Art. 11 UKRF beruhen.[51]

---

[49] BGHSt 46, 212.
[50] Siehe dazu Kapitel 5 Einzelne Strafanwendungsprinzipien (*Vergleichungstabelle*), S. 133 ff.
[51] *Paramonova*, Extraterritorial jurisdiction in Russia, 2011 S. 297 – 315.

Wie bereits erläutert wurde, wird letztere von der h.M. und Rechtsprechung auf Fälle subjektiver Territorialität *(Handlungsort)* beschränkt.[52] Handlungsort ist der Ort, an dem der Täter körperlich gehandelt hat oder beim Unterlassen hätte handeln müssen (Art. 11 und 14 UKRF). Vorliegend hat der Hacker innerhalb des Territoriums der Russischen Föderation mittels eines sich in Russland befindlichen Rechners gehandelt.[53] Daher liegt der Handlungsort in Russland. Die Anwendung russischen Strafrechts könnte deshalb auf der Grundlage des Territorialitätsprinzips gerechtfertigt sein. Jedoch ist der bloße unerlaubte Zugang zu Daten im russischen Recht nicht strafbar.[54]

Die drei weiteren im russischen Strafrecht anerkannten Strafanwendungsprinzipien und zwar *Schutz-, Staatsangehörigkeits-* und *Universalitätsprinzip* sind hier abzulehnen. Die ersten zwei sind wegen der hier nicht erfüllten Voraussetzung und zwar, dass die strafbare Tat außerhalb des Territoriums Russlands begangen worden sein muss, nicht anzuwenden (Art. 12 Abs. 1 UKRF): Denn der Hacker hat auf dem russischen Territorium gehandelt. Der dritte Grundsatz – Universalitätsprinzip – kann nur dann in Frage kommen, wenn unter anderem die entsprechende Tat durch internationale Abkommen bestimmt. Hier ist es nicht der Fall.

Foglich kann hier **kein** von den Strafanwendungsprinzipien als Legitimierungsgrundsatz dienen.

6.4.1.3 USA

Grundlage für die Anwendung des föderalen amerikanischen Strafrechts könnte das *Territorialitätsprinzip*, das aus der entsprechenden materiell-rechtlichen Regelung sich ergibt, sein.

Der Erfolgsort als Teil des Territorialitätsprinzips (Auswirkungsgrundsatz) wäre wegen des Fehlens schädlicher Konsequenzen der Tat auf amerikanischem Territorium vorliegend auszuschließen. Für ein Anknüpfen an den *Handlungsort* (als weitere Ausprägung des Territorialitätsprinzips) fehlte es wiederum an einer inländischen Handlung. Die in der Regel anzunehmende Einbeziehung amerikanischer Internet-Infrastruktur allein kann einen inländischen Handlungsort ebenfalls nicht begründen.[55]

---

[52] *Bundesgerichtshof RF*, Berufungsentscheidung, 05.02.2009, N 25-009-4.
[53] FZ RF „*Über Staatsgrenze Russischer Föderation*", 1993.
[54] Siehe Kapitel 6 Falllösung *(Fall „Berliner Unternehmen", Materielles Recht, Russland, Konstellation a)*, S. 205 ff.
[55] Siehe Kapitel 6 Falllösung *(Fall „Berliner Unternehmen", Strafanwendungsrecht, USA, Konstellation b/c)*, S. 209 ff.

Der amerikanische Gesetzgeber hat jedoch für den Bereich des Cybercrime die nationale Zuständigkeit deliktspezifisch geregelt. Darin kommt die Erkenntnis zum Ausdruck, dass sich aus grenzüberschreitendem Charakter in besonderem Maße die Notwendigkeit einer – der materiell-rechtlichen Kriminalisierungsentscheidung vorausgehenden – Bestimmung der Aufgaben der nationalen Strafrechtspflege ergibt. Damit erspart es der US-amerikanische Gesetzgeber der Strafrechtspraxis, durch eine – wie beim deutschen und russischen Recht gesehen oft schwierige – Auslegung althergebrachter Strafanwendungsgrundsätze diese an die Realitäten des Internet anzupassen.

Der vorsätzliche unberechtigte Zugang zu Daten ist nach US-Bundesrecht gemäß 18 U.S.C. § 1030 (a) (3) nur strafbar hinsichtlich „nichtöffentlicher Computer einer US-Behörde oder Agentur oder einem Computer, der exklusiv für die Benutzung durch die US-Regierung bestimmt ist". Dies ist vorliegend offensichtlich nicht der Fall.[56]

Folglich ist aufgrund des fehlenden Tatbestandes die Legitimierung der deliktspeziefisch festlegbaren Zuständigkeit der USA, mit **keinem** von den Strafanwendungsprinzipien möglich.

6.4.1.4 Zwischenergebnis

Die geltenden Strafanwendungsregeln *Deutschlands* erlauben vorliegend, die Anwendung des nationalen Strafrechts mit dem Territorialitätsprinzip zu begründen. Die Zuständigkeit sowohl Russlands als auch der USA ist hingegen nicht gegeben. Daher entsteht bei *Konstellation a* kein Kompetenzkonflikt.

6.4.2 Materielles Recht (Konstellation a)

6.4.2.1 Deutschland

Der Hacker könnte sich wegen des Ausspähens von Daten gemäß *§ 202 a StGB*[57] strafbar machen.

Nach dem deutschen Strafrecht ist gemäß § 202 a StGB („Ausspähen von Daten") der für sich oder einen anderen verschaffte *unbefugte Zugang zu Daten* strafbar. Tatobjekt sind dabei Daten, die „nicht für ihn (den Täter) bestimmt sind und die gegen unberechtigten Zugang besonderes gesichert sind" (§ 202 a Abs. 1

---

[56] Siehe Kapitel 6 Falllösung (*Fall „Berliner Unternehmen", Materielles Recht, USA, Konstellation a*), S. 206 ff.
[57] Siehe Kapitel 4 Die Systematik der Delikte im Überblick, S. 77 ff.

StGB). Daten sind nur solche, die „elektronisch, magnetisch oder sonst nicht unmittelbar wahrnehmbar gespeichert sind oder übermittelt werden" (§ 202 a Abs. 2 StGB). Der Zugang muss unter Überwindung der Zugangssicherung erfolgen. Damit ist nach dem deutschen Recht durch § 202 a StGB schon die bloße (erfolgreiche) Systempenetration erfasst.[58]

Im vorliegenden Fall verschaffte sich der russische Hacker Zugang zu Daten des Unternehmens D in Berlin. Dabei wurden Informationen vom Hacker nicht verändert, kopiert oder beschädigt.

Zu fragen ist erstens, ob ein unbefugtes Verschaffen des Zugangs zu nicht für den Täter bestimmten Daten vorliegt.

Das Tatbestandsmerkmal *„unbefugt"* i.S.d. § 202a Abs. 1 StGB (auch bei § 202b) charakterisiert das Fehlen eines Willens des Berechtigten hinsichtlich der Wahrnehmung der Informationen durch nichtberechtigte Dritte. Im vorliegenden Fall waren die Daten nicht für den russischen Hacker, der im Verhältnis zum Unternehmen D ein Außenstehender war, bestimmt. Der Hacker verschaffte sich Zugang zur Informationen des Unternehmens ohne einen entsprechenden Willen des D und ohne dazu auf andere Weise berechtigt zu sein. Daher ist die Handlung als unbefugter Zugriff auf nicht für den Täter bestimmten Daten zu qualifizieren. Es wurde nur der Zugang zu Daten ermöglicht, es wurden nicht Daten als solche verschafft, denn Informationen wurden auf der Website weder geändert, kopiert noch beschädigt. Daher ist ein unbefugtes Verschaffen des Zugangs zu Daten (nicht aber das Verschaffen der Daten) zu bejahen – mithin die (erfolgreiche) Systempenetration.

Zweitens muss geprüft werden, ob die Daten gegen unberechtigten *Zugang besonderes gesichert* waren und ob der Zugang zu den Daten unter Überwindung der Zugangssicherung erfolgte.

Wie bei der Darstellung des § 202a schon erwähnt wurde, müssen Sicherungsmaßnahmen i.S.d. § 202a I eine Kenntnisnahme durch Unberechtigte verhindern oder erschweren.[59] Das Ausmaß und die Qualität der Sicherung sind dabei ohne Bedeutung, so dass auch technische Laien die Möglichkeit haben, Daten dem Schutz des § 202a Abs. 1 StGB zu unterstellen. Die „offen liegenden" Daten fallen nicht unter den Schutz des § 202a Abs. 1 StGB, wie etwa frei zugängliche Informationen auf einer Website. In unserem Fall spielt es keine Rolle, wie schwer oder leicht in technischer Hinsicht die Zugangsverschaffung objektiv oder (subjektiv) für diesen Hacker war. Entscheidend ist die Überwin-

---

[58] *Schultz,* Der Entwurf des StrafÄndG, MIR 2006, Rn. 9; *Fischer,* StGB, § 202 a, Rn. 2, 11.
[59] *Lenckner* in Schönke/Schröder, StGB, 2010, § 202a, Rn. 10.

dung irgendeiner Zugangssicherung (beispielsweise durch Hacking der Passwörter), um in das System mit den nicht für den Täter (hier den Hacker) bestimmten Daten einzudringen. Vorliegend verschaffte sich der Hacker Zugang zu besonders gesicherten Daten unter Überwindung einer Zugangssicherung.

Drittens müssen die fraglichen Daten solche sein, die „*elektronisch, magnetisch oder sonst nicht unmittelbar wahrnehmbar gespeichert sind oder übermittelt werden*" (§ 202 a Abs. 2 StGB).

Bei den Daten des Unternehmens handelt es sich um auf einem elektronischen Datenträger gespeicherte Daten, die nicht unmittelbar, sondern nur mit Hilfe eines Datenverarbeitungsvorgangs wahrgenommen werden können. Daher ist auch dieses Tatbestandmerkmal des § 202 a StGB erfüllt.

In *subjektiver Hinsicht* steht nach dem deutschen Strafrecht grundsätzlich nur vorsätzliches Handeln unter Strafe. Fahrlässiges Handeln ist gemäß § 15 StGB nur dann strafbar, wenn es das Gesetz ausdrücklich mit Strafe bedroht. § 202a StGB stellt fahrlässiges Handeln nicht unter Strafe. Daher müsste die Handlung, um strafbar zu sein, zumindest mit bedingtem Vorsatz begangen worden sein.

Im vorliegenden Fall ist anzunehmen, dass der Hacker, als er gezielt in das System des Unternehmens eindrang, es zumindest ernstlich für möglich hielt, sich durch dieses Verhalten den Zugang zu internen geschützten Daten des Unternehmens zu verschaffen und dass er sich damit abfand. Daher liegt zumindest Eventualvorsatz vor.

Folglich hat sich der russische Hacker nach § 202 a StGB strafbar gemacht.

6.4.2.2 Russland

Der bloße unerlaubte Zugang zu Daten ist im russischen Recht im Gegensatz zum deutschen nicht strafbar.

Art. 272 UKRF, nach dem sich der Hacker im Fall „*Berliner Unternehmen*", Konstellation a, strafbar gemacht haben, gehört zu den Erfolgsdelikten (zu den „materiellen Delikten" nach russischer Klassifikation[60]). Der Tatbestand des Art. 272 UKRF erfordert „die Zerstörung, Blockierung, Modifizierung oder Kopie einer Information oder Störung der Funktion einer EDVA, eines EDVA-Systems oder eines EDVA-Netzes".

---

[60] *Ignatov/Krasikov*, Kurs rossijskogo ugolovnogo prava, 2010, S. 148: die Tatbestände, zu denen Merkmalen im Gesetz verankerte Konsequenzen, sind ‚materielle Tatbestände'; Tatbestände, bei dem Erfolg nicht bestimmt, gehören zu den ‚formellen Tatbeständen'.

Vorliegend wurden vom Hacker weder Informationen auf irgendwelche Weise geändert noch Computersysteme beschädigt. Daher macht sich der Hacker nicht nach Art. 272 UKRF strafbar.[61]

In Betracht kommen könnte nach russischem Strafrecht auch *Art. 273 UKRF*, der ein Tätigkeitsdelikt darstellt. Jedoch müssen EDVA-Programme, deren Erstellung, Veränderung, Verwendung oder Verbreitung nach dieser Norm strafbar ist, „offenkundig zu einer nicht berechtigten Vernichtung, Blockierung, Modifizierung oder zum Kopieren einer Information oder zur Störung der Funktion einer EDVA oder eines EDVA-Netzes führen können." Nicht darunter fällt etwa die Verbreitung von Programmen, die *allein* der Verschaffung des Zugangs zu Daten und nicht (auch) dem Kopieren oder der Veränderung von Daten dienen. Nur wenn im vorliegenden Fall das den Zugang zu den Daten ermöglichende Programm geeignet gewesen wäre, eine „nicht berechtigte Vernichtung, Blockierung, Modifizierung oder ein Kopieren einer Information" zu bewirken, hätte sich der russische Hacker gemäß Art. 273 Abs. 1 strafbar gemacht. Davon ist hier nicht auszugehen.

Folglich bleibt die nach deutschem Recht strafbare Handlung in Konstellation a gemäß dem russischen Strafrecht *straflos*.

6.4.2.3 USA

Nach dem föderalen amerikanischen Strafrecht könnte sich der Hacker wegen des bloßen Zugangs zum nichtöffentlichen Computer gemäß *18 U.S.C. § 1030 (a) (3)* strafbar machen.

Jedoch ist nach 18 U.S.C. § 1030 (a) (3) dafür erforderlich, dass es sich um unbefugten Zugang zu einem nichtöffentlichen Computer einer US-Behörde oder einem Computer, der exklusiv für die Benutzung durch die US-Regierung bestimmt ist, handelt. Im vorliegenden Fall gehören weder die in Berlin noch in Moskau befindlichen Rechner zu solchen „nichtöffentlichen Computern".[62]

Deshalb macht sich der Hacker in Konstellation a nicht gemäß 18 U.S.C. § 1030 (a) (3) strafbar.

---

[61] Wologda, Stadtbezirksgericht (StBezG), N УД № 010317, 1999; Nowgorod, StBezG, N УД № 011678, 1999; Birsk, StBezG, N УД № 1010005, 2001; Moskau, StBezG, УД № 128223, 2001; Murmansk, StBezG, УД № 1-7849, 2003.
[62] Siehe Kapitel 6 Falllösung (*Fall „Berliner Unternehmen", Strafanwendungsrecht, USA, Konstellation a*), S. 202 ff.

6.4.2.4 Zwischenergebnis

Folglich hat sich der russische Hacker in *Konstellation a* nur nach dem deutschen Recht strafbar gemacht, nämlich nach § 202 a StGB.

6.4.3 Strafanwendungsrecht (Konstellation b/c)

6.4.3.1 Deutschland

Die Anwendung des deutschen Strafrechts bei **Konstellation b** könnte durch das *Territorialitätsprinzip* (im Hinblick auf den Erfolgsort) legitimiert werden.

Hier wurde der Zentralrechner des Unternehmens D in Berlin über das Internet von einem sich in Moskau befindlichen Rechner aus angegriffen. Dabei wurden zwar Informationen auf der Website durch den Hacker erheblich verändert, diese gehörten jedoch nicht zu den Betriebs- oder Geschäftsgeheimnissen des Unternehmens.

Da der Täter von einem in Russland befindlichen Computer aus handelte, liegt dort der *Handlungsort* (§ 9 Alt. 1 StGB). Daher kann die Anwendung deutschen Strafrechts nicht mit dem Handlungsort begründet werden.

Allerdings könnte der *Erfolgsort* als Legitimierungsanknüpfungspunkt dienen. Die fragliche Handlung könnte im vorliegenden Fall als Computersabotage (§ 303 b Abs. 2 StGB) qualifiziert werden, denn es wurde „eine Datenverarbeitung, die für ein fremdes Unternehmen von wesentlicher Bedeutung ist" gestört, und zwar durch Veränderung der Website-Informationen des Unternehmens D.

Dieses Delikt ist mithin als Erfolgsdelikt einzustufen. Die Abgrenzung von Handlung und Erfolg bereitet nunmehr keine Probleme. Der Hacker handelte in Russland, der „zum Tatbestand gehörende Erfolg" (§ 3 i.V.m. § 9 StGB), ist hingegen in Deutschland eingetreten, so dass dort der Erfolgsort liegt.

Folglich ist die Anwendung des deutschen Strafrechts auch in der Konstellation b durch die Bejahung des Erfolgs in Deutschland i.S.d. § 9 Alt. 1 StGB aufgrund des **Territorialitätsprinzips** zu begründen.

Die anderen vom deutschen Recht anerkannten Strafanwendungsgrundsätze sind im vorliegenden Fall aus denselben bereits in der Konstellation a[63] dieses Falls erläuterten Gründen abzulehnen.

---

[63] Siehe Kapitel 6 Falllösung (*Fall „Berliner Unternehmen", Strafanwendungsrecht, Deutschland, Konstellation a*), S. 199 ff.

Bei der *Konstellation c* könnte die Anwendung des deutschen Strafrechts aufgrund des uneingeschränkten *passiven Personalitätsgrundsatzes* (§ 5 Nr. 7 StGB) legitimiert werden.

Im Gegensatz zu den ersten beiden Konstellationen wurden durch den Eingriff solche Informationen geändert, die *zu den Geschäftsgeheimnissen des Unternehmens gehörten*. Dieser Fall ist nicht mehr unter das Territorialitätsprinzip subsumierbar, da § 5 Nr. 7 StGB (Auslandstaten gegen inländische Rechtsgüter) eine spezielle Regelung enthält. Nach den Voraussetzungen des § 5 Nr. 7 StGB ist die Anwendung des deutschen Strafrechts unabhängig vom Recht des Tatorts aufgrund des passiven Personalitätsgrundsatzes begründet, wenn die Betriebs- oder Geschäftsgeheimnisse eines im räumlichen Geltungsbereich des StGB ansässigen Unternehmens verletzt werden. Vorliegend wurden die Geschäftsgeheimnisse eines deutschen Unternehmens verletzt. Dieses Verhalten steht nach dem deutschen Recht unter Strafe (§ 303b Abs. 2 StGB).[64]

Mithin ist bei Konstellation c die Anwendung deutschen Strafrechts über **das passive Personalitätsprinzip** legitimiert, welches gegenüber dem (aufgrund des Erfolgsorts grundsätzlich ebenfalls annehmbaren) Territorialitätsprinzip speziell ist.

Im Verhältnis zu den anderen Legitimierungsgrundsätzen im deutschen Strafrecht, einschließlich des Territorialprinzips, steht das passive Personalitätsprinzip im gegebenen Fall als *les specialis* und dadurch schließt deren Anwendung aus.[65]

6.4.3.2 Russland

Die Anwendung russischen Strafrechts könnte in den *Konstellationen b* und *c* auf dem *Territorialitätsprinzip* beruhen, wenn nämlich der Handlungsort in Russland liegt, also der Täter dort körperlich gehandelt hat oder (bei strafbaren Unterlassen) hätte handeln müssen (Art. 11 UKRF).[66] Diese Erfordernisse sind hier erfüllt. Das hier geprüfte Verhalten ist nach dem russischen Recht auch strafbar: Art. 272 UKRF (Unberechtigter Zugang zur Computerinformation).[67]

Die weiteren in Frage kommenden Legitimierungsgrundsätze (*Schutz-, Staatsangehörigkeits-* und *Universalitätsprinzip*) sind hier aus denselben Grün-

---

[64] Siehe Kapitel 6 Falllösung (*Fall „Berliner Unternehmen", Materielles Recht, Deutschland, Konstellation b/c*), S. 212 ff.
[65] Siehe dazu Kapitel 5 Einzelne Strafanwendungsprinzipien (*Vergleichungstabelle*), S. 133 ff.
[66] *Paramonova*, Extraterritorial jurisdiction in Russia, 2011 S. 297–315.
[67] Siehe Kapitel 6 Falllösung (*Fall „Berliner Unternehmen", Materielles Recht, Russland, Konstellation b/c*), S. 213 ff.

den, die schon in der Konstellation a⁶⁸ dieses Falls geschildert wurden, abzulehnen. Folglich basiert die Anwendung russischen Strafrechts auf dem **Territorialitätsgrundsatz**.

6.4.3.3 USA

Die Anwendung föderalen amerikanischen Strafrechts könnte in den *Konstellationen b* und *c* auf Grund des deliktspeziefisch festlegbaren *Territorialitätsprinzips* gerechtfertigt sein.

Die Zuständigkeit nach dem amerikanischen Recht ist deliktspezifisch zu bestimmen. Für die hier interessierenden Konstellationen b und c ist das Grunddelikt 18 U.S.C. § 1030 (a) (5) (C) einschlägig (die Qualifizierungen zu § 1030 (a) (5) – § 1030 (c) (4)(A) oder (B) – können je nach Sachverhalt ebenfalls in Frage kommen, wofür die durch die Tat herbeigeführten Beeinträchtigungen ein bestimmtes Ausmaß erreichen müssten). Nach 18 U.S.C. § 1030 (a) (5) (C) ist strafbar, wer vorsätzlich unbefugt Zugang zu einem geschützten Computer erlangt und dadurch einen Schaden oder Verlust herbeiführt. Für die Frage der Zuständigkeit ist die Bejahung des Angriffsobjekts „geschützter Computer" entscheidend.

In den Konstellationen b und c könnte man dafür plädieren, dass hier sowohl der in Deutschland als auch der in Russland gelegene Computer dem Begriff "geschützter Computer" (§ 1030 (e) (2) (B)) unterfallen.

Die mögliche Subsumierung der hier in Frage stehenden, außerhalb der USA befindlichen Computer unter "geschützter Computer" ist jedoch abzulehnen, da nicht ersichtlich ist, dass diese *Einfluss auf „internationale Kommunikation der Vereinigten Staaten"* haben könnten. Zwar könnte man daran denken, die Anwendung amerikanischen Rechts aufgrund rein formaler Anknüpfungspunkte zu bejahen, und zwar wegen der in den USA befindlichen Internetinfrastruktur (der Hauptsitz der Ausgabeorganisation für Top-Level-Domain „com" liegt in den USA), solch ausschließlich formale Anknüpfungspunkte sind jedoch abzulehnen, da sonst letztlich fast immer mit einer substantiell nicht begründbaren amerikanischen Zuständigkeit zu rechnen ist, insbesondere im Hinblick auf weltweit ausgegebenen TLD wie „com". Entscheidend muss deshalb bleiben, dass es vorliegend zu keiner Beeinträchtigung amerikanischer Rechtsgüter kommen konnte.

---

⁶⁸ Siehe Kapitel 6 Falllösung (*Fall „Berliner Unternehmen", Strafanwendungsrecht, Russland, Konstellation a*), S. 201 ff.

Letztlich ist die Anwendung des amerikanischen Strafrechts, auch aufgrund der weiteren in Frage kommenden Legitimierungsgrundsätze, *wegen des Fehlens des entsprechenden Tatbestands*, **abzulehnen**.

6.4.3.4 Zwischenergebnis

Daher ist in den betrachteten Fällen (**b** und **c**) nach den geltenden Normen die Anwendbarkeit sowohl des *deutschem* als auch des *russischem* Strafrechts anzunehmen. Die US-amerikanische Zuständigkeit ist abzulehnen.

Für die Lösung derartiger positiver Jurisdiktionskonflikte ist vor allem (wie in jedem anderen Fall) die faktische Erreichbarkeit des Beschuldigten relevant. Vorliegend wäre von Bedeutung, dass Russland einem deutschen Auslieferungsersuchen im Hinblick auf eigene Staatsangehörige gemäß Art. 61 Abs. 1 der Verfassung der Russischen Föderation und Art. 13 Abs. 1 UKRF nicht nachkommen würde.

6.4.3.5 Kompetenzkonflikt

Ein positiver Kompetenzkonflikt entsteht im vorliegenden Fall nur bei den **Konstellationen b** und **c** und zwar zwischen der Anwendbarkeit des *deutschen* und *russischen* Strafrechts.

Nach den **geltenden** Regelungen kann dieser Kompetenzkonflikt (bei den *Konstellationen b* und *c*) nicht gelöst werden. Die Lösung nach der Hierarchisierung der Strafanwendungsprinzipien bei der *Konstellation c* (Territorialitätsprinzip Russlands gegen passives Personalitätsprinzip Deutschlands) scheitert aus den oben erwähnten Gründen (Fall „*Herr Lust*")[69].

Eine *Lösungsmethode*, die hier bei den beiden Konstellationen (*b* und *c*) *vorgeschlagen* werden kann ist eine Forderung an zukünftige internationale Verfahren (Vereinbarungen). Die Schaffung der letzten ist allerdings unabdingbar zur Lösung der (zukünftigen) Jurisdiktionskonflikte.

Die vorgeschlagene Methode für die Lösung des vorliegenden positiven Zuständigkeitskonflikts zwischen dem *deutschen* und dem *russischen* Strafrecht (in den beiden Konstellationen) beruht auf einer Abwägung der jeweils durch die Tat betroffenen und durch den Staat geschützten Rechtsgüter.[70] Insoweit ist es erforderlich zu prüfen, ob faktische oder juristische Sonderbezugspunkte[71] zu

---

[69] Siehe Kapitel 6 Falllösung (*Fall „Herr Lust", Kompetenzkonflikt*), S. 196 ff.
[70] Siehe Kapitel 3 Strafanwendungsrecht (*Lösungsschema*), S. 64 ff.
[71] Siehe Kapitel 3 Strafanwendungsrecht (*Möglichkeiten der Begrenzung der strafrechtlichen Zuständigkeiten. Sonderbezugspunkte*), S. 70 ff.

einem der in Frage kommenden Staaten vorliegen. Liegen also solche Sonderbezugspunkte nicht vor, dann ist nach den objektiven Bezugspunkten zum jeweiligen Land zu suchen.

In diesem Fall fehlen *faktische* und *juristische Sonderbezugspunkte* zu den in Frage kommenden Staaten, also die Punkte, welche einen besonders engen Bezug (durch Tatsachen bzw. durch strafrechtliche Normen) zwischen Tat und Rechtsordnung begründen.

Sowie nach dem deutschen als auch nach dem russischen Recht ist die erhebliche Störung einer Computerdatenverarbeitung im vergleichbaren Maße pönalisiert. Daher ist unter keiner von den vorliegenden Rechtsordnungen das betroffene Rechtsgut besonderes geschützt.

Daher kommen hier die *objektiven Bezugspunkte* im Vordergrund, also die Tatsachen, die für den Sachverhalt relevant und erst durch den Sachverhalt entstanden sind. Hier bilden der auf deutschem Territorium eingetretene tatsächliche Schaden und das ausdrückliche Ziel des Täters (ein deutsches Unternehmen) einen entscheidenden objektiven inhaltlichen Bezug zu Deutschland.

Obwohl die primäre Komponente des Territorialitätsgrundsatzes – der Handlungsort – hier Russland zuzuschreiben ist, scheint es gerechtfertigt, in diesem Fall einen Vorrang der **deutschen** Zuständigkeit anzunehmen. Dabei handelt es sich zwar aus der Sicht eines traditionell am Handlungsort orientierten Straf(anwendungs)rechts um ein eher extraterritoriales Kriterium. Doch hat der Auswirkungsgrundsatz als Bestandteil des Territorialitätsgrundsatzes im deutschen Recht einen festen Platz. Vor allem ist der tatsächliche Schaden (*objektiver Bezugspunkt*) eben in Deutschland eingetreten, wohingegen der russische territoriale Anknüpfungspunkt hier eher formal erscheint.

Daneben sind auch *strafprozessuale Faktoren* zu beachten, etwa bestehende Rechtshilfeabkommen und Auslieferungsregelungen.

Im Bezug auf eine mögliche Auslieferung muss beachtet werden, dass nach Art. 61 der Verfassung der Russischen Föderation die Auslieferung eines russischen Staatsbürgers unzulässig ist, es sei denn, es ist in einem internationalen Abkommen etwas anderes festgelegt (Art. 15 der Verfassung). Art. 13 UKRF stellt klar, dass sich das Auslieferungsverbot auch auf Straftaten bezieht, die durch Staatsbürger im Ausland begangen wurden. Im vorliegenden Fall wird die Tat von der russischen Seite aufgrund der Bejahung eines inländischen Tatorts aber ohnehin nicht als Auslandstat betrachtet.

Zudem wäre in *Konstellation a* eine Auslieferung schon deshalb abzulehnen, weil die Tat nach russischem Recht nicht unter Strafe steht, was nach Art. 63 Abs. 2 der Verfassung für eine Auslieferung aber notwendig wäre.

Ohne Bedeutung sind vorliegend die Auslieferungsregeln der Cybercrime-Konvention (Art. 22 Abs. 3 und Art. 24), die zwischen den Vertragsparteien eine Auslieferungspflicht unabhängig von der Staatsangehörigkeit vorsehen, denn Russland ist nicht Vertragspartei.

6.4.4 Materielles Recht (Konstellation b/c)

6.4.4.1 Deutschland

In den Konstellationen b und c des Falls „*Berliner Unternehmen*" könnte sich der russische Hacker gemäß § *303 b Abs. 1 Nr. 1, Abs. 2 StGB* wegen Computersabotage strafbar gemacht haben.

§ 303b Abs. 1 Nr. 1 StGB pönalisiert die *erhebliche Störung einer Datenverarbeitung, die für einen anderen von wesentlicher Bedeutung ist*, durch die Tathandlungen der Datenveränderung i.S.d. § 303a StGB. Der § 303b Abs. 2 setzt voraus, dass es sich um eine Datenverarbeitung handelt, die für einen fremden Betrieb, ein fremdes Unternehmen oder eine Behörde von wesentlicher Bedeutung ist.

Zu prüfen ist somit, ob die Daten für das Unternehmen „von wesentlicher Bedeutung" waren.

In **Konstellation b** hat der Hacker Informationen auf der Website des Unternehmens erheblich verändert. In der heutigen digitalisierten Welt stellt die Website eines Unternehmens für den Kontakt mit (potentiellen) Kunden ein überaus wichtiges Kommunikationsmittel dar, und zwar nicht nur bei Unternehmen, die als Online-Betrieb arbeiten. Daher sind Informationen, die auf der Website eines Unternehmens erhältlich sind, als Daten „von wesentlicher Bedeutung" zu bezeichnen.

In **Konstellation c** wurden solche zu den Geschäftsgeheimnissen gehörende Daten verändert. Auch diese sind nach *§ 303b Abs. 2 StGB* als „von wesentlicher Bedeutung" für das Unternehmen zu qualifizieren. Die Datenverarbeitung muss zudem gemäß § 303 b Abs. 1 StGB erheblich gestört worden sein. In Anbetracht der erheblichen Veränderung der Daten ist dies in den hier untersuchten Fällen anzunehmen.

Hinsichtlich der *subjektiven Tatseite* ist für eine Strafbarkeit erforderlich, dass die Tat vorsätzlich begangen wurde (§ 202a i.V.m. § 15 StGB). In unserem Fall kann davon ausgegangen werden, dass sich der Hacker des Eingriffs auf das Computersystem des Unternehmens und der Veränderung der Daten zumindest bewusst war und die erhebliche Störung der Datenverarbeitung in Folge seines

Eingriffs zumindest voraussehen konnte. Damit hat er zumindest mit Eventualvorsatz gehandelt.

Ob der Hacker vielleicht sogar mit Absicht handelte, es ihm also gerade darauf ankam, Informationen dieses bestimmten Unternehmens zu verändern, ist Tatfrage. In beiden Varianten ist Vorsatz zu bejahen.

Dies führt zu dem Ergebnis, dass sich der russische Hacker nach deutschem Recht gemäß § 303 b Abs. 1 Nr.1, Abs. 2 StGB *strafbar* gemacht hat.

6.4.4.2 Russland

Nach dem russischen Strafrecht könnte sich der Hacker in den **Konstellationen b und c** dieses Falls gemäß *Art. 272 Abs. 1 UKRF* (*Unberechtigter Zugang zu Computerdaten*) strafbar gemacht haben.

Nach Art. 272 wird „der unberechtigte Zugang zu gesetzlich geschützten Computerdaten bestraft (das sind Daten auf einem maschinellen Träger, in einer elektronischen Datenverarbeitungsanlage (EDVA), in einem EDVA-System von oder einem EDVA-Netzwerk), *wenn* die Tat die Löschung, Blockierung, Modifizierung oder das Kopieren einer Information oder Störung der Funktion einer EDVA, eines EDVA-Systems oder eines EDVA-Netzes nach sich gezogen hat".

Im vorliegenden Fall hat sich der Hacker den Zugang zu den Computerdaten des Unternehmens unberechtigterweise verschafft und Websiteninformationen beziehungsweise zu den Geschäftsgeheimnissen gehörende Daten erheblich verändert. Das stellt eine „Modifizierung" von Computerdaten dar, begründet mithin den vom Tatbestand vorausgesetzten Erfolg.

In *subjektiver Hinsicht* steht nach dem russischen Strafrecht grundsätzlich (wie nach dem deutschen gem. § 15 StGB) nur vorsätzliches Handeln unter Strafe. Gemäß Art. 24 Abs. 2 UKRF kann „fahrlässiges Handeln ausschließlich dann eine Straftat darstellen, wenn dies ausdrücklich in einem Artikel des Besonderen Teils normiert ist". Bei Art. 272 UKRF ist dies nicht der Fall. Für das russische Recht bedeutet dies, dass die Straftat entweder mit direktem oder indirektem Vorsatz begangen worden sein muss. Vorliegend ist zu prüfen, ob die Handlung zumindest mit indirektem Vorsatz begangen wurde. Der indirekte Vorsatz im russischen Strafrecht umfasst zwei deutsche Erscheinungsformen des Tatbestandsvorsatzes, nämlich dolus directus 2. Grades und Eventualvorsatz.[72] Der Täter macht sich bei Art. 272 UKRF also schon dann strafbar, wenn beim Zugang zu Computerdaten gesellschaftlich gefährliche Folgen, wie die „Zerstörung, Blockierung, Modifizierung" von Daten von ihm zwar nicht angestrebt sind,

---

[72] Dazu ausführlich: Kapitel 4 Die Systematik der Delikte im Überblick, S. 77 ff.

jedoch bewusst zugelassen werden oder er diesem Erfolg gleichgültig gegenübersteht. Im vorliegenden Fall (Konstellationen b/c) kann man auch die zweite Form des indirekten Vorsatzes (die dem deutschen dolus directus 2. Grades entspricht) bejahen. Denn der Hacker wird beim Eingriff in das Computersystem des Unternehmens und beim Verändern der Informationen die schädlichen Konsequenzen seines Handelns vorausgesehen haben. Wenn es dem Hacker sogar darauf angekommen sein sollte, bestimmte Veränderungen der Daten zu bewirken, so hätte er mit direktem Vorsatz (nach deutschem Verständnis dolus directus 1. Grades) gehandelt.

Jedenfalls hat er sich demnach gemäß Art. 272 Abs. 1 UKRF *strafbar* gemacht.

Die Strafbarkeit des Hackers basiert folglich nach dem russischen Strafrecht auf Art. 272 UKRF (Unberechtigter Zugang zur Computerinformation). Im Gegensatz zum deutschen Zugangsdelikt (§ 202a StGB) ist Art. 272 UKRF ein Erfolgsdelikt. Strafbarkeit gemäß Art. 272 UKRF ist anzunehmen, wenn als Konsequenz der Tat Daten gelöscht, unterdrückt, verändert oder kopiert werden, oder die Funktion eines Computers, eines Computersystems oder Computernetzwerks gestört wird. Damit stellt Art. 272 UKRF ein Äquivalent zu den §§ 202 b StGB (Abfangen von Daten), 303 a StGB (Datenveränderung) und 303 b StGB (Computersabotage) dar.

Das russische Recht enthält hingegen kein spezielles Delikt, das sich (wie §§ 303b StGB) auf Datenverarbeitungen „von wesentlicher Bedeutung" bezieht. Nur im Fall des Art. 273 und 274 UKRF ist bei „schweren Folgen" eine Qualifizierung der Tat vorgesehen.[73] Für diese finden sich hier jedoch keine Anhaltspunkte.

6.4.4.3 USA

In den Konstellationen b und c dieses Falls könnte sich der russische Hacker gemäß *18 U.S.C. § 1030 (a) (5) (C)* wegen des vorsätzlichen unbefugten Zugangs zu einem geschützten Computer strafbar gemacht haben, wenn dadurch ein Schaden oder Verlust bewirkt wurde. Dafür wäre es allerdings notwendig, den Rechner des deutschen Unternehmens als „geschützten Computer" zu qualifizieren, was bereits verneint wurde.[74]

---

[73] Dazu ausführlich: Kapitel 4 Die Systematik der Delikte im Überblick, S. 77 ff.
[74] Siehe Kapitel 6 Falllösung (*Fall „Berliner Unternehmen", Strafanwendungsrecht, USA, Konstellation b/c*), S. 209 ff.

6.4.4.4 Zwischenergebnis

Folglich hat sich der russische Hacker nun nach deutschem (gemäß § 303 b Abs. 1 Nr.1, Abs. 2 StGB) sowie nach russischem Recht (gemäß Art. 272 Abs. 1 UKRF) strafbar gemacht.

6.4.5 Ergebnis nach dem geltenden Recht

Bei **Konstellation a** ist aufgrund des Territorialitätsprinzips das *deutsche* Strafrecht anwendbar. Sowohl US-amerikanische als auch russische Zuständigkeit scheiden hingegen aus. Folglich entsteht bei der *Konstellation a* kein positiver Kompetenzkonflikt.

Die Anwendbarkeit deutschen Rechts basiert auf dem Auswirkungsgrundsatz als einem „Unterfall des Territorialitätsgrundsatzes" [75]. Daher könnte es vorliegend zu einem positiven Zuständigkeitskonflikt kommen,[76] wenn das fragliche Verhalten in beiden Rechtsordnungen von einem Straftatbestand erfasst ist. Vorliegend bedarf es einer Norm, die den bloßen Zugang zu Computerdaten unter Strafe stellt. Eine derartige Handlung ist nach dem russischen Recht allerdings nicht strafbar.

Folglich ist festzustellen, dass die beiden für eine legitime Strafrechtsanwendung obligatorischen Voraussetzungen hier nur durch das deutsche Strafrecht erfüllt werden. Daher löst sich der auf der ersten Stufe entstandene Zuständigkeitskonflikt zu Gunsten des **deutschen** Strafrechts. Das russische Strafrecht kommt aufgrund eines fehlenden Tatbestands nicht in Frage.

In **Konstellation b** ist die Anwendung des deutschen Strafrechts aufgrund des Territorialitätsprinzips (§ 3 i.V.m. § 9 Alt. 1 StGB: Erfolgsort) zu bejahen, im Fall der **Konstellation c** dient das uneingeschränkte passive Personalitätsprinzip (§ 5 Nr. 7 StGB) als legitimierender Grund.

Bei den *Konstellationen ‚b'* und *‚c'* entsteht jedoch ein positiver Zuständigkeitskonflikt, da hier die fraglichen Handlungen sowohl nach deutscher als auch russischer Rechtsordnung strafbar, d.h. beide Rechtsordnungen gleichermaßen potenziell anwendbar sind. Eine US-amerikanische Zuständigkeit ist wegen des Fehlens eines tauglichen Angriffsobjekts („protected computer") nicht gegeben.

Daher kommt nach den geltenden Regeln sowohl **deutsches** als auch **russisches** Strafrecht zur Anwendung. Der dadurch entstehende positive Kompetenzkonflikt bleibt nicht gelöst.

---

[75] *Ambos*, Internationales Strafrecht, 2008, S. 75.
[76] Siehe Kapitel 3 Strafanwendungsrecht (*Lösungsschema*), S. 64 ff.

6.4.6 Ergebnis nach der vorgeschlagenen Methode der Kompetenzkonfliktlösung

Ein positiver Kompetenzkonflikt entsteht im vorliegenden Fall nur bei den **Konstellationen b** und **c**. Die vorgeschlagene Lösung des positiven Zuständigkeitskonflikts zwischen deutschem und russischem Recht ruht auf der *Abwägung* der jeweils durch die Tat betroffenen und durch den Staat geschützten *Rechtsgüter im Rahmen des internationalen Verfahrens*.

Im vorliegenden Fall sind sowohl faktische als auch juristische Sonderbezugspunkte weder zu Russland noch zu Deutschland festzustellen. Daher ist mit dem Vorliegen des *objektiven Bezugs* der Tat zu Deutschland (der auf deutschem Territorium eingetretene Schaden und das ausdrückliche Ziel des Täters auf ein deutsches Unternehmen) durch den Auswirkungsgrundsatz die vorrangige Zuständigkeit **Deutschlands** zu bejahen.

6.5 Fall: „Moskauer Unternehmen"

Der Zentralrechner des russischen Unternehmens R in Moskau wurde mittels Internet von einem Hacker deutscher Staatsangehörigkeit, welcher sich in Berlin aufhielt, angegriffen.
a) Der deutsche Hacker verschaffte sich dabei Zugang zu den internen Daten des Unternehmens des R. Dabei wurden Informationen nicht verändert, kopiert oder anderweitig beschädigt. Für das Unternehmen entstand daher kein Schaden und keine Beeinträchtigung seines Computernetzwerks.
b) Durch den Eingriff wurden Informationen auf der Website des Unternehmens vom Hacker erheblich verändert, allerdings keine solchen, die zu den Betriebs- oder Geschäftsgeheimnissen gehören.

Bei der Lösung dieses Falles sollen die vorstehend im Hinblick auf das „*Berliner Unternehmen*"[77] behandelten Fragen quasi in spiegelbildlichen Konstellationen untersucht werden.

---

[77] Siehe Kapitel 6 Falllösung (*Fall „Berliner Unternehmen"*), S. 199 ff.

6.5.1 Strafanwendungsrecht (Konstellation a)

6.5.1.1 Deutschland

Im vorliegenden Fall könnte die Anwendung des deutschen Strafrechts mit dem *Territorialitätsprinzip* (durch eine Bejahung des Handlungsorts) begründet werden, denn § 3 i.V. m. § 9 StGB liegt das sog. Ubiquitätsprinzip zugrunde. Hier wurde im Inland (Deutschland) gehandelt, denn der Hacker griff das Computersystem des Unternehmens R von einem sich in Deutschland befindlichen Computer aus an. Dieses Verhalten – „Ausspähen von Daten", § 202 a StGB – ist nach deutschem Recht strafbar.[78] Daher lässt sich die Anwendung des deutschen Strafrechts nach dem **Territorialitätsprinzip** (Handlungsort) legitimieren.

Mit der Bejahung des Territorialitätsgrundsatzes kommen hier keine die extraterritoriale Zuständigkeit begründenden Strafanwendungsprinzipien in Frage, wie etwa Personalitäts-, Schutz- oder Universalitätsprinzip. Die letzten setzen die Tatbegehung im Ausland voraus (§§ 5-7 StGB).

6.5.1.2 Russland

Die Anwendung russischen Strafrechts könnte entweder auf dem Schutzprinzip oder auf dem Universalitätsprinzip beruhen.

Im Gegensatz zum deutschen Recht (§ 5 StGB) ist das *Schutzprinzip* im russischen UKRF nicht deliktspezifisch, sondern allgemein formuliert.[79] Nach Art. 12 Abs. 3 UKRF stellt der Schutzgrundsatz einen Bezug zwischen dem russischen Staat und dem Täter her, wenn ein Ausländer oder ein Staatenloser außerhalb des russischen Hoheitsgebiets ein Delikt begeht. Erfasst werden dabei alle vom russischen Strafrecht geschützten Rechtsgüter.[80]

Wurden Straftatbestände auf der Grundlage internationaler Abkommen ins nationale Strafrecht eingefügt, so dient das *Universalitätsprinzip* als Anknüpfungsgrundsatz (Art. 12 Abs. 3 UKRF).

Hier wurde der Rechner des russischen Unternehmens R über das Internet von einem deutschen Hacker angegriffen. Durch den Zugang zu den internen Daten entstand kein Schaden und auch keine anderweitige Beeinträchtigung des Computernetzes des Unternehmens. Allerdings könnten durch diesen Eingriff die Interessen der Russischen Föderation oder ihrer Staatsangehörigen betroffen

---

[78] Siehe dazu Kapitel 6 Falllösung (*Fall „Moskauer Unternehmen", Materielles Recht, Deutschland, Konstellation a*), S. 219 ff.
[79] *Paramonova*, Extraterritorial jurisdiction in Russia, 2011, S. 297 – 315.
[80] Siehe Kapitel 5 Einzelne Strafanwendungsprinzipien (*Schutzprinzip, Russland*), S. 159 ff.

sein, wenn das Verhalten (hier der Zugang zu den internen Computerdaten) in Russland durch das nationale Strafrecht unmittelbar (Schutzprinzip) oder infolge internationale Abkommen (Universalitätsprinzip) kriminalisiert worden wäre. Somit wäre die Anwendung russischen Strafrechts aufgrund des Schutzprinzips bzw. Universalitätsprinzips zu rechtfertigen, wenn das Verhalten nach nationalem Recht (unmittelbar oder infolge internationale Abkommen) unter Strafe stehen würde. Jedoch ist der bloße Zugang zu Computerdaten nach russischem Recht *straflos*.[81]

Die Legitimierung durch das *Territorialitätsprinzip* ist im vorliegenden Fall aufgrund des Handlungsortskonzepts im russischen Strafrecht abzulehnen: Die Tat wurde in Deutschland (Berlin) begangen. Für die Bejahung des *Staatsangehörigkeitsgrundsatzes* ist es erforderlich, dass der Täter ein Staatsangehöriger Russlands oder ein Staatenloser mit permanenten Wohnsitz in Russland ist (Art. 12 Abs. 1 UKRF).[82] Es ist hier nicht der Fall: der Hacker ist ein deutscher Staatsangehöriger. Daher ist die Legitimierung der Zuständigkeit von Russland mit **keinem** von den Strafanwendungsprinzipien möglich.

6.5.1.3 USA

Die Anwendung des föderalen amerikanischen Strafrechts ist vorliegend aus denselben Gründen wie im Fall „*Berliner Unternehmen*" (Konstellation a)[83] **zu verneinen**. Der bloße vorsätzliche unbefugte Zugang ist gemäß 18 U.S.C. § 1030 (a) (3) nur bei nichtöffentlichen Computer einer US-Behörde strafbar.[84]

6.5.1.4 Zwischenergebnis

Im vorliegenden Fall (*Konstellation a*) entsteht kein positiver Kompetenzkonflikt. Hier ist eine *deutsche* Zuständigkeit zu bejahen. Die Anwendung sowohl des russischen als auch föderalen US-amerikanischen Strafrechts aufgrund des Fehlens der Kriminalisierung des entsprechenden Verhaltens auszuschließen.

---

[81] Siehe Kapitel 6 Falllösung (*Fall „Moskauer Unternehmen", Materielles Recht, Russland, Konstellation a*), S. 219 ff.
[82] Kapitel 5 Einzelne Strafanwendungsprinzipien (*Vergleichungstabelle*), S. 133 ff.
[83] Siehe Kapitel 6 Falllösung (*Fall „Berliner Unternehmen", Strafanwendungsrecht, USA, Konstellation a*), S. 202 ff.
[84] Siehe Kapitel 6 Falllösung (*Fall „Berliner Unternehmen", Materielles Recht, USA, Konstellation a*), S. 206 ff.

6.5.2 Materielles Recht (Konstellation a)

6.5.2.1 Deutschland

Die Strafbarkeit des deutschen Hackers ergibt sich aus denselben Erwägungen wie die Strafbarkeit des russischen Hackers im Fall „*Berliner Unternehmen*" (Konstellation a).[85] Folglich hat er sich vorliegend gemäß § 202 a StGB strafbar gemacht.

6.5.2.2 Russland

Wie schon beim Fall „*Berliner Unternehmen*" (Konstellation a)[86] erläutert wurde, ist der bloße Zugang zu Computerdaten nach russischem Recht im Gegensatz zum deutschen nicht strafbar.

Dies bedeutet einerseits, dass im vorliegenden Fall die Anwendung russischen Strafrechts nicht mit dem *Schutzprinzip* legitimiert werden kann, da es an einer dafür notwendigen Kriminalisierung des fraglichen Verhaltens durch das nationale Recht fehlt.

Die Anwendung russischen Strafrechts könnte andererseits aber durch das *Universalitätsprinzip* begründet sein. Dafür wäre erforderlich, dass ein die Russische Föderation bindendes internationales Abkommen eine Pflicht zur Kriminalisierung eines entsprechenden Verhaltens beinhaltet. Zwar sieht Art. 2 der Cybercrime-Konvention die Unterstrafestellung des rechtswidrigen Zugangs zu einem Computersystem als Tätigkeitsdelikt vor. Russland ist jedoch, wie bereits festgestellt, nicht Vertragspartei. Doch selbst wenn dies der Fall wäre, so müsste die internationale Norm zunächst ins nationale Strafrecht implementiert werden (Art. 15 der Verfassung, Art. 15 des Föderalen Gesetzes „Über Internationale Verträge"), denn Russland folgt völkerrechtlich grundsätzlich einem *dualistischen Konzept*.[87] Daher kann auch das Universalitätsprinzip nicht als Anknüpfungspunkt zur Anwendung des russischen Rechts herangezogen werden.

Demzufolge kann der deutsche Hacker nach geltendem russischem Strafrecht wegen des bloßen Zugangs zu Computerdaten nicht bestraft werden.

---

[85] Siehe Kapitel 6 Falllösung (*Fall „Berliner Unternehmen", Materielles Recht, Deutschland, Konstellation a*), S. 203 ff.
[86] Siehe Kapitel 6 Falllösung (*Fall „Berliner Unternehmen"*), S. 199 ff.
[87] Siehe Kapitel 3 Strafanwendungsrecht (*Extraterritoriale Anwendung nationalen Strafrechts*), S. 51 ff.

6.5.2.3 USA

Die Strafbarkeit des deutschen Hackers gemäß *18 U.S.C. § 1030 (a) (3)* scheidet aus, da es sich bei dem russischen Computer nicht um einen „nichtöffentlichen Computer" im Sinne dieser Vorschrift handelt, d.h. um einen Computer eines Ministeriums oder einer Behörde der Vereinigten Staaten.[88]

6.5.2.4 Zwischenergebnis

Folglich macht sich deutscher Hacker hier wegen des bloßen Zugangs zu internen Daten nur nach deutschem Recht strafbar (*§ 202a StGB*).

6.5.3 Strafanwendungsrecht (Konstellation b)

6.5.3.1 Deutschland

Hier liegt der Handlungsort aufgrund des Tätigwerdens des Täters innerhalb Deutschlands im Inland. Daher ist die Anwendung des deutschen Strafrechts, wie bei *Konstellation a*, durch das **Territorialitätsprinzip** legitimiert.

6.5.3.2 Russland

Die Anwendbarkeit russischen Strafrechts beruht in diesem Fall auf den schon bei *Konstellation a* genannten Gründen auf dem **Schutzprinzip** (Art. 12 Abs. 3 UKRF). Hier liegt – im Gegensatz zur *Konstellation a* – die Voraussetzung für die Bejahung des Schutzprinzips vor: Strafbarkeit des Verhaltens vom deutschen Hacker (unberechtigter Zugang zu Computerdaten mit der Folge der Datenveränderung), Art. 272 Abs. 1 UKRF.

6.5.3.3 USA

Die Anwendung föderalen amerikanischen Strafrechts könnte in *Konstellation b* auf Grund des Territorialitätsprinzips gerechtfertigt sein. Dafür ist notwendig, dass der deutsche Hacker sich gemäß *18 U.S.C. § 1030 (a) (5) (C)* wegen des vorsätzlichen unbefugten Zugangs zu einem „geschützten Computer" strafbar gemacht hat (hier: der angegriffene russische Rechner), und dadurch ein Schaden

---

[88] Siehe Kapitel 6 Falllösung (*Fall „Berliner Unternehmen", Materielles Recht, USA, Konstellation a*), S. 206 ff.

bewirkt wurde. Jedoch handelt es hier um keine "geschützten Computer".[89] Daher ist die Anwendung des deliktspezifisch definierten föderalen amerikanischen Strafrechts **abzulehnen**.

6.5.3.4 Zwischenergebnis

Bei der *Konstellation b* kommt sowohl das *deutsche* als auch das *russische* Strafrecht zur Anwendung. Auf der Strafanwendungsebene bestehen nach den in Frage kommenden Rechtsordnungen Legitimierungspunkte: das Territorialprinzip nach deutschem Recht und der Schutzgrundsatz nach russischem Recht.

Die Anwendung des US-amerikanischen Rechts ist auf der Ebene des materiellen Rechts – aufgrund des Fehlens entsprechenden Straftatbestandsmerkmales – abzulehnen.[90]

6.5.3.5 Kompetenzkonflikt

Folglich kommt es bei der *Konstellation b* zu einem positiven Zuständigkeitskonflikt zwischen *deutschem* und *russischem* Recht.

Die Anwendung des *US-amerikanischen* Rechts ist zwar auszuschießen. Jedoch würde die Weite des zuständigkeitsbegründenden Tatbestandsmerkmals „geschützter Computer" es dem Wortlaut noch erlauben, alle in den USA befindlichen und zur Abwicklung von Internet-Kommunikationsvorgängen in aller Regel genutzten Computer zu erfassen, amerikanische Zuständigkeit wäre dann aber aufgrund dieses rein formalen Anknüpfungspunkts bei Internetdelikten letztlich immer gegeben. Eine teleologische Auslegung muss deshalb zu einem zusätzlichen Kriterium gelangen: Es bedarf auch eine Beeinträchtigung amerikanischer Belange. Eine solche inhaltliche Verknüpfung fehlt hier. Deshalb entfällt letztlich eine Zuständigkeit der US-Gerichte.

Potenziell anwendbar bleiben demnach sowohl die deutsche als auch die russische Rechtsordnung. Nach den *geltenden Regelungen* bleibt dieser Kompetenzkonflikt nicht gelöst.

Die *vorgeschlagene* Methode für die Lösung des vorliegenden positiven Zuständigkeitskonflikts zwischen dem *deutschen* und dem *russischen* Strafrecht beruht auf einer Abwägung der jeweils durch die Tat betroffenen und durch den

---

[89] Siehe Kapitel 6 Falllösung (*Fall „Berliner Unternehmen", Strafanwendungsrecht, USA, Konstellation b/c*), S. 209 ff. und Kapitel 6 Falllösung (*Materielles Strafrecht, USA, Konstellation b/c*), S. 214 ff.
[90] Siehe Kapitel 6 Falllösung (*Fall „Moskauer Unternehmen", Materielles Recht, USA, Konstellation b*), S. 223.

Staat geschützten Rechtsgüter.[91] Die Lösung kann als eine Forderung an zukünftige internationale Verfahren (Vereinbarungen) gesehen werden.

In diesem Fall fehlen *faktische* und *juristische Sonderbezugspunkte* (die als erstes zu prüfen sind) zu den in Frage kommenden Staaten, also die Punkte, welche einen besonders engen Bezug (durch Tatsachen bzw. durch strafrechtliche Normen) zwischen Tat und Rechtsordnung begründen. Hier ist – wie im Fall „*Berliner Unternehmen*" (Konstellation b und c) – die erhebliche Störung einer Computerdatenverarbeitung im vergleichbaren Maße sowie nach dem deutschen als auch nach dem russischen Recht kriminalisiert. Das betroffene Rechtsgut ist folglich unter keiner von den vorliegenden Rechtsordnungen besonders geschützt.

Jedoch bilden im vorliegenden Fall der auf russischem Territorium *eingetretene Schaden* und das *ausdrückliche Ziel des Täters* (ein russisches Unternehmen) einen *objektiven inhaltlichen Bezug* zu Russland.

Obwohl die Anwendung des deutschen Strafrechts durch die höherrangige[92] Variante des Territorialitätsprinzips (nämlich den Handlungsort) begründbar ist, scheint die Annahme der russischen extraterritorialen Zuständigkeit (Schutzprinzip) eher überzeugend. Denn während die Anwendung deutschen Rechts aus rein technischen Gründen begründet wäre (Standort des Computers des Hackers), verursacht die Tat schädliche Folgen bei einem Unternehmen in Russland, worin der eigentliche Unwert der Tat (Rechtsgutsbeeinträchtigung) zu sehen ist.

Daher ist hier ist dem **russischen** Recht Vorrang einzuräumen.

6.5.4 Materielles Recht (Konstellation b)

6.5.4.1 Deutschland

In diesem Fall hat der deutsche Hacker dieselbe Straftat wie der russische Hacker im Fall „*Berliner Unternehmen*" (Konstellation b)[93] begangen. Demnach gründet sich die Strafbarkeit des deutschen Hackers auf *§ 303 b Abs. 2 StGB (Computersabotage)*.

---

[91] Siehe Kapitel 3 Strafanwendungsrecht (*Lösungsschema*), S. 64 ff.
[92] Siehe Kapitel 3 Strafanwendungsrecht (*Hierarchisierung der Anknüpfungspunkte*), S. 69 ff.
[93] Siehe Kapitel 6 Falllösung (*Fall „Berliner Unternehmen", Konstellation b/c*), S. 207.

6.5.4.2 Russland

Nach dem russischen Strafrecht hat sich der deutsche Hacker genauso wie der russische Hacker im Fall „*Berliner Unternehmen*" (Konstellation b) gemäß *Art. 272 Abs. 1 UKRF (Unberechtigter Zugang zu Computerdaten mit der Folge der Datenveränderung)* strafbar gemacht.

6.5.4.3 USA

Eine Strafbarkeit des deutschen Hackers nach *18 U.S.C. § 1030 (a) (5) (C)* wegen des vorsätzlichen unbefugten Zugangs zu einem geschützten Computer und einer daraus resultierenden Schädigung entfällt hier aus denselben Erwägungen wie im Fall „*Berliner Unternehmen*" (Konstellation b/c).[94] Die mögliche Subsumierung der hier in Frage kommenden, außerhalb der USA (und zwar in Russland) befindlichen Computer, unter "geschützter Computer" ist jedoch abzulehnen, da nicht ersichtlich ist, dass dieser *Einfluss auf „internationale Kommunikation der Vereinigten Staaten"* haben könnte.

6.5.4.4 Zwischenergebnis

Folglich hat sich der deutsche Hacker nach deutschem Recht gemäß *§ 303 b Abs. 1 Nr.1, Abs. 2 StGB* sowie nach russischem gemäß *Art. 272 Abs. 1 UKRF* strafbar gemacht.

6.5.5 Ergebnis nach dem geltenden Recht

Bei **Konstellation a** wäre nach deutschem Strafanwendungsrecht auf der Grundlage des Territorialprinzips die Anwendung nationalen Strafrechts zu bejahen. Nach dem deutschen Recht sind beide Voraussetzungen einer legitimen Strafanwendung gegeben: einerseits besteht ein strafanwendungsrechtlicher Anknüpfungspunkt (Territorialprinzip), andererseits ist ein einschlägiger Straftatbestand (Zugangsdelikt) zu bejahen.

Die Anwendung russischen sowie amerikanischen Strafrechts ist dagegen wegen des Fehlens eines einschlägigen Straftatbestandes abzulehnen. Daher kommt hier nur **deutsches** Strafrecht zur Anwendung. Der positive Kompetenzkonflikt liegt hier nicht vor.

---

[94] Siehe Kapitel 6 Falllösung (*Fall „Berliner Unternehmen", Strafanwendungsrecht, USA, Konstellation b/c*), S. 209 ff. und Kapitel 6 Falllösung (*Fall „Berliner Unternehmen", Materielles Strafrecht, USA, Konstellation b/c*), S. 214 ff.

In **Konstellation b** kommt die Anwendung sowohl **russischen** als auch **deutschen** Strafrechts in Frage. Der dadurch entstehende positive Zuständigkeitskonflikt bleibt nach den geltenden Regelungen ungelöst.

6.5.6 Ergebnis nach der vorgeschlagenen Methode der Kompetenzkonfliktlösung

Ein positiver Kompetenzkonflikt entsteht im vorliegenden Fall nur bei den **Konstellationen b**.

Bei der Lösung dieses Zuständigkeitskonflikts ist für die vorrangige Zuständigkeit **Russlands** – wo der eigentliche Unwert der Tat (Rechtsgutsbeeinträchtigung) zu sehen ist – zu plädieren.

6.6 Fall: Computervirus „Loveletter"

Ein Philippinischer Staatsangehöriger (P) entwickelte das Virus „Loveletter" und verbreitete es von den Philippinen aus im Internet. Weltweit waren mehrere Computer (von Privatpersonen und Unternehmen) betroffen, unter anderem auch in Russland, Deutschland und in den USA.

a) P schickte virenverseuchte E-Mails weltweit an unbekannte Internet-Nutzer.

b) P platzierte das Virus in ein Softwareprogramm, das frei zugänglich und zum kostenlosen Herunterladen auf einer Website mit amerikanischer TLD[95] angeboten wurde. Das Herunterladen des Programms führte zur Virenverseuchung des Computers.[96]

6.6.1 Allgemein

Im Fall „*Loveletter*" wurden Computer u.a. auch in Deutschland, Russland und in den USA beschädigt. Dabei stellt sich die Frage des anwendbaren Rechts bei der Virenverbreitung und die Frage der Strafbarkeit nach dem jeweiligen natio-

---

[95] Top-Level-Domain, z.B. „at" für Österrreich, „ru" für Russland, „de" für Deutschland; thematisch: „edu", „net", „com".
[96] Love Bug infects computers worldwide: http://www.highbeam.com/doc/1P1-26415167.html; *Goodman/ Brenner*, Criminal Conduct in Cyberspace, 2002.

nalen Recht. Bei der Lösung des Falles sind gewisse Parallelen zur Anwendung von Inhaltsverbreitungsdelikten im Internet erkennbar.

Computerviren verbreiten sich in aller Regel über einen Programmaustausch mittels Datenträger, über Mailboxen und hauptsächlich über das Internet.[97] So werden meist kostenlos Programme und Dateien auf Websites zum Herunterladen angeboten (sog. Free- oder Shareware), in denen sich Viren befinden („Pull- Technologie").[98] Häufig werden allerdings die Computerviren als Teil von Nachrichten (als Hyperlink ins WWW oder Anhang) etwa per E-Mail oder über soziale Netzwerke auch mittels „Kettenbrieftechnik" versendet („Push-Technologien"). Dabei werden die Viren (wie auch verbotene Inhalte) durch das Kopieren neuer E-Mail-Adressen vervielfältigt und dadurch mit rasanter Geschwindigkeit verbreitet.[99]

Hier erscheint fraglich, ob man allein aufgrund rein technischer Kriterien die Zuständigkeit eines Staates begründen kann. Denn derartige Anknüpfungspunkte (wie etwa die TLD einer Internetadresse) mögen zwar im Einzelfall auf eine landesspezifische Übermittlung des Virus hinweisen, schließen aber in aller Regel einen weltweiten Schädigungseffekt nicht aus.

6.6.2 Strafanwendungsrecht (Konstellation a)

6.6.2.1 Deutschland

Die Anwendung des deutschen Strafrechts könnte aufgrund des *Territorialitätsprinzips* legitimierbar sein. Nach dem im deutschen StGB festgelegten Ubiquitätsprinzip genügt es zur Legitimierung über den Territorialgrundsatz, entweder den Handlungs- oder den Erfolgsort zu bejahen.

Im vorliegenden Fall wurden unter anderem in Deutschland befindliche Computer mit dem Virus „Loveletter" infiziert. Dadurch entstand ein Schaden sowohl für Privatpersonen als auch für Unternehmen. Das Verhalten ist nach deutschem Recht strafbar.[100] Ein inländischer Erfolgsort ist daher nach § 3 i.V.m. § 9 StGB zu bejahen, so dass deutsches Strafrecht auf Grundlage des Territorial-

---

[97] *Hofer*, Jur-PC, 1991, S. 1367; *Von Gravenreuth*, Computerviren, 1997, S. 17 ff.; *Brauch*, E-Mail, aber sicher, c't 2000, S. 120 ff.
[98] *Vetter*, Gesetzeslücken bei der Internetkriminalität, 2002, S. 81 ff.; *Hofer*, Jur-PC, 1991, S. 1369 f.; *Von Gravenreuth*, Computerviren, 1997, S. 17 ff.
[99] Siehe etwa: Bureau of Justice Statistics U.S. Department of Justice's (BJS). Cybercrime: http://www.bjs.gov/index.cfm?ty=tp&tid=41.
[100] Siehe Kapitel 6 Falllösung (*Fall „Loveletter"*, Materielles Recht, Deutschland, Konstellation a), S. 231 ff.

prinzips Anwendung findet. Somit ist die Legitimierung der Anwendung des deutschen Strafrechts durch extraterritoriale Strafanwendungsprinzipien (Schutz-, Personalitäts-, Universalitätsprinzip) ausgeschlossen. Jedoch stellt sich hier das Problem einer möglichen Einschränkung der nationalen Strafanwendungsansprüche. Denn gerade im Falle einer Virenverbreitung könnte (wie dies auch bei Äußerungsdelikten zu beobachten ist) aufgrund des Erfolgseintritts in mehreren Staaten eine Zuständigkeit zahlreicher Rechtsordnungen in Betracht kommen.

In unserem Fall wurden E-Mails („Push-Technologien") an in Deutschland befindliche Computer gesendet, worin grundsätzlich eine gezielte Übermittlung zu sehen ist. Allerdings wurden E-Mails nicht nur zu Mailboxen auf Websites mit der TLD „de" geschickt, sondern auch auf diverse weitere Mailboxen weltweit. Daher war objektiv betrachtet Deutschland nicht (einziges) Ziel des Täters. Jedoch kann gerade im Fall von Deutschland das Ausmaß des Schadens in Anbetracht der enormen Geschwindigkeit der Computervirenverbreitung besonders groß sein, da hier national betrachtet die Bedeutung des Internets (79,1% Internetnutzer) sogar größer ist als in den USA (77,4% Internetnutzer), s. *Abbildung 5*.

Auch wenn es vorliegend Anhaltspunkte dafür gäbe, dass Deutschland das Zielland der E-Mails war, wenn beispielsweise virenverseuchte E-Mails gezielt nach Deutschland gesendet wurden und der Täter also nur Mailboxen auf Websites mit der TLD „de" aussuchte, bliebe die Virusverbreitung nicht auf Deutschland beschränkt. Denn erstens würden die E-Mails auch durch solche ausländische Empfänger wahrgenommen, die ihre Mailboxen auf einer Website mit der TLD „de" haben. Zweitens besteht die Eigenschaft der Viren darin, dass sie sich nach dem Aktivieren verbreiten. Das Virus kann sich selbst kopieren und sich selbst an alle gespeicherten E-Mail-Adressen des ursprünglichen Virusempfängers senden. Daher kann es sich potenziell weltweit verbreiten, unabhängig vom ursprünglichen „Empfänger-Staat".

Bei unserem ursprünglichen Fall ist nicht zu bestreiten, dass ein Erfolgsort in Deutschland liegt und dadurch die Anwendbarkeit deutschen Strafrechts nach dem **Territorialprinzip** begründet ist. Obwohl deutsche Rechner nicht das ursprüngliche und einzige Ziel des Täters waren und sonst im Hinblick auf Deutschland keine besonderen Anknüpfungspunkte des Virus ersichtlich sind, muss das größere Ausmaß des zu erwartenden verursachten Schadens in Deutschland im Vergleich zu den anderen Staaten eine einschlägige Rolle für die Bejahung der deutschen Zuständigkeit einnehmen.

6.6.2.2 Russland

Der *Territorialgrundsatz* ist vorliegend nicht einschlägig, da sich dieser nach russischem Recht nach dem Handlungsortsprinzip bestimmt.[101] Die Anwendbarkeit russischen Strafrechts könnte aber auf dem *Schutzprinzip* (welches den passiven Personalgrundsatz nach deutschem Verständnis einschließt) beruhen.[102] Hier wurden auch in Russland befindliche Rechner betroffen. Es hat ein Ausländer (Philippiner) außerhalb des Territoriums Russlands gehandelt und ein strafrechtliches Delikt gegen Interessen der in Russland durch den Virus betroffenen Personen begangen. Dadurch hat sich P nach russischem Recht strafbar gemacht.[103] Es ist doch unklar, ob gerade russische Rechner das Ziel des Virusangriffs waren. Ebenso wie bei den deutschen Computern sind hier keine besonderen Anknüpfungspunkte an die russische Rechtsordnung, wie etwa ein gezielter Angriff auf Mailboxen mit der TLD „ru", ersichtlich. Für die Bejahung des **Schutzprinzips** reicht es dennoch aus. Die Voraussetzungen des Art. 12 UKRF sind erfüllt.

Das *Staatsangehörigkeitsprinzip* ist abzulehnen (Art. 12 Abs. 1 UKRF) aufgrund dessen, dass P ein Ausländer ist. Die von P begangene Tat steht nach dem russischen Recht zwar unter Strafe, jedoch nicht infolge der internationalen Abkommen. Somit wird die Legitimierung durch das *Universalitätsprinzip* (Art. 12 Abs. 3 UKRF) ausgeschlossen.

6.6.2.3 USA

Die Anwendung US-amerikanischen Bundesrechts könnte im vorliegenden Fall durch den *Territorialitätsgrundsatz* (Auswirkungsgrundsatz) deliktspezifisch begründet werden.

Nach 18 U.S.C. § 1030 (5) (A) (i)) ist die wissentliche Übermittlung eines Programms, einer Information, eines Codes oder eines Befehls dann strafbar, wenn dadurch „geschützte Computer" geschädigt werden. Davon erfasst wird auch die Verbreitung von Viren.

Für das Strafanwendungsrecht ist also der Begriff des *„geschützten Computers"* ausschlaggebend. Nach 18 U.S.C. § 1030 (e) (2) ist unter „protected computer" jeder Rechner zu subsumieren, „der für zwischenstaatlichen oder interna-

---

[101] *Paramonova*, Extraterritorial jurisdiction in Russia, 2011 S. 297–315.
[102] Siehe Kapitel 5 Einzelne Strafanwendungsprinzipien (*Schutzprinzip, Russland*), S. 159 ff.
[103] Siehe Kapitel 6 Falllösung (*Fall „Loveletter", Materielles Recht, Russland, Konstellation a*), S. 232 ff.

tionalen Handel oder derartige Kommunikation genutzt wird, einschließlich eines außerhalb der Vereinigten Staaten befindlichen Computers, der in solcher Weise genutzt wird, dass dabei zwischenstaatlicher oder internationaler Handel oder derartige Kommunikation der Vereinigten Staaten beeinflusst werden" (§ 1030 (e) (2) (B).[104]

In unserem Fall handelt es sich um einen im Ausland (Philippinen) befindlichen Rechner, der, da er an das Internet angeschlossen war und (virenverseuchte) E-Mails u.a. in die USA verbreitete, die *internationale Kommunikation der Vereinigten Staaten* beeinflusste. Es erscheint mithin möglich, bereits den Computer des Virusurhebers als einen „geschützten Computer" i.S.d. 18 U.S.C. § 1030 (e) (2) (B) anzusehen. Ungeachtet dessen ist dieses Tatbestandsmerkmal jedenfalls hinsichtlich der geschädigten Computer US-amerikanischer Unternehmen zu bejahen, da diese in der Regel auch zum Zweck des Außenhandels („foreign commerce") genutzt werden.

Es ist festzustellen, dass der durch Virusverbreitung verursachte Schaden bei „geschützten Computern" eingetreten ist und daher auf Grund des in 18 U.S.C. § 1030 (e) (2) (B) zum Ausdruck kommenden *Auswirkungssatzes* (als Teil des Territorialprinzips; „location of effect"[105] oder „effect nexus"[106]) auf die Tat US-amerikanisches Bundesrecht anwendbar ist.

Die schon bei der Lösung der früheren Fälle angesprochene Notwendigkeit der Suche nach Begrenzungskriterien ist auch hier bedeutsam, denn unter den Begriff „geschützter Computer" kann fast jeder Rechner der Welt subsumiert werden. Hinzu kommt, dass mit der durch den Patriot Act 2001 (Abschnitt 814) zu 18 U.S.C. § 1030(a)(5)(A)(i) vorgenommenen Änderungen eine Strafbarkeit nunmehr auch schon dann zu bejahen ist, wenn der Täter ein Computersystem nur in minimalen Umfang beschädigt (womit die Vorschrift quasi einem Tätigkeitsdelikt gleichkommt).[107] In diesem Fall ist eine Strafbarkeit des P nach dem föderalen US-amerikanischen zu bejahen.[108]

In Fall des Computervirus sind aber Auswirkungen auf amerikanische Internetnutzer durchaus erkennbar, so dass nach dem Strafanwendungskriterium (durch den **Territorialitätsgrundsatz**) eine Bestrafung in den USA in Betracht kommt.

---

[104] *CFAA* 1984, 18 U.S.C. § 1030 (e) (2) (B), 2001.
[105] *Brenner/Koops*, Approaches to Cybercrime Jurisdiction, 2004, S. 19.
[106] *Ray August*, International Cyber-Jurisdiction, ABLJ 2002, S. 537.
[107] Kommentare zum *CFAA* 1984 vom US Bundesjustizministerium.
[108] Siehe Kapitel 6 Falllösung (*Fall „Loveletter", Materielles Recht, USA, Konstellation a*), S. 233 ff.

Die Legitimierung durch das *Schutzprinzip* dagegen ist aufgrund des fehlenden Tatbestandsmerkmales: ‚Verstoß gegen die nationale Sicherheit der USA' im vorliegeneden Delikt auszuschließen. Ebenso kommt das *Universalitätsprinzip* wegen des fehlenden Zwecks des Delikts: ‚die gemeinsamen Interessen der Staaten zu schützen' nicht in Frage. Die Nationalität des Täters (Opfers) ist hier auch kein Kriterium der Eingrenzung der nationalen Zuständigkeit. Dadurch schließt sich das *Personalitätsprinzip* aus.[109]

6.6.2.4 Zwischenergebnis

Auf der Strafanwendungsebene sind bei allen drei untersuchten Rechtsordnungen legitimierende Anknüpfungspunkte für die Anwendung des nationalen Strafrechts erkennbar: Das *Territorialprinzip* nach dem **deutschen** Recht, der *Schutzgrundsatz* nach dem **russischen** Recht, und der Auswirkungsgrundsatz (als Bestandteil des *Territorialprinzips*) nach **US-amerikanischem** Bundesrecht.

6.6.2.5 Kompetenzkonflikt

Der Erfolgseintritt in allen drei untersuchten Staaten führt bei der *Konstellation a* zu einem positiven Zuständigkeitskonflikt zwischen dem deutschen, dem russischen und dem US-amerikanischen Strafrecht. Mithin stellt sich hier die Frage einer möglichen Einschränkung der nationalen Strafanwendungsansprüche. Eine Lösung dieses Konflikts im Wege einer Hierarchie der Strafanwendungsgrundsätze, wobei das Territorialitätsprinzip Vorrang genießen würde, führt nicht weiter.[110] Der Zuständigkeitskonflikt bleibt nach den *geltenden Regelungen* ungelöst.

Die *vorgeschlagene* Methode für die Lösung des vorliegenden positiven Zuständigkeitskonflikts beruht auf einer Abwägung der jeweils durch die Tat betroffenen und durch den Staat geschützten Rechtsgüter im Rahmen der in der Zukunft erforderlichen internationalen Verfahren (Vereinbarungen).[111]

Insoweit ist es erforderlich zu prüfen, ob faktische oder juristische Sonderbezugspunkte[112] zu einem der in Frage kommenden Staaten vorliegen. Wenn

---

[109] Siehe dazu Kapitel 5 Einzelne Strafanwendungsprinzipien (*Vergleichungstabelle*), S. 133 ff.
[110] Siehe Kapitel 3 Einzelne Strafanwendungsprinzipien (*Hierarchisierung der Anknüpfungspunkte*), S. 69.
[111] Siehe Kapitel 3 Strafanwendungsrecht (*Lösungsschema*), S. 64 ff.; Kapitel 3 Strafanwendungsrecht (*Internationaler Cybercrime Gerichtshof*), S. 61 ff.
[112] Siehe Kapitel 3 Strafanwendungsrecht (*Möglichkeiten der Begrenzung der strafrechtlichen Zuständigkeiten. Sonderbezugspunkte*), S. 70 ff.

dies nicht der Fall ist, dann müssen als nächstes die objektiven Bezugspunkte zu einem Land geprüft werden.

In diesem Fall fehlen sowohl *faktische* als auch *juristische Sonderbezugspunkte* zu den in Frage kommenden Staaten, also die Punkte, welche einen besonders engen Bezug (durch Tatsachen bzw. durch strafrechtliche Normen) zwischen Tat und Rechtsordnung begründen. Die Computervirenverbreitung im Internet ist von dem deutschen, dem russischen sowie von dem US-amerikanischen Recht im vergleichbaren Maße kriminalisiert, so, dass in keinem von den vorliegenden Staaten das betroffene Rechtsgut besonderes geschützt wäre.

Daher kommen hier die *objektiven Bezugspunkte* im Vordegrund, also die Tatsachen, die für den Sachverhalt relevant und erst durch den Sachverhalt entstanden sind. Im vorliegenden Fall kann die Zahl der von P gesendenten virenverseuchten E-Mails auf jeweiligen Server entsprechenden Landes sein und dadurch verursachter Schaden im jeweiligen Land entscheidende objektive Bezugspunkte sein.

Objektiv betrachtet waren weder Deutschland, Russland noch die USA das (jeweils einzige) Ziel des Täters. Im konkreten Fall ist also eine Zuständigkeitsbegründung aufgrund gezielter Übermittlung (E-Mailversand) auszuschließen. Gerade bei der Virenverbreitung ist letzterer Ansatz als Kriterium aussagelos, da sich die selbständige Weiterverbreitung des Virus kaum begrenzen lässt.

Deshalb sollte letztlich das **Ausmaß des in einem bestimmten Staat verursachten Schadens** die entscheidende Rolle für die Strafrechtsanwendung spielen. Dies gilt selbst dann, wenn ein Virus mittels E-Mail zunächst gezielt in einem bestimmten Staat (durch Push-Technologien) verbreitet wird.

In diesem Fall fehlen jedoch die nötigen Informationen über das Ausmaß des Schadens um Aussage bezüglich der konkreten Zuständigkeit von Deutschland, Russland oder den USA zu machen. Beispielsweise, wenn das Ausmaß des feststellbaren Schadens in Deutschland größer ist als in Russland oder in den USA, dann ist es für die *deutsche* Zuständigkeit und die Strafverfolgung in Deutschland zu plädieren.

6.6.3 Materielles Strafrecht (Konstellation a)

6.6.3.1 Deutschland

P könnte sich wegen *Datenveränderung* gemäß *§ 303a StGB*[113] strafbar gemacht haben.

Gemäß § 303a Abs. 1 StGB ist strafbar, wer rechtswidrig Daten (i.S.d. § 202a Abs. 2 StGB) löscht, unterdrückt, unbrauchbar macht oder verändert. Hingegen gibt es im deutschen Strafrecht keinen Tatbestand, der ausdrücklich die Verbreitung von Schadprogrammen pönalisiert. Strafbar sind also nur die Konsequenzen der Virusverbreitung, nicht aber das Handeln als solches.

Wird ein fremder Rechner oder eine fremde Datei mit einem Computervirus infiziert, kommt in erster Linie eine Strafbarkeit des Täters nach § 303a StGB wegen Datenveränderung in Betracht. Dabei sind für die Frage der Tatbestandsmäßigkeit die einem bestimmten Virusprogramm innewohnenden Eigenschaften – d.h. dessen Infektions- und Funktionsteil - zu berücksichtigen.[114] Ein vollendetes Delikt liegt in jedem Fall erst dann vor, wenn der Täter den Computervirus erfolgreich installiert bzw. aktiviert hat und hierbei tatsächlich Daten (i.S.d. § 202a Abs. 2 StGB) gelöscht, unterdrückt, unbrauchbar gemacht oder verändert worden sind. Im vorliegenden Fall wurden durch die Verbreitung des Virus mittels infizierter E-Mails die Computerdaten auf den betroffenen Rechnern verändert.

Hinsichtlich der *subjektiven Tatseite* des § 303a Abs. 1 StGB muss mindestens Eventualvorsatz gegeben sein, denn fahrlässiges Handeln ist nach dieser Norm nicht strafbar.

Hat P lediglich fahrlässig gehandelt, so scheidet eine Strafbarkeit nach deutschem Recht aus. In der Literatur wird wegen der Nichtkriminalisierung fahrlässigen Handelns bei §§ 303a und 303b StGB auf eine Strafbarkeitslücke hingewiesen, da sich in der Praxis das Problem der Nachweisbarkeit der inneren Tatseite stelle.[115] So bleibe es dem Täter möglich, zu behaupten, er habe nur aus Experimentierfreude gehandelt und dabei sei der Computervirus nur versehentlich in Umlauf gebracht worden.[116]

---

[113] Siehe Kapitel 4 Die Systematik der Delikte im Überblick, S. 77 ff.
[114] *Mühle*, Hacker und Computer-Viren im Internet, 1998, S. 98 ff.; *Hofer*, Jur-PC, 1991 S. 1370 ff.; *Tolksdorf*, LK 1997, § 303a, Rn. 33 ff.
[115] Siehe Kapitel 4 Die Systematik der Delikte im Überblick, S. 77 ff.
[116] *Vetter*, Gesetzeslücken bei der Internetkriminalität, 2002, S. 43 ff.; *Hofer*, Jur-PC, 1991, S. 1370 ff.

Allerdings ist in unserem Fall Fahrlässigkeit auszuschließen, denn die Benutzung einer „Push-Technologie" in der Form des Versendens infizierter E-Mails spricht für ein gezieltes Verbreiten des Virus. Es ist anzunehmen, dass P es ernstlich für möglich hielt und sich damit abfand, dass Computerdaten auch auf deutschen Rechnern beschädigt werden könnten. Der Ersteller des Virus muss P die Eigenschaften von Computerviren, sich unkontrolliert zu verbreiten, bekannt gewesen sein. Daher liegt hier zumindest Eventualvorsatz vor.

P könnte sich zudem gemäß *§ 303b StGB (Computersabotage)* strafbar gemacht haben, wenn er eine Datenverarbeitung die für andere von wesentlicher Bedeutung ist mit der Verbreitung des Virus erheblich gestört hat. Hierfür fehlen jedoch weitere Angaben.

Auch könnte eine Strafbarkeit nach *§ 202c Abs. 1 Nr. 2 StGB (Vorbereiten des Ausspähens und Abfangens von Daten)* in Betracht kommen. Dafür müsste ein Computerprogramm (hier der Computervirus) für den Zweck der Begehung des Ausspähens und Abfangens von Daten hergestellt, verschafft oder verbreitet worden sein. Dies kann dem vorgegebenen Sachverhalt nicht entnommen werden.

Demnach ist nun der Tatbestand des § 303a Abs. 1 StGB erfüllt. P hat sich nach deutschem Recht strafbar gemacht.

6.6.3.2 Russland

P könnte sich wegen der Erstellung, Verwendung und Verbreitung schadenträchtiger EDVA-Programme nach Art. 273 Abs. 1 UKRF strafbar gemacht haben.

Gemäß Art. 273 Abs. 1 UKRF ist die Erstellung von EDVA-Programmen oder die Veränderungen bestehender Programme, die offenkundig zum nicht berechtigten Löschen, Blockieren, Modifizieren oder Kopieren einer Information oder zur Störung der Funktion einer EDVA, eines EDVA-Systems oder eines EDVA-Netzwerks führen, sowie die Verwendung oder Verbreitung solcher Programme oder maschineller Träger mit solchen Programmen unter Strafe gestellt.

Art. 273 UKRF ist als formelles Delikt (Tätigkeitsdelikt) ausgestaltet: die Handlungen sind also auch ohne die Herbeiführung eines bestimmten Erfolgs strafbar. Allerdings ist die bloße Erstellung der Schadprogramme ohne ein damit verbundenes Anschlussverhalten, wie etwa einer Datenveränderung oder einer Verbreitung solcher Programme, kaum feststellbar.[117]

---

[117] *Vorob'jev/Dnischewskij*, Prestuplenija v sfere kompúternoi informatzii, 2000, S. 11 ff; *Zinina*, Prestuplenija v oblasti kompjuternoi informazii, 2007, S. 25.

In unserem Fall wurde das Computervirus (also ein Programm, das zur Veränderung der Computerdaten oder Störung der Funktion einer EDVA bestimmt ist) über das Internet (Übersendung der E-Mails) verbreitet.

Bezüglich der *subjektiven Seite* des Delikts ist zu beachten, dass nach Art. 24 UKRF grundsätzlich nur vorsätzliches Handeln strafbar ist. Erforderlich ist zumindest indirekter Vorsatz.[118] Im vorliegenden Fall sieht P die Möglichkeit des Eintritts gesellschaftsgefährlicher Folgen zumindest voraus, auch wenn ihm der Eintritt solcher Konsequenzen möglicherweise unerwünscht oder gleichgültig ist. Daher ist indirekter Vorsatz anzunehmen. Ob P gerade in Russland befindliche Rechner beschädigen wollte, ist unerheblich. Zumindest war er sich des Potenzials einer weltweiten Verbreitung des Virus bewusst, somit auch des Umstands, dass Computer in Russland betroffen werden könnten.

Daher macht sich P. nach Art. 273 Abs. 1 UKRF wegen der Erstellung und Verbreitung eines schadensträchtigen EDVA-Programmes strafbar.

Gemäß *Art. 273 Abs. 2 UKRF* könnte sich P auch wegen des fahrlässigen Herbeiführens schwerer Folgen strafbar gemacht haben.

Nach Art. 273 Abs. 2 UKRF wird bestraft, wer durch eine Tat nach Art. 273 Abs. 1 infolge von Fahrlässigkeit schwere Folgen herbeiführt. Kritisiert wird, wie oben schon erläutern wurde, dass nach Art. 273 Abs. 2 für die fahrlässige Herbeiführung schwerer Folgen eine höhere Sanktion angedroht ist, als für eine eventuell vorsätzliche Herbeiführung solcher Folgen im Rahmen des Grunddelikts (Art. 273 Abs. 1).[119]

Hat die Tat des P vorliegend schwere Folgen nach sich gezogen (was von einer Beurteilung durch das Gericht abhängt), so dürfte es unproblematisch sein, hinsichtlich des P hier zumindest Fahrlässigkeit zu bejahen (entweder Leichtsinnigkeit oder Nachlässigkeit, Art. 26 UKRF). Im Falle schwerer Folgen hat sich P somit auch nach Art. 273 Abs. 2 UKRF strafbar gemacht.

6.6.3.3 USA

P könnte sich wegen *Virenverbreitung* gemäß 18 U.S.C. § 1030(a)(5)(A) strafbar gemacht haben.

Die Verbreitung von Computerviren ist in 18 U.S.C. § 1030(a)(5)(A) erfasst. Danach macht sich strafbar, wer „wissentlich (knowingly) ein Programm,

---

[118] Siehe Kapitel 4 Die Systematik der Delikte im Überblick (*Die subjektive Seite des Abfangens von Daten*), S. 88 ff.
[119] Siehe Kapitel 4 Die Systematik der Delikte im Überblick (*Die subjektive Seite bei Datenveränderung und Computersabotage*), S. 110 ff.

Informationen, einen Code oder einen Befehl übermittelt, wenn als Ergebnis dieses Verhaltens ein geschützter Computer absichtlich (intentionally) und unberechtigterweise geschädigt wird".[120] Nach 18 U.S.C. § 1030 (e)(2) können unter „geschützte Computer" (protected computer) sowohl im Ausland als auch im Inland befindliche Computer fallen. Wie oben gesehen (Konstellation a), verursachte das Schadprogramm vorliegend eine Schädigung „geschützter Computer".[121]

Hinsichtlich der *subjektiven Tatseite* ist erforderlich, dass das Virus wissentlich (knowingly) übermittelt und die Schädigung vorsätzlich (intentionally) verursacht wurde. Zum Verständnis dieser Vorsatzelemente können die Regelungen des § 2.02 des Model Penal Code (MPC) herangezogen werden.[122]

Im Bezug auf sein Verhalten wissentlich (knowingly) handelt der Täter dann, wenn er sich der Tatumstände bewusst ist. Dies ist bei P hinsichtlich des Versendens der virusinfizierten E-Mails anzunehmen. Zusätzlich ist zu prüfen, ob der Schaden vorsätzlich (intentionally) verursacht wurde. Dies ist dann der Fall, wenn es gerade das Ziel des Täters ist, einen bestimmten Erfolg herbeizuführen. Eine solche Schädigungsabsicht muss hinsichtlich des P vorliegend angenommen werden. Dabei ist das Ausmaß des beabsichtigten Schadens seit den Änderungen der Vorschrift durch den Patriot Act 2001 irrelevant.[123] Nach der alten Fassung des 18 U.S.C. § 1030 (a) (5) war noch der Nachweis eines Mindestschadens in Höhe von 5000 US-Dollar oder eine anderweitige besonders schädlichen Konsequenz, wie etwa die Gesundheitsschädigung einer Person, erforderlich. Nunmehr genügt gemäß 18 U.S.C. § 1030 (e) (8) „jede Beeinträchtigung der Integrität oder Verfügbarkeit von Daten, eines Programms, eines Systems oder einer Information". Davon ist vorliegend auszugehen.

Eine Strafbarkeit des P nach 18 U.S.C. § 1030(a)(5)(A) ist mithin zu bejahen.

---

[120] *CFAA* 1984, 18 U.S.C. § 1030(a)(5)(A): „whoever knowingly causes the transmission of a program, information, code, or command, and as a result of such conduct, intentionally causes damage without authorization, to a protected computer".
[121] Siehe Kapitel 6 Falllösung (*Fall „Loveletter", Strafanwendungsrecht, USA, Konstellation a*), S. 227 ff.
[122] *MPC US* § 2.02. (General Requirements of Culpability).
[123] Kommentare zum *CFAA* 1984 vom US Bundesjustizministerium.

6.6.3.4 Zwischenergebnis

Nach allen drei Rechtsordnungen ist die Virenverbreitung strafbar.

Nach dem *deutschen* Recht kommen je nach den konkreten Konsequenzen der Virusverbreitung § 303a StGB (Datenveränderung), § 303b StGB (Computersabotage) oder § 202c Abs. 1 Nr. 2 StGB (Vorbereiten des Ausspähens und Abfangens von Daten) in Betracht.

P hat sich auch nach dem *russischen* Recht gemäß Art. 273 Abs. 1 oder Art. 273 Abs. 2 UKRF wegen der Erstellung und Verbreitung eines schadensträchtigen EDVA-Programmes strafbar gemacht.

Nach dem föderalen *US-amerikanischen* Recht ist eine Strafbarkeit wegen des Verbreitens schädigender Viren nach 18 U.S.C. § 1030(a)(5)(A) begründet.

6.6.4 Strafanwendungsrecht (Konstellation b)

6.6.4.1 Deutschland

Nach dem im deutschen Strafrecht geltenden Ubiquitätsprinzip könnte durch die Bejahung des *Erfolgsorts* vorliegend das *Territorialprinzip* einschlägig sein.

Zwar wurde das virenverseuchte Programm auf einer Website mit amerikanischer TLD zum Herunterladen angeboten, doch wurden durch den Virus auch Computer in Deutschland geschädigt. Dadurch hat sich P nach deutschem Recht strafbar gemacht.[124]

Hinsichtlich der Frage einer Beschränkung der nationalen Zuständigkeit könnte noch von Bedeutung sein, dass das Virus durch *„Pull-Technologien"* verbreitet wurde. Dies bedeutet, dass das Programm für jedermann frei verfügbar war und jeder geschädigte Internetnutzer das Programm selbst abgerufen und heruntergeladen hatte.

Somit handelte der Täter nicht gezielt gegen einen bestimmten Staat. Gleichwohl bleibt es beim deutschen Strafanwendungsrecht, weil einzelne Computerbenutzer das Programm gerade in Deutschland heruntergeladen haben und weil dann der Schaden in Deutschland eingetreten ist.

Durch die Legitimierung der Anwendung des deutschen Strafrechts aufgrund des **Territorialitätsprinzips** (dadurch erfolgt die Anerkennung der Tat von P als Inlandstat) sind hier die extraterritorialen Strafanwendungsprinzipien auszuschließen (§§ 5-7 StGB).

---

[124] Siehe Kapitel 6 Falllösung (*Fall „Loveletter", Materielles Recht, Deutschland, Konstellation b*), S. 238.

6.6.4.2 Russland

Die Anwendung russischen Strafrechts basiert hier (wie bei der Konstellation a)[125] auf dem **Schutzprinzip** (Art. 12 Abs. 3 UKRF). Dafür ist es unter anderem erforderlich, dass die von P begangene Tat nach russischem Recht strafbar ist. Es ist im vorliegenden Fall zu bejahen.[126] Durch einen im Ausland handelnden Ausländer (Philippiner) wurden inländische Rechtsgüter verletzt. Die Funktion von in Russland befindlichen Computersystemen wurde durch das Herunterladen des virenverseuchten Programms beeinträchtigt.

Die weiteren Legitimierungsgrundsätze sind aus den bei der Konstellation a genannten Gründen nicht anzuwenden.

6.6.4.3 USA

Die Anwendung des amerikanischen Strafrechts könnte hier (wie bei Konstellation a) durch das *Territorialprinzip (Auswirkungsgrundsatz)* begründbar sein. Um das zu bejahen, muss das Verhalten nach dem föderalen US-amerikanischen strafbar sein. Hier ist diese Voraussetzung erfüllt.[127]

Nach 18 U.S.C. § 1030 (5) (A) (i) ist die Virusverbreitung strafbar, wenn der Schaden bei einem geschützten Computer eintritt. Bei diesem Tatbestand spielt es keine Rolle, ob die Schädigung durch „Push-Technologien" oder „Pull-Technologien" bewirkt wird. Auch wird nicht auf den Handlungsort abgestellt, sondern auf die Auswirkung des Handelns auf einen durch 18 U.S.C. § 1030 (e) (2) als solchen definierten „geschützten Computer".

Die im vorliegenden Fall geschädigten Computer können unter den Begriff „protected computer" subsumiert werden, da sie (wie bereits bei Konstellation a beschrieben) den internationalen Handel sowie die internationale Kommunikation der Vereinigten Staaten zu beeinträchtigen vermögen (18 U.S.C. § 1030 (e) (2)).

Somit ist amerikanisches Strafrecht auf Grund des **Territorialprinzips** (Auswirkungssatzes) anwendbar.

---

[125] Siehe Kapitel 6 Falllösung (*Fall „Loveletter"*, Strafanwendungsrecht, Russland, Konstellation a), S. 227.
[126] Siehe Kapitel 6 Falllösung (*Fall „Loveletter"*, Materielles Recht, Russland, Konstellation b), S. 239.
[127] Siehe Kapitel 6 Falllösung (*Fall „Loveletter"*, Materielles Recht, USA, Konstellation b), S. 239.

Die Anwendung des US-amerikanischen Strafrechts aufgrund der weiteren Legitimierungsgrundsätze ist hier aus den bei der Konstellation a[128] schon genannten Gründen nicht anzuwenden.

6.6.4.4 Zwischenergebnis

Daher bestehen legitime Anknüpfungspunkte sowohl für die Anwendung des **deutschen**, des **russischen** sowie des **US-amerikanischen** Bundesrechts.

6.6.4.5 Kompetenzkonflikt

Bei der *Konstellation b* entsteht der positive Zuständigkeitskonflikt zwischen dem deutschen, dem russischen und dem US-amerikanischen Strafrecht. Jedoch bleibt er nach den *geltenden Regelungen* ungelöst.

Die Lösung des Kompetenzkonflikts bei der *Konstellation b* ruht auf der *vorgeschlagenen* Methode der Abwägung der jeweils durch die Tat betroffenen und durch den Staat geschützten Rechtsgüter im Rahmen des (in der Zukunft notwendigen) internationalen Verfahrens. Zuerst ist zu prüfen, ob *faktische* oder *juristische* Sonderbezugspunkte, welche einen besonders engen Bezug zwischen Tat und Rechtsordnung begründen schaffen, vorliegen. Hier fehlen sie aufgrund der Kriminalisierung der Computervirenverbreitung im vergleichbaren Maße unter allen drei Rechtsordnungen und dadurch der ähnlichen Einstufung der Gefährlichkeit dieser Tat. Daher kommen hier die *objektiven Bezugspunkte* im Vordergrund.

In Anbetracht des zwischen den drei untersuchten Rechtsordnungen vorliegend bestehenden positiven Zuständigkeitskonflikts und des Analysierens der in Frage kommenden objektiven Bezugspunkte, muss darauf hingewiesen werden, dass das Schadprogramm auf einer amerikanischen Website platziert war. Ein derartiger Anknüpfungspunkt besteht weder hinsichtlich Deutschlands noch Russlands, weshalb amerikanisches Strafrecht Vorrang haben könnte.

Allerdings kann dieses Kriterium vorliegend nicht entscheidend sein. Denn die weltweite Abrufbarkeit schädlicher Programme aus dem Internet kann unabhängig vom Ursprungsort weltweit zu großen Schäden führen. Außerdem spricht die Wahl gerade einer amerikanischen Website eher für das Streben nach einer möglichst internationalen Verbreitung, da diese meist weltweit abrufbar und

---

[128] Siehe Kapitel 6 Falllösung (*Fall „Loveletter"*, Strafanwendungsrecht, USA, Konstellation a), S. 227.

zudem einen seriösen Eindruck erwecken, denn TLD .com war zunächst Unternehmen vorbehalten.

Daher ist ein Abstellen auf rein technische Kriterien zu vermeiden, sondern vielmehr (wie in der Konstellation a) nach *Ausmaß* und *Ort der tatsächlichen Schäden* zu fragen (*objektiver Bezugspunkt*). In diesem Fall fehlen jedoch die Informationen über das Ausmaß des Schadens um die Zuständigkeit entweder Deutschlands, Russland oder von den USA anzuerkennen. Auf solche Weise, wenn das Ausmaß des feststellbaren Schadens in Deutschland größer ist als in anderen zwei Ländern, dann ist es für die *deutsche* Zuständigkeit und die Strafverfolgung in Deutschland zu plädieren.

6.6.5 Materielles Recht (Konstellation b)

6.6.5.1 Deutschland

P könnte sich nach dem deutschen Strafrecht gemäß § 303a Abs. 1 StGB (Datenveränderung), gemäß § 303b StGB (Computersabotage) oder gemäß § 202c Abs. 2 StGB (Vorbereiten des Ausspähens und Abfangens von Daten) wie bei Konstellation a strafbar gemacht haben.

Keine dieser Straftatbestände differenziert zwischen der Verwendung von „Pull-" und „Push-Technologien" und pönalisiert auch nicht ausdrücklich das Verbreiten von Computerviren.

Erfüllt sein könnte aber der Straftatbestand des *§ 303a Abs. 1 StGB*. Dann müssten durch die Handlung des P – die zum Verfügungstellung eines virenverseuchten Programms auf einer Website – Daten i.S.v. § 202a Abs. 2 StGB gelöscht, unterdrückt, unbrauchbar gemacht oder verändert worden sein.

Vorliegend hat der Täter diesen Tatbestand zwar noch nicht durch das Platzieren der verseuchten Software erfüllt, da durch solches Tun allein noch keine Beeinträchtigung fremder Daten erfolgt. Zu einer entsprechenden Schädigung kommt es vielmehr erst, wenn Internetnutzer das Schadprogramm von der Homepage herunterladen. Indem P allerdings wissentlich Schadsoftware zum Herunterladen bereit hält und Internetnutzer der daraus resultierenden Gefahr aussetzt, schafft er für den Internetverkehr eine Gefahrenquelle.[129]

Die Möglichkeit eines Rückgriffs auf § 13 StGB und damit eine eventuelle Strafbarkeit nach § 303 a Abs. 1 i.V.m. § 13 Abs. 1 StGB, erscheint hier jedoch angesichts der Häufigkeit des beschriebenen Verhaltens unbefriedigend. Wün-

---

[129] *Freund* in: Münchener Kommentar, § 13, Rn. 112.

schenswert wäre eine ausdrückliche gesetzgeberische Klarstellung dahingehen, in welchem Maße Anbieter von Internetinhalten für durch sie geschaffene Risiken strafrechtlich einzustehen haben.[130]

Im vorliegenden Fall erscheint die Begründung der Strafbarkeit des P allerdings in Anbetracht der Finalität seines Handelns unproblematisch.

Zudem kommt eine Strafbarkeit nach *§ 202c Abs. 2 i.V.m. § 13 StGB* in Betracht. Diese ist insbesondere dann anzunehmen, wenn es dem P etwa darum geht, durch die Verbreitung der Schadsoftware eine Straftat nach § 202a oder § 202b StGB (Ausspähen bzw. Abfangen von Daten) vorzubereiten. Hier wäre auch wiederum eine Klarstellung seitens des Gesetzgebers in Form eines speziellen „Virusparagraphen" erwünscht.

Hinsichtlich der *subjektiven Tatseite* ist bei allen drei Tatbeständen mindestens Eventualvorsatz erforderlich. Die Benutzung der „Pull-Technologien" in der Form des Zugänglichmachens des virenverseuchten Programms auf einer Website spricht für den Willen zur Verbreitung des Virus. Das sich bei „Push-Technologien" oftmals stellende beweistechnische Problem eines vom Täter behaupteten „versehentlichen" Inverkehrbringens verseuchter E-Mails ergibt sich bei „Pull-Technologien" in der Regel gerade nicht.

Daher hat sich P gemäß § 303a, § 303b oder § 202c Abs. 2 StGB strafbar gemacht.

6.6.5.2 Russland

Nach dem russischen Strafrecht macht sich P nach *Art. 273 Abs. 1 UKRF* wegen der Verbreitung schadenträchtiger EDVA-Programme (Computervirus), die offenkundig zum nicht berechtigten Löschen, Blockieren, Modifizieren oder Kopieren einer Information oder zur Störung der Funktion einer EDVA, eines EDVA-Systems oder eines EDVA-Netzes führen, strafbar.

Diese Lösung entspricht Konstellation a, da *Art. 273 Abs. 1 UKRF* nicht zwischen der Methode der Tatbegehung („Pull-" oder „Push-Technologien") differenziert, sondern eine Strafbarkeit vielmehr von den möglichen Konsequenzen eines Programms abhängig macht.

Vorliegend ist bei P zumindest indirekter Vorsatz (Art. 25 Abs. 3 UKRF) zu bejahen. Denn es kann davon ausgegangen werden, dass sich P der Gesellschaftsgefährlichkeit seiner Handlung (Erstellung und Zugänglichmachen des virusverseuchten Programms) bewusst war (Wissenselement). Zudem muss P „die Möglichkeit des Eintritts gesellschaftsgefährlicher Folgen" vorhergesehen

---

[130] Siehe Kapitel 4 Die Systematik der Delikte im Überblick (*Vorbereitungshandlungen*), S. 113.

haben (Willenselement). Irrelevant ist, ob er sie herbeiführen wollte. Es genügt, dass er sie „bewusst zuließ oder ihnen gleichgültig gegenüberstand". Bei der Erstellung und dem Hochladen des virusverseuchten Programms ins Internet dürfte P die schädlichen Konsequenzen vorhergesehen haben.

6.6.5.3 USA

Die Strafbarkeit von P nach dem amerikanischen föderalen Strafrecht basiert, wie bei Konstellation a, auf *18 U.S.C. § 1030(a)(5)(A)(i)* (*Virenverbreitung*). Bei dieser Vorschrift ist (ähnlich der russischen Norm) nicht die Methode der Programmverbreitung („Pull"- oder „Push"-Technologien), sondern das Bewirken schädlicher Folgen ausschlaggebend.

6.6.6 Zwischenergebnis

Daher hat sich P wegen der Verbreitung schadenträchtiger Computerprogramme in allen drei Rechtsordnungen strafbar gemacht.

6.6.7 Ergebnis nach dem geltenden Recht

In *beiden Konstellation (a und b)* wäre vorliegend sowohl **deutsches**, **russisches** als auch föderales **US-amerikanisches** Strafrecht anwendbar: bzgl. Deutschland und den USA begründet durch das Territorialitätsprinzip, bzgl. Russland begründet durch das Schutzprinzip.

Der Zuständigkeitskonflikt bleibt nach den geltenden Regelungen ungelöst.

6.6.8 Ergebnis nach der vorgeschlagenen Methode der Kompetenzkonfliktlösung

Folglich ist in beiden **Konstellation a** und **b** die legitimierte Zuständigkeit und daher die Strafverfolgung im jeweiligen Land vom Vorliegen des objektiven Bezugspunkts zu diesem Land – **Ausmaß des bewirkten Schadens** – abhängig.

6.6.9 Weitere Kompetenzkonflikterwägungen zu Konstellationen a und b.
Relevanz des internationalen Kompetenzkonfliktlösungsverfahrens

Die Anwendbarkeit des deutschen und des US-amerikanischen Rechts beruht auf einer Erweiterung des Territorialitätsgrundsatzes durch den Auswirkungsgrund-

6.6 Fall: Computervirus „Loveletter" 241

satz, was dem Sinne und Zweck des russischen Schutzprinzips, durch das inländische Rechtsgüter vor im Ausland begangenen Taten geschützt werden, entspricht. Entsprechende Straftatbestände liegen in allen drei Rechtsordnungen in unterschiedlicher Form vor. Daher kommt es zu einem positiven Zuständigkeitskonflikt.

Die Begründung für die Lösung der *Konstellationen a* und *b* sind im Hinblick auf das Strafanwendungsrecht ähnlich, obwohl bei der *Konstellation a* „Push-Technologien" (Versendung virusverseuchter E-Mails) benutzt wurden, wohingegen es bei *Konstellation b* um „Pull-Technologien" geht (Abrufbarkeit des Schadprogramms zum Downloaden).

Die Ähnlichkeit der Lösungen der *Konstellationen a* und *b* erklärt sich mit dem Charakteristikum von Computerviren, sich unkontrolliert zu kopieren und zu vermehren, was ihre weltweite Wirkung verstärkt.

E-Mails gehören grundsätzlich zu den „Push-Technologien", da dadurch Daten gezielt und aktiv übermittelt werden. Allerdings verlieren virusverseuchte E-Mails nach ihrem erstmaligen Inverkehrbringen die Haupteigenschaft der „Push-Technologien", da sie in einer infizierten Mailbox befindliche E-Mail-Adressen kopieren, sich selbst dorthin weiterversenden und auf diesem Wege rasant schnell vermehren. Es fehlt dann an der für die „Push-Technologien" charakteristischen gezielten Übermittlung. Andererseits entsprechen sie auch nicht dem Charakter der „Pull-Technologien", da bei diesen der Internetnutzer über mehr Entscheidungsfreiheit verfügt, beispielsweise ob er eine bestimmte Website besucht und dort ein Programm herunterlädt. Virenverseuchte E-Mails erreichen den Empfänger dagegen ohne dessen Willen, erfordern also seinerseits kein aktives Handeln.

Daher kann man behaupten, dass Viren eine *Sondergruppe* darstellen.

Folglich wäre vorliegend jeder betroffene Staat in gleichem Maße zuständig. Nationales Strafrecht kann allerdings seine verhaltenssteuernde Wirkung auf im Ausland handelnde Täter nur schwer entfalten (etwa bei Äußerungsdelikten).[131] Naheliegend wäre es, den am stärksten betroffenen Staat für zuständig zu erklären, wozu als Kriterium der feststellbare Schaden dienen könnte.

Diese Frage kann beispielsweise im Rahmen des durch die *Cybercrime-Konvention* zur Bestimmung der geeignetsten Zuständigkeit vorgesehenen Konsultationsverfahrens (Art. 22 Abs. 5) für die USA und Deutschland (als Vertragsparteien der Konvention) von Bedeutung sein.

---

[131] *Sieber*, NJW 1999, S. 2071.

In besonderen schweren Fällen scheint es insbesondere bei Betroffenheit mehrerer Staaten denkbar, diese in Zukunft unter die Jurisdiktion eines noch zu schaffenden *Internationalen Cybercrime Gerichtshofs* zu bringen.[132] Denn die meisten Viren oder andere Computerschadenprogramme können potenziell weltweit jeden mit einem Internetanschluss versehenen Computer beschädigen und dabei schwerste Konsequenzen nach sich ziehen.

Nur ein internationales Verfahren ermöglicht, unter Berücksichtigung der in den einzelnen Staaten eingetretenen Folgen, eine abwägende Entscheidung zur Zuständigkeit zu treffen. Unumgänglich erscheint hierbei jedenfalls ein hohes Maß an zwischenstaatlicher Kooperation. Insoweit kann an die positiven Erfolge der Internationalen Strafgerichtsbarkeit[133] angeknüpft werden.

6.7 Fall: „Kasache" (Entscheidung des Bezirksgerichts, Russland)

Ein Kasache, der sich als Russe ausgab und sich in Kasachstan aufhielt, stellte in einen Internetblog der Website eines russischen Servers mit Blick auf armenische Volkszugehörige herabsetzende Äußerungen ein. Grundlage zur Legitimierung russischer Strafgewalt?

An dem Fall *„Kasache"*[134] soll gezeigt werden, dass eine weite Interpretation des Schutzprinzips nach dem russischen Recht eine extensive Anwendung des russischen Strafrechts insbesondere bei Internetdelikten erlaubt. Hier wird also nur auf die rechtliche Lage in Russland eingegangen.

6.7.1 Strafanwendungsrecht (Russland)

Die Anwendung russischen Strafrechts wird durch das **Schutzprinzip**[135] (Art. 12 Abs. 3 UKRF) gerechtfertigt.

Erstens ist dazu erforderlich, dass der Täter ein Ausländer oder Staatenloser (ohne Wohnsitz in Russland) ist. Ein Kasache (hier K) ist ein Ausländer.

---

[132] Siehe Kapitel 3 Strafanwendungsrecht (*Internationaler Cybercrime Gerichtshof*), S. 61 ff.
[133] Siehe insoweit: *Ahlbrecht/Böhm/Esser/Hugger/Kirsch/Rosenthal*, Internationales Strafrecht in der Praxis, 2008, S. 99 ff., 423 ff.; *Beulke,* Strafprozessrecht, 2010, S. 5 ff.
[134] Siehe Kapitel 2 Fälle und Entscheidungen, S. 37.
[135] *Paramonova*, Extraterritorial jurisdiction in Russia, 2011 S. 297 – 315.

6.7 Fall: „Kasache" (Entscheidung des Bezirksgerichts, Russland) 243

Zweitens muss die Tat außerhalb des Territoriums der Russischen Föderation begangen worden sein. Diese Voraussetzung ist hier zu bejahen, da nach dem russischen Strafrecht die Tat auf dem Territorium eines ausländischen Staates (hier: Kasachstan) begangen wurde (Art. 11 Abs. 2, 3 UKRF, Art. 5 Bundesgesetz „Über Staatsgrenze"[136]). Das russische Strafrecht folgt beim Territorialitätsprinzip dem Grundsatz des Handlungsorts, der nicht unter Hinzuziehung des Erfolgsorts erweitert wird.[137] An der Stelle ist daher die Legitimierung aufgrund des Territorialitätsprinzips auszuschließen.

Drittens ist erforderlich, dass die Straftat sich gegen die Interessen der Russischen Föderation (Art. 12 Abs. 3 Alt. 1 UKRF) oder gegen die Interessen eines russischen Staatsangehörigen oder eines Staatenlosen mit Wohnsitz in Russland richtet (Art. 12 Abs. 3 Alt. 2 UKRF). Hier sind die herabsetzenden Äußerungen mit Blick auf armenische Volkszugehörige als gegen die Interessen eines russischen Staatsangehörigen oder eines Staatenlosen mit Wohnsitz in Russland gerichtete Tat zu betrachten (Art. 12 Abs. 3 Alt. 2 UKRF), da in den südlichen Regionen Russlands viele armenische Volkszugehörige leben und deshalb die Tat unmittelbar negative Wirkungen innerhalb des russischen Territoriums entfalten könnte.

Im vorliegenden Fall ist das *Staatsangehörigkeitsprinzip* abzulehnen (Art. 12 Abs. 1 UKRF), denn es handelt sich hier um Täter, der Ausländer ist. Aufgrund der fehlenden Strafbarkeit der Tat infolge der internationalen Abkommen Russlands kommt das *Universalitätsprinzip* ebenso nicht in Frage (Art. 12 Abs. 3 UKRF).

6.7.2 Materielles Recht (Russland)

Die Tat des K ist als Erregung von Hass oder Feindschaft sowie als Herabsetzung der Menschenwürde aufgrund der Nationalität und unter Benutzung von Massenmedien[138] zu qualifizieren (Art. 282 Abs. 1 UKRF). Gemäß Art. 2 des Bundesgesetzes von 1991 *„Über Massenmedien"* sind unter Massenmedien „periodische Druckausgaben, Radio-, Tele-, Video- und Kinoprogramme sowie weitere Formen der Informationsverbreitung" zu verstehen. Das Internet fällt daher auch unter den Begriff der „Massenmedien".

Demnach hat sich K gemäß Art. 282 Abs. 1 UKRF strafbar gemacht.

---

[136] FZ RF *„Über Staatsgrenze Russischer Föderation"*, 1993.
[137] *Bogusch*, Ugolovnij Zakon, 2011, S. 78 ff.; *Tarbagaev*, Tatort, 2009, S. 1 ff.; *Knjasew*, Geltung des Strafgesetzes in Zeit und Raum, 2006, S. 64 ff.
[138] Das Internet gehört zu den *Massenmedien* nach dem FZ RF *„ Über Massenmedien"*,1991.

6.7.3 Ergebnis

Folglich ist im vorliegenden Fall die Anwendung russischen Strafrechts durch das **Schutzprinzip** (Art. 12 Abs. 3 UKRF) gerechtfertigt. Russland begründete seine Strafgewalt vor allem auf der Auswirkung der Tat auf interne Rechtsgüter (daneben auch mit „formellen Anknüpfungspunkten", wie dem Standort des Servers).[139]

6.8 Fall: „Australier"

Der australische Bürger A machte über das Internet Materialien durch das Versenden englischsprachiger E-Mails (auch an Adressaten in Deutschland) zugänglich, in denen unter dem Vorwand wissenschaftlicher Forschung die unter der Herrschaft des Nationalsozialismus begangene Ermordung der Juden bestritt und als Erfindung „jüdischer Kreise" dargestellte. Außerdem speicherte er Websites gleichen Inhalts auf einem australischen Server, der Internetnutzern in Deutschland zugänglich war. Unter anderen wurden folgende Äußerungen eingespeist: „Wir erklären stolz, dass es bis heute keinen Beweis dafür gibt, dass Millionen von Menschen in Menschengaskammern umgebracht wurden." „Dies allein ist schon eine gute Nachricht, bedeutet es doch, dass ca. 3,2 Millionen Menschen nicht in Auschwitz gestorben sind – ein Grund zum Feiern." „Daher können alle Deutschen und Deutschstämmigen ohne den aufgezwungenen Schuldkomplex leben, mit dem sie eine bösartige Denkweise ein halbes Jahrhundert lang versklavt hat."

6.8.1 Strafanwendungsrecht

6.8.1.1 Deutschland

Als Anknüpfungspunkt für die Anwendung deutschen Strafrechts könnte hier das *passive Personalitätsprinzip* dienen, und zwar entweder aufgrund des § 5 StGB oder des § 7 Abs. 1 StGB.

Jedoch sind § 5 StGB sowie § 7 Abs. 1 StGB als rechtliche Grundlagen hier auszuschließen. Die von A begangene Tat (Volksverhetzung) – die nach dem deutschen Recht strafbar ist – fällt nicht unter § 5 StGB, in welchem jene sich

---

[139] Stadtbezirksgericht (StBezG) von Krasnodar, Bulleten N8, August 2008.

gegen inländische Rechtsgüter richtende Taten abschließend aufgelistet sind, für die das deutsche Strafrecht unabhängig vom Recht des Tatorts (hier australischen) gilt. Demnach ist auf die Tat der passive Personalitätsgrundsatz (§ 7 Abs. 1 StGB) nur dann anwendbar, wenn sie auch am Tatort (Australien) mit Strafe bedrohen ist. Dies ist hier aber nicht der Fall, denn nach australischem Recht handelt es sich beim Verhalten des A um keine strafbare Tat.

Daher kann die Anwendung des deutschen Rechts nicht auf dem passiven Personalitätsprinzip beruhen.

Es ist jedoch zu prüfen, ob die Anwendung deutschen Strafrechts aufgrund des *Territorialitätsprinzips*, und zwar im Rahmen des Auswirkungsgrundsatzes (§ 9 Abs. 1 Alt. 3 StGB), legitimiert sein könnte.

A handelte auf australischem Territorium mittels eines sich dort befindlichen Computers. Der Handlungsort – der Ort, an dem der Täter gehandelt hat (§ 9 Alt. 1 StGB) – liegt also in Australien. Daher lässt sich eine Anwendung deutschen Strafrechts nicht mit dem Handlungsort begründen. Handlungs- und Erfolgsort fallen hier aber auseinander. Es ist deshalb zu prüfen, ob als möglicher Legitimierungsgrundsatz für die Anwendung deutschen Strafrechts der *Erfolgsort* in Betracht kommt, weil A die nach dem deutschen Recht verbotenen Auschwitzlüge-Materialien im Internet verbreitet und auch von Deutschland aus zugänglich gemacht hat. Die Bejahung des Erfolgsorts und mithin die Anwendung deutschen Strafrechts auf Grundlage des Territorialitätsgrundsatzes ist von der Interpretation des „zum Tatbestand gehörenden Erfolgs" i.S.d. § 9 I Alt. 3 StGB abhängig.

Bei der Volksverhetzung handelt es sich um ein abstrakt-konkretes Gefährdungsdelikt.[140] Es kommt darauf an, ob bzw. wo sich die tatbestandliche Gefahr bei solchen Delikten konkretisiert.

Die obigen Ausführungen haben eine differenzierte Lösung ergeben, wie sie auch vom BGH vertreten wird.[141] Bei rein abstrakten Gefährdungsdelikten kann bei einer Tatbegehung im Ausland von keinem inländischen Erfolg gesprochen werden. Konkrete und abstrakt-konkrete Gefährdungsdelikte können hingegen im Inland Erfolge hervorrufen, obwohl sie im Ausland begangen werden.

Für abstrakt-konkrete Gefährdungsdelikte hat also der BGH zu Recht einen inländischen tatbestandsmäßigen Erfolg bejaht: Bei ihnen tritt ein Erfolg im Sinne des § 9 StGB dort ein, wo die *konkrete Tat ihre Gefährlichkeit im Hinblick*

---

[140] Siehe Kapitel 5 Einzelne Strafanwendungsprinzipien (*Territorialitätsprinzip, Deutschland*), S. 134 ff.
[141] BGHSt 46, 212.

auf das im Tatbestand umschriebene Rechtsgut entfalten kann, jedoch ohne dass sich eine bestimmte Gefahr realisieren muss.[142] Das Äußerungsdelikt nach § 130 Abs. 1 StGB schützt Teile die Bevölkerung schon im Vorfeld vor unmittelbaren Menschenwürdeverletzungen und will – wegen der besonderen Geschichte Deutschlands – dem Ingangsetzen einer historisch als gefährlich erwiesenen Eigendynamik entgegenwirken. Der Leugnungstatbestand des § 130 Abs. 3 StGB hat aufgrund der Einzigartigkeit der unter der Herrschaft des Nationalsozialismus an den Juden begangenen Verbrechen einen besonderen Bezug zur Bundesrepublik Deutschland (*faktischer und juristischer Sonderbezugspunkt*).[143] Hier eignete sich das volksverhetzungsgerichtete Verhalten von A zur Störung des öffentlichen Friedens, ohne dass es auf das Eintreten einer diesbezüglichen konkreten Gefahr ankommt.[144]

Das Merkmal des "zum Tatbestand gehörenden Erfolgs" im Gegensatz zum „Erfolg" im Sinne der Tatbestandslehre soll lediglich klarstellen, dass mögliche Tatfolgen in einer engen Beziehung zum strafbaren Verhalten stehen müssen.[145] Mit der Aufnahme der (konkreten) Eignung zur Friedensstörung in den Tatbestand des § 130 Abs. 1 und Abs. 3 StGB hat der Gesetzgeber zum Ausdruck gebracht, welchen potentiellen Folgen der Tat von tatbestandlicher Bedeutung sind und mithin in einer engen Beziehung zum strafbaren Verhalten stehen.[146]

Daher liegt hier eine Inlandstat (§ 3 StGB) vor, da der zum Tatbestand gehörende Erfolg in der Bundesrepublik anzunehmen ist (§ 9 Abs. 1 3. Alt. StGB). Folglich ist die Anwendung deutschen Strafrechts durch das **Territorialitätsprinzip** gerechtfertigt.

Die Legitimierung der Anwendung des deutschen Rechts aufgrund des *Universalitätsprinzips* ist im gegebenen Fall auszuschließen, denn Volksverhetzung gehört nicht zu der Liste der nach dem deutschen Recht strafbaren „Auslandstaten gegen international geschützte Rechtsgüter" (§ 6 StGB).

Im Hinblick auf das deutsche Strafanwendungsrecht könnte man vorschlagen, den Volksverhetzungs-Tatbestand des § 130 StGB in die Liste der gegen inländische Rechtsgüter gerichteten Auslandstaten in § 5 StGB aufzunehmen.

---

[142] BGHSt 46, 212; siehe auch: http://www.cyberfahnder.de/nav/them/inet/bombe.htm#ta10.
[143] Siehe Kapitel 3 Strafanwendungsrecht (*Sonderbezugspunkte*), S. 74 ff.; BGHSt 46, 212, Abs. 63; *Lackner/Kühl*, § 130 Rn. 8a; vgl. dazu oben Kapitel 3 Strafanwendungsrecht (*Möglichkeiten der Begrenzung der strafrechtlichen Zuständigkeiten*), S. 70 ff.
[144] BGHSt 46, 212, Abs. 51.
[145] Siehe Kapitel 5 Einzelne Strafanwendungsprinzipien (*Territorialitätsprinzip, Deutschland*), S. 134 ff.; BGHSt 46, 212, Abs. 63.
[146] BGHSt 46, 212. Abs. 64; *Götting*, Kriminalistik 2007, S. 615 ff.

Dies würde die Legitimierung der Anwendung deutschen Strafrechts vereinfachen und wäre auch inhaltlich konsequent.

Die Liste des § 5 StGB erklärt die darin genannten Taten unabhängig von einer entsprechenden Kriminalisierung nach dem Recht des Tatorts für strafbar, weil sie sich gegen besonders wichtige Rechtsgüter richten. Die konkrete Volksverhetzung, wie sie in § 130 StGB verankert ist, könnte, wie dies auch die Begründung des BGH deutlich macht, aufgrund ihres besonders schwerwiegenden Charakters und (soweit die „Auschwitzlüge" erfasst ist) wegen des besonderen Bezugs zu Deutschland sicherlich unter den Katalog des § 5 StGB gefasst werden.

6.8.1.2 Russland

Methodologisch folgt Russland in der vorliegenden Konstellation einem anderen Konzept, nach dem alle durch das nationale Strafrecht geschützten Rechtsgüter aufgrund des Schutzprinzips grundsätzlich in die Kategorie der „gewichtigen inländischen Rechtsgüter" fallen.[147]

Die Anwendung des russischen Strafrechts im Fall *„Australier"* ist daher aufgrund des *Schutzprinzips* (Art. 12 Abs. 3 UKRF) zu bejahen. Es ist hier nämlich anzunehmen, dass das Verhalten des Nichtstaatsangehörigen A gegen die geschützten Interessen der Russischen Föderation (strafbar nach Art. 282 Abs. 1 UKRF als Erregung von Hass oder Feindschaft) verstößt. Die Anwendung des russischen Rechts stützt sich dabei auf den Schutz der inländischen Betroffenen, die in großer Zahl Opfer von Konzentrationslagern wurden – so z.b. sowjetische Kriegsgefangene und ihre Angehörigen. Es handelt sich hierbei – wie es nach der vorgeschlagen Methode zu subsumieren – um einen *faktischen Sonderbezugspunkt*[148], also um für den Sachverhalt relevante – hier geschichtliche – Umstände, welche einen besonders engen Bezug zwischen Tat und Rechtsordnung begründen.

Die Anwendung des russischen Strafrechts ist aufgrund der weiteren Strafanwendungsprinzipien auszuschließen: der *Territorialitätsgrundsatz* hat auf die Auslandstaten (hier: Begehungsort ist Australien) keine Legitimierungskraft; das *Staatsangehörigkeitsprinzip* kommt hier wegen des ausländischen Täters (A)

---

[147] *Paramonova*, Extraterritorial jurisdiction in Russia, 2011 S. 297–315.
[148] Dazu oben Kapitel 3 Strafanwendungsrecht (*Möglichkeiten der Begrenzung der strafrechtlichen Zuständigkeiten. Sonderbezugspunkte*), S. 70 ff.

nicht in Frage; das *Universalitätsprinzip* ist ebenso wegen der durch die internationale Abkommen entstandene Strafbarkeit im russischen Recht abzulehnen.[149] Folglich ist hier die Anwendung des russischen Strafrechts aufgrund des **Schutzprinzips** (Art. 12 Abs. 3 UKRF) anzuerkennen.

6.8.1.3 USA/Australien

Der Täter hat in der vorliegend untersuchten Fall auf australischem Territorium gehandelt. Daher könnte hier das Territorialitätsprinzip als Legitimierungsgrundlage dienen.

Jedoch fehlt für es die Anwendbarkeit *australischen Strafrechts* bereits an der materiell-rechtlichen Strafbarkeit (Volksverhetzung). Nach australischem Recht ist die Handlung von A zwar als Verstoß gegen den verfassungsrechtlichen *Racial Discrimination Act* 1975 (RDA) zu qualifizieren. Dieser sieht jedoch keine strafrechtlichen Sanktionen vor.[150] Daher kommt hier *australisches* Strafrecht **nicht in Betracht**.

Aus demselben Grund ist auch die Anwendung **US-amerikanischen Rechts** durch **keinen** deliktspezifisch bestimmbaren Strafanwendungsgrundsatz zu legitimieren: Volksverhetzung ist in den USA nicht strafbar und fällt unter den Schutz der Meinungsfreiheit.[151]

6.8.1.4 Zwischenergebnis

Folglich ist die Anwendung des **deutschen** Strafrechts mit dem *Territorialitätsprinzip* zu begründen und des **russischen** - mit dem *Schutzprinzip* zu legitimieren. Die Zuständigkeit der USA sowie von Australien ist hingegen nicht gegeben.

6.8.1.5 Kompetenzkonflikt

Dadurch, dass im vorliegenden Fall sowohl das deutsche als auch das russische Strafrecht Anwendung finden, entsteht ein positiver Zuständigkeitskonflikt. Nach den *geltenden Regelungen* kann der Kompetenzkonflikt nicht gelöst werden.

---

[149] Siehe Vergleichungstabelle, S. 134.
[150] Racial Discrimination Act *(RDA)*, 1975.
[151] *Bill of Rights USA*, 1. Amendment.

Die **vorgeschlagene** Lösung dieses positiven Zuständigkeitskonflikts beruht auf der Abwägung der jeweils durch die Tat betroffenen und durch den Staat geschützten Rechtsgüter im Rahmen des internationalen Verfahrens.

Als erstes ist nach *faktischen* und *juristischen Sonderbezugspunkten* einer begangenen Straftat zum Inland zu suchen.

Im Fall *„Australier"* liegen sowohl faktische als auch juristische Sonderbezugspunkte zur deutschen Rechtsordnung vor. Hier spielt für Bejahung einer vorrangigen Zuständigkeit insbesondere die Geschichte des Nationalsozialismus in Deutschland eine zentrale Rolle *(faktischer Sonderbezugspunkt)*.[152] Obwohl Russland in diesem Fall auch einen faktischen Sonderbezugspunkt (etwa wegen der sowjetischen Kriegsgefangenen in deutschen Lagern) aufweist, scheint der Bezug zur deutschen Rechtsordnung enger zu sein. Zudem besteht hier aufgrund § 130 Abs. 3 („Auschwitzlüge-Paragraph") des deutschen Strafrechts ein *juristischer Sonderbezugspunkt*. Ein solcher liegt vor, wenn faktische (etwa geschichtlich begründete) Bezugspunkte durch strafanwendungsrechtliche oder materiellrechtliche Normen ausdrücklich anerkannt sind und mithin der besondere Bezug zum jeweiligen Staat explizit zum Ausdruck gebracht wird.

An einem solchen Sonderbezug fehlt es im russischen Strafrecht, da dort die Strafbarkeit nur durch eine Generalnorm (Erregung von Hass oder Feindschaft, Art. 282 Abs. 1 UKRF) begründet ist. Die deutsche Norm verweist explizit auf unter dem Nationalsozialismus begangene Taten nach § 6 Abs. 1 des Völkerstrafgesetzbuches Völkermord, bezieht sich also ausdrücklich auf die Holocaustleugnung.

Daher hat hier das **deutsche** Strafrecht Vorrang.

6.8.2 *Materielles Recht*

6.8.2.1 Deutschland

Die Äußerungen des A haben im Fall *„Australier"* nach deutschem Recht einen volksverhetzenden Inhalt, und zwar sowohl nach § 130 Abs. 1 Nr. 1 (Aufstachelungs-Alternative) und Nr. 2 StGB (Beschimpfungs-Alternative) als auch nach § 130 Abs. 3 StGB (Leugnungstatbestand).

Erstens wird mit der offenkundig unwahren Tatsachenbehauptungen[153] nicht nur das Schicksal der Juden unter der Herrschaft des Nationalsozialismus

---

[152] Siehe dazu: *Götting*, Kriminalistik 2007, S. 615 ff.
[153] BVerfGE 90, 241; BGH NStZ 1994, 140; 1995, 340.

als Lügengeschichte dargestellt, sondern auch mit dem Motiv einer angeblichen Knebelung und Ausbeutung Deutschlands zugunsten der Juden verbunden. Diese Qualifizierung wird insbesondere deutlich durch die Formulierungen "Schuldkomplex" und "versklavt". Dadurch wird bezweckt, eine über Verachtung hinausgehende feindselige Haltung gegenüber – insbesondere den in Deutschland lebenden – Juden zu erzeugen, weshalb vorliegend § 130 Abs. 1 Nr. 1 StGB anzunehmen ist.[154]

Zweitens ist der Äußerungstatbestand des § 130 Abs. 1 Nr. 2 StGB, zumindest in der Form des Beschimpfens, erfüllt. Es liegt eine besonders verletzende Form der Missachtung vor, nicht zuletzt durch die Formulierungen "ein Grund zum Feiern", "mit dem sie eine bösartige Denkweise ein halbes Jahrhundert lang versklavt hat". Da die Behauptungen darauf ausgerichtet sind, feindliche Gefühle gegen Juden im allgemeinen und insbesondere gegen die in Deutschland lebenden Juden zu wecken und zu schüren, liegt auch ein Angriff gegen die Menschenwürde vor.[155] Demnach liegt die sog. qualifizierte Auschwitzlüge[156] vor, die den Tatbestand des § 130 Abs. 1 Nr. 1 StGB (Beschimpfungs-Alternative) und des § 130 Abs. 1 Nr. 2 StGB (Aufstachelungs-Alternative) erfüllt.[157]

Drittens wird zugleich eine unter der Herrschaft des Nationalsozialismus begangene Handlung der in § 6 Abs. 1 des Völkerstrafgesetzbuches bezeichneten Art geleugnet und verharmlost (§ 130 Abs. 3 StGB). Die vom Angeklagten persönlich verfassten Internetseiten waren für einen unbestimmten Kreis von Personen unmittelbar wahrnehmbar und damit öffentlich.[158] Der Leugnungstatbestand des § 130 Abs. 3 StGB steht in Tateinheit zum Äußerungstatbestand des § 130 Abs. 1 StGB.[159]

6.8.2.2 Russland

Nach dem russischen Recht hat sich der australische Bürger A im Fall *„Australier"* durch die Verbreitung und das Zugänglichmachen der verbotenen Auschwitzlüge-Materialien im Internet wegen der Erregung von Hass oder

---

[154] BGHSt 46, 212, Abs. 34; vgl. auch *Lackner/Kühl*, StGB, Rn. 1 § 166.
[155] BGHSt 46, 212, Abs. 35; BGH NStZ 1981, 258; vgl. auch BGHSt 40, 97, 100; *Lenckner* in Schönke/Schröder, StGB, 2010, § 130, Rn. 7.
[156] BGH NStZ 1994, 140; BGHSt 40, 97.
[157] BGHSt 46, 212, Abs. 32.
[158] *Lackner/Kühl*, § 80a, Rn. 2.
[159] BGHSt 46, 212, Abs. 37.

Feindschaft, sowie Herabsetzung der Menschenwürde unter Benutzung von Massenmedien[160] gemäß Art. 282 Abs. 1 UKRF strafbar gemacht.

Das Verbot dieses Verhaltens ist nach dem russischen Recht – im Gegensatz zum deutschen Strafrecht, wo es *mit speziellen „Auschwitzlüge-Paragraph"* (Art. 130 Abs. 3 StGB) geregelt ist – nur im Rahmen eines Äußerungsdelikts allgemeiner Natur zu ahnden.

6.8.2.3 USA/Australien

Nach *australischem Recht* ist die Handlung von A als Verstoß gegen den verfassungsrechtlichen *Racial Discrimination Act 1975* (RDA) zu qualifizieren, der allerdings keine strafrechtlichen Konsequenzen nach sich zieht.[161]

Der Fall wurde vom Bundesgerichtshof Australiens in der Entscheidung *Toben v Jones*[162] im Jahre 2003 entschieden. Das Gericht sah in im Internet verbreiteten und zugänglich gemachten Materialien eine „Verunglimpfung von Juden" und bejahte deshalb einen Verstoß gegen Teil II A des Racial Discrimination Act (RDA) 1975.

Der Angeklagte habe die „Auschwitzlüge" und anderer antisemitische Materialien durch E-Mails und durch entsprechende Veröffentlichungen auf seiner Website und auf Spiegelwebsites verbreitet. Das Gericht verfügte, dass *Toben* das Material von seinen Websites zu entfernen und die Verbreitung ähnlicher Materialien über das Internet oder auf andere Weise in Zukunft zu unterlassen habe. Nach australischem Recht stellte dies für *Toben* die einzige Konsequenz dar.

Bisher ist nationalsozialistische Propaganda nach australischem Recht nicht strafbar. Allerdings wurden in diesem Bereich einige Versuche unternommen, derartiges Handeln dem Strafrecht zu unterstellen. So wurde etwa im Jahre 1994 mit dem Racial Hatred Bill eine Änderung des Racial Discrimination Act 1975 vorgeschlagen.[163] Die Änderung hätte eben jenen Teil II A des Racial Discrimination Act 1975 betroffen und bisher lediglich rechtswidrige Äußerungen oder Veröffentlichungen dann für strafbar erklärt, wenn „unter Berücksichtigung aller Umstände vernünftigerweise zu erwarten ist, dass sie zu Hass gegen eine Person oder eine Gruppe von Personen" führen und der Täter aus Gründen der "Hautfarbe, Rasse oder des nationalen oder ethnischen Ursprungs" der anderen Person

---

[160] Internet gehört zu den *Massenmedien* nach dem FZ RF *„Über Massenmedien"*, 1991.
[161] Racial Discrimination Act *(RDA)*, 1975.
[162] *Toben v Jones* FCAFC 137, 3. Juli, 2003.
[163] Änderungen vom *RDA*: http://www.austlii.edu.au.

bzw. Personen handelte. Dieser Änderungsvorschlag wurde mit der Implementierung der *International Convention on the Elimination of all Forms of Racial Discrimination (insbesondere Art. 4)* begründet, vom Senat aber abgelehnt.[164]
Nach **US-amerikanischen Recht** fällt die Verbreitung volksverhetzender Materialien unter den Schutz der Meinungsfreiheit und steht daher nicht unter Strafe.[165]

6.8.3 Zwischenergebnis

Da nationalsozialistische Propaganda von den nationalen Rechtsordnungen strafrechtlich mitunter in sehr unterschiedlicher Weise bewertet wird, ist nach dem deutschen und russischen Recht diese Art von Volksverhetzung strafbar, jedoch im australischen sowie im amerikanischen Recht *straflos*.

6.8.4 Ergebnis nach dem geltenden Recht

Als Ergebnis ist festzuhalten, dass sowohl das **deutsche** (aufgrund des *Territorialitätsprinzips*) als auch das **russische** Strafrecht (aufgrund des *Schutzprinzips*) Anwendung findet. Eine Anwendung australischen oder US-amerikanischen Strafrechts scheidet wegen des Fehlens einschlägiger materiell-rechtlicher Straftatbestände aus.
Der dadurch entstandene Kompetenzkonflikt zwischen dem deutschen und dem russischen Recht bleibt jedoch nach den geltenden Regelungen ungelöst.

6.8.5 Ergebnis nach der vorgeschlagenen Methode der Kompetenzkonfliktlösung

Nach der vorgeschlagenen Lösung des vorliegenden positiven Zuständigkeitskonflikts ist für die Anwendung **deutschen** Strafrechts zu plädieren. Für die Bejahung der vorrangigen Zuständigkeit Deutschlands spricht das Vorliegen der *faktischen* sowie der *juristischen* Sonderbezugspunkte zur deutschen Rechtsordnung.

---

[164] *Racial Hatred Bill 1994*, section 60(1).
[165] *Bill of Rights USA*, 1. Amendment.

6.9 Fall: „Konzentrationslager"

Der australische Staatsangehörige A stellte Informationen auf einem australischen Server ins Internet, in denen er unter dem Vorwand wissenschaftlicher Forschung darlegte, dass die Konzentrationslager in Russland gar nicht existierten und Behauptungen über diesbezügliche Opfer eine Erfindung sind.

6.9.1 Strafanwendungsrecht

6.9.1.1 Deutschland

Auch im Fall *„Konzentrationslager"* kann die Anwendung deutschen Strafrechts auf dem **Territorialitätsprinzip** beruhen. Zwar ist ein „zum Tatbestand gehörender Erfolg" i.S.d. § 9 I Alt. 3 StGB mit Blick auf Volksverhetzung zu bejahen. Der Schutz der Menschenwürde der deutschen Opfer russischer KZs gegen böswilligen Verächtlichmachung und Verleumdung begründet die Anwendbarkeit des § 130 Abs. 1 Nr. 2 und Abs. 2 Nr. 2 StGB.

Die Legitimierung des deutschen Rechts aufgrund der extraterritorialen Strafanwendungsgrundsätze ist hier aus den bei dem Fall *„Australier"* [166] schon genannten Gründen nicht anzuwenden.

6.9.1.2 Russland

Die Anwendung russischen Strafrechts ist im Fall *„Konzentrationslager"* mit dem **Schutzprinzip**[167] zu begründen.

Ebenso wie im Fall *„Australier"* sind die durch das Verhalten von A beeinträchtigten Interessen als durch Art. 282 Abs. 1 UKRF geschützte Interessen der Russischen Föderation (Erregung von Hass oder Feindschaft) einzustufen. Auch betrifft hier das Verhalten unmittelbar die russische Geschichte und einen deutlich größeren Bevölkerungsteil Russlands (*faktischer Sonderbezugspunkt* – vorgeschlagen hier als Subsumierung)[168] als dies im Fall *„Australier"* anzunehmen ist.

Die weiteren Strafanwendungsprinzipien kommen hier aus den bei dem Fall *„Australier"*[169] schon erläuterten Gründen nicht in Betracht.

---

[166] Siehe Kapitel 6 Falllösung (Fall *"Australier"*, *Strafanwendungsrecht, Deutschland*), S. 244.
[167] *Paramonova*, Extraterritorial jurisdiction in Russia, 2011 S. 297 – 315.
[168] Kapitel 3 Strafanwendungsrecht (*Sonderbezugspunkte*), S. 74.
[169] Siehe Kapitel 6 Falllösung (Fall *"Australier"*, *Strafanwendungsrecht, Russland*), S. 247.

6.9.1.3 USA/Australien

Hier kommt sowohl australisches als auch US-amerikanisches Strafrecht aus den schon im Fall „*Australier*" erläuterten Gründen **nicht in Betracht**.[170]

6.9.1.4 Zwischenergebnis

Im vorliegenden Fall kommt sowohl **deutsches** als auch **russisches** Strafrecht zur Anwendung. Die Anwendung US-amerikanischen oder australischen Rechts bleibt ausgeschlossen.

6.9.1.5 Kompetenzkonflikt

Im Fall „*Konzentrationslager*" kommt zu einem positiven Kompetenzkonflikt zwischen dem deutschen und russischen Strafrecht, der nach den *geltenden* Regelungen ungelöst bleibt.

Nach der *vorgeschlagenen* Methode der Abwägung der betroffenen Rechtsgüter beruht die Legitimierung der Anwendung des russischen Strafrechts auf einem *faktischen Sonderbezugspunkt*, nämlich der mehrheitlich durch die Tat betroffenen russischen Opfer. Zu Deutschland besteht hingegen ein schwächerer faktischer Sonderbezugspunkt, auch wenn sich im russischen Recht hier kein einschlägiger spezifischer juristischer Sonderbezugspunkt findet.

Die Schaffung eines Delikts im russischen Strafrecht vergleichbar dem deutschen § 130 Abs. 3 StGB könnte für Klarheit sorgen und die russische Position im Rahmen derartiger Zuständigkeitskonflikte unterstreichen. Jedoch auch ohne die gesetzgeberische Schaffung eines solchen juristischen Sonderbezugspunkts ist im Fall „*Konzentrationslager*" für die Anwendung **russischen** Strafrechts zu plädieren.

Während im Fall „*Australier*" auf Grund der besonderen Geschichte Deutschlands deutsche Interessen in höherem Masse betroffen sind, ist dies im Fall „*Konzentrationslager*" für Russland spiegelbildlich der Fall. Für beide Länder besteht also in dem jeweiligen Fall ein faktischer Sonderbezug. Deshalb sollte auch der jeweiligen Strafgerichtsbarkeit den Vorrang eingeräumt werden.

---

[170] Siehe Kapitel 6 Falllösung (*Fall „Australier", Strafanwendungsrecht, USA*), S. 247.

6.9.2 Materielles Recht

6.9.2.1 Deutschland

Im Fall „*Konzentrationslager*" macht sich A wegen der getätigten unwahren Behauptungen über sowjetische KZs nach dem deutschen Recht strafbar. Zu bejahen ist hierbei § 130 Abs. 1 Nr. 2 und Abs. 2 Nr. 2 StGB, wodurch die Menschenwürde von Teilen der deutschen Bevölkerung (soweit sie Opfer sowjetischer KZs waren) vor böswilliger Verächtlichmachung und Verleumdung durch das Leugnen historischer Tatsachen angegriffen wird

6.9.2.2 Russland

Nach russischem Strafrecht ist das Verhalten von A im Fall „*Konzentrationslager*" ebenfalls strafbar. Es ist (wie auch die Tat im Fall „*Australier*") als Erregung von Hass oder Feindschaft sowie Herabsetzung der Menschenwürde unter Benutzung von Massenmedien gemäß Art. 282 Abs. 1 UKRF zu qualifizieren.

6.9.2.3 USA/Australien

Hier gilt das bereits im Fall „*Australier*"[171] festgestellte.

6.9.2.4 Zwischenergebnis

Folglich ist das Verhalten in Form der nationalsozialistischen Propaganda nach dem deutschen und russischen Recht als Volksverhetzung strafbar, wohingegen es im australischen sowie im amerikanischen Recht straflos bleibt.

6.9.3 Ergebnis nach dem geltenden Recht

In diesem Fall ist die Anwendung des **deutschen** Strafrechts mit dem Territorialitätsprinzip zu begründen, wohingegen bezüglich Russlands die Anwendung des **russischen** Strafrechts mit dem Schutzprinzip legitimiert ist. Genauso wie im Fall „*Australier*" scheidet eine Anwendung australischen oder US-amerikanischen Strafrechts wegen des Fehlens einschlägiger materiell-rechtlicher Straftatbestände aus.

---

[171] Siehe Kapitel 2 Fälle und Entscheidungen, S. 38 und Kapitel 6 Falllösung (*Fall „Australier", Materielles Recht, USA*), S. 250.

Die geltenden Regelungen erhalten keine Lösung des vorliegenden Zuständigkeitskonflikts zwischen dem deutschen und dem russischen Recht.

6.9.4 Ergebnis nach der vorgeschlagenen Methode der Kompetenzkonfliktlösung

Nach der vorgeschlagenen Lösung des hier entstandenen positiven Zuständigkeitskonflikts zwischen dem russischen und dem deutschen Recht ist für die Anwendung **russischen** Strafrechts zu plädieren. Für die Bejahung der vorrangigen Zuständigkeit Russlands spricht das Vorliegen des stärkeren *faktischen* Sonderbezugspunktes zur russischen Rechtsordnung als zur deutschen.

6.9.5 Kompetenzkonflikterwägungen zu den Fällen: „Australier"/ „Konzentrationslager". Relevanz des internationalen Kompetenzkonfliktlösungsverfahrens

Bei der Lösung der in beiden Fällen entstehenden positiven Zuständigkeitskonflikte im Rahmen der vorgeschlagenen Methode der Rechtsgüterabwägung müssen faktische und juristische Sonderbezugspunkte berücksichtigt werden. Diese erlangen gerade bei *Inhaltsverbreitungsdelikten* erhebliche Bedeutung. Denn anders als bei vielen transnationalen Delikten im Cyberspace (wie etwa Computerviren), deren schädigender Charakter nicht national diskriminiert, ist es bei Inhaltsverbreitungsdelikten eben wegen ihrer *oft zielgruppenbezogenen Inhalte* häufig möglich, einen landesspezifischen Bezug herzustellen.

Es ist zunächst erforderlich, dass überhaupt objektive Anknüpfungspunkte der Tat zu einem Staat bestehen. In den hier untersuchten Fällen ist es etwa wichtig, dass die auf dem ausländischen Server gespeicherten Informationen in den betroffenen Staaten (Deutschland/Russland) zugänglich waren und, dass die Verbreitung solcher Inhalte nach beiden Rechtsordnungen strafbar ist.

In Anbetracht sich dann noch ergebender Zuständigkeitskonflikte sind dann *faktische* und *juristische Sonderbezugspunkte* bei der Bestimmung einer vorrangigen Zuständigkeit ausschlaggebend.

Bei der Lösung der beiden Fälle ist die Relevanz der Festlegung der Hierarchien des anwendbaren Rechts in völkerrechtlichen Verträgen deutlich zu sehen. Als Vertragsparteien der Cybercrime-Konvention kommt zudem für Deutschland und für die USA zur Lösung von den Zuständigkeitsproblemen das in Art. 22 Abs. 5 der Konvention vorgesehene Konsultationsverfahren in Betracht. Australien und Russland haben das Abkommen hingegen nur unterzeichnet.[172] In der Konvention sind allerdings keine substantiellen Lösungsvorschläge enthalten, vielmehr wird lediglich ein formeller Konfliktlösungsrahmen angeboten. Solange allerdings entsprechende internationale Abkommen fehlen, kann jedes Land die eigene Jurisdiktion begründen.

Bis jetzt ist es also festzustellen, dass es bei der Bestimmung einer Hierarchie des anwendbaren Rechts zu entscheiden ist, in welchem Staat die Interessen in größerem Masse verletzt worden sind.

6.10 Fall: „CompuServe" (Entscheidung des Münchener Amtsgerichts)

Die Firma CompuServe Information Services GmbH (Deutschland) war eine hundertprozentige Tochterfirma des weltweit tätigen Online-Service-Providers CompuServe (USA). CompuServe (Deutschland) hatte u.a. die Aufgabe, für Kunden von CompuServe (USA) in Deutschland Einwahlknoten bereitzustellen. Der jeweilige Kunde wählte sich bei dem für ihn nächstgelegenen Einwahlknoten in Deutschland ein. Er wurde dann von dort ohne weitere Plausibilitätsprüfung via Standleitung zwischen Tochter- und Muttergesellschaft mit dem in den USA befindlichen Rechenzentrum der Muttergesellschaft verbunden. Der Angeklagte war Geschäftsführer der Firma CompuServe Information Services GmbH (Deutschland). Das Gericht stellte fest, dass der Angeklagte, ein in Deutschland wohnhafter schweizer Staatsangehöriger, gemeinschaftlich mit der Firma CompuServe (USA) Kunden von CompuServe (USA) in Deutschland gewalt-, kinder- und tierpornographische Darstellungen zugänglich gemacht hatte. Die Darstellungen wurden auf dem Server von CompuServe (USA) zur Nutzung bereitgehalten. CompuServe Information Services GmbH hat die gegebenen Inhalte für deutsche Kunden zugänglich gemacht. Der Angeklagte wurde schuldig gesprochen. Keiner von den Mittätern von CompuServe (USA) wurde hingegen verurteilt.

Bei der Analyse vorliegender Entscheidung werden punktuell umstrittene strafanwendungsrechtliche Fragen unter besondere Berücksichtigung der rechtlichen

---

[172] Unterschriften und Ratifikationsstand der Cybercrime-Konvention: http://conventions.coe.int/ Treaty/Commun/ChercheSig.asp?NT=185&CM=&DF=&CL=ENG.

Lage in **Deutschland** und in den **USA** betrachtet. Die materiell-rechtliche Qualifizierung[173] bleibt hier außer Betracht.

Weniger werden formale Faktoren (Standort des Servers oder des Computers) als vielmehr der Auswirkungsgrundsatz (also das Eintreten eines tatbestandsmäßigen Erfolgs im Inland) als entscheidende Anknüpfungspunkte bei den Internetdelikten angesehen. Ein Beispiel für diese Sichtweise stellt die äußerst umstrittene Entscheidung *des Münchener Amtsgerichts vom 28. Mai 1998 (gegen die CompuServe GmbH)* dar.[174]

Der im Inland handelnde Täter und die im Inland befindlichen Computer, von aus denen die illegalen Inhalte abgerufen werden konnten (Handlungsort) begründeten i.V.m. den im Inland eingetretenen Auswirkungen die strafrechtliche Zuständigkeit Deutschlands.

Das AG München schien der Ansicht zu sein, dass allein der inländische Handlungsort (hier der Standort der Computer in Deutschland, von denen aus die Täter handelten) im Bezug auf Inhaltsverbreitungsdelikte im Internet keinen ausreichenden Grund für eine Strafverfolgung darstellt, selbst wenn sich daraus negative Auswirkungen für Rechtsgüter in anderen Staaten ergeben. Erforderlich sei zumindest ein im Inland eintretender Erfolg.

Für die Legitimierung der *Anwendung deutschen Rechts im Bezug auf CompuServe (Deutschland)* war vielmehr erstens entscheidend, dass dem Angeklagten als Geschäftsführer von CompuServe (Deutschland) gemäß § 35 Abs. 1 GmbHG, d.h. als vertretungsberechtigtem Organ, das betriebsbezogene deliktische Handeln von CompuServe (Deutschland) gemäß § 14 Abs. 1 Nr. 1 StGB zuzurechnen war.[175]

Zweitens lag der Standort der Computer von CompuServe (Deutschland), durch die den deutschen Kunden der Zugang zu den verbotenen Inhalten ermöglicht wurde, in Deutschland, was für die Bejahung eines inländischen Handlungsorts sprach.

Drittens ermöglichte das Handeln des Angeklagten einen Zugang zu den verbotenen Inhalten in Deutschland, was die Bejahung des Erfolgsorts i.S.d. § 9 I StGB erlaubt. Daher waren in diesem Fall beide Bestandteile des Territorialitätsprinzips erfüllt, nämlich *Handlungsort* (§ 9 I Alt. 1 StGB) und *Erfolgsort* (§ 9 I Alt. 3 StGB).

Diese Lösung soll im Folgenden einer ausführlichen Detailkontrolle unterworfen werden:

---

[173] AG München NJW 1998, 2836 („CompuServe"-Urteil).
[174] Siehe Kapitel 2 Fälle und Entscheidungen, S. 35; AG München NJW 1998, 2836.
[175] AG München NJW 1998, 2836.

6.10 Fall: „CompuServe" (Entscheidung des Münchener Amtsgerichts)

Die theoretisch denkbare *Anwendung deutschen Strafrechts im Bezug auf CompuServe (USA)* könnte also aufgrund des *Territorialitätsprinzips* begründet sein. Möglich erscheint eine entsprechende Interpretation und Bejahung des *Handlungsorts* in Deutschland. Nach § 9 StGB ist der Handlungsort dort anzunehmen, wo der Täter gehandelt hat. Für ein Handeln von CompuServe (USA) in Deutschland spricht beispielsweise der Umstand, dass Vertragspartner der deutschen Kunden ausschließlich CompuServe (USA) war. Zwischen CompuServe (Deutschland) und den Kunden bestanden keine Vertragsbeziehungen. Dies kann man so verstehen, dass das amerikanische Mutterunternehmen in Deutschland durch CompuServe (Deutschland) vertreten wurde und somit auf deutschem Territorium handelte. Gemäß § 3 i.V.m. § 9 Alt. 1 StGB könnte dann der Territorialitätsgrundsatz im Bezug auf CompuServe (USA) infolge des Vorliegens eines inländischen Handlungsorts (Deutschland) zu bejahen sein.

Andererseits handelt es sich bei CompuServe (USA) um eine amerikanische Gesellschaft, daher erscheint ein Handlungsort in Deutschland zweifelhaft. Weniger problematisch könnte es deshalb sein, an einen inländischen Erfolgsort anzuknüpfen.

Für einen inländischen Erfolgsort des Handelns (evtl. Unterlassens) von CompuServe (USA) spricht unter anderem die Tatsache, dass es nur für CompuServe (USA) als Betreiberin des News-Servers technisch möglich war, Foren bzw. deren verbotene Inhalte zu sperren. Eine Sperrung dieser Foren bzw. deren Inhalte über die Standleitung war CompuServe (Deutschland) technisch nicht möglich. Zu berücksichtigen ist außerdem, dass der Angeklagte bei der Muttergesellschaft eine Bitte um Sperrung oder Löschung entsprechender Newsgroups vorgebracht hatte.[176] Daher könnte die Legitimierung der Anwendung deutschen Strafrechts im Bezug auf CompuServe (USA) zumindest auf dem *Erfolgsort* basieren, wenn man nicht sogar schon einen inländischen *Handlungsort* annimmt.

Nach dieser Ansicht ist für CompuServe (USA) sowohl der inländische Handlungsort als auch der inländische Erfolgsort zu bejahen. Die Vertragsbeziehungen der deutschen Kunden bestanden mit der amerikanischen Firma und die inhaltliche Gestaltung des Geschäftsablaufs wirkte sich auf die den deutschen Kunden zugänglichen Internetseiten aus.

Zudem wäre denkbar, dass hinsichtlich der Strafbarkeit von CompuServe (USA) deutsches Strafrecht neben dem Territorialitätsprinzip auch nach dem

---

[176] AG München NJW 1998, 2836.

Weltgeltungsprinzip gemäß § 6 StGB (Auslandstaten gegen international geschützte Rechtsgüter) eingreifen könnte. Danach ist für *im Ausland begangene* Taten das deutsche Strafrecht für die in § 6 gelisteten Taten unabhängig vom Recht des Tatorts anwendbar. Darunter fällt auch die Verbreitung pornographischer Schriften in den Fällen der §§ 184 a und 184 b Abs. 1 bis 3, i.V.m. § 184 c Satz 1 (§ 6 Abs. 6) StGB. Hierfür ist erforderlich, dass die Tat „im Ausland begangen" wurde (vorliegend müsste dann die Tat auf dem Territorium der USA begangen worden sein).

Festzustellen ist jedoch, dass trotz entsprechender Ansatzpunkte "nicht einmal der Versuch unternommen worden ist, die Straftat eines in den USA handelnden Mittäters festzustellen".[177] Eine andere Frage ist, inwieweit eine Strafverfolgung in den USA tatsächlich durchsetzbar gewesen wäre.

Obwohl also in beiden Fällen (sowohl im Bezug auf CompuServe (USA) als auch CompuServe (Deutschland)) das **Territorialitätsprinzip** hätte bejaht werden können, verwendete das Gericht die zum Tatbestand gehörenden und in Deutschland eingetretenen Konsequenzen zur Bejahung eines inländischen Erfolgsorts nur dazu, um die Anwendung deutschen Strafrechts auf CompuServe (**Deutschland**) zu legitimieren. Dagegen bleibt offen, ob in Anbetracht der (durch das Gericht ausdrücklich anerkannten) Auswirkungen im Inland auch im Hinblick auf CompuServe (**USA**) ein inländischer Erfolgsort und mithin eine Anwendung deutschen Strafrechts zu bejahen gewesen wäre.

Hätte CompuServe (Deutschland) die verbotenen Inhalte bloß für den Zugang durch Kunden in einem anderen Staat, z.B. für russische Kunden, bereitgehalten, so hätte es an entsprechenden Auswirkungen im Inland (in Deutschland) gefehlt. In diesem Fall wäre CompuServe (Deutschland) vermutlich nicht verurteilt worden. Wäre bezüglich CompuServe (Deutschland) nur ein inländischer Handlungsort (§ 9 I Alt. 1,2 StGB) ohne einen inländischen Erfolgsort (§ 9 I Alt. 3,4 StGB) gegeben gewesen, so hätte dies für die Legitimierung der Anwendung deutschen Rechts gemäß der Logik der Entscheidung nicht ausgereicht. Jedenfalls aber hätte das Gericht seine Zuständigkeit auch im Bezug auf CompuServe (USA) anerkennen müssen.

Auch wenn die Entscheidung im Fall *„CompuServe"* höchst umstritten ist (insbesondere, weil die in den USA handelnden Mittäter nicht verfolgt wurden), so liegt ihr doch der nachvollziehbare Gedanke zugrunde, dass jeder Staat zunächst und vor allem seine Interessen schützen will, einer **'weltpolizeilichen'** **Zuständigkeit** also faktische Grenzen gesetzt sind.

---

[177] *Sieber*, „CompuServe"-Urteil: http://www.heise.de.

6.11 Fall: "People v. World Interactive Gaming Corp." (Entscheidung des New Yorker Gerichts)

Auf dem Territorium des Staates New York sind Glücksspiele verboten. Ein entsprechendes Online-Angebot wurde auf einem Server in Antigua gehostet und von einer Tochterfirma von „World Interactive Gaming Corporation" (WIGC) mit einer nach dem dortigen Recht notwendigen Genehmigung betrieben. Ist es der WIGC erlaubt, auf dem Territorium des Staates New York verbotene Glücksspiele über das Internet anzubieten?

Die Bedeutung des *Auswirkungsgrundsatzes* zur Begründung von Territorialität als Zuständigkeitskriterium sollte nicht unterschätzt werden. Als Beispiel dafür dient der New Yorker Fall „*People v. World Interactive Gaming Corp.*". Hier wird die rechtliche Lage in den **USA** bezüglich der hier relevanten Strafanwendungsrechtsproblematik geschildert.

Die Hauptfrage in dem Fall war, ob es der „World Interactive Gaming Corporation" (WIGC) erlaubt sei, auf dem Territorium des Staates New York dort verbotene Glücksspiele über das Internet anzubieten. Ein entsprechendes Online-Angebot wurde auf einem Server in Antigua gehostet und von einer Tochterfirma von WIGC mit einer nach dem dortigen Recht notwendigen Genehmigung betrieben.

Nach Ansicht des New Yorker Gericht war die im Hinblick auf antiguanisches Recht bestehende Zulässigkeit des Internetangebots unerheblich. Die Veranstaltung eines Glücksspiels in New York im Wege eines Internetservices wurde dem Betreiben von Glücksspiel innerhalb des Territoriums des Staates New York gleichgestellt. Wenn eine in New York befindliche Person über das Internet an dem Glücksspiel teilnimmt, so ist dies der Ort, an dem das Glücksspiel veranstaltet wird.[178]

Folglich wurde die Zuständigkeit von den USA, nämlich des New Yorker Gerichts, anerkannt. Mithin waren die Auswirkungen ausschlaggebend, nicht jedoch der Umstand, dass sich der Server in Antigua befand.

---

[178] *People v. World Interactive Gaming Corp.*, 1999.

6.12 Kompetenzkonflikte innerhalb der Beispielsfälle

Durch die Falllösungen sind zentrale Probleme strafanwendungsrechtlicher Zuständigkeitskonflikte und diesbezügliche Lösungsansätze deutlich geworden. Es ist festzustellen, dass es für die Lösung strafanwendungsrechtlicher Zuständigkeitskonflikte bei den verschiedenen Formen der Cyberspacekriminalität *konzeptuelle Gemeinsamkeiten* gibt.

Bei Cybercrime ist die **Betroffenheit der Interessen mehrerer Staaten eher der Regelfall als eine Ausnahme**. Dies gilt insbesondere beim Verbreiten von Computerviren und beim Verbreiten illegaler Inhalte über das Internet. Dies wird vor allem deutlich bei dem Fall Computervirus *„Loveletter"*[179], in dem durch die Verbreitung von Computerviren von den Philippinen aus weltweit mehrere Rechner infiziert wurden.[180] Zu erkennen ist zunächst, dass der extraterritorialen Anwendung des nationalen Strafrechts eine bedeutende Rolle zukommt, weniger hingegen dem Territorialitätsprinzip im herkömmlichen Sinne, auch wenn eine extraterritoriale Grundlage teilweise (etwa im deutschen oder US-amerikanischen Recht) dem Territorialitätsprinzip zugeschrieben wird.

Bei den Distanzdelikten im Cyberraum spielen zwar die physikalischen Komponenten des Netzes (z.B. Standort von Server[181], Router), die als objektive Anknüpfungspunkte dienen, eine wichtige Rolle und gewährleisten eine gewisse Kontrolle des Internetraums (Fälle *„Kasache"*[182], *„CompuServe"*[183], *People v. World Interactive Gaming Corp.*[184], *„Herr Pornikov"*[185], *„Herr Lust"*[186]). Allerdings scheint es wenig hilfreich, nur an sie anzuknüpfen. Entscheidend sein sollte vielmehr das finale Interesse des im Ausland agierenden Täters, der *örtliche*

---

[179] Siehe Kapitel 2 Fälle und Entscheidungen, S. 35 und Kapitel 6 Falllösung (*Fall „Loveletter"*), S. 224.
[180] Siehe etwa: *Bureau of Justice Statistics U.S. Department of Justice's (BJS).* Cybercrime: http://www.bjs.gov/index.cfm?ty=tp&tid=41.
[181] Der sachliche Grund, warum vor allem an den Standort des Servers angeknüpft wird ist, dass auf ihm die rechtswidrigen Inhalte gespeichert sind und deswegen auch dort gelöscht werden können: *Sieber*, NJW 1999, S. 2072.
[182] Siehe Kapitel 2 Fälle und Entscheidungen, S. 35 und Kapitel 6 Falllösung (*Fall „Kasache"*), S. 242.
[183] Siehe Kapitel 2 Fälle und Entscheidungen, S. 35 und Kapitel 6 Falllösung (*Fall „CompuServe"*), S. 257.
[184] Siehe Kapitel 2 Fälle und Entscheidungen, S. 35 und Kapitel 6 Falllösung (*Fall „People v. World Interactive Gaming Corp."*), S. 261.
[185] Siehe Kapitel 2 Fälle und Entscheidungen, S. 35 und Kapitel 6 Falllösung (*Fall „Herr Pornikov"*), S. 186.
[186] Siehe Kapitel 2 Fälle und Entscheidungen, S. 35 und Kapitel 6 Falllösung (*Fall „Herr Lust"*), S. 193.

Schwerpunkt schändlicher Konsequenzen und das geographische Gefährlichkeitpotenzial der Tat. Physikalisch-formale Komponenten des Netzes sind jedoch als Anknüpfungspunkte bei **Computersystem- und Datenschutzdelikten** bedeutsam. Denn bei diesen Delikten ist die Betroffenheit eines Staates häufig objektiv deutlich manifestiert, seine Zuständigkeit mithin naheliegend. Dies gilt etwa, wenn an dem technischen Eingriff erkennbar ist, dass der Täter auf ein konkretes Computersystem abzielte, insbesondere auf Daten oder Informationen eines bestimmten national zuordenbaren Unternehmens (Fälle *„Berliner Unternehmen"*[187] und *„Moskauer Unternehmen"*[188]). Entscheidend sollte aber letztlich vor allem der Ort des eingetretenen Schadens sein.

Im Gegensatz dazu ist die Bedeutung physikalisch-formaler Kriterien bei der **Verbreitung schädlicher Computerprogramme** deutlich geringer. Ihre technischen Auswirkungen sind international vergleichbar und national nicht zuzuordnen. Sie sind wegen der hohen Wahrscheinlichkeit weltweiter Schäden, unabhängig von Ursprungsort und eventuellem Zielort, als Deliktsondergruppe zu betrachten. Daher sind auch hier bei positiven Zuständigkeitskonflikten die schädigenden Auswirkungen als wesentliches Kriterium heranzuziehen (Fall Computervirus *„Loveletter"*[189]).

Geht es um die Vermittlung von Inhalten mittels einer **durch das Internet verbreiteten Botschaft**, so besteht eine höhere Wahrscheinlichkeit, dass eine besondere Verbindung zu einem bestimmten Staat angenommen werden kann (Fälle *„Australier"*[190], *„Konzentrationslager"*[191], *„Georgier"* [192]). Damit unterscheiden sich Inhaltsverbreitungsdelikte grundlegend von solchen Delikten, deren technische Auswirkungen national undifferenziert wirken, etwa die Verbreitung von Schadprogrammen (wie etwa Viren).

Die Bewertung der in Frage kommenden unterschiedlichen Anknüpfungspunkte zur Lösung von Zuständigkeitskonflikten kann aber letztlich nur im

---

[187] Siehe Kapitel 2 Fälle und Entscheidungen, S. 35 und Kapitel 6 Falllösung (*Fall „Berliner Unternehmen"*), S. 199.

[188] Siehe Kapitel 2Fälle und Entscheidungen, S. 35 und Kapitel 6 Falllösung (*Fall „Moskauer Unternehmen"*), S. 216.

[189] Siehe Kapitel 2 Fälle und Entscheidungen, S. 35 und Kapitel 6 Falllösung (*Fall „Loveletter"*), S. 224.

[190] Siehe Kapitel 2 Fälle und Entscheidungen, S. 35 und Kapitel 6 Falllösung (*Fall „Australier"*), S. 244.

[191] Siehe Kapitel 2 Fälle und Entscheidungen, S. 35 und Kapitel 6 Falllösung (*Fall „Konzentrationslager"*), S. 252.

[192] Siehe Kapitel 2 Fälle und Entscheidungen, S. 35 und Kapitel 6 Falllösung (*Fall „Georgier"*), S. 179.

Rahmen eines **internationalen Verfahrens** befriedigend bewältig werde.[193] Hierfür ist nicht zuletzt jener in der Cybercrime-Konvention vorgesehene *Konsultationsmechanismus* (Art. 22 Abs. 5) hervorzuheben. Der zukünftige Abschluss weiterer internationaler Abkommen zur Bewältigung der hier untersuchten Probleme ist unausweichlich. Auch erscheint die Schaffung einer ständigen internationalen Institution, etwa einem *Internationalen Cybercrime Gerichtshof*[194] unumgänglich.[195]

Das Kernproblem der strafrechtlichen Regulierung des Cyberspace bleibt die Tatsache, dass nationale Strafrechtsordnungen vergleichbares Verhalten oft sehr unterschiedlich beurteilen und sich auch in der Ausgestaltung ihres Strafanwendungsrechts wesentlich unterscheiden.

---

[193] Siehe dazu: *Ambos*, in: Münchener Kommentar, §§ 3–7 StGB, Rn. 55.
[194] Siehe Kapitel 3 Strafanwendungsrecht (*Internationaler Cybercrime Gerichtshof*), S. 61 ff.
[195] *Paramonova*, University Academic Digest, 2013.

7 Zusammenfassende Würdigung und Schlussbetrachtung

Das weltumspannende Computernetzwerk Internet wird immer mehr Bestandteil des Alltagslebens und entwickelt sich ständig weiter. Das „Jedermann-Medium" ist dadurch gekennzeichnet, dass es einerseits zahlreiche Möglichkeiten der Kommunikation bietet, jedoch gleichzeitig ein großes Missbrauchspotenzial birgt. In vielen Gesellschaften bestimmt es bereits in weitem Umfang die Qualität und Sicherheit des Lebens und beeinflusst unmittelbar die wirtschaftlichen Perspektiven von Individuen und Unternehmen. Je stärker jedoch die Verbreitung der globalen Kommunikationsmittel ist, desto größer wird auch die Bedeutung der damit verbundenen Gefahren.[1]

Von zunehmender Relevanz sind dabei **Zuständigkeitsfragen** bei der Anwendung nationalen Strafrechts auf Cyberdelikte. Die vorliegende Untersuchung verdeutlichte am Beispiel der Rechtslage in Deutschland, Russland und den USA die dabei entstehenden Probleme sowie diesbezügliche Lösungsansätze. Erforderlich war dafür eine detaillierte Betrachtung der für Cyberkriminalität einschlägigen **materiell-rechtlichen Regelungen**.

Die Analyse machte deutlich, dass sich trotz wesentlicher Unterschiede zwischen den untersuchten Rechtsordnungen Entwicklungen im Bereich der strafrechtlichen Zuständigkeit im Cyberraum auf der nationalen Ebene der jeweiligen Staaten durch **sehr ähnliche Tendenzen** charakterisieren.

Zentrales Problem ist dabei die zunehmende Bedeutung extraterritorialer Strafrechtsanwendung im Cyberspace auf der Basis des Auswirkungsgrundsatzes. Rein territoriale Begründungskriterien und mithin das in der Hierarchie der Strafanwendungsprinzipien traditionell vorrangige Territorialitätsprinzip verlieren hingegen an Bedeutung. Letzteres ist grundsätzlich auf rein formelle Anknüpfungspunkte zu begrenzen.[2]

---

[1] *Paramonova*, Sozial'naja znachimost' pravovogo regulirovanija internet-prostranstva, 2009, S. 236 – 240.

[2] *Paramonova*, University Academic Digest, 2013.

7.1 Flexibilisierung und Ausdehnung des Strafrechts

Haupttendenz der beobachteten Entwicklung im Cyberspace ist die Flexibilisierung und Ausdehnung des Strafrechts sowohl auf nationaler als auch auf internationaler Ebene.

Die Ausdehnung der **strafrechtlichen Zuständigkeit** auf *nationaler Ebene* geschieht auf zwei Wegen: einerseits durch eine *deliktspezifische Festlegung der Strafanwendungsprinzipien für den Cyberraum* (eine Lösung, der das US-amerikanische Bundesrecht folgt), andererseits durch eine an die Charakteristika des Cyberspace angepasste *Auslegung und teilweise Modifikation der traditionellen strafanwendungsrechtlichen Legitimierungsgrundsätze* (was dem Lösungsansatz im deutschen und russischen Strafrecht entspricht).

Auf *internationaler Ebene* wird eine Ausweitung des Strafrechts vorangetrieben, indem nämlich Vertragsstaaten der Cybercrime-Konvention zur Kriminalisierung bestimmter Verhaltensformen verpflichtet werden, wohingegen es an einer wirksamen internationalen Regulierung strafanwendungsrechtlicher Fragen durch zwischenstaatliche Abkommen fehlt. Die Cybercrime-Konvention als das wichtigste Abkommen in diesem Bereich enthält lediglich eine nur unverbindliche Hierarchisierung möglicher Strafanwendungsgrundsätze (wobei zudem dem traditionellen Territorialitätsprinzip Priorität eingeräumt wird), ohne jedoch einheitliche Zuständigkeitsregeln anzudeuten. Ebenso unverbindlich ist der darin vorgesehene Konfliktlösungsmechanismus, nämlich ein fakultatives Konsultationsverfahren zwischen den Vertragsparteien in Falle von Zuständigkeitskonflikten. Nach Artikel 22 Abs. 4 der Konvention bleiben im Grunde alle im jeweiligen nationalen Recht verankerten Strafanwendungsprinzipien anwendbar. Diese werden allerdings auf nationaler Ebene häufig in zweifelhafter Weise sehr weit ausgelegt und lösen damit Zuständigkeitskonflikte aus.

Die Flexibilisierung und Ausdehnung des **materiellen Strafrechts bewirkt Ausdehnung transnationaler Strafrechtsanwendung.** Die Ausgestaltung des nationalen materiellen Rechts hat häufig einerseits eine grenzüberscheidende Strafbarkeit von im Ausland straffreien Verhalten zur Folge, andererseits eine Strafbarkeit von im Inland straffreien Verhalten nach ausländischem Recht. Angesichts der grenzüberschreitenden Natur des Internet bedarf es hier im Rahmen einer nationalen Kriminalisierungsentscheidung mithin immer auch einer Berücksichtigung des Strafanwendungsrechts.

Cyberspace-Delikte, etwa Äußerungsdelikte oder die Verbreitung von Schadsoftware, sind überall auf der Welt begehbar und können unabhängig vom Handlungsort weltweit schädliche Konsequenzen verursachen. Angesichts dieser

Grenzenlosigkeit ist es nicht selten der Fall, dass sich der Täter nach fremden Rechtsordnungen strafbar macht, obwohl sein Verhalten nach eigenem nationalem Recht straflos bleibt. In vielen Fällen macht das nationale Recht extraterritoriale Strafrechtsanwendung nicht von Doppelstrafbarkeit abhängig, insbesondere wenn es eine im Grunde extraterritoriale Anwendung mit dem Territorialitätsprinzip begründet.

Durch die Schaffung oder Ausdehnung materiell-rechtlicher Tatbestände kommt es vielfach mittelbar zu einer Ausweitung der strafanwendungsrechtlichen Grenzen, wodurch die Wahrscheinlichkeit einer extraterritorialen Strafrechtsanwendung steigt.

Dies gilt beispielsweise für die deutsche Vorschrift des § 202a StGB (*Ausspähen von Daten*), welcher Artikel 2 (Rechtswidriger Zugang) der Cybercrime-Konvention umsetzt. Soweit ungerechtfertigter Zugang zu Daten auf einem in Deutschland befindlichen Computer erlangt wird, muss bei diesem abstrakt-konkreten Gefährdungsdelikt etwa ein russischer Bürger mit seiner Strafbarkeit nach deutschem Recht rechnen, obwohl er in Russland straflos bleibt. Denn die Anwendung des deutschen Rechts ist hier wegen des Eintritts des tatbestandsmäßigen Erfolgs im Inland aufgrund des Territorialitätsprinzips legitimiert (§ 9 Abs. 1 StGB).[3]

Ein noch weitgehenderes Potential zur extraterritorialen Kriminalisierung birgt die umfassende Strafbarkeit von *Vorbereitungshandlungen* nach §§ 202c, 303a Abs. 3 und 303b Abs. 5 StGB (des Ausspähens und Abfangens von Daten, der Datenveränderung und der Computersabotage).[4] Kennzeichnend für diese strafrechtliche Regulierung von Cyberkriminalität ist es, dass der Gesetzgeber hier den Strafverfolgungsbehörden und Gerichten ein hohes Maß an Flexibilität einräumt.

Dies zeigt sich nicht zuletzt daran, dass es an einer gesonderten Strafvorschrift zur *Verbreitung von Computerviren* fehlt und zudem dem Gesetz nicht zu entnehmen ist, wo die Grenzen strafrechtlicher Verantwortung beim bloßen Zugänglichmachen von Schadsoftware verlaufen. Notwendig, wegen der damit verbundenen Unbestimmtheit und fehlenden Vorhersehbarkeit aber unbefriedigend, ist für die Bewältigung derart internettypischer Schädigungsformen dann ein Rückgriff auf die Figur des unechten Unterlassungsdelikts (§ 13 StGB, insbesondere in Verbindung mit § 303 a StGB).[5]

---

[3] Kapitel 6 Falllösung (*Fall „Berliner Unternehmen"*, Strafanwendungsrecht, Deutschland, Konstellation a), S. 199.
[4] Fischer, StGB, § 263a, Rn. 29; Schultz, Der Entwurf des StrafÄndG, MIR 2006, Rn. 30.
[5] Kapitel 6 Falllösung (*Fall „Loveletter"*), S. 224.

Die extensive Wirkung der Strafrechtsanwendung im Cyberspace durch die Ausgestaltung des materiellen Rechts wird aber vor allem beim US-amerikanischen Recht deutlich. Denn dort werden *Strafanwendungsregelungen bereits im Rahmen der Tatbestandsdefinition* verankert. So macht sich nach 18 U.S.C. § 1030 (a) (5) (A) jedermann weltweit strafbar, der wissentlich Daten oder Programme zur vorsätzlichen Schädigung eines „geschützten Computers" übermittelt. Schädigung ist dabei schon jede noch so geringfügige Beeinträchtigung der Integrität und Verfügbarkeit von Computerdaten, was angesichts des seinerseits kaum begrenzbaren Begriffs des „geschützten Computers" im Grunde genommen eine globale Kriminalisierung erlaubt.

Letztlich lassen sich Staaten bei der Entscheidung von Zuständigkeitsfragen im Cyberraum weiterhin von rein **nationalen** Strafanwendungs- und materiellrechtlichen Regeln leiten, obwohl Internetkriminalität ein vorwiegend transnationales Phänomen ist. Abgesehen von der beschränkten materiell-rechtlichen harmonisierenden Wirkung der Cybercrime-Konvention und der darin enthaltenen Andeutungen zur Lösung von Zuständigkeitskonflikten gilt hier grundsätzlich weiterhin „das klassische auf der territorialen Souveränität beruhende Strafrecht"[6]. Kernproblem bleibt dabei die Tatsache, dass nationale Rechtsordnungen vergleichbare Verhaltensformen und Rechtsanwendungsprinzipien in strafrechtlicher Hinsicht oftmals sehr unterschiedlich beurteilen.

Dabei stellte sich die Frage, inwieweit im Rahmen der untersuchten Rechtsordnungen **traditionelle** Legitimierungsgrundsätze der Strafrechtsanwendung auf den Cyberspace anwendbar bleiben. Zu überdenken ist insbesondere, ob das Territorialitätsprinzip als legitimster Strafanwendungsgrundsatz die Hierarchie der Strafanwendungsprinzipien weiterhin anführen kann.

Unumgänglich zur Lösung der hierbei deutlich werdenden Probleme erwies sich ein **funktionaler Vergleich der nationalen Strafanwendungsgrundsätze**. Denn auch wenn Strafanwendungsgrundsätze auf einer vergleichbaren Grundidee (beispielsweise dem Auswirkungsgrundsatz) beruhen, so können sie doch in den nationalen Rechtsordnungen einen jeweils unterschiedlichen tatsächlichen Legitimierungsumfang haben.[7] So ist etwa das vom deutschen Recht anerkannte passive Personalitätsprinzip im russischen Schutzgrundsatz enthalten.[8] Aus der Perspektive eines funktionalen Vergleichs stellen sich die zunächst beobachteten Unterschiede der untersuchten Rechtsordnungen im Bereich des Strafanwen-

---

[6] *Sieber*, Grenzen des Strafrechts, ZStW 2007, S. 7.
[7] Kapitel 6 Falllösung (*Fälle „Australier"* und *„Konzentrationslager"*), S. 244 ff. und 252 ff.
[8] Kapitel 5 Einzelne Strafanwendungsprinzipien (*Vergleichungstabelle*), S. 133 ff.

dungsrechts im Ergebnis weniger gravierend dar, als auf den ersten Blick angenommen.

7.2 Versuchtes Festhalten am Territorialitätsprinzip

Eine weitere Tendenz ist die weite Interpretation des Territorialgrundsatzes unter Einbeziehung des Auswirkungsgrundsatzes als Bestandteil des ersteren, womit seitens der nationalen (etwa der deutschen und US-amerikanischen)[9] Rechtsordnungen der Versuch unternommen wird, die Anwendung ihres nationalen Rechts mit dem an der Spitze der traditionellen Hierarchie der Legitimierungsgrundätze stehenden Territorialitätsprinzip zu rechtfertigen. Dagegen wird im russischen Strafrecht der Auswirkungsgrundsatz als Ausdruck des Schutzprinzips angesehen.[10]

Ein besonderes umfassendes Modell des Territorialitätsprinzips wird vom **deutschen Recht** in Form der Ubiquitätstheorie vertreten. Infolge einer erweiterten Definition des Tatorts gelten gemäß § 3 i.V.m. § 9 StGB nämlich sowohl der Handlungsort als auch der Erfolgsort als selbstständige Territorialitätsanknüpfungspunkte.[11] Dieses im Gesetz verankerte, ohnehin schon weite Verständnis des Territorialitätsgrundsatzes wird zudem noch durch seine extensive Auslegung seitens der Rechtsprechung verstärkt, welche insbesondere bereits die abstrakte Eignung der Beeinträchtigung von inländischen Rechtsgütern durch Auslandstaten zur Strafrechtsanwendung genügen lässt.[12]

Als mit Blick auf die drei vorliegend untersuchten Rechtsordnungen hinsichtlich seines Umfangs im Bezug auf den Cyberraum am weitgehendsten stellt sich jedoch die **US-amerikanische Auffassung** des Territorialitätsgrundsatzes dar. Nach dem Verständnis des amerikanischen Strafrechts schließt das Territorialitätsprinzip sowohl Handlungsort (*commencement nexus*) als auch Erfolgsort (*effects nexus*) als Anknüpfungspunkte ein.[13]

Für den Cyberspace wird die Anwendbarkeit nationalen Rechts durch die Vorschriften des 18 U.S.C. § 1030 deliktspezifisch konkretisiert. Die dazu verwendeten Tatbestandsmerkmale spiegeln zwar den Auswirkungsgrundsatz wie-

---

[9] Kapitel 5 Einzelne Strafanwendungsprinzipien (*Vergleichungstabelle*), S. 133.
[10] Kapitel 5 Einzelne Strafanwendungsprinzipien (*Schutzprinzip, Russland*), S. 159; *Paramonova*, University Academic Digest, 2013.
[11] Siehe Kapitel 5 Einzelne Strafanwendungsprinzipien (*Territorialitätsprinzip, Deutschland*), S. 134.
[12] Kapitel 6 Falllösung (*Fälle „Australier" und „Konzentrationslager"*), S. 244 und 252.
[13] Siehe Kapitel 5 Einzelne Strafanwendungsprinzipien (*Territorialitätsprinzip, USA*), S. 153.

der, führen aber im Ergebnis keineswegs zu einer Begrenzung der nationalen Zuständigkeit, sondern dehnen diese über den Gehalt des Auswirkungsgrundsatzes nach deutschem und russischem Verständnis aus.[14]

Grundlage dieser Ausdehnung und Schlüsselbegriff sowohl für die Bestimmung einer Strafanwendungslegitimierung als auch für die materiell-rechtliche Qualifikation eines Verhaltens ist das weitgefasste Tatbestandsmerkmal „**geschützter Computer**" („protected computer" in 18 U.S.C. § 1030 und §§ 2510 ff.).[15] Zwar hat dadurch das materielle Recht direkten Einfluss auf das Strafanwendungsrecht. In Anbetracht der Weite der Tatbestände ist eine Suche nach Begrenzungskriterien hier allerdings in besonderem Maße notwendig.[16] Denn als Computer, die „einen Einfluss auf den zwischenstaatlichen oder internationalen Handel oder derartige Kommunikation der Vereinigten Staaten" haben – mithin „geschützte Computer" sind (§ 1030 (e) (2) (B)) – können praktisch alle Computer der Welt erfasst werden. Dies gilt nicht zuletzt bei Berücksichtigung der Tatsache, dass die meisten weltweit erfolgenden Internet-Kommunikationsvorgänge über US-amerikanische Internet-Infrastruktur geleitet werden.[17]

Hinzu kommt, dass die Delikte des 18 U.S.C. § 1030(a) nunmehr überwiegend zu reinen Tätigkeitsdelikten mutiert sind, da zur Bejahung tatbestandlich geforderter Schäden bereits eine minimale Beeinträchtigung genügt.[18] Nicht auszuschließen ist daher, dass der US-amerikanischen Zuständigkeit auch Konstellation unterworfen werden, in denen ein ausländischer Computer aus einem Drittland angegriffen und dabei lediglich technische Infrastruktur in den USA einbezogen wird.[19]

Dagegen ist der Territorialitätsgrundsatz im **russischen** Recht vergleichsweise eng definiert.

Zwar sind im Schrifttum Erweiterungstendenzen erkennbar; in Gesetz und Rechtsprechung wird jedoch ausschließlich auf den Handlungsort abgestellt.[20] Der vom Gesetz verwendete Begriff des Tatorts kann in Anbetracht dogmatischer Überlegungen, verfassungsrechtlicher Erwägungen und strafrechtlicher Vorschriften des Allgemeinen Teils nur als *Handlungsort* im Sinne des Territori-

---

[14] *CFAA* 1984, 18 U.S.C. § 1030.
[15] Siehe Kapitel 5 Einzelne Strafanwendungsprinzipien (*Schutzprinzip, Russland*), S. 159; Kapitel 5 Einzelne Strafanwendungsprinzipien (*Territorialitätsprinzip, USA*), S. 153.
[16] Dazu sehe: Kapitel 3 Strafanwendungsrecht (*Möglichkeiten der Begrenzung der strafrechtlichen Zuständigkeit im Cyberraum*), S. 70.
[17] Kapitel 1 Einleitung und methodologische Ansätze (*Begriffliches*), S. 25.
[18] Kapitel 6 Falllösung (*Fall „Loveletter"*), S. 224.
[19] Kommentare zum *CFAA* 1984 vom US Bundesjustizministerium.
[20] Siehe Kapitel 5 Einzelne Strafanwendungsprinzipien (*Territorialitätsprinzip, Russland*), S. 148.

alitätsgrundsatzes verstanden werden. Die Einbeziehung des *Erfolgsorts* in den Tatortbegriff würde hingegen zur Erweiterung der Tatzeit auf unbestimmte Zeitspannen führen, was mit den gesetzlichen Regelungen zum Rückwirkungsverbot und zum Bestimmtheitsgebot (Art. 54 Verfassung RF und Art. 10 UKRF) unvereinbar wäre.[21]

Daher ist das Territorialitätsprinzip auf den Handlungsort zu begrenzen und dafür dem Schutzgrundsatz ein weiter Umfang einzuräumen. Letzterer umfasst grundsätzlich alle vom nationalen Strafrecht geschützte Rechtsgüter (Art. 12 Abs. 3). Mithin stellt das Schutzprinzip nach dem russischen Strafrecht teilweise ein Äquivalent des deutschen und amerikanischen (dort zum Territorialitätsprinzip gehörenden) Auswirkungsgrundsatzes dar.[22].

Damit ist der entscheidende **Unterschied der Zuständigkeitsbestimmung** zwischen den drei hier analysierten Rechtssystemen verdeutlicht.

Durch das primäre Abstellen auf einen *rein technischen Anknüpfungspunkt* – „geschützter Computer" – verwendet das US-amerikanische Recht einen am Auswirkungsgrundsatz („effects nexus") orientierten Zuständigkeitsmaßstab, der seine Anwendung bei Cybercrime in weitreichendem Umfang ermöglicht. Die Beeinträchtigung eines geschützten Computers fingiert also das Bestehen zuständigkeitsbegründender Interessen, also schädliche Auswirkungen.

Im Gegensatz dazu spielen im deutschen und russischen Recht technisch-formelle Anknüpfungspunkte, etwa der Standort des Servers oder Computers, lediglich eine die Zuständigkeitslegitimierung konkretisierende Rolle. Im Vordergrund steht hingegen die dem Täter zurechenbare Beeinträchtigung national geschützter Rechtsgüter. Gefragt wird also nach einem unmittelbaren Bezug zwischen dem menschlichen Verhalten und der Beeinträchtigung geschützter Interessen. Dieses Kriterium stellt von vornherein auf einen eher *materiellen Bezug zur jeweiligen Rechtsordnung* ab, insbesondere auf dort tatsächlich eingetretene Konsequenzen (im Rahmen des Territorialitäts- und/oder Schutzprinzips).

---

[21] *Paramonova*, ZARR 2009, S. 77 ff.
[22] Siehe Kapitel 5 Einzelne Strafanwendungsprinzipien (*Schutzprinzip, Russland*), S. 159.

7.3 Bedeutungszunahme des Auswirkungsgrundsatzes

Die wachsende Bedeutung des Auswirkungsgrundsatzes, sei es im Rahmen des Territorialitätsprinzips (Deutschland, USA) oder des Schutzprinzips (Russland), ist in Anbetracht des grenzenlosen Charakters des Cyberraums **konsequent und legitim**. Die daraus folgende Ausdehnung nationaler Strafrechtsanwendung stellt eine Kernursache der Flexibilisierung des Strafrechts dar.[23]

Die steigende Bedeutung des Auswirkungsgrundsatzes spiegelt sich in der *Rechtsprechung* aller drei Rechtsordnungen wieder.

So waren in der BGH-Entscheidung zur „Ausschwitzlüge" für eine Bejahung des Territorialitätsprinzips die im Inland eingetretenen Auswirkungen ausschlaggebend (siehe Fall *„Australier"*).[24] In der russischen Rechtsprechung spielt der Auswirkungsgrundsatz als Anknüpfungspunkt im Rahmen des Schutzprinzips eine große Rolle (siehe Fall *„Kasache"*).[25] Auch in den USA ist diese Tendenz zu beobachten (siehe Fälle Computervirus *„Loveletter"*[26] und *People v. World Interactive Gaming Corp.*[27]) Dass sich Fälle grenzüberschreitender Internetkriminalität durch den Auswirkungsgrundsatz in der Regel am Überzeugendsten bewältigen lassen, wurde in der vorliegenden Untersuchung zudem durch die Lösung fiktiver Sachverhaltskonstellationen aufgezeigt (siehe Fälle *„Berliner Unternehmen"*, *„Moskauer Unternehmen"*, *„Konzentrationslager"*, *„Georgier"*).[28]

Bei der Bestimmung der Grenzen des Auswirkungsgrundsatzes erweisen sich *Inhaltsverbreitungs- und Äußerungsdelikte* im Cyberraum als *besonders problematisch*, etwa wenn im Inland strafbare Inhalte auf einem ausländischen Server gespeichert sind.[29] Staaten außerhalb des Serverstandorts haben dabei regelmäßig keinen Zugriff auf Täter und Server. Folglich werden (insbesondere angelsächsische) Staaten mit (hinsichtlich der fraglichen Inhalte) liberalen

---

[23] *Paramonova*, University Academic Digest, 2013.
[24] BGHSt 46, 212; siehe Kapitel 6 Falllösung (*Fälle „Australier"* und *„Konzentrationslager"*), S. 244 und 252.
[25] Siehe Kapitel 2 Fälle und Entscheidungen, S. 35 und Kapitel 6 Falllösung (*Fall „Kasache"*), S. 242; Stadtbezirksgericht (StBezG) von Krasnodar, Bulleten N8, August 2008.
[26] Kapitel 6 Falllösung (*Fall „Loveletter"*), S. 224; FED: Love Bug infects computers worldwide: http://www.highbeam.com/doc/1P1-26415167.html; *Goodman/Brenner,* Criminal Conduct in Cyberspace, 2002.
[27] Siehe Kapitel 5 Einzelne Strafanwendungsprinzipien (*Territorialitätsprinzip, USA*), S. 153. 714 N.Y.C. 2d 844 (N.Y. App. Div. 1999).
[28] Siehe Kapitel 6 Falllösung (*Fall „Berliner Unternehmen"* und *Fall „Moskauer Unternehmen"*), S. 199 und 216.
[29] Siehe dazu: *Cornils* JZ 1999, S. 394 ff.; *Sieber*, NJW 1999, S. 2071 ff.

Rechtslagen als Plattformen benutzt, um inländische Verbote zu umgehen (siehe auch Fall „*Australier*").[30]

Gravierende Folgen können über das Internet verbreitete Inhalte etwa im Falle von Cybermobbing haben, was in einigen Rechtsordnungen nicht einmal als eine strafbare Beleidigung einzustufen ist, allerdings in mehreren bekannt gewordenen Fällen ursächlich für Selbstmorde bei Jugendlichen wurde.[31] Im Hinblick auf die hier untersuchten Rechtsordnungen wird die Aktualität dieses Problems durch die in Russland nunmehr bevorstehende Entkriminalisierung von Beleidigung und Verleumdung unterstrichen.[32]

Ähnliche Zuständigkeitsprobleme werfen Computersystem- und Datenschutzdelikte im Internet auf. So kann beispielsweise bei der *Verbreitung schädlicher Computerprogramme*, die zur Schädigung von Daten und Computersystemen führen, grundsätzlich jeder betroffene Staat zuständig sein.

Zwar erscheint hierbei als Maßstab der Zuständigkeit eine *Differenzierung nach „Pull-" und „Push-Technologien"* möglich, was in einigen Fällen bei Inhaltsverbreitungs- und Äußerungsdelikten auch plausibel ist. Dieser Lösungsansatz geht allerdings in vielen Konstellationen der Inhaltsverbreitungs-, Computersystem- und Datenschutzdelikte ins Leere.[33] Selbst bei einer ursprünglich gezielten Virenverbreitung (z.B. Versand einer infizierten E-Mail) wird der Aussagewert einer auf „Push-Technologien" abstellenden Legitimierungsbegründung durch den Umstand nivelliert, dass sich Computerviren in der Regel unabhängig vom ursprünglichen Adressaten rasant schnell weiterverbreiten können.

Die Zuständigkeitsprobleme verschärfen sich im Zuge der *weiteren technischen Entwicklung*. Der Tatort im traditionellen Sinne eines ‚physischen Handelns' verliert also zunehmend an Bedeutung, während der Erfolgsort der durch Cybercrime verursachten Konsequenzen dafür an Bedeutung gewinnt. Besonders deutlich wird dies bei sog. *Cloud-Computing,* bei dem sich die Daten nicht mehr auf einem lokalen Rechner oder in einem Rechenzentrum befinden, sondern in einer metaphorischen „Wolke" (engl. *cloud).* Diese Wolke beschreibt ein Netz

---

[30] Siehe Kapitel 2 Fälle und Entscheidungen, S. 35 und Kapitel 6 Falllösung (*Fall „Australier"),* S. 244.
[31] Kampf gegen Mobbingseite "isharegossip" vorerst erfolgreich: http://www.mobbing-zentrale.de/04-mob-block/mobbing/cyber-mobbing/isharegossip-vom-netz.html; siehe auch: *Popp,* Internetchat und Verbrechensverabredung, juris 2012.
[32] Oskorblenie i kleveta perestanut schitatsya ugolovnimi prestuplenijami: http://www.yur-gazeta.ru/new.php?n=2677.
[33] Kapitel 3 Strafanwendungsrecht (*„Pull"- und „Push-Technologien"*), S. 41 ff.

von über das Internet zusammengeschlossenen Rechnern, in welche die lokale Datenverarbeitung ausgelagert werden kann.[34]

Festzuhalten ist daher, dass zur Legitimierung nationaler Strafrechtsanwendung **inhaltliche Kriterien im Mittelpunkt** stehen müssen. Rein technische Anknüpfungspunkte erweisen sich hingegen als zunehmend aussagelos, etwa weil sie durch eine Verlegung des Serverstandorts ohnehin leicht überwindbar sind und zudem für den lediglich formell betroffenen Staat kaum den Verfolgungsaufwand rechtfertigen werden. Die zunehmende Rolle des Auswirkungsgrundsatzes erscheint deshalb sachgerecht.[35]

7.4 Zuordnung des Auswirkungsgrundsatzes zum Schutzprinzip.

Die Frage der strafzumessungsrechtlichen Natur des Auswirkungsgrundsatzes ist dahingehend zu präzisieren, dass es sich beim ihm in Anbetracht seines überwiegend extraterritorialen Charakters nicht um eine Ausprägung des Territorialitätsprinzips, sondern des Schutzprinzips handelt, was zu einem Umdenken hinsichtlich der Hierarchie der Strafanwendungsgrundsätze im Cyberspace zwingt.

Die Präferenz für einen möglichst umfassenden Anknüpfungsgrundsatz überrascht nicht, da Staaten in Anbetracht der *Charakteristika des Cyberraums* (Grenzlosigkeit, hohen Geschwindigkeit, Anonymität) bei der Suche nach adäquaten rechtlichen Reaktionen auf Cyberraummissbräuche ohnehin auf vielfältige Schwierigkeiten treffen.[36]

Weiterhin tendieren allerdings einzelne Staaten dazu, die Anwendung ihres Strafrechts im Cyberraum möglichst umfassend mit der Autorität des hinsichtlich seiner Legitimität unangefochtenen Territorialgrundsatzes zu begründen, indem sie auf den Auswirkungsgrundsatz als anerkannten Bestandteil des ersteren abstellen.

Ursache dafür dürfte sein, dass das **Territorialitätsprinzip** in der Hierarchie der Legitimierungsprinzipien völkerrechtlich **der anerkannteste Grund-**

---

[34] Dazu siehe: *Armbrust/Fox/Konwinski,* Above the Clouds; *Weichert,* Cloud Computing. Beim Cloud Computing wird unterschieden zwischen Software-as-a-Service (SaaS), Storage-as-a-Service, Platform-as-a-Service (Paas), Infrastructure-as-a-Service (IaaS). Beim SaaS etwa wird Software nicht auf dem eigenen Rechner installiert, sondern für den Bedarfsfall im Netz bereitgestellt. Im Idealfall soll es dem Nutzer egal sein können, ob gerade der eigene oder ein weit entfernter Computer eine Aufgabe löst.
[35] Siehe auch: *Dittrich,* ZIS, S. 81.
[36] Zu den territorialen Grenzen Strafrechts: *Sieber,* Grenzen des Strafrechts, ZStW 2007, S. 8 ff.

7.4 Zuordnung des Auswirkungsgrundsatzes zum Schutzprinzip.

satz ist. In ihm kommt nämlich mit besonderer Deutlichkeit jene dem Strafanwendungsrecht zugrunde liegende Kernidee zum Ausdruck (wie sie sich insbesondere auch in der engen Interpretation des Territorialitätsprinzips im russischen Recht wiederspiegelt, Art. 11 UKRF), dass jeder Staat souverän ist und andere Staaten ihn auch im Bereich des Strafrechts nicht verordnen dürfen. So kann zwar die Anwendung nationalen Strafrechts glaubwürdig begründet und zudem Flexibilität bei der Verfolgung von Cyberkriminalität gewährleistet werden.

Es stellt sich jedoch die Frage, ob ein solches strafanwendungsrechtliches Vorgehen tatsächlich noch als zeitgemäß gelten kann oder ob dies nicht vielmehr zu einer Vermehrung von Zuständigkeitskonflikten, mitunter gar zur Omnizuständigkeit eines Staates führt. Es bestehen Zweifel, ob schädliche Auswirkungen von Cyberkriminalität angesichts der Grenzlosigkeit, hohen Geschwindigkeit und Anonymität des Cyberraums tatsächlich mit dem Territorialitätsprinzip erfasst werden können, und ob hier nicht vielmehr dem Schutzprinzip Vorrang gebührt.[37]

Bei der Bestimmung der Zuständigkeit im Falle positiver Zuständigkeitskonflikte ist die Frage der **Zuordnung des Auswirkungsgrundsatzes** zum Territorialitätsprinzip (und nicht zum Schutzprinzip) deshalb von besonderer Bedeutung, weil der betreffende Staat dann im Rahmen zwischenstaatlicher Beziehungen auf die besondere Legitimität seiner Strafrechtsanwendung verweisen kann. Bei Cyberdelikten fehlt es aber regelmäßig an einer Rechtsgutsverletzung am Handlungsort, weshalb territoriale Ansätze im traditionellen Sinn hier versagen.[38]

Bei *traditionellen Delikten* wird das körperliche Handeln (wegen der physischen Präsenz des Täters und der normalerweise vor Ort bewirkten schädlichen Konsequenzen) automatisch als genügender Grund für die Rechtsanwendung angesehen. Bei *Internetdistanzdelikten* hingegen würde der Handlungsort vielfach einen lediglich formalen Anknüpfungspunkt darstellen, der für sich die Verfolgung der Tat regelmäßig noch nicht zu begründen vermag. So kann beispielsweise ein Täter von einem in Deutschland oder in Russland stehenden Computer eine Tat begehen, die sowohl im Ausland als auch am Handlungsort grundsätzlich mit Strafe bedroht ist, die allerdings im Inland keine schädlichen Auswirkungen entfaltet und daher dort vielfach nicht verfolgt werden wird.

---

[37] *Paramonova*, Ugolovnoe presledovanie transnacional'nyh Internet-prestuplenij, 2009, S. 327–331.
[38] *Paramonova*, University Academic Digest, 2013.

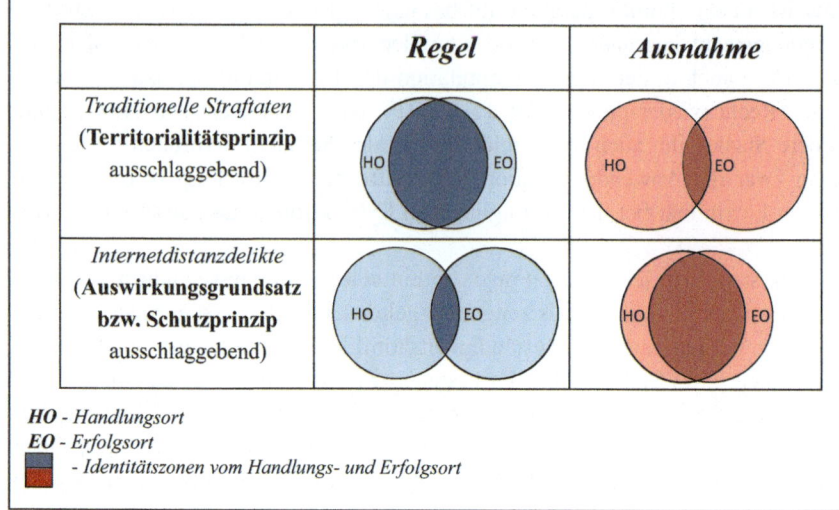

Abbildung 9: Vorrang: Regel vs. Ausnahme

Eine Anwendung nationalen Strafrechts wäre hier über das Territorialitätsprinzip (Handlungsort gem. § 3 i.V.m. § 9 StGB beziehungsweise Art. 11 Abs. 1 UKRF) zwar durchaus zu rechtfertigen, seitens der Strafverfolgungsbehörden wird aber eine mögliche Beeinträchtigung inländischer Rechtsgüter regelmäßig für erforderlich gehalten werden.[39] Kernmerkmal des Territorialitätsprinzips ist also der Schutz von auf dem Territorium des Staates befindlichen Rechtsgütern.

Demnach sollte gerade bei Cyberspace-Kriminalität die *extraterritoriale und nicht die territoriale Natur des Auswirkungsgrundsatzes* – mithin seine Zugehörigkeit zum Schutzprinzip im weiteren Sinne – hervorgehoben werden.

Zwar ist bei Cyberdelikten insofern immer auch ein konkreter territorialer Anknüpfungspunkt gegeben, als der schädliche, strafrechtlich relevante Impuls von einem konkreten Territorium ausgeht. Anders als bei traditionellen Straftaten ist hier aber regelmäßig damit zu rechnen, dass mit einer Tat Rechtsgüter in mehreren Staaten beeinträchtigt werden. Die Betroffenheit der Interessen mehrerer Staaten stellt im Cyberspace mithin eher den Regelfall als eine Ausnahme dar.

Bei **traditionellen Straftaten** ist in der Regel davon auszugehen, dass durch die auf einem bestimmten Territorium begangene Tat dort auch die schäd-

---

[39] Siehe Kapitel 5 Einzelne Strafanwendungsprinzipien (*Territorialitätsprinzip, Deutschland*), S. 134.

lichen Konsequenzen eintreten. Nur ausnahmsweise ist mit einem tatbestandlichen Erfolg im Ausland zu rechnen. Bei einer Bestrafung am Tatort kann zudem dem lokalen sozialen, kulturellen und wirtschaftlichen Hintergrund der Tat am besten Genüge getan werden. Die zentrale Rolle des *Territorialitätsprinzips* ist also in diesem Bereich nur konsequent.[40]

Im Cyberraum ist es hingegen häufig der Regelfall, dass die inkriminierte Handlung auf einem Territorium erfolgt, die schädlichen Konsequenzen aber (vor allem) im Ausland eintreten, während eine Identität von Handlungs- und Erfolgsort eher die Ausnahme ist (z.B. beim Verbreiten von Computerviren oder von illegalen Inhalten im Internet). Ausschlaggebend muss hier deshalb das *Schutzprinzip* sein.[41]

7.5 Lösungsansätze.

Soweit hinsichtlich eines Cyberdelikts zugleich mehrere Staaten die Anwendbarkeit ihres Rechts beanspruchen, stellt sich die Frage einer vorrangigen Zuständigkeit. Auf **nationaler Ebene** ist es grundsätzlich irrelevant, mit welchem Grundsatz ein Staat die Anwendung seines Strafrechts legitimiert (Territorialitäts-, Schutz- oder etwa Personalitätsprinzip). Entscheidend ist die Abgrenzung des nationalen Strafanwendungsrechtsbereichs. Die Zuständigkeit anderer Staaten bleibt hier in der Regel außer Betracht.

Die Frage einer objektiv vorrangigen Zuständigkeit wird sich deshalb nur im Rahmen eines zwischenstaatlichen Verfahrens (auf **internationaler Ebene**) zuverlässig beantworten lassen, nicht zuletzt weil nur so eine umfassende Berücksichtigung der in den jeweiligen Staaten eingetretenen Folgen möglich sein wird. Zur Auflösung positiver Zuständigkeitskonflikte sind folgende Aspekte zu berücksichtigen:

a) Zunächst ist zu prüfen, ob die Interessen des jeweiligen Staates überhaupt betroffen sind um eine Anwendung seines Rechts zu legitimieren (nationale Ebene).

b) Weiterhin muss bei transnationalen Cyberdelikten danach gefragt werden, in welchen Staaten die gravierendsten Beeinträchtigungen von Rechtsgütern vorliegen, wobei sowohl ihre bloße Gefährdung als auch ein tatsächlicher Schadenseintritt zu berücksichtigen sind.

---

[40] *Lehle*, Der Erfolgsbegriff im Internet, 1999, S. 40.
[41] *Paramonova*, Priroda jurisdikzionnich norm ugolovnogo prava, 2011, S. 714 – 720.

Für die objektive Lösung positiver Zuständigkeitskonflikte ist eine *international anerkannte Hierarchisierung der Strafanwendungsprinzipien* erforderlich. Ohne eine solche ist eine einheitliche Lösung von Zuständigkeitskonflikten nicht möglich. Zur angemessenen Berücksichtigung des Auswirkungsgrundsatzes ist dem *Schutzprinzip* gegenüber dem Territorialitätsprinzip Vorrang einzuräumen.

Dabei kommt der Anerkennung **gemeinsamer materiell-strafrechtlicher Mindeststandards**, auf welche sich bereits eine große Zahl von Staaten im Rahmen der Cybercrime-Konvention geeinigt hat, eine entscheidende Rolle zu.[42] Wichtig erscheint hier der Beitritt möglichst vieler Staaten zur Konvention und zudem die Entwicklung weiterer internationaler Abkommen zur Harmonisierung von Cyberdelikten, denn nationale Rechtsordnungen beurteilen einschlägige Verhaltenskonstellationen in materiell-rechtlicher Hinsicht oftmals sehr unterschiedlich. Dies kann im Zuge extraterritorialer Strafrechtsanwendung zu zwischenstaatlichen Spannungen führen.

Zudem hat man sich zu vergegenwärtigen, dass ein Staat, der seine Zuständigkeit mit inhaltlichen Kriterien begründet regelmäßig auf die **Kooperation insbesondere des Handlungsortstaates** angewiesen sein wird, insbesondere um des Täters habhaft zu werden.[43] Eine solche Zusammenarbeit dürfte aber in der Regel nur bei Doppelstrafbarkeit zu erwarten sein.

c) Zur autoritativen Lösung positiver Jurisdiktionskonflikte wird zukünftig die Schaffung **entsprechender internationaler Institutionen** unabdingbar sein.

Es ist sogar durchaus denkbar, dass aufgrund des enormen Potenzials der mit der Digitalisierung wesentlicher Infrastrukturen verbundenen und teilweise noch nicht einmal identifizierten Cybergefahren in Zukunft die Gründung einer **Internationalen Gerichtlichen Strafrechtsinstitution für Cybercrime** (*Internationaler Cybercrime Gerichtshof*) nach dem Muster des Internationalen Strafgerichtshofs erforderlich wird.[44]

Ihre Aufgabe wäre vor allem die Klärung von Jurisdiktionsfragen in Fällen schwerer Cyberkriminalität, möglicherweise aber auch die Strafverfolgung selbst. Denn immer mehr Rechtsgüter von nicht nur nationaler Bedeutung werden durch virtuelle Kriminalität bedroht. So werden heutzutage wesentliche

---

[42] *Sieber*, NJW 1999, 2073.
[43] Siehe dazu: *Ambos*, in: Münchener Kommentar, §§ 3–7 StGB, Rn. 54 - 55.
[44] Siehe Kapitel 3 Strafanwendungsrecht (*Internationaler Cybercrime Gerichtshof*), S. 61; *Ahlbrecht/ Böhm/Esser/Hugger/Kirsch/Rosenthal*, Internationales Strafrecht in der Praxis, 2008, S. 99 ff., 423 ff.; *Beulke,* Strafprozessrecht, 2010, S. 5 ff.; *Paramonova*, University Academic Digest, 2013.

Infrastrukturen wie beispielsweise die Wasser- und Stromversorgung sowie Datenbanken verschiedenster Art durch Informations- und Kommunikationstechnologien gesteuert.[45] Dadurch kann das Schädigungspotenzial von Internetkriminalität unter Umständen gar die Schwere der „core crimes" des „Rom-Statuts" erreichen, etwa durch Angriffe auf lebenswichtige Infrastrukturen oder die Verbreitung von Informationen zum Bau von Massenvernichtungswaffen. Die zunächst nur virtuellen Schäden haben also das Potential, menschliche Gemeinschaften auf neuartige und schwerwiegende Weise zu schädigen.[46]

d) Eine **Lösung positiver Zuständigkeitskonflikte** im Falle grundsätzlich gleichrangiger Zuständigkeitsansprüche hat sich daran zu orientieren, hinsichtlich welches Staates zusätzlich zu den neutralen objektiven Anknüpfungspunkten (etwa der Standort eines Servers) auch faktische und juristische Sonderbezugspunkte (inhaltliche objektive Anknüpfungspunkte) bestehen.[47]

Als „**faktische Sonderbezugspunkte**" sind solche für den Sachverhalt relevante (historische) Tatsachen, die einen besonders engen Bezug zu einer Rechtsordnung begründen (z.B. die Geschichte eines Staates), zu verstehen. **Juristische Sonderbezugspunkte** meint jene strafanwendungsrechtlichen und materiellen Normen, die das interne Rechtsgut unter besonderen strafrechtlichen Schutz stellen, etwa der „Auschwitzlüge-Paragraph" (§ 130 Abs. 3 StGB) im deutschen Recht.[48]

Diese Methode ist vor allem für die *Inhaltsverbreitungsdelikte* bedeutsam. Sie erlaubt es hier am besten, den Auswirkungsgrundsatz gerecht zu werden, denn obwohl online verbreitete Inhalte weltweit abrufbar sind, besteht bei diesen Delikten eine höhere Wahrscheinlichkeit, dass durch inhaltliche Anknüpfungspunkte ein besonderer Bezug zu einem bestimmten Staat hergestellt wird (vgl. Fälle *„Australier"*, *„Konzentrationslager"* und *„Georgier"*).

Erst wenn ein solcher Bezug fehlt, sollte auf Territorialitäts- oder Personalitätskriterien abgestellt werden. Bei hinsichtlich der Nationalität „neutralen" Verhaltensformen sind weitere Kriterien zu berücksichtigen, etwa quantitative Parameter (beispielsweise die Anzahl der Abrufe der Quellen-Website aus dem

---

[45] *Gercke*, Understanding Cybercrime, 2009; *Suter*, Generic National Framework For Critical Information Infrastructure Protection, 2007.
[46] *Wigert*, Varying policy responses to Critical Information Infrastructure Protection, 2006; *Wilshuse*n, Internet Infrastructure, Challenges in Developing a Public/Private Recovery Plan, 2007.
[47] Siehe Kapitel 3 Strafanwendungsrecht (*Möglichkeiten der Begrenzung der strafrechtlichen Zuständigkeiten*), S. 70 ff.
[48] Siehe Kapitel 3 Strafanwendungsrecht, (*Möglichkeiten der Begrenzung der strafrechtlichen Zuständigkeiten*), S. 70 ff. und Kapitel 6 Falllösung (*Fälle „Australier"* und *„Konzentrationslager"*), S. 244 ff. und 252 ff.

Inland).⁴⁹ Ein „neutraler" Charakter eines Verhaltens ist beispielsweise anzunehmen, wenn es keinen besonderen Bezug zu einem Staat aufweist und dieses Verhalten durch eine Vielzahl von Staaten kriminalisiert wird, wie etwa im Falle von Kinderpornographie (vgl. Fälle „*Herr Pornikov*" und „*Herr Lust*").⁵⁰

Bei *Computersystemschutzdelikten* ist vor allem auf den eingetretenen Schaden abzustellen. Im Gegensatz zu den Inhaltsverbreitungsdelikten entfalten insbesondere Schadprogramme ihre Wirkung überall auf technisch gleiche Weise. Demzufolge kann man in der Regel schwer einen besonderen inhaltlichen Bezug zu einem bestimmten Staat feststellen. Bei Computerviren, für die eine unkontrollierte Vermehrung charakteristisch ist, verstärkt sich der „Weltweiteffekt". Daher wäre es hier naheliegend, den am stärksten betroffene Staat für zuständig zu erklären, wofür der entstandene Schaden maßgeblich sein dürfte (vgl. Fall „*Loveletter*").⁵¹

7.6 Schlusswort

Die in der Arbeit am Beispiel der drei untersuchten Rechtsordnungen erläuterten Tendenzen im Bereich der nationalen Strafrechtszuständigkeit im Cyberspace lassen verschiedene Entwicklungsszenarien möglich erscheinen (*s. Abbildungen 1-5*). Jedenfalls ist abzusehen, dass in Anbetracht der rasanten technischen Entwicklung **Zuständigkeitsfragen im Cyberspace weiter zunehmen** werden. Dies gilt nicht zuletzt deshalb, weil die gesellschaftliche Bedeutung der Cybertechnologien gegenwärtig in vielen Ländern noch vergleichsweise gering ist und das Ausmaß ihrer sozialen Integration noch nicht das Niveau etwa der USA (ca. 77 % Internetnutzer) oder Deutschlands (ca. 79 %) erreicht hat. So nutzt in der russischen Föderation noch nicht einmal die Hälfte der Bevölkerung (ca. 43 %) das Internet, *s. Abbildung 5*.⁵²

Entsprechend wurde das (Straf)Recht in den USA und dann auch in Deutschland zu einem vergleichsweise frühen Zeitpunkt an die neuen technischen Realitäten angepasst.⁵³ Diese Entwicklung erfasst auch das Strafanwendungsrecht, wobei in den USA diesbezüglich bereits spezifische gesetzliche

---

[49] Siehe Kapitel 6 Falllösung (*Fälle „Australier" und „Konzentrationslager"*), S. 244 ff. und 252 ff.
[50] Siehe Kapitel 6 Falllösung (*Fälle „Herr Pornikov" und „Herr Lust"*), S. 186 und 193.
[51] Siehe Kapitel 6 Falllösung (*Fall „Loveletter"*), S. 224.
[52] Razvitie interneta v regionah Rossii: http://actualweb.ru/2010/04/20/.
[53] Siehe Kapitel 1 Einleitung und methodologische Ansätze der Arbeit (*Methoden und System der rechtsvergleichenden Analyse*), S. 12.

7.6 Schlusswort

Regelungen geschaffen wurden, wohingegen in Deutschland und Russland die Rechtsprechung versucht, durch die rechtsfortbildende Auslegung traditioneller Strafanwendungsvorschriften die sich stellenden Probleme zu bewältigen. Diese weitgehend einzelstaatlichen Lösungsansätze führen jedoch zu „Allzuständigkeit". Absehbar ist deshalb, dass ohne die Schaffung international anerkannter Zuständigkeitsregelungen eine zunehmend extensive extraterritoriale Anwendung nationalen Strafrechts sich zur Quelle zwischenstaatlicher Spannungen entwickelt. Andererseits kann ein Abstellen auf rein territoriale Anknüpfungspunkte im Cyberspace nicht zufrieden stellen, sondern vernachlässigt die Interessen der hinsichtlich ihrer Rechtsgüter beeinträchtigten Staaten.

Notwendig erscheint es jedenfalls, die Rolle des Territoriums in seinem klassischen Sinne und die damit verbundenen **rein physisch-formellen Anknüpfungspunkte bei der Entscheidung von Zuständigkeitsfragen im Cyberspace auf ein Minimum zu reduzieren.** Diese sollten lediglich als sekundäre Hilfskriterien und nicht als primäre Zuständigkeitsmerkmale dienen.

Zwar ist unumstritten, dass die physischen Komponenten des Netzes (z.B. Server, Router) bei Distanzdelikten im Cyberraum Orientierung bieten und eine gewisse Kontrolle des Internetraums gewährleisten (Fälle *„Kasache", „CompuServe", People v. World Interactive Gaming Corp.*). Sie sind jedoch normalerweise nicht geeignet, die vorrangige Zuständigkeit eines Staates objektiv zu bestimmen. Wichtiger als rein formale Anknüpfungspunkte (etwa der Standort eines Rechners/Servers oder der Handlungsort) sind insbesondere die finalen Interessen des Täters, der Eintrittsort schädlicher Konsequenzen und der Schwerpunkt des Gefährdungspotentials. Daher verbleibt dem Territorialitätsprinzip im Cyberraum ein relativ enger Legitimierungsbereich.

Dem Schutzprinzip im weiteren Sinne kommt bei transnationalen Cyberdelikten eine zentrale Rolle zu. Dieses Prinzip verkörpert den **Auswirkungsgrundsatz („effects nexus")**, der seit jeher im Mittelpunkt der Begründung staatlichen Strafrechts steht und in Anbetracht des Bedeutungsverlusts territorialer Anknüpfungspunkte im Cyberspace als einzig wirklich aussagekräftiges Kriterium verbleibt.

Ihm kommt bereits auf *nationaler Ebene* Bedeutung zu (nicht zuletzt für die Bejahung eines öffentlichen Interesses an der Strafverfolgung), vor allem aber auf *internationaler Ebene* zur Hierarchisierung von Strafanwendungsansprüchen im Falle positiver Zuständigkeitskonflikte. Der Auswirkungsgrundsatz muss hierbei dem Schutzprinzip als Prioritätsstrafanwendungsprinzip und nicht einem in der Hierarchie niedriger stehenden Strafanwendungsgrundsatz zugeordnet werden.

Strafrecht dient dem Schutz von Rechtsgütern. Die Legitimierung der Strafrechtsanwendung im Cyberraum muss sich dieser Zielsetzung in besonderem Maße bewusst sein und darf sich nicht vorrangig auf formale Kriterien stützen, sondern muss vielmehr die Auswirkungen inkriminierten Verhaltens in den Mittelpunkt stellen. Andernfalls zeichnet sich eine Entwicklung hin zu einem formalistischen Strafrecht ab, welches die Frage der Beeinträchtigung von Rechtsgütern aus dem Blick verliert und deshalb sein eigentliches Ziel verfehlt.

Literaturverzeichnis

Adel'hanyan, Robert A. Ugolovnoe Pravo Rossii (Das Strafrecht Russlands). Moskau, 2004 (zit.: *Adel'hanyan*, Ugolovnoe Pravo Rossii, 2004)

Ahlbrecht, Heiko / Böhm, Klaus Michael / Esser, Robert / Hugger, Heiner / Kirsch, Stefan / Rosenthal, Michael. Internationales Strafrecht in der Praxis (Praxis der Strafverteidigung). Heidelberg, 2008 (zit.: *Ahlbrecht/Böhm/Esser/Hugger/Kirsch/Rosenthal*, Internationales Strafrecht in der Praxis, 2008)

Akehurst, Michael. Jurisdiction in International Law, 1972-3 46 British Yearbook of International Law (zit.: *Akehurst*, Jurisdiction in International Law, 1972)

Altenhain, Karsten. Die strafrechtliche Verantwortung für die Verbreitung mißbilligter Inhalte in Computernetzen. Heft 8, CR 1997, S. 485 ff. (zit.: *Altenhain*, CR 1997)

Ambos, Kai. Internationales Strafrecht. 3. Auflage, München, 2011 (zit.: *Ambos*, Internationales Strafrecht, 2011)

Ambos, Kai. In: Münchener Kommentar zum StGB, §§ 3–7 StGB, 2. Auflage 2011 (zit.: *Ambos*, in: Münchener Kommentar)

Ambos, Kai / Steiner, Christian. Vom Sinn des Strafens auf innerstaatlicher und supranationaler Ebene. Heft 1, JuS 2001, S. 9 ff. (zit.: *Ambos/Steiner*, JuS 2001)

Armbrust, Michael / Fox, Armando / Konwinski, Andy. Above the Clouds: A Berkeley View of Cloud Computing. Abrufbar: unter: http://d1smfj0g31qzek.cloudfront.net/abovetheclouds.pdf (zit.: *Armbrust/Fox/Konwinski*, Above the Clouds)

Arschinov V.I. / Budanov V.G. Synergetik an der Wende von XX zum XXI Jahrhunderte. Moskau, 2007 (zit.: *Arschinov/Budanov*, Synergetik an der Wende, 2007)

Babarykin, Petr, V. / Kitaev K.K. K voprosu o jurisdikzii pri rassmotrenii komputernih prestuplenij (Zu der Frage der Zuständigkeit bei den Computerstraftaten). Informazionnaja bezopasnost Rossii IBRR-2001, Sankt-Petersburg: Institut avtomatizazii i informatizazii, S. 41 ff. (zit.: *Babarykin/Kitaev*, Informazionnaja bezopasnost Rossii, 2001)

Babkin; Sergej A. Intellektualnaya sobstvennost' v Internete (Urheberrecht im Internet). UrInfor, Moskau, 2006 (zit.: *Babkin*, Intellektualnaya sobstvennost' v Internete, 2006)

Barton, Dirk-Michael. Multimedia-Strafrecht. Ein Handbuch für die Praxis. Neuwied, 1999 (zit.: *Barton*, Multimedia-Strafrecht, 1999)

Bartram S. Brown. Primacy or complementarity: reconciling the jurisdiction of national courts and international criminal tribunals. 23 Yale J Int'l L, 1998 (zit.: *Bartram S. Brown*, Primacy or complementarity: reconciling the jurisdiction of national courts and international criminal tribunals, 1998)

Baturin, Yurij M. Problemi compyuternogo prava (Die Probleme des Computerrechts). 3. Auflage, Moskau, 1991 (zit.: *Baturin*, Problemi compyuternogo prava, 1991)

Becker, Lynn. Electronic Publishing: First Amendment Issues in the Twenty-First Century, 13 FORDHAM URB. L.J. 801, 703 n.7, 1984/1985 (zit.: *Becker*, Electronic Publishing, 1984/1985)

Beisel, Daniel / Heinrich, Bernd. Die Strafbarkeit der Ausstrahlung pornographischer Sendungen. Heft 3, JR 1996, S. 95 ff. (zit.: *Beisel/Heinrich*, JR 1996)

Beulke, Werner. Strafprozessrecht. 11. Auflage, Heidelberg, 2010 (zit.: *Beulke*, Strafprozessrecht, 2010)

Binder, Jörg. Strafbarkeit intelligenten Ausspähens von programmrelevanten DV-Informationen. Marburg 1994 (zit.: *Binder*, Strafbarkeit intelligenten Ausspähens von programmrelevanten DV-Informationen, 1994)

Binding, Karl. Hanbuch des Strafrechts. Erster Band, Leipzig, 1885 (zit.: *Binding*, Hanbuch des Strafrechts, 1885)

Bogusch, Gleb. Ugolovnij Zakon. //Ugolovnoe pravo Rossii, Obschaja Chast. Glava 3 (Strafgesetz. //Russisches Strafrecht. Allgemeiner Teil. Kapitel 3.). Moskau, Wolters Kluwer, 2011, S. 78 ff. (zit.: *Bogusch*, Ugolovnij zakon, 2011)

Brauch, Patrick. E-Mail, aber sicher; Der richtige Umgang mit elektronischer. Post. c't Heft 20/2000 (zit.: *Brauch*, E-Mail, aber sicher, c't 2000)

Bremer, Karsten. Strafbare Internet-Inhalte in internationaler Hinsicht. Ist der Nationalstaat wirklich überholt? Frankfurt am Main, 2001 (zit.: *Bremer*, Strafbare Internet-Inhalte, 2001)

Brenner W. / Bert-Jaap Koops. Approaches to Cybercrime Jurisdiction. 4 J. High Tech. L. 2004, S. 1 ff. (zit.: *Brenner/Koops*, Approaches to Cybercrime Jurisdiction, 2004)

Brody, David C. / Acker, James R. / Logan, Wayne A. Criminal law. Wolters Kluwer, 2001 (zit.: *Brody/Acker/Logan*, Criminal law, 2001)

Brownlie, Ian. Principles of Public International Law. 7. Auflage, 2008 (zit.: *Brownlie*, Principles of Public International Law, 2008)

Brunnstein, Klaus. Computerviren und andere bösartige Software, CR 1993 (*Brunnstein*, Computerviren, CR 1993)

Bühler, Christoph. Ein Versuch, Computerkriminellen das Handwerk zu legen: Das Zweite Gesetz zur Bekämpfung der Wirtschaftskriminalität, MDR 1987, S. 448 ff. (zit.: *Bühler*, Ein Versuch, Computerkriminellen das Handwerk zu legen, MDR 1987)

Channov, Sergej E. Informazionnoe pravo kak kompleksnaya otrasl' rossijskogo prava (Informationsrecht als komplexes Rechtsgebiet des russischen Rechts). Saratov, 2005 (zit.: *Channow*, Informazionnoe pravo, 2005)

Chichneva, Elena A. Pravovie problemi Interneta. Vestnik Moskovskogo Universiteta (VMU), Heft 7, 2002, S. 108 ff. (Zu den Rechtlichen Problemen des Internet, Informationsblatt Moskauer Universität, (zit.: *Chichneva*, VMU 2002)

Collardin, Marcus. Straftaten im Internet. Fragen zum internationalen Strafrecht. CR 1995, S. 618 ff. (zit.: *Collardin*, CR 1995)

Cornils, Karin. Der Begehungsort von Äußerungsdelikten im Internet. Heft 8, JZ 1999, S. 394 ff. (zit.: *Cornils*, JZ 1999)

Currie, Brainerd. Selected Essays on the Conflict of Laws. 1963 (zit.: *Currie*, Selected Essays on the Conflict of Laws, 1963)

D'jakov, Sergej V. Kommentarii k UKRF (Kommentare zum UKRF). Jurisprudenzija, Moskau, 2008 (zit.: *D'jakov*, Kommentarii k UKRF, 2008)

Dannecker, Gerhard. Neuere Entwicklungen im Bereich der Computerkriminalität: Aktuelle Erscheinungsformen und Anforderungen an eine effektive Bekämpfung. In: BB 1996 (zit.: *Dannecker*, Neuere Entwicklungen im Bereich der Computerkriminalität, 1996)

Derksen, Roland. Strafrechtliche Verantwortung für in internationalen Computernetzen verbreitete Daten mit strafbarem Inhalt. NJW 1997, S. 1878 ff. (zit.: *Derksen*, NJW 1997)

Dittrich, Diana. Tagungsbericht: Juristiktionskonflikte bei grenzüberschreitender organisierter Kriminalität - Ein Rechtsvergleich zum Internationalen Strafrecht. ZIS 2012, S. 81-83 (zit.: *Dittrich*, ZIS 2012)

Donald W.Greig. Sources of International Law, in Sam Blay, Ryszard Piotrowicz und Martin Tsamenyi (Hrg.); Public International Law – An Australian Perspective. 2. Auflage, Melbourne: Oxford University Press, 2005 (zit.: *Donald W.Greig*, Sources of International Law, 2005)

Dorfmann, Marat. Zeitschrift Pravo i politika 2006. N 11 (Recht und Politik). Abrufbar unter: http://www.nbpublish.com/lpmag/single_mag.php?id=&month=11&year =2006 (zit.: *Dorfmann*, Pravo i politika 2006)

Dressler, Joshua. Understanding Criminal Law. 5. Auflage, Lexisnexis, 2009 (zit.: *Dressler*, Understanding Criminal Law, 2009)

Dubber, Markus / Kelman, Mark. American Criminal Law. University Casebook Series. Foundation Press, New York, 2005 (zit.: *Dubber/Kelman*, American Criminal Law, 2005)

Dulenko, Vladimir A. Compúternaja prestupnost' i zaschita informazii (Computerkriminalität und Informationsschutz, Vorlesungen). Ufa, 1995, S. 4 ff. (zit.: *Dulenko*, Computerkriminalität und Informationsschutz, 1995)

Endemann, Jutta. Interlokalrechtliche Probleme im Bereich des Staatsschutzstrafrechts unter besonderer Berücksichtigung des Tatortbegriffes. NJW 1966, S. 2381 ff. (zit.: *Endemann*, NJW 1966)

Engel, Christoph. Inhaltskontrolle im Internet. AfP 1996, S. 220 ff. (zit.: *Engel*, AfP 1996)

Eser, Albin. Internet und Internationales Strafrecht. Heidelberg: Müller, 2002. Abrufbar unter: http://www.freidok.uni-freiburg.de/volltexte/3784/pdf/Eser_Internet_und_internationales_Strafrecht.pdf (zit.: *Eser*, Internet und Internationales Strafrecht, 2002)

Eser, Albin / Kreicker, Helmut (Hrsg.): Nationale Strafverfolgung völkerrechtlicher Verbrechen, Bd. 1: Deutschland (Helmut Gropengießer/Helmut Kreicker), Freiburg i.Br. 2003 (zit.: *Eser/Kreicker*, Nationale Strafverfolgung völkerrechtlicher Verbrechen)

Felder, Andreas. Die Lehre vom Forum Non Conveniens. Abrufbar unter: http://www.hartung-gorre.de/rr220.htm. (zit.: *Felder*, Die Lehre vom Forum Non Conveniens)

Fischer, Thomas. Kommentar zum Strafgesetzbuch. Aufl. 59., München, 2012 (zit.: *Fischer*, StGB).

Frey, Silvia. Computerkriminalität in eigentums- und vermögensstrafrechtlicher Sicht. München, 1987 (zit.: *Frey*, Computerkriminalität in eigentums- und vermögensstrafrechtlicher Sicht, 1987)

Gavrilov O.A. Informatisazija pravovoj sistemi Rossii (Informalisierung des Rechtssystems von Russland). Moskau, 1998 (zit.: *Gavrilov*, Informatisazija pravovoj sistemi Rossii, 1998)

George G. Lewis. Foreign Jurisdiction and the Extradition of Criminals 30. Harvard, 1857 (zit.: *Lewis*, Foreign Jurisdiction and the Extradition of Criminals, 1857)

Gercke, Marco. Understanding Cybercrime – A Guide for Developing Countries. 2009: www.itu.int/ITU-D/cyb/.../itu-understanding-cybercrime-guide.pdf. (zit.: *Gercke*, Understanding Cybercrime, 2009)

Glenn D. Baker. Trespassers Will be Prosecuted: Computer Crime in the 1990's. Computer/Law Journal Vol. 12, No. 1, 1993 (zit.: *Glenn D. Baker*, Trespassers Will be Prosecuted, 1993)

Gless, Sabine. Internationales Strafrecht. Grundriss für Studium und Praxis. Basel, 2011 (zit.: *Gless*, Internationales Strafrecht, 2011)

Golubev, Vladimir. Cybercrimes – Analytical data compiled, 2008. Abrufbar unter: http://www.crime-research.org/analytics/cyber_crimes0108 (zit.: *Golubev*, Cybercrimes – Analytical data compiled, 2008)

Goode, Mathew. The Tortured Tale of Criminal Jurisdiction. 1997, 21 Melbourne University Law Review (zit.: *Goode*, The Tortured Tale of Criminal Jurisdiction, 1997)

Goodman, Marc D. / Brenner, Susan W. The Emerging Consensus on Criminal Conduct in Cyberspace. 2002 U.C.L.A Journal of Law and Technology 3. Abrufbar unter: http://www.lawtechjournal.com/articles/2002/03_020625_goomanbrenner.php (zit.: *Goodman/ Brenner*, Criminal Conduct in Cyberspace, 2002)

Gounalakis, Georgios / Rhode, Lars. Persönlichkeitsschutz im Internet. Grundlagen und Online-Spezifika. München, 2002 (zit.: *Gounalakis/Rhode*, Persönlichkeitsschutz im Internet, 2002)

Götting, Bert. Das Tatortprinzip im Internet anhand des Beispiels der Volksverhetzung. Kriminalistik 2007, S. 615-621 (zit.: *Götting*, Kriminalistik 2007)

Graham, Robert / Wunderlin, Arne. Lasers and Synergetics. Berlin Heidelberg New York, 1987 (zit.: *Graham/Wunderlin*, Lasers and Synergetics, 1987)

Granderath, Peter. Das Zweite Gesetz zur Bekämpfung der Wirtschaftskriminalität. Beilage Nr. 18, DB 1986 (zit.: *Granderath*, Das Zweite Gesetz zur Bekämpfung der Wirtschaftskriminalität, DB 1986)

Grinuyk, Marina. Internet. Ego jurisdikzija (Internet. Seine Jurisdiktion). Pravo i Internet, 2004: www.allpravo.ru (zit.: *Grinuyk*, Pravo i Internet, 2004)

Gröseling, Nadine / Höfinger, Frank Michael. Hacking und Computerspionage – Auswirkungen des 41. StrÄndG zur Bekämpfung der Computerkriminalität. MMR 2007, S. 549 ff. (zit.: *Gröseling/Höfinger*, Hacking und Computerspionage, MMR 2007)

Guinchard, Audrey. Criminal Law in the 21-st century: the demise of territoriality. University Essex, 2007. Abrufbar unter: http://papers.ssrn.com/sol3/papers.cfm?abstract_id=1290049 (zit.: *Guinchard*, Criminal Law in the 21-st century, 2007)

Haken, Hermann. Synergetik. Berlin Heidelberg New York, 1982 (zit.: *Haken*, Synergetik, 1982)

Hauptmann, Peter-Helge. Zur Strafbarkeit des sog. Computerhackens – Die Problematik des Tatbestandsmerkmals „Verschaffen" in § 202a StGB. Jur-PC 1989, S. 215 ff. (zit.: *Hauptmann*, JUR-PC 89)

Hecker, Bernd. Europäisches Strafrecht. 3. Auflage. Heidelberg, 2011 (zit.: *Hecker*, Europäisches Strafrecht, 2011)

Herdegen, Matthias Die Achtung fremder Hoheitsrechte als Schranke nationaler Strafgewalt. ZaäRV 47, 1987, S. 221 ff. (zit.: *Herdegen*, ZaäRV 1987)

Hilgendorf, Eric. Die neuen Medien und das Strafrecht. ZStW 113, 2001, S. 650 ff. (zit.: *Hilgendorf*, ZStW, 2001)

Hilgendorf, Eric. Grundfälle zum Computerstrafrecht. JuS 1996, S. 509 ff. (zit.: *Hilgendorf*, JuS 1996)

Hilgendorf, Eric. Überlegungen zur strafrechtlichen Interpretation des Ubiquitätsprinzips im Zeitalter des Internets. NJW 1997, S. 1873 ff. (zit.: *Hilgendorf*, NJW 1997)

Hoeren, Thomas /Sieber, Ulrich. Handbuch Multimedia-Recht. 19. Ergänzungslieferung, 2008 (zit.: *Hoeren/Sieber*, Handbuch Multimedia-Recht, 2008)

Hoeren, Thomas. „Das Internet schafft – wider Erwarten – keine neuen Rechtsprobleme". NJW 1998, S. 2849 ff. (zit.: *Hoeren*, NJW 1998)

Hoeren, Thomas. Die neuen „Bedingungen für den ec-Service". NJW 1995, S. 2473 ff. (zit.: *Hören*, NJW 1995)

Hofer, Thomas. Computer-Viren – Herkunft, Begriff, Eigenschaften, Deliktsformen. Jur-PC, 1991, S. 1367 ff. (zit.: *Hofer*, Jur-PC 1991)

Hörnle, Tatjana. In: Münchener Kommentar zum StGB, §§ 184, 184a, 184g StGB, 2. Auflage, 2012 (zit.: *Hörnle*, in: Münchener Kommentar)

Ignatov, Aleksej N. / Krasikov, Uyrij A. Kurs rossijskogo ugolovnogo prava (Das Russische Strafrecht). Moskau, 2010 (zit.: *Ignatov/Krasikov*, Kurs rossijskogo ugolovnogo prava, 2010)

Jakobs, Günther. Strafrecht, Allgemeiner Teil. 2. Auflage 1991 (zit.: *Jakobs*, AT, 1991)

Jakuschev M.A. Internet i pravo (Das Internet und das Recht). Zakonodatelstvo, Heft 1, 1997 (zit.: *Jakuschev*, Zakonodatelstvo, 1997)

Jescheck, Hans H. / Gribbohm, Günter / Schünemann, Bernd / Schroeder, Friedrich Ch. / Jähnke, Burkhard / Hillenkamp, Thomas / Lilie, Hans / Albrecht, Dietlinde / Roxin, Claus. Leipziger Kommertar zum StGB. 11. Auflage, Berlin, New York, 1997 (zit.: jeweiliger Autor, LK 1997)

Jescheck, Hans-Heinrich / Weigend, Thomas. Strafrecht Allgemeiner Teil. 5. Auflage, Berlin, 1996 (zit.: *Jescheck/Weigend*, AT)

Jescheck, Hans-Heinrich. Entwicklung, Aufgaben und Methoden der Strafrechtsvergleichung. ZStW 86, 1974, S. 761 ff. (zit.: *Jescheck*, Strafrechtsvergleichung, ZStW 1974)

Jessen, Ernst. Zugangsberechtigung und besondere Sicherung im Sinne von § 202a StGB. Frankfurt am Main, 1994 (zit.: *Jessen*, Zugangsberechtigung und besondere Sicherung, 1994)

Jofer, Robert. Strafverfolgung im Internet. Frankfurt am Main, 1999 (zit.: *Jofer*, Strafverfolgung im Internet, 1999)

Joga Rao. Law of Cyber Crimes and Information Technology Law. 4. Auflage, Nagpur, 2004 (zit.: *Joga Rao*, Law of Cyber Crimes, 2004)

Kälin, Walter / Epiney, Astrid. Völkerrecht. Einführung. Verlag AG, Bern 2003 (zit.: *Kälin/Epiney*, Völkerrecht, 2003)

Karchevskij, Nikolaj V. Kompýuternie prestuplenija: ponjatie, ob'jekt, predmet (Computerstraftaten: Begriff, Objekt, Gegenstand). 2005: www.ifap.ru (zit.: *Karchevskij*, Kompýuternie prestuplenija, 2005)

Kaspersky, Evgenij. Kompýuternoe zlovredstvo (Schädlingstätigkeit in Computernetzen). Piter, Moskau, Sankt-Petersburg, Minsk, 2009 (zit.: *Kaspersky*, Kompýuternoe zlovredstvo, 2009)

Kaufmann, Christine. Das Verhältnis von Völkerrecht und Landesrecht. 2008. Abrufbar unter: http://www.unser-recht.ch/fileadmin/user_upload/files/Christine_ Kaufmann__Voelkerrecht_und_Landesrecht.pdf (zit.: *Kaufmann*, Das Verhältnis von Völkerrecht und Landesrecht, 2008)

Kegel, Gerhard / Schurig, Klaus. Internationales Privatrecht. 9. Auflage, München, 2004 (zit.: *Kegel/Schurig*, Internationales Privatrecht, 2004)

Kelina S.G. Kommentarii k Ugolovnomu Kodeksu RF (Kommentare zum UKRF). Abrufbar unter: http://www.az-design.ru/index.shtml?Projects&AZLibrCD&Law/ CrimnLaw/UKRF97/ukrf011 (zit.: *Kelina*, Kommentarii k UKRF)

Kelsen, Hans. Principles of International Law. New York, 1952 (zit.: *Kelsen*, Principles of International Law, 1952)

Kienle, Michael. Internationales Strafrecht und Straftaten im Internet. Diss., Konstanz, 1998 (zit.: *Kienle*, Internationales Strafrecht und Straftaten im Internet, 1998)

Klengel, Jürgen Detlef W. / Heckler, Andreas. Geltung des deutschen Strafrechts für vom Ausland aus im Internet angebotenes Glücksspiel. CR 2001, S. 243 ff. (zit.: *Klengel/Heckler*, CR 2001)

Klengel, Jürgen Detlef W. Online-Auschwitzlüge und deutsches Strafrecht. Heft 4, CR 2001, S. 243 ff. (zit.: *Klengel*, CR 2001)

Klußmann, Niels. Lexikon der Kommunikations- und Informationstechnik. 2007. Abrufbar unter: http://www.ebooksx.com/Lexikon-der-Kommunikations-und-Informationstechnik-Telekommunikation-Datenkommunikation-Multimedia-Internet_144356.html (zit.: *Klußmann*, Lexikon der Kommunikations- und Informationstechnik, 2007)

Knjasew, Anatolij. Problemi dejstvija ugolovnogo zakona v prostranstwe (Probleme der Geltung des Strafgesetzes in Zeit und Raum). Vladimir, 2006 S. 64 ff. (zit.: *Knjasew*, Geltung des Strafgesetzes in Zeit und Raum, 2006)

Koch, Frank. Internet-Recht. München, 1998. (zit.: *Koch*, Internet-Recht, 1998)

Kohl, Uta. Jurisdiction and the Internet. Cambridge University Press, 2007 (*Uta*, Jurisdiction and the Internet, 2007)

Kohler, Josef. Internationales Strafrecht. Stuttgart, 1917 (zit.: *Kohler*, Internationales Strafrecht, 1917)

Köhler, Markus / Arndt, Hans-Wolfgang / Fetzer, Thomas. Recht des Internets. 7. Auflage, Heidelberg, München, 2011 (zit.: *Markus Köhler/Arndt/Fetzer*, Recht des Internets, 2011)

Kopilov, Viktor A. Informazionnoe pravo (Informationsrecht). Moskau, 1995 (zit.: *Kopilov*, Informazionnoe pravo, 1995)

Korobeev, Alexander I. Polnij Kurs Ugolovnogo Prava v pjatiti tomach (Der gesamte Kurs im Strafrecht in fünf Bänden). Juridicheskij Zentr Press, Sankt-Peterburg, 2008 (zit.: *Korobeev*, Polnij Kurs Ugolovnogo Prava, 2008)

Korotayev, Andrey / Malkov, Artemy / Khaltourina, Daria. Introduction to Social Macrodynamics: Compact Macromodels of the World System Growth. Moscow, URSS, 2006 (zit.: *Korotayev*, Social Macrodynamics, 2006)

Krapp, Christiane. Distanzdelikt und Distanzteilnahme im internationalen Strafrecht. Diss., Kiel, 1977 (zit.: *Krapp, Distanzdelikt* im internationalen Strafrecht, 1977)

Kröger, Detlef / Moos, Flemming. Regelungsansätze für Multimediadienste. ZUM 1997, S. 462 ff. (zit.: *Kröger/Moos*, ZUM 1997)

Kropachev, Nikolaj M. Rossijskoe Ugolovnoe Pravo. Obschaja Chast (Russisches Strafrecht. Allgemeiner Teil). Sankt-Petersburg, 2010 (zit.: *Kropachev*, Rossijskoe Ugolovnoe Pravo, 2010)

Kruglikov, Lev L. Kommentarii k UKRF (Kommentare zum UKRF). Wolters Kluwer. Moskau, 2005 (zit.: *Kruglikov*, Kommentarii k UKRF, 2005)

Kudrjavzev, Vladimir N. Mezhdunarodnoe ugolovnoe pravo (Internationales Strafrecht). 2. Auflage. Nauka. Moskau, 1999 (zit.: *Kudrjavzev*, Mezhdunarodnoe ugolovnoe pravo, 1999)

Kudlich, Hans. Herkunftslandprinzip und internationales Strafrecht. Heft 8, HRRS 2004, S. 278 ff. (zit.: *Kudlich*, HRRS 2004)

Kudlich, Hans. Strafverfolgung im Internet. GA 2011, S. 193-208 (zit.: *Kudlich*, GA 2011)

Kuner, Christopher. Internationale Zuständigkeitskonflikte im Internet. Heft 08, CR 1996, S. 453 ff. (zit.: *Kuner*, CR 1996)

Kusnezova Nina F. / Tyazhkova, Irina M. Kurs Ugolovnogo prava v pjati tomach (Der gesamte Kurs im Strafrecht in fünf Bänden). Moskau, 2002 (zit.: *Kusnezova/Tyazhkova*, Kurs Ugolownogo prava, 2002)

Kusnezova Nina F. Obschee uchenie o sostave prestuplenija (Allgemeine Lehre über Straftatbestand). 1. Band, Moskau, 1957 (zit.: *Kusnezova*, Obschee uchenie o sostave prestuplenija, 1957)

Kutz K. Robin. Computer Crime in Virginia: A Critical Examination Of The Criminal Offenses In The Virginia Computer Crimes Act, 27 WM. & MARY L. REV 789, 1986 (zit.: *Kutz,* Computer Crime in Virginia, 1986, 789ff.)

Kuzmenyuk, Natal'ja. Aktualnie voprosi sotrudnichestva v oblasti visokih technologij, 2008 (Aktuelle Fragen der Zusammenarbeit im Bereich der Hochtechnologien). Abrufbar unter: http://www.crime-research.ru/articles/Kuzmenok (zit.: *Kuzmenyuk*, Sotrudnichestvo v oblasti visokih technologij, 2008)

Lackner, Karl/ Kühl, Kristian. Strafgesetzbuch. 27. Auflage, München 2011 (zit.: *Lackner/Kühl*, StGB)

Ladeur, Karl-Heinz. Zur Kooperation von staatlicher Regulierung und Selbstregulierung des Internets. ZUM 1997, S. 359 ff. (zit.: *Ladeur*, ZUM 1997)

Lampe, Ernst-Joachim. Die strafrechtliche Behandlung der sog. Computer-Kriminalität. GA 1975, S. 1 ff. (zit.: *Lampe*, GA 1975)

Lebedev, Vjacheslav M. Kommentarii k Ugolovnomu Kodeksu RF (Kommentare zum UKRF). 12. Auflage, Moskau, 2012 (zit.: *Lebedev*, Kommentarii k UKRF, 2005)

Lehle, Thomas. Der Erfolgsbegriff und die deutsche Strafrechtszuständigkeit im Internet. 1. Auflage Konstanz, 1999 (zit.: *Lehle*, Der Erfolgsbegriff im Internet, 1999)

Lenckner, Theodor / Winkelbauer, Wolfgang. Computerkriminalität – Möglichkeiten und Grenzen des 2. WiKG (I), CR 1986, S. 483 ff. (zit.: *Lenckner/Winkelbauer*, CR 1986)

Leupold, Andreas / Glossner, Silke. Münchener Anwaltshandbuch IT-Recht. 1. Auflage, 2008 (zit.: *Leupold /Glossner*, MAH IT-Recht, 2008)

Liszt, Franz v. Lehrbuch des Deutschen Strafrechts, 20. Aufl., Berlin, 1914 (zit.: *Liszt*, Lehrbuch, 1914)

Loskutov I. Sravnitelnij analis mezhdunarodnih norm zakonodatelnogo regulirovanija Interneta v razlichnih stranah, 2008 (Vergleichende Analyse der regulierenden Internetsbereich Normen in verschiedenen Staaten, 2008). Abrufbar unter: http://www.medialaw.kz (zit.: *Loskutov*, Sravnitelnij analis norm zakonodatelnogo regulirovanija Interneta, 2008)

Maennel, Frithjof A. Elektronischer Geschäftsverkehr ohne Grenzen – der Richtlinienvorschlag der Europäischen Kommission. MMR 1999, S. 187 ff. (zit.: *Maennel*, MMR 1999)

Maksimov, Vladimir U. Kompúternie prestupleniya (Computerstrattaten). Stawropol´, 1999 (zit.: *Maksimov*, Vladimir U. Kompúternie prestupleniya, 1999)

Malek, Klaus. Strafsachen im Internet. Heidelberg, 2005 (zit.: *Malek*, Strafsachen im Internet, 2005)

Mamoun Abu-Zeitoun. Die Computerdelikte im deutschen Recht. Diss. Aachen, 2005 (zit.: *Mamoun Abu-Zeitoun*, Die Computerdelikte im deutschen Recht, 2005)

Mankowski, Peter / Bock, Stefanie. Die internationale Zuständigkeit der deutschen Strafgerichte als eigene Kategorie des Internationalen Strafverfahrensrechts. JZ 2008, S. 505 ff. (zit.: *Mankowski/Bock*, JZ 2008)

Martin, John. Informazionnoe obschestvo (Informationsgesellschaft), Moskau, 1990 (zit.: *Martin*, Informazionnoe obschestvo, 1990)

Martin, Jörg. Grenzüberschreitende Umweltbeeinträchtigungen im deutschen Strafrecht. ZRP 1992, S. 19 ff. (zit.: *Martin*, ZRP 1992)

Max-Planck-Institut für ausländisches und internationales Strafrecht, Strafrechtliche Forschungsarbeiten 2006-2007/ 2008-2009 (zit.: Strafrechtliche Forschungsarbeiten MPI 2006-2007/ 2008-2009)

Mayer, Franz C. Recht und Cyberspace. NJW 1996, S. 1782 ff. (zit.: *Mayer*, NJW 1996)

Meili, Friedrich. Lehrbuch des Internationalen Strafrechts und Strafprozessrechts. Zürich, 1910 (zit.: *Meili*, Internationales Strafrecht, 1910)

Meluchin, Igor S. Informazionnoe obschestvo i gosudarstvo (Die Informationsgesellschaft und der Staat). Abrufbar unter: http://www.relcom.ru/Archive/1997/Computer Law/State.htm (zit.: *Meluchin*, Informazionno obschestvo i gosudarstvo, 1997)

Meyer-Goßner, Strafprozessordnung, Kommentar. 54. Auflage, 2011 (zit.: *Meyer-Goßner*, StPO)

Möhrenschlager, Manfred. Computerstraftaten und ihre Bekämpfung in der Bundesrepublik Deutschland. Wistra 1991, S. 321 ff. (zit.: *Möhrenschlager*, Wistra 1991)

Mühle, Kerstin. Hacker und Computer-Viren im Internet – eine strafrechtliche Beurteilung. Diss., Passau, 1998 (zit.: *Mühle*, Hacker und Computer-Viren im Internet, 1998)

Mühlen, Rainer A. Computer-Kriminalität: Gefahren und Abwehrmaßnahmen. Neuwied, 1973 (zit.: *Mühlen*, Computer-Kriminalität, 1973)

Malanczuk, Peter. Akehurst's modern introduction to international law. 8. Auflage, London, 2010 (zit.: *Malanczuk*, Introduction to International law, 2010)

Naumov, Anatolij V. Rossijskoe Ugolovnoe Pravo (Das Russische Strafrecht). Moskau, 2007 (zit.: *Naumov*, Rossijskoe Ugolovnoe Pravo, 2007)

Oehler, Dietrich. Internationales Strafrecht. Köln, Berlin, Bonn, München, 1973 (zit.: *Oehler*, Internationales Strafrecht, 1973)

Oehler, Dietrich. Geburtstagsgabe *für* Grützner, 1970 (zit.: *Oehler*, Geburtstagsgabe für Grützner, 1970)

Olivenbaum, Joseph M. Rethinking Federal Computer Crime Legislation. 27 SETON HALL L. REV. n. 32, 1997 (zit.: *Olivenbaum*, Rethinking Federal Computer Crime Legislation, 1997)

Paramonova, Svetlana L. Status der Europäischen Konvention zum Schutze der Menschenrechte und Grundfreiheiten (EMRK) und der Rechtsprechung des Europäischen Gerichtshofs für Menschenrechte (EGMR) sowie deren Rolle bei der Gestaltung des russischen Strafverfahrens. In: Kritische Vierteljahresschrift für Gesetzgebung und Rechtswissenschaft, KritV / Critical Quarterly for Legislation and Law (CritQ), Heft 3, 2013, im Erscheinen (zit.: *Paramonova*, KritV, 2013)

Paramonova, Svetlana L. Boundlessness of Cyberspace vs. Limited Application of the National Criminal Law (on the example of Russian, US-American and German legal systems). International Cybercrime Court. Journal: Grigol Robakidze University Academic Digest, Law. Heft 2, Tbilisi, 2013, im Erscheinen (zit.: *Paramonova*, University Academic Digest, 2013)

Paramonova, Svetlana L. Ugolovnaja jurisdikzija v Internet-prestuplenijah (Strafrechtliche Zuständigkeit im Cyberspace: Territorialitätsprinzip im Russischen und im Deutschen Strafrecht). Zeitschrift für ausländisches Recht und Rechtsvergleichung. Heft 4, Moskau, 2009, S. 77 ff. (zit.: *Paramonova*, ZARR 2009)

Paramonova, Svetlana. L. Ugolovnoe presledovanie transnazional´nih Internet-prestuplenij: aktual´nost´, osobennosti problem i reschenij (Strafverfolgung der transnationalen Internetstraftaten: Besonderheiten der Probleme und Lösungen). Konferenzmaterialien, Institut für Gesetzgebung und Rechtsvergleichung bei der Regierung der Russischen Verlag, Moskau, 2009, S. 326 ff. (zit.: *Paramonova*, Ugolovnoe presledovanie transnazional´nih Internet-prestuplenij, 2009)

Paramonova, Svetlana L. The Principle of Universality. Heft 26, Revista Penale Universidad de Huelva, 2010, S. 220 ff. (zit.: *Paramonova*, The Principle of Universality, 2010)

Paramonova, Svetlana L. Transnazional'nie Internet-prestuplenija: problemi jurisdikzii (Transnationale Internetstraftaten: Probleme der Zuständigkeit). Kaspersky Lab (Hrsg.), Moskau, 2009, S. 12 ff. (zit.: *Paramonova*, Transnazional'nie Internetprestuplenija, 2009)

Paramonova, Svetlana L. Subjective aspects of the offense in Russia. In: Sieber, U. / Forster, S. / Jarvers, K. (Hrsg.): National Criminal Law in a Comparative Legal Context. Volume 3.1: Defining criminal conduct. Berlin, Duncker & Humblot, 2011, S. 436–452 (zit.: *Paramonova*, Subjective aspects of the offense in Russia, 2011)

Paramonova, Svetlana L. Objective aspects of the offense in Russia. In: Sieber, U. / Forster, S. / Jarvers, K. (Hrsg.): National Criminal Law in a Comparative Legal Context. Volume 3.1: Defining criminal conduct. Berlin, Duncker & Humblot, 2011, S. 239–254 (zit.: *Paramonova*, Objective aspects of the offense in Russia, 2011)

Paramonova, Svetlana L. Concept and systematization of the criminal offense in Russia. In: Sieber, U. / Forster, S. / Jarvers, K. (Hrsg.): National Criminal Law in a Comparative Legal Context. Volume 3.1: Defining criminal conduct. Berlin, Duncker & Humblot, 2011, S. 86 – 97 (zit.: *Paramonova*, Concept and systematization of the criminal offense in Russia, 2011)

Paramonova, Svetlana L. Extraterritorial jurisdiction in Russia. In: Sieber, U. / Forster, S. / Jarvers, K. (Hrsg.): National Criminal Law in a Comparative Legal Context. Volume 2.1: General limitations on the application of criminal law. Berlin, Duncker & Humblot, 2011, S. 297 – 315 (zit.: *Paramonova*, Extraterritorial jurisdiction in Russia, 2011)

Paramonova, Svetlana L. Principle of legality in Russia. In: Sieber, U. / Forster, S. / Jarvers, K. (Hrsg.): National Criminal Law in a Comparative Legal Context. Volume 2.1: General limitations on the application of criminal law. Berlin, Duncker & Humblot, 2011, S. 103 – 117 (zit.: *Paramonova*, Principle of legality in Russia, 2011)

Paramonova, Svetlana L. Recent Reforms of Criminal and Criminal Procedural Law in Russia. In: Revista Penal, 2012, Heft/Band 30, S. 264 – 268 (zit.: *Paramonova*, Recent Reforms of Criminal and Criminal Procedural Law in Russia, 2012)

Paramonova, Svetlana L. Priroda jurisdikzionnich norm ugolovnogo prava i ih deistvie v virtualnom prostranstve / Die Natur der Jurisdiktionsnormen im Strafrecht und deren Anwendung im virtuellen Raum. In: Komissarov, Vladimir (Hrsg.): Ugolovnoe pravo: istoki, realii, perechod k ustoichivomu rasvitiu / Strafrecht: Ursprünge, Realien, Übergang zur nachhaltigen Entwicklung. Moskau, Prospekt, 2011, S. 714–720 (zit.: *Paramonova*, Priroda jurisdikzionnich norm ugolovnogo prava, 2011)

Paramonova, Svetlana L. Pravovoe regulirovanie Interneta (ugolovno-pravovoj aspekt) / Rechtliche Regulierung des Cyberspace (strafrechtlicher Aspekt). In: Abaschina, L. A. (Hrsg.): Sovremennoe sostojanie bor'by s pravonarushenijami v Rossii i za rubezhom / Heutiger Stand der Kriminalitätsbekämpfung in Russland und im Ausland. Orel, ORAGS, 2011, S. 28 – 33 (zit.: *Paramonova*, Pravovoe regulirovanie Interneta, 2011)

Paramonova, Svetlana L. Sozial'naja znachimost' pravovogo regulirovanija internet-prostranstva. Ugolovnyj aspekt / Soziale Relevanz der rechtlichen Regulierung des Cyberspace. Strafrechtlicher Aspekt. In: Sibirskoe otdelenie Rossijskoj akademii nauk (SO RAN) / Sibirische Abteilung der Russischen Akademie der Wissenschaften (SA RAdW). (Hrsg.): Aktual'nye problemy gumanitarnyh i social'nyh issledovanij / Aktuelle Probleme der geisteswissenschaftlichen und sozialen Forschungen. Novosibirsk, 2009, S. 236 – 240 (zit.: *Paramonova*, Sozial'naja znachimost' pravovogo regulirovanija internet-prostranstva, 2009)

Paramonova, Svetlana L. Primenenie ugolovnogo prava v internet-prostranstve / Die Anwendung des Strafrechts im Cyberspace. In: Sibirskoe otdelenie Rossijskoj akademii nauk (SO RAN) / Sibirische Abteilung der Russischen Akademie der Wissenschaften (SA RAdW) (Hrsg.): Aktual'nye problemy gumanitarnyh i social'nyh issledovanij / Aktuelle Probleme der geisteswissenschaftlichen und sozialen Forschungen. Novosibirsk, 2010, S. 249 – 251 (zit.: *Paramonova*, Primenenie ugolovnogo prava v internet-prostranstve, 2010)

Paramonova, Svetlana L. Jurisdikcija v transgranichnyh internet-prestuplenijah / Zuständigkeit bei transnationalen Internetstraftaten. In: Institut zakonodatel'stva i sravnitel'nogo pravovedenija pri Pravitel'stve Rossijskoj Federazii / Institut für Gesetzgebung und Rechtsvergleichung bei der Regierung der Russischen Föderation (Hrsg.): Pravovye problemy nauchnogo progressa / Rechtliche Probleme des wissenschaftlichen Fortschritts. Москва / Moskau, 2010, S. 307–311 (zit.: *Paramonova*, Jurisdikcija v transgranichnyh internet-prestuplenijah, 2010)

Paramonova, Svetlana L. Ugolovnoe presledovanie transnacional'nyh Internet-prestuplenij: osobennosti problem i reshenij / Strafverfolgung der transnationalen Internetstraftaten: Besonderheiten der Probleme und Lösungen. In: Institut zakonodatel'stva i sravnitel'nogo pravovedenija pri Pravitel'stve Rossijskoj Federazii / Institut für Gesetzgebung und Rechtsvergleichung bei der Regierung der Russischen Föderation (Hrsg.): Effektivität der Gesetzgebung und moderne juristische Technologien. Moskau, Verlag des Institutes für Gesetzgebung und Rechtsvergleichung bei der Regierung der Russischen Föderation, 2009, S. 327 – 331 (zit.: *Paramonova*, Ugolovnoe presledovanie transnacional'nyh Internet-prestuplenij, 2009)

Paramonova, Svetlana L. Jurisdikcionnye normy ugolovnogo prava v Internet-prostranstve na primere rossijskogo i nemezkogo zakonodatel'stva / Zuständigkeitsnormen im Cyberspace im russischen und deutschen Strafrecht. In: Nizevich, V. F. (Hrsg.): Prava i svobody cheloveka i grazhdanina: aktual'nye problemy nauki i praktiki / Menschenrechte: aktuelle Probleme in Wissenschaft und Praxis. Orel, ORAGS, 2010, S. 356–360 (zit.: *Paramonova*, Jurisdikcionnye normy ugolovnogo prava v Internet-prostranstve, 2010)

Pfinster, Christina. Hacking in der Schweiz. 6. Band, Berlin, Wien, Zürich, 2008 (zit.: *Pfinster*, Hacking in der Schweiz, 2008)

Popp, Andreas. Von „Datendieben" und „Betrügern" – Zur Strafbarkeit des so genannten „phishing". NJW 2004, 57., S. 3517-3518 (zit.: *Popp*, NJW 2004)

Popp, Andreas. „Phishing", „Pharming" und das Strafrecht. MMR 2006, 9., S. 84-86 (zit.: *Popp*, MMR 2006)

Popp, Andreas. § 202c StGB und der neue Typus des europäischen „Software-Delikts". GA 2008, 155., S. 375-393 (zit.: *Popp*, GA 2008)

Popp, Andreas. §§ 201-206 und §§ 303-305a StGB. In: *Klaus Leipold / Michael Tsambikakis / Mark A. Zöller* (Hg.), AnwaltKommentar Strafgesetzbuch, Bonn, 2011 (zit.: *Popp*, In: Klaus Leipold / Michael Tsambikakis / Mark A. Zöller, StGB, 2011)

Popp, Andreas. Informationstechnologie und Strafrecht. JuS 2001, 51., S. 385-392 (zit.: *Popp*, JuS 2011)

Popp, Andreas. Internetchat und Verbrechensverabredung. In: jurisPR-ITR5/2012 Anm. 2., (Hg.) Prof. Dr. Dirk Heckmann (zit.: *Popp*, Internetchat und Verbrechensverabredung, juris 2012)

Primig, Thomas J. Internationales Strafrecht und das Internet. Abrufbar unter: http://www.rechtsprobleme.at/doks/primig-1-internationales_strafrecht.pdf (zit.: *Primig*, Internationales Strafrecht und das Internet)

Rassolov, Il'ya M. Pravo i Internet (Das Recht und das Internet). Diss., Moskau, 2008 (zit.: *Rassolov*, Pravo i Internet, 2008)

Rath, Jürgen. Prüfungsschema. Auslandsbezug. Tatortbestimmung. JA 2006, S. 453 ff. (zit.: *Rath*, JA 2006)

Ray August. International Cyber-Jurisdiction: a Comparative Analysis. Vol 39, American Business Law Journal (ABLJ), 2002, S. 531 ff. (zit.: *Ray August*, International Cyber-Jurisdiction, ABLJ 2002)

Razumov Stanislav A. Kommentarii k Ugolovnomu Kodeksu RF (Kommentare zum UKRF). Abrufbar unter: http: www.labex.ru/page/kom uk 11.html. (zit.: *Razumov*, Kommentarii k UKRF)

Ringel, Kurt. Rechtsextremistische Propoganda aus dem Ausland im Internet. Heft 5, CR 1997, S. 302 ff. (zit.: *Ringel*, CR 1997)

Romaschkin, Petr S. K voprosu o ponjatii i istochnikah mezhdunarodnogo ugolovnogo prava (Zur Frage des Begriffes und Quellen des Internationalen Strafrechts). Sovetskoe gosudarstvo i pravo, 1946 (zit.: *Romaschkin*, Sovetskoe gosudarstvo i pravo, 1946)

Roxin, Claus. Strafrecht, Allgemeiner Teil. 6. Auflage, München, 2008 (zit.: *Roxin,* AT, 2008)

Satzger, Helmut. Die Anwendung des deutschen Strafrechts auf grenzüberschreitende Gefährdungsdelikte. NStZ 1998, S. 112 ff. (zit.: *Satzger,* NStZ 1998)

Satzger, Helmut / Schmitt, Bertram / Widmaier, Gunter (Hrsg.). Strafgesetzbuch. Kommentar. 5. Auflage, 2011 (zit.: *Satzger/Schmitt/Widmaier,* StGB)

Schack, Haimo. Internationales Zivilverfahrensrecht. 5. Auflage. C.H. Beck, München 2010 (zit.: *Schack,* Internationales Zivilverfahrensrecht, 2010)

Schmid, Nikolaus. Schweizerisches Computerstrafrecht. Anmerkungen zum Regierungsentwurf. Heft 7, CR 1991, S. 250 ff. (zit.: *Schmid,* Schweizerisches Computerstrafrecht, CR 1991)

Schmölzer, Gabriele. Straftaten im Internet: eine materiell-rechtliche Betrachtung, ZStW 2011, S. 709-736 (zit.: *Schmölzer,* ZStW 2011)

Scholten, Hans-Joseph. Das Erfordernis der Tatortstrafbarkeit in § 7 StGB. Freiburg, 1995 (zit.: *Scholten,* Das Erfordernis der Tatortstrafbarkeit, 1995)

Schönke, Adolf / Schröder, Horst / Eser, Albin. Strafgesetzbuch. Kommentar. 28. Auflage, München, 2010 (zit.: *Schönke/Schröder/Eser,* StGB, 2010)

Schröder, Rolf M. Wie man „Netz" richtig nutzt. NJW-CoR 1998, S. 40 ff. (zit.: *Schröder,* NJW-CoR 1998)

Schultz, Alexander. Neue Strafbarkeiten und Probleme – Der Entwurf des Strafrechtsänderungsgesetzes (StrafÄndG) zur Bekämpfung der Computerkriminalität. MIR 2006, 180, Rn. 1-52 (zit.: *Schultz,* Der Entwurf des StrafÄndG, MIR 2006)

Schulze-Heiming, Ingeborg. Der strafrechtliche Schutz der Computerdaten gegen die Angriffsformen der Spionage, Sabotage und des Zeitdiebstahls. Münster, 1995 (zit.: *Schulze-Heiming,* Der strafrechtliche Schutz der Computerdaten, 1995)

Sensburg, Patrick. Schutz vor Angriffen auf Informationssysteme. Kriminalistik 2007, S. 607-610 (zit.: *Sensburg,* Kriminalistik 2007)

Sergo, Anton. Kompýuternaja prestupnost′. 2003 (Computerkriminalität): www.10ru.ru/files/doc/cyber_crime.doc (zit.: *Sergo,* Kompýuternaja prestupnost′, 2003)

Seung-Hee Hong. Flexibilisierungstendenzen des modernen Strafrechts und das Computerstrafrecht. Diss., Universität Konstanz, 2002. Abrufbar unter: http://deposit.ddb.de/cgi-bin/dokserv?idn=966423003&dok_var=d1&dok_ext=pdf&filename=966423003.pdf (zit.: *Seung-Hee Hong,* Flexibilisierungstendenzen des modernen Strafrechts, 2002)

Sieber, Ulrich. Computerkriminalität und andere Delikte im Bereich der Informationstechnik. ZStW 1992, S. 250 ff. (zit.: *Sieber,* ZStW 1992)

Sieber, Ulrich. Computerkriminalität und Informationsstrafrecht. CR 1995, S. 100 ff. (zit.: *Sieber,* CR 1995)

Sieber, Ulrich. Computerkriminalität und Strafrecht. 2. Auflage, Cologne, Heymanns, 1980 (zit.: *Sieber*, Computerkriminalität und Strafrecht, 1980)

Sieber, Ulrich. Grenzen des Strafrechts. Grundlagen und Herausforderungen des neuen strafrechtlichen Forschungsprogramms am Max-Planck-Institut für ausländisches und internationales Strafrecht. Heft 119, ZStW 2007, S. 1 ff. (zit.: *Sieber*, Grenzen des Strafrechts, ZStW 2007)

Sieber, Ulrich. Internationales Strafrecht im Internet - Das Territorialitätsprinzip der §§ 3-9 StGB im globalen Cyberspace. Heft 29, NJW 1999, S. 2065 ff. (zit.: *Sieber*, NJW 1999)

Sieber, Ulrich. Interview mit Prof. U. Sieber: Gesetze allein schützen nicht. Abrufbar unter: http://www.sueddeutsche.de/computer/artikel/280/102178/ (zit.: Interview mit Prof. U. *Sieber*, Süddeutsche)

Sieber, Ulrich. Kontrollmöglichkeiten zur Verhinderung rechtswidriger Inhalte in Computernetzen. CR 1997, S. 581 ff. (zit.: *Sieber*, CR 1997)

Sieber, Ulrich. Mastering Complexity in the Global Cyberspace: The Harmonization of Computer-related Criminal Law. Sonderdruck. Les chemins de l´harmonisation pénale. Paris, 2008 (*Sieber*, Mastering Complexity in the Global Cyberspace, 2008)

Sieber, Ulrich. Strafrechtliche Verantwortlichkeit für den Datenverkehr in internationalen Computernetzen - Neue Herausforderungen des Internet. JZ 1996, S. 429 ff. (zit.: *Sieber*, JZ 1996)

Sieber, Ulrich. The International Handbook on Computer Crime. Chichester, Wiley, 1986 (zit.: *Sieber*, Handbook on Computer Crime, 1986)

Sieber. Ulrich, Verteidiger von Felix Somm, zerlegt das CompuServe-Urteil: http://www.heise.de/newsticker/meldung/Ulrich-Sieber-Verteidiger-von-Felix-Somm-zerlegt-das-CompuServe-Urteil-13688.html; http://www.digital-law.net/somm/kommentar.html (zit.: *Sieber*, CompuServe-Urteil: http://www.heise.de)

Sieber, Urlich / Albrecht, Hans-Jörg. Strafrecht und Kriminologie unter einem Dach, Berlin, 2006 (zit.: *Sieber/Albrecht*, Strafrecht und Kriminologie unter einem Dach, 2006)

Spivakov A.I. Rossiiskoe zakonodatel´stvo v bor´be s kompúternimi prestuplenijami, 2008 (Russische Gesetzgebung in Bekämpfung mit der Computerkriminalität). Forschungszentrum für Computerkriminalitätprobleme. Abrufbar unter: http//www.crime-research.org/library/Spivak.htm (zit.: *Spivakov*, Rossiiskoe zakonodatel´stvo v bor´be s kompúternimi prestuplenijami, 2008)

Spring, Tom. Spam Slayer: Do You Speak Spam?: http://www.pcworld.com Com (zit.: *Spring*, Do You Speak Spam?, 2003)

Steinke, Wolfgang. Kriminalität durch Beeinflussung von Rechnerabläufen. NStZ 1984, S. 295 ff. (zit.: *Steinke*, NStZ 1984)

Suter, Manuel. A Generic National Framework For Critical Information Infrastructure Protection. 2007. Abrufbar unter: http://www.itu.int/osg/spu/cybersecurity/pgc/

2007/events/docs/background-paper-suter-C5-meeting-14-may-2007.pdf. (zit.: *Suter*, Generic National Framework For Critical Information Infrastructure Protection, 2007)

Tarbagaev, Aleksej. Mesto sowerschenija prestuplenija. Zhurnal Ugolownoe pravo (Tatort. Zeitschrift Strafrecht). 2009, N 3 (zit.: *Tarbagaev*, Tatort, 2009).

Tedeev, Astamur A. Teoreticheskie osnovi pravovogo regulirovanija informazii v ramkah globalnoj kompýuterisazii (Theoretische Grundlagen der rechtlichen Regulierung der Information im Rahmen der globalen Computernetze). Diss., Moskau, 2007 (zit.: *Tedeev*, Teoreticheskie osnovi pravovogo regulirovanija informazii, 2007)

Tereschenko, Ludmila. K. Pravovoi rezhim informazii (Das rechtliche Regime der Information). Institut der Gesetzgebung und Rechtsvergleichung bei der Regierung der Russischen Föderation, Moskau, 2008 (zit.: *Tereschenko*, Pravovoi rezhim informazii, 2008)

Tichomiriv, Uyrij.A. Administrativnoe pravo i prozess (Verwaltungsrecht und Prozess). Moskau, 2001 (zit.: *Tichomiriv*, Administrativnoe pravo i prozess, 2001)

Tiedemann, Klaus / Kindhäuser, Urs. Umweltstrafrecht – Bewährung oder Reform? NStZ 1988, S. 337 ff. (zit.: *Tiedemann/Kindhäuser*, NStZ 1988)

Tiedemann, Klaus. Computerkriminalität und Missbrauch von Bankomaten. WM 1983, S. 1326 ff. (zit.: *Tiedemann*, WM 1983)

Tropina, Tatjana L. Kiberprestupnost´: ponjatie, sostojanie, ugolovno-pravovie metodi bor´bi (Cybercrime: Begriff, Lage, strafrechtliche Bekämpfungsmethoden), Diss., Wladiwostok, 2005. Zusammenfassung abrufbar unter: http://www.crime.vl.ru/index.php?p=986&more=1&c=1&tb=1&pb=1 (zit.: *Tropina*, Kiberprestupnost´, 2005)

Tropina, Tatiana / Gercke, Marco. From Telecommunication Standardisation to Cybercrime Harmonisation? CRi 2009 Heft 5, S. 136 ff. (zit.: *Tropina/Gercke*, CRi 2009)

Uschakov, Nikolaj A. Mezhdunarodnoe pravo (Völkerrecht) Moskau, 2000 (zit.: *Uschakov*, Mezhdunarodnoe pravo, 2000)

Vassilaki, Irini E. Multimediale Kriminalität. CR 1997, S. 297 ff. (zit.: *Vassilaki*, CR 1997)

Veit Busse-Muskala. Strafbarkeit inkriminierter Inhalte auf im Ausland befindlichen Servern nach deutschem Strafrecht. Münster, 2006 (zit.: *Veit Busse-Muskala*, Strafbarkeit inkriminierter Inhalte, 2006)

Vetter, Jan. Gesetzeslücken bei der Internetkriminalität. Diss., Stuttgart, 2002 (zit.: *Vetter*, Gesetzeslücken bei der Internetkriminalität, 2002)

Vogel, Benjamin. Strafprozessuale Verständigung und Kronzeugenregelungen – Sensibilisierung durch Entwicklungen im englischen Recht, GA 2011, Heft 9 (zit.: *Vogel*, GA 2011).

Vogler, Theo. Geltungsanspruch und Geltungsbereich der Strafgesetze. Geburtstagsgabe *f.* Grützner, 1970 (zit.: *Vogler,* Geltungsanspruch und Geltungsbereich der Strafgesetze, 1970)

Volesky, Karl-Heinz /Scholten, Hansjörg. Computersabotage – Sabotageprogramme – Computerviren. Heft 7-8, IuR 1987, S. 280 ff. (zit.: *Volesky/Scholten,* IuR 1987)

Volevodz, Alexandr G. Protivodejstvie kompúyternim prestuplenijam: pravovie osnovi mezhdunarodnogo sotrudnichestva (Bekämpfung der Computerstraftaten: rechtliche Grundlagen der internationalen Zusammenarbeit). Moskau, Urlitinform, 2002 (zit.: *Volevodz,* Protivodejstvie kompúyternim prestuplenijam, 2002)

Von Gravenreuth, Günter. Computerviren; Technische Grundlagen und rechtliche Gesamtdarstellung. 2. Auflage, Köln, 1997 (zit.: *Von Gravenreuth,* Computerviren, 1997)

Vorob'jev A.M. / Dnischewskij A.W. Prestuplenija v sfere kompúternoi informatzii (Die Straftaten im Bereich der Computerinformation). Wologda, 2000 (zit.: *Vorob'jev/Dnischewskij,* Prestuplenija v sfere kompúternoi informatzii, 2000)

Walther, Felix. „Tat" und „Täter" im transnationalen Strafanwendungsrecht des StGB, JuS 2011, Heft 3, S. 203 ff. (zit.: *Walther,* JuS 2011)

Wayne R. LaFave. Substantive Criminal Law. 4 Auflage, Westlaw, 2003 (zit.: *Wayne R. LaFave,* Substantive Criminal Law, 2003)

Weichert, Thilo. Cloud Computing und Datenschutz. Abrufbar unter: https://www.daten schutzzentrum.de/cloud-computing/ (zit.: *Weichert,* Cloud Computing)

Wengerov, Anatolij B. Teorija gosudarstva i prava (Theorie des Staates und des Rechts, Teil 2). Moskau, 1996 (zit.: *Wengerov,* Teorija gosudarstva i prava, 1996)

Weber, Gerhard. Völkerstrafrecht. 2. Auflage, 2008 (zit.: *Weber,* Völkerstrafrecht, 2008)

Werle, Jeßberger. Grundfälle zum Strafanwendungsrecht. Heft 1, JuS 2001, S. 35 ff. (zit.: *Werle,* JuS 2001)

Wessels, Johannes / Beulke, Werner. Strafrecht Allgemeiner Teil. 41. Auflage, Heidelberg, 2011 (zit.: *Wessels/Beulke,* Strafrecht AT, 2011)

Wigert, Isabelle. Varying policy responses to Critical Information Infrastructure Protection (CIIP) in selected countries, Cybercrime and Security. IIB-1, 2006 (zit.: *Wigert,* Varying policy responses to Critical Information Infrastructure Protection, 2006)

Wilshusen, Gregory. Internet Infrastructure, Challenges in Developing a Public/Private Recovery Plan, Testimony before the Subcommittee on Information Policy. 2007, GAO Document GAO-08-212T. Abrufbar unter: http://www.gao.gov/new.items/ d08212t.pdf. (zit.: *Wilshusen,* Internet Infrastructure, Challenges in Developing a Public/Private Recovery Plan, 2007)

Winkelbauer, Wolfgang. Computerkriminalität und Strafrecht. CR 1985, S. 40 ff. (zit.: *Winkelbauer,* CR 1985)

Yee Fen Lim. Cyberspace Law. Commentaries and Materials. Oxford, 2002 (zit.: *Yee Fen Lim*, Cyberspace Law, 2002)

Yuval Shany. The competing jurisdictions of international courts and tribunals. Oxford, 2003 (zit.: *Yuval Shany*, The competing jurisdictions of international courts and tribunals, 2003)

Zinina, Uylija. Prestuplenija v oblasti kompjuternoi informazii v Rossii i zarubezhom (Die Verbrechen im Bereich der Computerdaten in Russland und Ausland). Diss., Moskau, 2007 (zit.: *Zinina*, Prestuplenija v oblasti kompjuternoi informazii, 2007)

Zweigert, Konrad / Kötz, Hein. Einführung in die Rechtsvergleichung. Mohr, Tübingen, 1996 (zit.: *Zweigert/Kötz*, Rechtsvergleichung, 1996)

Zweigert, Konrad. Der Einfluss des Europäischen Gemeinschaftsrechts auf die Rechtsordnungen der Mitgliedsstaaten. RabelsZ, 1964, S. 601 ff. (zit.: *Zweigert*, RabelsZ 1964)

Weitere Quellen

Rechtsprechung

BVerfGE 28, 75, 183; 48, 48, 56

BVerfGE 92, 277

BGHSt 46, 212 („Ausschwitzlüge"-Urteil)

BGH 34, 3

BGHSt 34, 1

BGHSt 36, 1, 10

BGHSt 46, 212

BGHSt 27, 30, 32; 34, 334, 336

BGHSt 20, 45, 51

BayObLG, JR 01, 475

OLG München StV 1991, 504

OLG Braunschweig NStZ-RR 01,42

LG Frankfurt NJW 77, 508

AG München NJW 1998, 2836 („CompuServe"-Urteil)

BundesGerichtsHof Russischer Föderation (Werhownij Sud RF), Berufungsentscheidung, 05.02.2009, N 25-009-4. Abrufbar unter: http://www.supcourt.ru. (zit.: *BundesGerichtsHof RF*, Berufungsentscheidung, 05.02.2009, N 25-009-4.)

Stadtbezirksgericht (StBezG) (Stadt Moskau, Russland), N УД № 77772, 1999

Stadtbezirksgericht (StBezG) (Stadt Wologda, Russland) N УД № 010317, 1999
Stadtbezirksgericht (StBezG) (Stadt Nowgorod, Russland) N УД № 011678, 1999
Stadtbezirksgericht (StBezG) (Stadt Moskau, Russland) N УД № 128223, 2001
Stadtbezirksgericht (StBezG) (Stadt Birsk, Russland) N УД № 1010005, 2001
Stadtbezirksgericht (StBezG) (Stadt Murmansk, Russland) N УД № 1-7849, 2003
Stadtbezirksgericht (StBezG) (Stadt Woronezh, Russland) N УД № 00124132, 2003
Stadtbezirksgericht (StBezG) von Krasnodar, Bulleten N8, August 2008. Abrufbar unter: www.cjes.ru
American Banana Company v. United Fruit Company, 213 U.S. 347, 356 (1909)
America Online, Inc. v. National Health Care Discount, Inc., 121 F.Supp.2d 1255 (N.D. Iowa 2000)
Heath v. Alabama, 474 U.S. 82 (1985)
Lotus-Fall, C.P.J.I. Ser. A. No. 10, 1927
United States v. Czubinski, 106 F.3d 1069 (1st Cir. 1997)
United States v. Ivanov, 175 F. Supp. 2d 367 (D. Conn. 2001)
United States v. Lara, 541 U.S. 193
United States v. Morris, 928 F.2d 504 (2d Cir. 1991)
United States v. Galaxy Sports, 260 F. 3d 68 (2g Cir. 2001)
United States v. Aluminium Co. of America, 148 F. 2d 416 (2d Cir. 1945)
Timberland Lumber Co. v. Bank of America, 549 F.2d (9th Cir. 1976)
Ashcroft v. Free Speech Coalition, 535 U.S. 234, 2002 (Entscheidung des US Supreme Court)
People v. World Interactive Gaming Corp., 714 N.Y.C. 2d 844 (N.Y. App. Div. 1999)
U.S. v. Bowman 260 U.S. 94, 98 (1922)
US v. Middleton, 231 F.3d 1207, 1212 n.2 (9. Cir. 2000)
Toben v Jones FCAFC 137, 3. Juli, 2003 (Australien). Abrufbar unter: http://www.austlii.edu.au/au/cases/cth/FCAFC/2003/137.html
YourNetDating v. Mitchell, 88 F.Supp.2d 870, 871 (N.D. Ill. 2000).

Gesetzgebung

(In vorliegender Arbeit wurden die Änderungen vom UKRF vom 07.12.2011, N 420-FZ nicht berücksichtigt)

Anordnung vom Präsidenten „Über den Widerruf der Anordnung vom 15.11.2005 N 557-pn „Über Unterzeichnung des Computerkriminalität-Übereinkommens des Europarats" vom 22. März 2008 N 144-pn, Sobranie Zakonodatel'stva 22. März 2008, N

13, ст. 1295 (zit.: Anordnung vom Präsidenten „*Über den Widerruf der Unterzeichnung der Cybercrime-Konvention*", 2008)
Arkansas Criminal Code, § 5-27-606, 2003 (Computer Crime Legislation). Abrufbar unter: http://www.offthemarble.com/arkcode/Title05/ (zit.: *Ark. Code Ann.* § 5-27-606, 2003)

Bill of Rights USA: http://topics.law.cornell.edu/constitution/billofrights.

Bundesgesetz Russischer Föderation „Über den Festlandsockel Russischer Föderation" 30. November 1995, N 187-ФЗ. Abrufbar unter: http://base.garant.ru/10164247.htm (zit.: FZ RF „*Über den Festlandsockel Russischer Föderation"*, 1995)

Bundesgesetz Russischer Föderation „Über Internationale Abkommen", 15. Juni 1995, N 101-ФЗ. Abrufbar unter: http://base.garant.ru/10164247.htm (zit.: FZ RF „*Über Internationale Abkommen"*, 1995)

Bundesgesetz Russischer Föderation „Über Massenmedien", 27. Dezember 1991, ФЗ N 2124-I. Abrufbar unter: http://base.garant.ru/10164247.htm (zit.: FZ RF „*Über Massenmedien"*, 1991)

Bundesgesetz Russischer Föderation „Über Staatsgrenze Russischer Föderation", 1. April 1993, ФЗ N 4730-I. Abrufbar unter: http://base.garant.ru/10103372.htm (zit.: FZ RF „*Über Staatsgrenze Russischer Föderation"*, 1993)

Bundesgesetz Russischer Föderation „Über Untergrund" vom 03. März 1995, N 27-ФЗ. Abrufbar unter: http://base.garant.ru/10164247.htm (zit.: FZ RF „*Über Untergrund"*, 1995)

Bundesstrafänderungsgesetz Russischer Föderation vom 27. Juli 2006, N 153-ФЗ. Abrufbar: http://base.garant.ru/12148566.htm (zit.: *StÄndG RF*, 2006)

Computer Fraud and Abuse Act 1984 (CFAA), Title 18. Crimes and Criminal Procedure, Part I – Crimes, 18 U.S.C. § 1030 ff. Abrufbar unter: http://www.usdoj.gov/criminal/cybercrime/cclaws.html (zit.: *CFAA 1984*, 18 U.S.C.)

Connecticut General Stat. Ann. § 53a-261, 2004 (Computer Crime Legislation). Abrufbar unter: http://www.cga.ct.gov/2005/pub/Chap952.htm (zit.: *Conn. Gen. Stat. Ann.* § 53a-261, 2004)

Das Modelgesetz „Über das Internet" der GUS-Staaten vom 2007. Abrufbar unter: http://www.raecs.ru/files/modelnyi_zakon_sng_po_intrnetu.pdf (zit.: GUS Modelgesetz „*Über das Internet"*, 2007)

Die Europäische Menschenrechtskonvention vom 04. November 1950 (EMRK). Abrufbar unter: http://www.bmj.bund.de; http://www.coe.int (zit.: *EMRK*, 1950)

Draft European Convention on Conflicts of Jurisdiction in Criminal Matters (Empfehlung 420 (1965) der Versammlung des Europarats): http://www.coe.int

Einführungsgesetz zum Bürgerlichen Gesetzbuch vom 21. September 1994 (EGBGB), BGBl. I, S: 2494, ber. BGBl. 1997 I, S. 1061 (zit.: *EGBGB*, 1994)

Europäisches Haftbefehlsgesetz vom 2. August 2006, BGBl. 2006 I Nr. 36, S. 1721-1726 für die Umsetzung des *Rahmenbeschlusses* vom 13. Juni, 2002, Amtsblatt der Europäischen Gemeinschaften, 2002/584 (*EuHbG*, 2006)

Gesetzgebung von Aserbaidschan online auf Russisch. Abrufbar unter: http://stracker.bos.ru/decrees/ks/

Gesetzgebung von Kasachstan online auf Russisch. Abrufbar unter: http://www.pavlodar.com/zakon/?dok=00087&uro=08001

Gesetzgebung von Tadschikistan online auf Russisch. Abrufbar unter: http://www.base.spinform.ru/show_doc.fwx?Regnom=2324

Jugendschutzgesetz (JuSchG) vom 23. Juli 2002, BGBl I 2002, S. 2730 (zit.: *JuSchG*, 2002)

Luftgesetzbuch Russischer Föderation vom 19. März 1997, N 60-ФЗ. Abrufbar unter: http://base.garant.ru/10164247.htm (zit.: *Luftgesetzbuch RF*, 1997)

Malaysia Computer Crimes Act, 1997 (letzte Änderungen am 01.01.2006). Abrufbar unter: http://www.ktkm.gov.my/template01 (zit.: *Malaysia Computer Crimes Act*, 1997)

Model Penal Code USA: http://www.enotes.com/wests-law-encyclopedia/model-penal-code (zit.: *MPC US*)

North Carolina, § 14-453.2, 2002 (Computer Crime Legislation). Abrufbar unter: http://www.ncga.state.nc.us/EnactedLegislation/Statutes/PDF/ByArticle/Chapter_14/Article_60.pdf (zit.: *N.C. Gen. Stat.* § 14-453.2, 2002)

Ohio Revised Code § 2903.11ff., 2003 Abrufbar unter: http://codes.ohio.gov/orc/2903.11 (zit.: *Ohio Rev. Code* § 2903.11ff., 2003)

Plenum Werhovnogo Suda Rossijskoj Federazii „O primenenii norm mezhdunarodnogo prava i mezhdunarodnih dogovorov Rossijskoj Federazii" (*Plenum des Bundesgerichtshofs Russischer Föderation* „Über die Anwendung der Normen des internationalen Rechts sowie der internationalen Abkommen Russischer Föderation") 10. Oktober 2003, N 5, 6. Abrufbar: http://base.garant.ru (zit.: *Plenum Verhovnogo Suda RF* 10.10.2003)

Racial Discrimination Act 1975 (RDA). Abrufbar unter: http://www.hreoc.gov.au/legal/submissions/cerd/index.html. *Änderungen* des RDA 1975: http://www.austlii.edu.au/au/cases/cth/FCAFC/2003/137.html

Racial Hatred Bill 1994, section 60(1); vgl. Senate 24 August 1995, pp. 303-329: http://www.austlii.edu.au/au/cases/cth/FCAFC/2003/137.html

Restatement of the Law, 3rd, Foreign Relations Law of the United States, 1987. Abrufbar unter: http://www.macalester.edu/courses/intl114/docs/restatement.pdf (zit.: *Foreign Relations Law of the US, 3rd Restatement of the Law*, 1987)

Schweizerisches StGB vom 21. Dezember 1937 (Die Bundesbehörden der Schweizerischen Eidgenossenschaft): Abrufbar unter http://www.admin.ch/ch/d/sr/311_0/index.html (zit.: *Schweizerisches StGB*)

Singapure Computer Misuse Act, 1993 (letzte Änderungen am 16.06.2007). Abrufbar unter: http://statutes.agc.gov.sg/ (zit.: *Singapure Computer Misuse Act*, 1993)

Strafgesetzbuch Deutschlands (StGB) vom 15. Mai 1871, RGBl. S. 127 (zit.: *StGB*)

Strafgesetzbuch Georgiens vom 22. Juli 1999, Sakartvelos sakanonmdeblo mazne, 1999, N 41(48). Art. 209. Abrufbar unter (in Russischer Sprache): http://law.edu.ru/norm/norm.asp?normID=1241370&subID=100095257,100095258#text (zit.: *StGB Georgiens* vom 22. Juli 1999)

Telekommunikationsgesetz Deutschlands (TKG), vom 22. Juni 2004, BGBl. I S. 1190. Abrufbar unter: http://bundesrecht.juris.de/tkg_2004/index.html (zit.: *TKG Deutschlands*, 2004)

Telemediengesetz Deutschlands (TMG), vom 26. Februar 2007, BGBl. I S. 179 (zit.: *TMG Deutschlands*, 2007)

Title 18 Crimes and Criminal Procedure, section 7. *Special maritime and territorial jurisdiction of the United States*: http://law.onecle.com/uscode/18/7.html

Übereinkommen über Computerkriminalität des Europarats von 23. November 2001. Abrufbar unter: http://conventions.coe.int/Treaty/GER/Treaties/Html/185.htm (zit.: *Cybercrime-Konvention*, 2011)

Ugolovnij Kodeks Rossijskoj Federazii (UKRF) vom 13. Juni 1996, N 63-ФЗ. Abrufbar unter: http://base.garant.ru (zit.: *UKRF*)

United States Code. Title 18. § 1030 (the United States' basic federal computer crime provision). Abrufbar unter: http://www.law.cornell.edu/uscode/18/1030.html

UNO-Dokumente. Abrufbar unter: http://www.un.org/law

Urheberrechtsgesetz Deutschlands vom 9. September 1965, BGBl. I S. 1273 (zit.: *UrHG*, 1965)

US-Verfassung. Abrufbar unter: http://law.onecle.com/constitution/article-1-3/index.html

US Identity theft Enforcement and Restitution Act of 2008: http://www.usdoj.gov/criminal/cybercrime/cclaws.html

USA Patriot Act, 2001: http://www.cybercrime.gov/Patriot Act.htm.

Verfassung Russischer Föderation 12. Dezember 1993. Abrufbar unter: http://base.garant.ru (zit.: *Verfassung RF* 1993)

Wassergesetzbuch Russischer Föderation vom 3. Juni 2006, N 74-ФЗ. Abrufbar unter: http://base.garant.ru/10164247.htm (*Wassergesetzbuch* RF, 2006)

West Virginia Computer Crimes and Abuse Act § 61-3C-20, 2004 (Computer Crime Legislation). Abrufbar unter: http://www.forwardedge2.usss.gov/pdf/WV-laws.pdf (zit.: *W. Va. Code Ann.* § 61-3C-20, 2004)

Zu den Gesetzestexten im Computerkriminalitätbereich der GUS-Staaten. Abrufbar unter: http://www.crime-research.org/library/uks.htm

Zweites Gesetz zur Bekämpfung der Wirtschaftskriminalität vom 15. Mai 1986, BGBl. I, S. 721 (zit.: 2. *WiKG*, 1986)

Andere

Anti-Counterfeiting Trade Agreement, 26. Januar 2012, Council of the EU: http://register.consilium.europa.eu/pdf/en/11/st12/st12196.en11.pdf.

Bureau of Justice Statistics U.S. Department of Justice's (BJS). Data cybercrime: http://www.bjs.gov/index.cfm?ty=tp&tid=41.

Contentmanager: http://www.contentmanager.de/ressourcen/glossar_50_pull-technologie.html

Das Web-Lexikon. Abrufbar unter: http://www.s11.de/s11_web/lexikon/s11_lexikon.pdf

Duden. Abrufbar unter: http://www.duden.de/duden-suche

Eine Liste aller TLDs. Abrufbar unter: http://www.netplanet.org/adressierung/tld.html.

Ganz einfach: anonym im Internet surfen. Abrufbar unter: http://www.computerbild.de/artikel/cb-Ratgeber-Kurse-Internet-Anonym-im-Internet-surfen_2206076.html

Harvard Law School, Research in International Law II. Jurisdiction with Respect to Crime. 29 AM.J.Int'l L., Supp. 1935 (zit.: *Harvard Research. Jurisdiction with Respect to Crime*, 1935)

Human Rights and Equal Opportunity Commission. Abrufbar unter: http://www.hreoc.gov.au/

Implications of Various Address Allocation Policies for Internet Routing, Oct. 1996. Abrufbar unter: -http://dsl.internic.net/rfc/rfc2008.txt

Internetworld: http://www.internetworld.de/Wissen/Web-Lexikon/Push-Technologie

Internet World Stats, 2005. Abrufbar unter: http://www.clickz.com/showPage.html?page=3561451

InterNIC (International Network Information Center) in den USA durch IANA-Beauftragung für die Vergabe von edu-, gov-, com-, org-, net- und root-Domains zuständig. Abrufbar unter: http://rs.internic.net/domain-info/registration-FAQ.html

Kampf gegen Mobbingseite "isharegossip" vorerst erfolgreich: http://www.mobbing-zentrale.de/04-mob-block/mobbing/cyber-mobbing/isharegossip-vom-netz.html

Kompjuternaja bezopasnost' (Computersicherheit). Abrufbar unter: http://www.comp-bezopasnost.spb.ru/2.html

Love Bug infects computers worldwide: http://www.highbeam.com/doc/1P1-26415167.html

Mezhdunarodnoe pravo lekzii (Völkerrecht, Vorlesungen). Abrufbar unter: http://eulaw. edu.ru/documents/articles/glob2.htm

Network Solutions, Inc. ("NSI"), die Ausgabeorganisation für top-level-domain (com, org etc.). Abrufbar unter: http://w2.eff.org/Spam_cybersquatting_abuse/Cybersquatting/ 9510_internic_domain.policy

Offizielle Kommentare von US Bundesjustizministerium (Prosecuting Computer Crimes Manual): Field Guidance on New Authorities That Relate to Computer Crime and Electronic Evidence Enacted in the USA Patriot Act of 2001; Guidance on Computer Crime and Intellectual Property Section. Abrufbar unter: http://www.justice. gov/criminal/cybercrime/PatriotAct.htm (zit.: Kommentare zum *CFAA* 1984 vom US Bundesjustizministerium)

Online-Banking trotz zunehmender Gefahren immer beliebter: http://www.heise.de/ newsticker/Online-Banking-trotz-zunehmender-Gefahren-immer-beliebter--/ meldung/64965

Oskorblenie i kleveta perestanut schitatsya ugolovnimi prestuplenijami: http://www.yurgazeta.ru/new.php?n=2677

Press Release, White House, Global War on Terrorism: The First 100 Days (Dec. 20, 2001). Abrufbar unter: http://www.whitehouse.gov/news/releases

Tagesspiegel: http://www.tagesspiegel.de/.../Zensur-Internetfilter-China-Nordkorea-Iran.

The Princeton Principles on Universal Jurisdiction, 2001 (Princeton Project on Universal Jurisdiction). Abrufbar unter: http://lapa.princeton.edu/hosteddocs/unive_jur.pdf

The Process of Criminalization: The Case of Computer Crime Laws, 26 Criminology, 1988

The Report on Extraterritorial Criminal Jurisdiction of Council of Europe, European Committee on Crime Problems, 1992 (ISBN 92-871-1786-1)

„*Was ist das ACTA?*", European Commission: http://trade.ec.europa.eu/doclib/ docs/2012/february/tradoc_149082.pdf.

Wikipedia. Abrufbar unter: http://de.wikipedia.org/wiki/Cyberspace; http://de.wikipedia. org/wiki/Server.

Worldwide Internet Population 2005. Abrufbar unter: http://www.clickz.com/ showPage.html?page=151151

Anhang

Tabelle 6: Zur Systematik der Computerdaten- und Computersystemschutzdelikte im Überblick (Vergleich zwischen Deutschland, Russland und den USA)

StGB	UK RF	18 U.S.C. §§ 1030; 2510 ff.
Ausspähen von Daten		
Tätigkeitsdelikt § 202a Ausspähen von Daten (1) Wer unbefugt sich oder einem anderen Zugang zu Daten, die nicht für ihn bestimmt und die gegen unberechtigten Zugang besonders gesichert sind, unter Überwindung der Zugangssicherung verschafft, wird mit Freiheitsstrafe bis zu drei Jahren oder mit Geldstrafe bestraft. (2) Daten im Sinne des Absatzes 1 sind nur solche, die elektronisch, magnetisch oder sonst nicht unmittelbar Wahrnehmbar gespeichert sind oder übermittelt werden.	Nicht strafbar	**Tätigkeitsdelikt** 18 U.S.C. § 1030 (a) (3) Wer vorsätzlich unbefugt (…) Zugang erlangt zu einem nicht-öffentlichen Computer eines Ministeriums oder einer Behörde der Vereinigten Staaten, welcher der ausschließlichen Nutzung durch die Regierung der Vereinigten Staaten dient, oder im Falle einer nicht ausschließlichen derartigen Nutzung der Computer durch die Regierung (…) genutzt wird und das Verhalten diese Nutzung (…) beeinträchtigt, wird gemäß Abschnitt (c) bestraft. [d.h. zu Geldstrafe oder Gefängnis bis zu einem Jahr, vgl. 18 U.S.C. 1030 (c)(2)(A)]

StGB	UK RF	18 U.S.C. §§ 1030; 2510 ff.
Abfangen von Daten		
Erfolgsdelikt	Erfolgsdelikt	Erfolgsdelikt
§ 202b Abfangen von Daten Wer unbefugt sich oder einem anderen unter Anwendung von technischen Mitteln nicht für ihn bestimmte Daten (§ 202a Abs. 2) aus einer nichtöffentlichen Datenübermittlung oder aus der elektromagnetischen Abstrahlung einer Datenverarbeitungsanlage verschafft, wird mit Freiheitsstrafe bis zu zwei Jahren oder mit Geldstrafe bestraft, wenn die Tat nicht in anderen Vorschriften mit schwererer Strafe bedroht ist.	Art. 272 Unberechtigter Zugang zu Computerdaten (1) Der unberechtigte Zugang zu gesetzlich geschützten Computerdaten, das sind Daten auf einem maschinellen Träger, in einer elektronischen Datenverarbeitungsanlage (EDVA), in einem EDVA-System oder einem EDVA-Netzwerk, wird, wenn die Tat die Vernichtung, Blockierung, Modifizierung oder die Erstellung einer Kopie einer Information oder Störung der Funktion einer EDVA, eines EDVA-Systems oder eines EDVA-Netzwerks nach sich gezogen hat, mit (…) Freiheitsstrafe bis zu zwei Jahren bestraft. **Tätigkeitsdelikt** Art. 273 Erstellung, Verwendung und Verbreitung schadensträchtiger EDVA-Programme (1) Die Erstellung von EDVA-Programmen und die Veränderungen bestehender Programme, die offenkundig zu einer nicht berechtigten Vernichtung, Blockierung, Modifizierung oder Erstellung einer Kopie einer Information oder zur Störung der Funktion einer EDVA, eines EDVA-Systems oder EDVA-Netzwerks führen können, sowie die Verwendung oder Verbreitung solcher Programme oder maschineller Träger mit solchen Programmen, wird mit (…) Freiheitsstrafe bis zu drei Jahren bestraft. (2) Hat die Tat infolge von Fahrlässigkeit schwere Folgen nach sich gezogen, wird mit (…) Freiheitsstrafe von drei bis zu sieben Jahren bestraft.	18 U.S.C. § 1030 (a) (1) Wer wissentlich unbefugt oder unter Überschreitung seiner Befugnis Zugang zu einem Computer erlangt und dadurch Informationen erlangt, die durch die Regierung der Vereinigten Staaten (…) im Interesse der nationalen Sicherheit oder der auswärtigen Beziehungen als geheimhaltungsbedürftig eingestuft wurden oder (…) unter Abschnitt 11(y) des Atomic Energy Act 1954 fallen, und dabei mit Grund zu der Annahme, dass die so erlangten Informationen zum Nachteil der Vereinigten Staaten oder zum Vorteil einer anderen Nation verwendet werden könnten, diese willentlich einer unberechtigten Person übermittelt (…) oder übermittelt (…) lässt, oder diese willentlich zurückhält und sie nicht einem zu ihrem Empfang berechtigten Beamten oder Angestellten der Vereinigten Staaten übergibt, wird gemäß Abschnitt (c) bestraft. [d.h. zu Geldstrafe oder Gefängnis bis zu zehn Jahren, vgl. 18 U.S.C. 1030 (c)(1)(A)] 18 U.S.C. § 1030 (a) (2) Wer vorsätzlich unbefugt oder unter Überschreitung seiner Befugnis Zugang zu einem Computer erlangt und dadurch Informationen erlangt - (A) die in der Buchführung eines Finanzinstituts oder eines Kreditkartenunternehmens (…) enthalten sind, (B) die von einem Ministerium oder einer Behörde der Vereinigten Staaten stammen, oder (C) die von einem geschützten Computer stammen, wird gemäß Abschnitt (c) bestraft. [d.h. zu Geldstrafe oder Gefängnis bis zu einem Jahr, vgl. 18 U.S.C. 1030 (c)(2)(A)] 18 U.S.C. § 2511 (1) (a) Wer (…) vorsätzlich Kabel-, mündlichen oder elektronischen Kommunikation abfängt, dies unternimmt oder eine andere Person dazu (…) veranlasst, wird gemäß Unterabschnitt (4) bestraft (…). [d.h. zu Geldstrafe oder Gefängnis bis zu 5 Jahren, vgl. 18 U.S.C. 2511 (4)(a)]

Anhang

StGB	UK RF	18 U.S.C. §§ 1030; 2510 ff.
Datenveränderung		
A. Grunddelikte		
Erfolgsdelikt	Erfolgsdelikt	Erfolgsdelikt
§ 303a Datenveränderung (1) Wer rechtswidrig Daten (§ 202a Abs. 2) löscht, unterdrückt, unbrauchbar macht oder verändert, wird mit Freiheitsstrafe bis zu zwei Jahren oder mit Geldstrafe bestraft. (2) Der Versuch ist strafbar. (3) Für die Vorbereitung einer Straftat nach Absatz 1 gilt § 202c entsprechend.	Art. 272 Unberechtigter Zugang zu Computerdaten (1) Der unberechtigte Zugang zu gesetzlich geschützten Computerdaten, das sind Daten auf einem maschinellen Träger, in einer elektronischen Datenverarbeitungsanlage (EDVA), in einem EDVA-System oder einem EDVA-Netzwerk, wird, wenn die Tat die Vernichtung, Blockierung, Modifizierung oder die Erstellung einer Kopie einer Information oder Störung der Funktion einer EDVA, eines EDVA-Systems oder eines EDVA-Netzwerks nach sich gezogen hat, mit (…) Freiheitsstrafe bis zu zwei Jahren bestraft. **Tätigkeitsdelikt** Art. 273 Erstellung, Verwendung und Verbreitung schadensträchtiger EDVA-Programme (1) Die Erstellung von EDVA-Programmen und die Veränderungen bestehender Programme, die offenkundig zu einer nicht berechtigten Vernichtung, Blockierung, Modifizierung oder Erstellung einer Kopie einer Information oder zur Störung der Funktion einer EDVA, eines EDVA-Systems oder EDVA-Netzwerks führen können, sowie die Verwendung oder Verbreitung solcher Programme oder maschineller Träger mit solchen Programmen, wird mit (…) Freiheitsstrafe bis zu drei Jahren bestraft. **Erfolgsdelikt** Art. 274 Verstoß gegen Vorschriften über den Betrieb einer EDVA, eines EDVA-Systems oder EDVA-Netzwerks (1) Der Verstoß gegen die Vorschriften über den Betrieb einer EDVA, eines EDVA-Systems oder EDVA-Netzwerks durch eine Person, die Zugang zu einer EDVA, einem EDVA-System oder EDVA-Netzwerk hat, wird, wenn er die Vernichtung, Blockierung oder Modifizierung einer gesetzlich geschützten EDVA-Information nach sich gezogen und dadurch einen erheblichen Schaden herbeigeführt hat, mit Freiheitsbeschränkung bis zu zwei Jahren bestraft.	18 U.S.C. § 1030 (a) (5) Wer (A) wissentlich die Übermittlung eines Programms, einer Information, eines Codes oder eines Befehls bewirkt und als Folge dieses Verhaltens vorsätzlich einen geschützten Computer unbefugt schädigt, wird gemäß Unterabschnitt (c) bestraft. [d.h. zu Geldstrafe oder Gefängnis bis zu einem Jahr, vgl. 18 U.S.C. 1030 (c)(4)(G)] (B) vorsätzlich unbefugt Zugang zu einem geschützten Computer erlangt, und als Folge dieses Verhaltens grob fahrlässig einen Schaden herbeiführt, wird gemäß Unterabschnitt (c) bestraft. (C) vorsätzlich unbefugt Zugang zu einem geschützten Computer erlangt, und als Folge dieses Verhaltens einen Schaden und Verlust herbeiführt, wird gemäß Unterabschnitt (c) bestraft. 18 U.S.C. § 1030 (e)(8) Der Begriff „Schaden" meint jede Beeinträchtigung der Integrität oder Verfügbarkeit von Computerdaten, eines Programms, eines Systems oder von Informationen; 18 U.S.C. § 1030 (e)(11) Der Begriff „Verlust" meint alle vernünftigerweise gerechtfertigten Ausgaben des Opfers, insbesondere die Kosten (…) einer Schadensanalyse, der Datenwiederherstellung, (…) entgangene Gewinne (…) und andere aus einer Betriebsunterbrechung resultierende Schäden (…);

StGB	UK RF	18 U.S.C. §§ 1030; 2510 ff.
B. Qualifizierte Formen der Datenveränderung		
Erfolgsdelikt	Erfolgsdelikt	Erfolgsdelikt
§ 303b Computersabotage (1) Wer eine Datenverarbeitung, die für einen anderen von wesentlicher Bedeutung ist, dadurch erheblich stört, dass er 1. eine Tat nach § 303a Abs. 1 begeht, (…) wird mit Freiheitsstrafe bis zu drei Jahren oder mit Geldstrafe bestraft.	Art. 272 Abs. 1 Unberechtigter Zugang zu Computerdaten (1) Der unberechtigte Zugang zu gesetzlich geschützten Computerdaten, das sind Daten auf einem maschinellen Träger, in einer elektronischen Datenverarbeitungsanlage (EDVA), in einem EDVA-System oder einem EDVA-Netzwerk, wird, wenn die Tat die Vernichtung, Blockierung, Modifizierung oder die Erstellung einer Kopie einer Information oder Störung der Funktion einer EDVA, eines EDVA-Systems oder eines EDVA-Netzwerks nach sich gezogen hat, mit (…) Freiheitsstrafe bis zu zwei Jahren bestraft. Bei „Eintritt schwerer Folgen aufgrund der Begehung der Straftat" i.V. mit Art. 63 Abs. 1 Var. b UK RF (strafschärfende Umstände); eventuell noch andere erschwerende Strafbarkeitsumstände Art. 272 Abs. 2 Unberechtigter Zugang zu Computerdaten (2) Wurde die Tat von einer Personengruppe nach vorheriger Verabredung, von einer organisierten Gruppe oder von einer Person unter Ausnutzung ihrer Dienststellung (…) begangen, so wird sie mit (…) Freiheitsstrafe bis zu fünf Jahren bestraft. Bei „Eintritt schwerer Folgen aufgrund der Begehung der Straftat" i.V. mit Art. 63 Abs. 1 Var. b UK RF (strafschärfende Umstände); eventuell noch andere erschwerende Strafbarkeitsumstände, außer vom Art. 272 Abs. 2 schon vorgesehenen Tatbestandsmerkmalen (Personengruppe etc.). Art. 273 Abs. 1 Erstellung, Verwendung und Verbreitung schadensträchtiger EDVA-Programme (1) Die Erstellung von EDVA-Programmen und die Veränderungen bestehender Programme, die offenkundig zu einer nicht berechtigten Vernichtung, Blockierung, Modifizierung oder Erstellung einer Kopie einer Information oder zur Störung der Funktion einer EDVA, eines EDVA-Systems oder EDVA-Netzwerks führen können, sowie die Verwendung oder Verbreitung solcher Programme oder maschineller Träger mit solchen Programmen, wird mit (…) Freiheitsstrafe bis zu drei Jahren bestraft.	18 U.S.C. § 1030 (a)(5)(A)(B) Wer (A) wissentlich die Übermittlung eines Programms, einer Information, eines Codes oder eines Befehls bewirkt und als Folge dieses Verhaltens vorsätzlich einen geschützten Computer unbefugt schädigt, wird gemäß Abschnitt (c) bestraft. (B) vorsätzlich unbefugt Zugang zu einem geschützten Computer erlangt, und als Folge dieses Verhaltens grob fahrlässig einen Schaden herbeiführt, wird gemäß Unterabschnitt (c) bestraft. Gemäß 18 U.S.C. § 1030 (c)(4)(A)(i) wird im Falle von 18 U.S.C. § 1030 (a)(5)(B) mit Geldstrafe oder Gefängnis bis zu fünf Jahren, gemäß 18 U.S.C. § 1030 (c)(4)(B)(i) im Falle von 18 U.S.C. § 1030 (a)(5)(A) mit Geldstrafe oder Gefängnis bis zu zehn Jahren bestraft, wenn (I) ein Schaden in Höhe von mindestens 5000 US-Dollar bewirkt wird, (II) die medizinische Versorgung eines Menschen beeinträchtigt, (III) eine Person an ihrer Gesundheit geschädigt, (IV) die öffentliche Gesundheit oder Sicherheit gefährdet, (V) ein der Rechtspflege, der Verteidigung oder der nationalen Sicherheit dienender Computer geschädigt wird, oder (VI) mindestens zehn geschützte Computer betroffen sind.

StGB	UK RF	18 U.S.C. §§ 1030; 2510 ff.
	Bei „Eintritt schwerer Folgen aufgrund der Begehung der Straftat" i.V. mit Art. 63 Abs. 1 Var. b UK RF (strafschärfende Umstände); eventuell noch andere erschwerende Strafbarkeitsumstände Art. 273 Abs. 2 Erstellung, Verwendung und Verbreitung schadensträchtiger EDVA-Programme (2) Hat die Tat infolge von Fahrlässigkeit schwere Folgen nach sich gezogen, wird mit (...) Freiheitsstrafe von drei bis zu sieben Jahren bestraft. Art. 274 Abs. 1 Verstoß gegen Vorschriften über den Betrieb einer EDVA, eines EDVA-Systems oder EDVA-Netzes (1) Der Verstoß gegen die Vorschriften über den Betrieb einer EDVA, eines EDVA-Systems oder EDVA-Netzes durch eine Person, die Zugang zu einer EDVA, einem EDVA-System oder EDVA-Netz hat, wird, wenn er die Vernichtung, Blockierung oder Modifizierung einer gesetzlich geschützten EDVA-Information nach sich gezogen und dadurch einen erheblichen Schaden herbeigeführt hat, mit Freiheitsbeschränkung bis zu zwei Jahren bestraft. Art. 274 Abs. 1 Verstoß gegen Vorschriften über den Betrieb einer EDVA, eines EDVA-Systems oder EDVA-Netzes (2) Hat die gleiche Tat infolge von Fahrlässigkeit schwere Folgen nach sich gezogen, so wird sie mit Freiheitsstrafe bis zu vier Jahren bestraft. Bei Art. 272 Abs. 1 und 273 Abs. 1 UK RF (im Gegensatz zu Art. 274 Abs. 1) ist für den Fall von durch Datenänderung vorsätzlich herbeigeführten schweren Folgen keine Qualifikation vorgesehen. Es kommt dann aber eine Strafschärfung nach den allgemeinen Regeln der Strafzumessung gemäß Art. 63 Abs. 1 Var. b UK RF („Eintritt schwerer Folgen aufgrund der Begehung der Straftat" als strafschärfender Umstand) in Betracht. Art. 273 Abs. 2 UK RF enthält bei schweren Folgen der Tat eine Qualifikation nur für den Fall, dass diese infolge von Fahrlässigkeit bewirkt wurden.	

StGB	UK RF	18 U.S.C. §§ 1030; 2510 ff.
C. Beweiserhebliche Daten		
§ 274 Urkundenunterdrückung, Veränderung einer Grenzbezeichnung (1) Mit Freiheitsstrafe bis zu fünf Jahren oder mit Geldstrafe wird bestraft, wer (...) 2. beweiserhebliche Daten (§ 202a Abs. 2), über die er nicht oder nicht ausschließlich verfügen darf, in der Absicht, einem anderen Nachteil zuzufügen, löscht, unterdrückt, unbrauchbar macht oder verändert (...).	Keine besondere Regelung. Strafschärfende Berücksichtigung der Beweiserheblichkeit von nach Art. 272 (durch unberechtigten Zugang) oder 273 UK RF (durch Verwendung von Schadprogrammen) gelöschten Daten aber über allgemeine Strafzumessungsregeln nach Art. 63 Abs. 1 Var. b UK RF (strafschärfende Umstände) möglich.	Keine besondere Regelung. Berücksichtigung der Beweiserheblichkeit von gelöschten Daten aber dann möglich, wenn dadurch ein Schaden von mindestens 5000 US-Dollar bewirkt wird, gemäß 18 U.S.C. § 1030 (a) (5) (B) i.V. mit 18 U.S.C. § 1030 (c) (4) (A) (i) (I).

StGB	UK RF	18 U.S.C. §§ 1030; 2510 ff.
Schutz von Datenverarbeitung		
Erfolgsdelikt	Erfolgsdelikt	Erfolgsdelikt
§ 303b Computersabotage (1) Wer eine Datenverarbeitung, die für einen anderen von wesentlicher Bedeutung ist, dadurch erheblich stört, dass er 1. eine Tat nach § 303a Abs. 1 begeht, 2. Daten (§ 202a Abs. 2) in der Absicht, einem anderen Nachteil zuzufügen, eingibt oder übermittelt oder 3. eine Datenverarbeitungsanlage oder einen Datenträger zerstört, beschädigt, unbrauchbar macht, beseitigt oder verändert, wird mit Freiheitsstrafe bis zu drei Jahren oder mit Geldstrafe bestraft. (2) Handelt es sich um eine Datenverarbeitung, die für einen fremden Betrieb, ein fremdes Unternehmen oder eine Behörde von wesentlicher Bedeutung ist, ist die Strafe Freiheitsstrafe bis zu fünf Jahren oder Geldstrafe. (...) (4) In besonders schweren Fällen des Absatzes 2 ist die Strafe Freiheitsstrafe von sechs Monaten bis zu zehn Jahren. Ein besonders schwerer Fall liegt in der Regel vor, wenn der Täter 1. einen Vermögensverlust großen Ausmaßes herbeiführt, 2. gewerbsmäßig oder als Mitglied einer Bande handelt, die sich zur fortgesetzten Begehung von Computersabotage verbunden hat, 3. durch die Tat die Versorgung der Bevölkerung mit lebenswichtigen Gütern oder Dienstleistungen oder die Sicherheit der Bundesrepublik Deutschland beeinträchtigt. (...)	Art. 272 Unberechtigter Zugang zu Computerdaten (1) Der unberechtigte Zugang zu gesetzlich geschützten Computerdaten, das sind Daten auf einem maschinellen Träger, in einer elektronischen Datenverarbeitungsanlage (EDVA), in einem EDVA-System oder einem EDVA-Netzwerk, wird, wenn die Tat die Vernichtung, Blockierung, Modifizierung oder die Erstellung einer Kopie einer Information oder Störung der Funktion einer EDVA, eines EDVA-Systems oder eines EDVA-Netzwerks nach sich gezogen hat, mit (...) Freiheitsstrafe bis zu zwei Jahren bestraft. (2) Wurde die Tat von einer Personengruppe nach vorheriger Verabredung, von einer organisierten Gruppe oder einer Person unter Ausnutzung ihrer Dienststellung (...) begangen, so wird sie mit (...) Freiheitsstrafe bis zu fünf Jahren bestraft. Bei „Eintritt schwerer Folgen aufgrund der Begehung der Straftat" i.V. mit Art. 63 Abs. 1 Var. 1, UK RF (strafschärfende Umstände); eventuell noch andere erschwerende Strafbarkeitsumstände	18 U.S.C. § 1030 (a)(5)(A)(B) Wer (A) wissentlich die Übermittlung eines Programms, einer Information, eines Codes oder eines Befehls bewirkt und als Folge dieses Verhaltens vorsätzlich einen geschützten Computer unbefugt schädigt, wird gemäß Abschnitt (c) bestraft. (B) vorsätzlich unbefugt Zugang zu einem geschützten Computer erlangt, und als Folge dieses Verhaltens grob fahrlässig einen Schaden herbeiführt, wird gemäß Abschnitt (c) bestraft. Gemäß 18 U.S.C. § 1030 (c)(4)(A)(i) wird im Falle von 18 U.S.C. § 1030 (a)(5)(B) mit Geldstrafe oder Gefängnis bis zu fünf Jahren, gemäß 18 U.S.C. § 1030 (c)(4)(B)(i) im Falle von 18 U.S.C. § 1030 (a)(5)(A) mit Geldstrafe oder Gefängnis bis zu zehn Jahren bestraft, wenn (I) ein Schaden in Höhe von mindestens 5000 US-Dollar bewirkt wird, (II) die medizinische Versorgung eines Menschen beeinträchtigt, (IV) die öffentliche Gesundheit oder Sicherheit gefährdet, (V) ein der Rechtspflege, die Verteidigung oder der nationalen Sicherheit dienender Computer geschädigt wird.

StGB	UK RF	18 U.S.C. §§ 1030; 2510 ff.
	Tätigkeitsdelikt Art. 273 Erstellung, Verwendung und Verbreitung schadensträchtiger EDVA-Programme (1) Die Erstellung von EDVA-Programmen und die Veränderungen bestehender Programme, die offenkundig zu einer nicht berechtigten Vernichtung, Blockierung, Modifizierung oder Erstellung einer Kopie einer Information oder zur Störung der Funktion einer EDVA, eines EDVA-Systems oder EDVA-Netzwerks führen können, sowie die Verwendung oder Verbreitung solcher Programme oder maschineller Träger mit solchen Programmen, wird mit (…) Freiheitsstrafe bis zu drei Jahren bestraft. (2) Hat die Tat infolge von Fahrlässigkeit schwere Folgen nach sich gezogen, wird mit (…) Freiheitsstrafe von drei bis zu sieben Jahren bestraft. Gegebenenfalls i.V. mit Art. 63 Abs. 1 UK RF (strafschärfende Umstände) **Erfolgsdelikt** Art. 274 Verstoß gegen Vorschriften über den Betrieb einer EDVA, eines EDVA-Systems oder EDVA-Netzwerks (1) Der Verstoß gegen die Vorschriften über den Betrieb einer EDVA, eines EDVA-Systems oder EDVA-Netzwerks durch eine Person, die Zugang zu einer EDVA, einem EDVA-System oder EDVA-Netzwerk hat, wird, wenn er die Vernichtung, Blockierung oder Modifizierung einer gesetzlich geschützten EDVA-Information nach sich gezogen und wenn diese Tat einen erheblichen Schaden herbeigeführt hat, mit Freiheitsbeschränkung bis zu zwei Jahren bestraft. (2) Hat die gleiche Tat infolge von Fahrlässigkeit schwere Folgen nach sich gezogen, so wird sie mit Freiheitsstrafe bis zu vier Jahren bestraft. Gegebenenfalls i.V. mit Art. 63 Abs. 1 UK RF (strafschärfende Umstände)	

StGB	UK RF	18 U.S.C. §§ 1030; 2510 ff.
Vorbereitungshandlungen §§ 202a/b, 303a, 303b StGB		
Tätigkeitsdelikt	Tätigkeitsdelikt	Tätigkeitsdelikt
§ 202c Vorbereiten des Ausspähens und Abfangens von Daten (1) Wer eine Straftat nach § 202a oder § 202b vorbereitet, indem er 1. Passwörter oder sonstige Sicherungscodes, die den Zugang zu Daten (§ 202a Abs. 2) ermöglichen, oder 2. Computerprogramme, deren Zweck die Begehung einer solchen Tat ist, herstellt, sich oder einem anderen verschafft, verkauft, einem anderen überlässt, verbreitet oder sonst zugänglich macht, wird mit Freiheitsstrafe bis zu einem Jahr oder mit Geldstrafe bestraft. (2) § 149 Abs. 2 und 3 gilt entsprechend. § 303a Datenveränderung (...) (3) Für die Vorbereitung einer Straftat nach Absatz 1 gilt § 202c entsprechend. § 303b Computersabotage (...) (5) Für die Vorbereitung einer Straftat nach Absatz 1 gilt § 202c entsprechend.	Art. 273 Erstellung, Verwendung und Verbreitung schadenstächtiger EDVA-Programme (1) Die Erstellung von EDVA-Programmen und die Veränderungen bestehender Programme, die offenkundig zu einer nicht berechtigten Vernichtung, Blockierung, Modifizierung oder Erstellung einer Kopie einer Information oder zur Störung der Funktion einer EDVA, eines EDVA-Systems oder EDVA-Netzwerks führen können, sowie die Verwendung oder Verbreitung solcher Programme oder maschineller Träger mit solchen Programmen, wird mit (...) Freiheitsstrafe bis zu drei Jahren bestraft. (2) Hat die Tat infolge von Fahrlässigkeit schwere Folgen nach sich gezogen, wird mit (...) Freiheitsstrafe von drei bis zu sieben Jahren bestraft.	18 U.S.C. § 1030 (b) Wer eine Tat nach Abschnitt (a) verabredet (...) wird gemäß Abschnitt (c) bestraft.
Versuch		
Erfolgsdelikt § 303a Datenveränderung (...) (2) Der Versuch ist strafbar. Erfolgsdelikt § 303b Computersabotage (...) (3) Der Versuch ist strafbar.	Art. 272-274 UK RF i.V. mit Art. 30 UK RF Vorbereitung und Versuch einer Straftat (...) (3) Als Versuch einer Straftat gelten vorsätzliche Handlungen (Unterlassungen) einer Person, die unmittelbar auf die Begehung der Straftat gerichtet sind, wenn die Straftat hierbei aus nicht von dieser Person abhängigen Umständen nicht zu Ende geführt wurde.	18 U.S.C. § 1030 (b) Wer eine Tat nach Abschnitt (a) ( ) zu begehen versucht, wird gemäß Abschnitt (c) bestraft. 18 U.S.C. § 2511 (1) (a) Wer (...) vorsätzlich eine Kabel-, mündlichen oder elektronischen Kommunikation abfängt, dies unternimmt oder eine andere Person dazu (...) veranlasst, wird gemäß Unterabschnitt (4) bestraft (...). [d.h. zu Geldstrafe oder Gefängnis bis zu 5 Jahren, vgl. 18 U.S.C. 2511 (4)(a)

The manufacturer's authorised representative in the EU is Springer Nature Customer Service Centre GmbH, Europaplatz 3, 69115 Heidelberg, Germany. If you have any concerns regarding our products, please contact ProductSafety@springernature.com

Printed and bound by CPI Group (UK) Ltd, Croydon, CR0 4YY

25/03/2026

02078193-0007